中國古代史學叢書

建炎以来繫年要録

【宋】李心傳　撰
辛更儒　點校

伍

建炎以來繫年要録卷一百七

1 紹興六年十有二月甲午朔，德音：「降廬、光、濠州、壽春府雜犯死罪已下囚，釋流已下。」制曰：「朕以眇質，獲承至尊。念國家積累之基，遭外侮侵陵之患。誠不足以感移天意，德不足以綏靖亂源。致彼叛臣，乘予厄運，頻挾敵勢，來犯邊隅，直渡淮濱，將窺江滸。所賴諸將協力，六師争先。雖逆雛暫逭於天誅，而匹馬莫還於賊境。載循不道，深惻於心。俾執干戈，皆朕中原之赤子；重爲驅役，亦有本朝之舊臣。迫彼暴虐之威，陷兹鋒鏑之苦。繇予不德，使至於斯。申戒官司，務優存没。知朕興懷於兼愛，本非得已而用兵。宜錫茂恩，以蘇罷俗。」赦文，學士朱震所草也。

詔行宫留守秦檜，令赴行在所奏事。張浚以檜在靖康中建議立趙氏，不畏死，有力量，可與共天下事，一時仁賢，薦檜尤力，遂推引之。林泉野記云：「檜知温州，碌碌無治聲。張浚爲相，上幸平江撫軍。浚以檜柔佞易制，薦入使備員，乃除行宫留守。」今不取。趙鼎既與浚不咸，左司諫陳公輔因奏劾鼎。至是，德音既下，鼎復求去。上愀然不樂曰：「卿只在紹興，朕他日有用卿處。」

是日，臨安火，所燔幾萬家。詔以米一千斛賜被火之家貧乏者。

2 乙未，詔左修職郎陳最已降温州軍事判官指揮勿行。初，最既爲端明殿學士知温州李光所辟，而侍御史周秘言：「令，太中大夫知州，帶一路鈐轄，許辟本州官一員。格，軍事判官差從事郎已上。爲一陳最而廢二法，豈今日之所宜？若謂光爲侍從，可以創乞，則今待制以上典藩者尚多，爲衆起例，尤爲不可。」乃罷之。

右宣義郎、通判鄧州党尚友充湖北京西宣撫司幹辦公事，用岳飛奏也。

3 丁酉，詔權户部侍郎劉寧止赴行在本部供職，仍舊總領措置應副四大軍錢糧。

4 戊戌，右司諫王縉入對，論簽書樞密院事折彦質之罪。大略謂：「彦質於賊馬南向之時①，倡爲抽軍退保之計。上則幾誤國事，下則離間宰臣。乞賜罷黜。」先是，張浚自江上還平江，隨班入見，上曰：「却敵之功，盡出右相之力。」於是趙鼎惶懼，復乞去。浚入見之次日，具奏曰：

獲聞聖訓，惟是車駕進止一事，利害至大。天下之事，不倡則不起，不爲則不成。今四海之心，孰不想戀王室？金豫相結，脅之以威，雖有智勇，無由展竭。三歲之間，賴陛下一再進撫，士氣從之而稍振，民心因之而稍回。正當示之以形勢，庶幾乎激忠起懦，而三四大帥者，亦不敢懷偷安苟且之心。夫天下者，陛下之天下也。陛下不自致力以爲之先，則被堅執鋭，履危犯險者，皆有解體之意。

今日之事，存亡安危所自以分。六飛儻還，則有識解體，内外離心，日復一日，終以削弱。異日復欲下巡幸詔書，誰爲深信而不疑者？何則？彼知朝廷姑以此爲避地之計，實無意於圖回天下故也。論者不過曰萬一有警，難於遠避。夫將士用命，扼淮而戰，破敵有餘。苟人有離心，則何地容足？又不過曰當秋而戰，及春而還。此但可以紓一時之急，年年爲之，人皆習熟，難立國矣。又不過曰敵占上流，順舟可下。今襄漢我有，舟何自來？使敵有餘力，水陸偕進，陛下深處臨安，亦能安乎？上翻然從其計。浚因獨對，乞乘勝取河南地，擒劉豫父子。又言：「劉光世驕惰不戰，不可爲大將，請罷之。」上問：「嘗與趙鼎議否？」浚曰：「未也。」浚見鼎，具道其故。鼎曰：「不可。豫机上肉耳，然豫倚金人爲重，不知擒滅劉豫，得河南地，可遂使虜不內侵乎②？光世將家子，將率士卒多出其門下，若無故罷之，恐人心不可。」浚不悦。鼎復言：「强弱不敵，宜且自守，未可以進。」繇是與彥質俱罷云。

是日，京東淮東宣撫處置使韓世忠引兵攻淮陽軍，敗之。此據趙甡之遺史。國史及世忠碑誌皆無之。日曆，紹興七年正月十六日戊寅，京東淮東宣撫處置使司差右武大夫劉寬齎捷報前來行在所投進，有旨，劉寅特與轉一官回授③。即此事也。餘見七年正月辛巳。

5 己亥，賜劉光世、岳飛詔曰：「國家以叛逆不道，狂狡亂常，遂至行師，本非得已。並用威懷之略，不專誅伐之圖。蓋念中原之民，皆吾赤子，迫於暴虐之故，來犯王師，自非交鋒，何忍輕戮？庶幾廣列聖好生之德，開皇天悔禍之衷。卿其明體朕懷，深戒將士，務恢遠馭，不專尚威。凡有俘擒，悉加存撫。將使戴商之舊，益堅思漢之心。蚤致中興，是爲偉績。毋或貪殺，負朕訓言。」樞密院奏：「光世之將馬欽，飛之將寇成等，捕掠各五百人，並行處斬。」已詰問欽、成，故有是詔。

翰林侍讀學士范沖入見，因引疾求去。不許。

6 庚子，進士耿鎡、詹叔霆等八人伏闕上書。鎡等所上書未見，或是留趙鼎，當考。叔霆已見十一月乙丑。尚書省勘會：「朝廷設檢鼓院，以來天下之言④，前後禁止伏闕指揮，非不丁寧。今月七日，進士耿鎡等，不遵禁約，率衆伏闕，顯是故有違戾。切慮軍事之際，因致搖動人情，理宜懲誡。」詔：「耿鎡令平江府差人伴押赴紹興府府學聽讀，叔霆差人押歸本貫信州，並具已收管文狀申省。」仍令尚書省榜諭。

龍圖閣學士、知紹興府孫近兼沿海制置使。徽猷閣待制、知明州仇悆改兼管内安撫使。

直秘閣、主管台州崇道觀陳兖充淮西宣撫司參議官，用劉光世奏也。

7 辛丑，以時雪，賜沿江諸軍柴炭錢，四宣撫司各萬五千緡，殿前行司八千緡⑤。

詔築南壽春城。

貴州助教唐斌陞循州文學。斌，連州人。元符末爲太學生，坐上書詆誣，送本貫自訟齋聽讀。至是，特奏名入五等，從例乞推恩，特録之。

8 壬寅，尚書左僕射、同中書門下平章事兼知樞密院事、都督諸路軍馬兼監修國史趙鼎充觀文殿大學士，兩浙東路安撫制置大使兼知紹興府。制曰：「粤惟入輔之初，密贊親征之議。力與同列，共濟多虞。協股肱心膂之爲，張貔虎熊羆之氣。捷方奏而祈去，章屢却而復來。」其詞學士朱震所草也。詔鼎辭日令上殿，出入如二府儀。朱勝非秀水閑居録云：「趙鼎、張浚争權，浚自謂有却敵之功、興復之策，當獨任國事，諷侍從臺諫及其黨與攻鼎出之。」按紹興九年四月，殿中侍御史謝祖信論鼎初罷相，詞命之臣，欺主以保交，乞不爲貶責之詞。蓋指此事。然是時陳公輔章疏既不降出，則恐不應爲責詞。姑附此，更須參考。

召資政殿學士、提舉臨安府洞霄宮張守赴行在，將代折彥質也。

翰林侍讀學士兼史館修撰、資善堂翊善范沖充龍圖閣直學士，提舉江州太平觀。沖再疏求去，乃有是命。

龍圖閣學士、知紹興府孫近試吏部尚書。熊克小曆載近此除在甲午。蓋誤。

命右司員外郎范直方宣諭川、陝諸州，及撫問吳玠一行將士。三省言：「頃遣宣諭五使，川、陝獨不及。」故命直方往勞軍，且察官吏能否。上召見，賜御寶手曆而遣之。如有違戾詔條者，許先次改正。

江東宣撫使張俊遣參議官直徽猷閣史愿、降授左朝奉大夫郗漸來奏事，且獻所獲僞統領官杜斌等。上貸斌罪，進愿一職、漸一官遣還。

9 癸卯，詔：「岳飛行軍襄、漢，正當雪寒，令學士院降詔撫諭一行將士。」

10 甲辰，尚書司封員外郎蘇符兼資善堂贊讀，赴行在，代范沖也。

資政殿學士、成都等路安撫制置大使兼知成都府席益陞資政殿大學士。

命吏部侍郎、都督行府參議軍事呂祉往建康措置移蹕事務。

11 乙巳，上與宰執語唐開元之治，曰：「姚崇爲相，嘗選除郎吏。明皇仰視屋椽，崇驚愕久之。後因力士請問，知帝所以專任之意。人主任相，當如此。」張浚曰：「明皇以此得之，亦以此失之。楊、李持柄，事無巨細，一切倚仗，馴致大亂，吁可戒焉。」上曰：「不然，卿知所以失否，在於相非其人，非專委之過也。」浚曰：「明皇方其憂勤，賢者獲進，逮其逸樂，小人遂用，此治亂之所以分。陛下灼見本末，天下幸甚。」

尚書左司郎中耿自求引疾求去，罷爲直顯謨閣，知嚴州。

直寶文閣、知臨安府李謨與本府二通判、火作地分兵官皆貶秩，坐不即救火也。

是日⑥，趙鼎入辭。熊克小曆載鼎罷相在此日，蓋誤。鼎既行，上趣令之鎮。鼎力辭新命，且言：「臣才疎智短，昧於周防。無補毫分，徒招怨咎。是宜引分，屏迹山林。」詔不許。鼎在越，惟以束吏恤民爲務。每言：「不束吏，雖善政不能行。蓋除害然後可以興利。易之豫『利建侯行師』，乃所以致豫。解『公用射隼於高墉之上』，謂射隼而去小人，乃所以致解。」鼎之學，得於易者如此。至是，姦猾屏息。又場務，利入之源，不令侵耗，財賦遂足。

12 丙午，秦檜入見。

端明殿學士、簽書樞密院事兼權參知政事折彦質以舊職提舉臨安府洞霄宫。趙鼎既去位，彦質引疾求退，章累上，乃有是命。

崇信奉寧軍節度使、開府儀同三司、江南東路宣撫使張俊加少保，鎮洮崇信奉寧軍節度使，仍舊宣撫使。

龍神衛四廂都指揮使、密州觀察使、權主管殿前司公事楊沂中爲保成軍節度使⑦，殿前都虞候，主管殿前司公事。先是，右司諫陳公輔言：「前日賊犯淮西，諸將用命，捷音屢上，邊土稍寧，蓋廟社之靈，而陛下威德所至。然行賞當不踰時，廟堂必有定議。臣聞濠梁之急，浚遣楊沂中來援，遂破賊兵，此功固不可掩。劉光世不守廬州，而濠梁戍兵輒便抽回，如渦口要地，更無人防守。若非沂中兵至，淮西焉可保哉？光世豈得無罪？此昭然無可疑者。又沂中之勝，以吴錫先登。光世追賊，王德尤爲有力。是二人當有崇奬，以爲諸軍之勸。若韓世忠屯淮東，賊不敢犯。岳飛進破商、虢，擾賊腹脅。二人雖無淮西之功，宜特優寵。使有功見知，則終能爲陛下建中興之業。」朝廷以俊、沂中功尤著，遂優賞之。沂中時年三十五也。

13 丁未，手詔曰：「朝廷設官分職，本以爲民。比年以來，重内輕外，殊失治道之本，朕甚不取。可自今監司郡守秩滿，考其善狀，量與遷擢。治效著聞，即除行在差遣。其郎官未歷民事者，效職通及二年，復加銓擇，使之承流於外。仍令中書御史臺籍記姓名，俟到闕日檢舉引對，參考善否，取旨陞黜。庶幾天下百姓蒙被實惠，以稱朕意。」時張浚專任國政，首言：「親民之官，治道所急。而比年以來，内重外輕，祖宗之法盡廢。流落於外者，終身不獲用；經營於内者，積歲得美官。又官於朝者，不歷民事，利害不明，詔令之行，職事之舉，豈能中理？民多被其害。」遂條具以聞，故有是詔。明年三月癸未所書可參考。

尚書省言：「湖南制置大使呂頤浩、江西制置大使李綱，撫存饑饉，招集流亡，甚稱朝廷委寄之意。」並賜詔書奬諭。仍令江東西、湖南帥臣監司，於旱傷州縣，將奉行優劣，各比較三兩處，申省取旨賞罰。

福建市舶司言：「蕃舶綱首蔡景芳，招誘舶貨，自建炎元年至紹興四年，共收息錢九十八萬緡。」詔補景芳承信郎。

14 戊申，手詔曰：「朕惟養兵之費，皆取於民。吾民甚苦，而吏莫之恤，夤緣軍需，掊斂無藝，朕甚悼之。監司郡守，朕所委寄，以惠養元元者也。今漫不加省，復何賴焉？其各勤乃職，察吏之侵漁納賄者，劾按以聞。

已戒敕三省官，間遣信使，周行諸路。苟庇覆弗治，流毒百姓，朕不汝貸。自今軍事所須，並令州縣揭榜曉諭，餘依紹興元年五月二十四日詔旨施行，無或違戾。」

觀文殿學士、醴泉觀使兼侍讀秦檜令行在所講筵供職。觀文殿學士、行宮同留守孟庾充行宮留守。

詔：「川、陜進士，將來省試，令四川制置大使司依舊例施行。其合預殿試人，並赴行在。」仍給五人銜官驛券⑧，自是爲例。

都官員外郎馮康國言：「四川州縣，税色輕重不同。祖宗以來，正税重者折科稍輕，正税輕者折科稍重。折科權衡，與税平準，所以無偏重偏輕之患。四川地狹民貧，行之百有餘年，常産之民，甚以爲安。近年川陜宣司、隨軍漕臣與總司官屬，貪應辦之賞，矜措置之能，悉將祖宗兩税、舊法折科，輒肆改易，反覆紐折，取數務多。折科一改，遂爲永例。棄業逃移，由兹而致。天聽高遠，聲何由聞？此蜀民之大患，朝廷之所未知也。伏望並行住罷，一遵舊例。」詔如康國請行下，仍令憲臣察其不如法者。

15 己酉，詔自今前宰相到闕，並許張蓋。爲秦檜故也。

左從事郎、江西制置大使司幹辦公事許忻特改合入官，堂除見闕知縣，令中書籍記姓名，俟滿日考其治狀，與内外陞擢差遣。忻，翰弟，上召對而命之。

16 庚戌，詔：「館職如在職二年已上⑨，知縣資序人，與除大郡通判。通判資序人，除知州軍。任滿到闕，令閤門引見上殿，當參考治狀善否，取旨陞黜。仍令中書省、御史臺籍記姓名。」

17 辛亥，資政殿大學士、提舉臨安府洞霄宮張守自常州入見，即日除參知政事。

詔：「監司守貳，委寄非輕。除授非人，百姓受弊。比年員多闕少，致有除代數政，尚慮選擇失當，其間不無望實未副之人，可令中書省開具已除監司守貳姓名，送中書後省、御史臺。今後遇闕到前半年，並加銓量，如有不可任用之人，具詣實聞奏，與改作自陳宮觀。」三省言：「知通等闕，近來往往取作堂除，致吏部員多缺少，差注不行。」詔知通除依舊格堂除並量留外，餘闕并寺監正丞、博士，登聞檢鼓進奏官告文思諸司、諸軍糧審院、倉場庫務局所、法寺官、外路學官，並令吏部按法差注。呂頤浩、秦檜之共政也，嘗以寺監丞以下闕歸吏部，紹興二年四月。旋又復之。趙鼎爲政，稍取諸郡倅闕堂除。五年閏二月。至是，復以內外百闕隸銓曹，然不能久也。

詔：「樞密院都督府效士，並令附來年春選人類試。所就試時務策一道，分優平兩等。優等人再令學士院召試，訪以時務，文理優異者，取旨推恩。」

18 壬子，詔張守兼權樞密院事。

江州進士孫復禮投匭訟德安令黃覿不法，御筆令監司究實。上諭大臣曰：「復禮亦須知管，如體究所訟不實，即痛與懲誡。檢鼓院止許士庶陳獻利害，儻挾私怨，有所中傷，不惟長告訐之風，亦非求言本意。」

司農少卿、提領江淮營田樊賓等言：

淮南自兵火之後，肥饒之地，今多荒蕪。蓋因民户稀少，艱於廣行召募。深恐所闕田土，不至大段增廣。今諸大帥屯戍淮上，而瀕淮之地，曠土千里，賊馬遠遁，邊境肅清。欲望特降睿旨，令諸大帥摽撥係官空閑無主荒田，倣古屯田之制，斟酌多寡，於所部軍兵内，以十分爲率，摘那下等一分或二分，置立屯堡，使就田作。仍差諳曉農事將領主管，使臣監轄，依已降指揮，官給牛具借貸之類。其所收斛斗，除樁出次年種子，官與力耕之人，中停均分。請給衣糧，並不裁減。其官中所得分數内，支四釐充主管官，六釐充監轄使臣職田。如遇軍事警急，則權住作田，併充軍用。候至歲終，比較以所收斛斗，從本司保明申奏，優異推賞。如蒙俞允，乞以田五十頃爲一屯，作十莊，差主管將領一員，監轄使臣五員，軍兵二百五十人。如次年地熟，人力有餘，願添田，聽從其便。

詔三大帥相度可否行之。

僞通直郎劉駜自耀州脱身來歸，以爲右修職郎。

19
乙卯，右司諫王縉言：

風俗頽弊，起於士大夫貪冒無耻，不可不革。今有不用舉主，不問考第，因近臣薦對，即改官陞擢者。用此以待才能之高而廉退自守，固善也。如亦與人不相遠，或事請謁而得之，聞者歆羡，安得不馳鶩乎？初改官略資序差通判者，用此以待治狀著聞，奬擢示勸，固善也。如亦碌碌夤緣干托而得之，人皆有求進之心，而憚於作縣，安得不馳鶩乎？故欲息奔競，必在朝廷有以息之。不澄其源，雖降約束無益也。欲乞明詔大臣，自今除賢能之人宜擢用者待以不次外，其餘並依吏部格法，則各安分守，職業交修，頹風復振，賢才輩出矣。詔三省遵守。

20丙辰，鎮南軍節度使、開府儀同三司、荆湖南路安撫制置大使兼知潭州吕頤浩爲兩浙西路安撫制置大使兼知臨安府，仍赴行在奏事訖之任。

寶文閣學士、新知襄陽府劉洪道知潭州，充荆湖南路安撫使，仍兼都督府參謀軍事。

新荆湖北路兵馬鈐轄張旦仍舊知襄陽府。

尚書禮部員外郎、都督府主管機宜文字楊晨爲夔州路轉運判官，用丙午詔也。初命詞給告，仍詔自今視此。

侍御史周秘請内責之户部，外責之漕司，搜括失陷，裁損冗費，以每歲所入者，專充經常之費，以向所泛取者，留爲不時之用。詔赴户部。

詔：「淮北之民，皆朝廷赤子，迫於暴虐，使犯兵威。憐其無辜，死於鋒鏑，可更遣官，於藕塘鎮設黄籙醮三晝夜追薦之。」

故武節郎劉廣特贈武翼大夫、閤門宣贊舍人，與三資恩澤。廣，張俊部曲，淮西之役死焉。

21丁巳，少保、武寧保静寧國軍節度使、淮南西路兼太平州宣撫使劉光世爲護國鎮安保静軍節度使。光世以王德追賊之勞，乃有是命。

翰林學士朱震乞以自古循吏傳編成一書，遇守令有治行者賜之。上曰：「不若有治行者或進官，或擢用，無治行者隨輕重責罰。賞罰既行，自有懲勸，賜循吏傳恐無補於治⑩。」

詔諸路監司，今後分上下半年，開具所部知縣有無善政顯著、繆懦不職之人，申尚書省。時巡幸隨軍都轉運使梁汝嘉言，國家方重縣令之任，然近在輦轂之側，耳目所接，無慮數十邑，尚有不能戢吏愛民，以副軫念元元之意。望督責監司，俾之按察。故有是旨。

右朝奉大夫、主管台州崇道觀家彦，投匭獻川陝邊防利害。且言：「宣撫司自王似、盧法原後，便宜轉行朝議大夫至四十五員，皆非殊功異績，特以請求賄賂而得之。」詔制置大使席益取索雜功改轉之人，速行改正。彦，眉山人也。

22 戊午，詔：「自今吏部注擬知通守令，並選擇非老病及不曾犯贓與不緣民事被罪之人，仍申中書門下省審察，旬具注擬人脚色，關御史臺。如非其人，許本臺彈奏。」用中書請也。既而行宮吏部請因民事犯徒已上罪人⑪，如今詔。吏部奏在七年六月己酉。自祖宗以來，以公私贓三等定天下之罪⑫，至是始增民事律焉。

23 己未，兵部尚書、兼權吏禮部尚書劉大中充龍圖閣直學士，知處州，免朝辭。趙鼎既罷政，大中引疾求去位，疏再上，乃命出守。大中又言：「臣以戇愚，積多仇怨。優職便郡，豈臣可堪？至於直降指揮，免辭天陛，進退之際，臣竊有疑。重念臣父左宣教郎湜，見任處州州學教授，有此妨嫌，不敢隱默，乞一在外宮觀。」詔不許。中書勘會，湜合該避親。乃命湜易婺州州學教授。

左司諫陳公輔言：

朝廷所尚，士大夫因之。士大夫所尚，風俗因之。此不可不慎也。國家嘉祐以前，朝廷尚大公之道，不營私意，不植私黨。故士大夫以氣節相高，以議論相可否，未嘗互爲朋比，遂至於雷同苟合也。當是時，是非明，毀譽公，善惡自分，賢否自彰，天下風俗，豈有黨同之弊哉？自熙豐以後，王安石之學著爲定論，自成一家，使人同己。蔡京因之，挾紹述之說，於是士大夫靡靡黨同，而風俗壞矣。

仰惟陛下，天資聰明，聖學高妙。將以痛革積弊，變天下黨同之俗，甚盛舉也。然在朝廷之臣，不能上體聖明，又復輒以私意取程頤之說，謂之伊川學，相率而從之。是以趨時競進，飾詐沽名之徒，翕然胥效，倡爲大言。謂堯、舜、文、武之道，傳之仲尼，仲尼傳之孟軻，軻傳頤，頤死無傳焉。狂言怪語，淫說鄙喻，曰此伊川之文也。幅巾大袖，高視闊步，曰此伊川之行也。能師伊川之文，行伊川之行，則爲賢士大夫，捨此皆非也。臣謂使頤尚在，能了國家事乎？取頤之學，令學者師焉，非獨營私植黨，復有黨同之弊，如蔡京之紹述，且將見淺俗僻陋之習，終至惑亂天下後世矣。且聖人之道，凡所以垂訓萬世，無非中庸，非有甚高難行之說，非有離世異俗之行，在學者允蹈之而已。

伏望聖慈，特加睿斷，察羣臣中有爲此學，相師成風，鼓扇士類者，皆屏絶之。然後明詔天下，以聖人之道，著在方册，炳如日星，學者但能參考衆說，研窮至理，各以己之所長而折中焉。惟不背聖人之意，則道術自明，性理自得。故以此修身，以此事君，以此治天下國家，無乎不可矣。毋執一說，遂成雷同，使天下知朝廷所尚如此，士大夫所尚亦如此，風俗自此皆知復祖宗之時。此今日之務，若緩而急者。

輔臣進呈，張浚批旨曰：「士大夫之學，宜以孔、孟爲師，庶幾言行相稱，可濟時用。覽臣寮所奏，深用憮然。可布告中外，使知朕意。」先是，范沖既去位，公輔以沖所薦，不自安。會耿鎡等伏闕上書，或者因指公輔靖康鼓唱之謗，公輔懼，見上求去，因上此疏。詔：「公輔朕所親擢，非由薦引，可令安職，毋得再請。」時朱震在經筵，不能諍，論者非之。熊克小曆略載此事於明年正月，但云⑬：「上因語學者，當以孔、孟爲師。」按日曆，此日無聖語，但於公輔奏後書有旨云云，則是大臣批旨也。今從日曆。

湖北經略安撫使王庶乞令澧、辰、沅、靖四州，以閑田共招刀弩手三千五百人。沅州千五百，辰州千人，澧、靖州各五百，餘田召人承佃。從之。四郡刀弩手，舊額萬人。靖康末調赴河東，少還者。至是，朝廷命庶相度招填，故有是請也。

詔：「宗室添差不釐務者，皆作宮觀嶽廟。」

尚書駕部員外郎張宇知撫州。宇，守兄，避親嫌也。

權户部侍郎王俁請申嚴截留兑借上供及右曹錢物執奏不行之法。詔：「自今非有軍期急速，不得輒有陳乞支借。」餘從之。

24 辛酉，詔張浚監修國史。

御筆：「徽猷閣直學士、知鎮江府胡世將爲給事中。」上謂參知政事張守曰：「本不須親批，恐卿以鄉人爲嫌。」守曰：「臣蒙恩備位政地纔旬日，未有一毫以慰中外。首召世將，必謂臣私於鄉黨。實以常州多士，時有進用者。臣頊在廟堂，屢遭此謗。凡惡臣者，皆以藉口。」上曰：「擢用人才，豈可以嫌自疑？世將之賢，朕固知之。」守曰：「如世將人才，誠不易得。臣頊固嘗論薦，亦不敢以臣之私，妨嫌賢者。但世將雖陛下親擢，恐遠近不能户曉。」上曰：「無慮也。」

詔：「以山陰至長沙四十縣，並作堂除。浙西之邑十四，浙東九，江東八，江西、福建各四，湖南一。」先是，上既詔銓擇郎官補外，而左司諫陳公輔言：「縣令之職，尤爲近民。望將寺監丞簿編删六院官，已改秩未歷民事之人，各與銓擇，取繁難大邑近見闕，作堂除一次。還日陞黜，如詔旨。」詔見是月丙午。事下左右司。至是，都司請以編删已下，嘗歷州縣未滿三考之人，堂除大邑。俟去替半年，未有堂除之人，即於本路注擬。從之。

直徽猷閣、知廬州趙康直進職二等。敵之寇淮西也，康直乘城不動，民賴以安，故有是命。

賜故安化郡王王稟家建康田十頃，銀帛五百匹兩。稟守太原死節，事見靖康元年九月丙寅。其子忠訓郎莊等流寓貴州。前是，樞密院言其忠，召莊至行在，以爲樞密院準備差遣，至是又優恤焉。

僞齊劉豫密知金人有廢己之謀，是冬，遣皇子府參謀馮長寧請於金，欲立淮西王麟爲太子，以嘗其意。金主亶謂之曰：「先帝所以立爾者，以爾有德於河南之民也。爾子還有德耶？我未之聞也。徐當遣人咨訪河南百姓以定之。」

夏國主乾順遣兵渡河，自天德軍至韃靼⑭，取所亡馬而歸，不假道於金。時左監軍撒離喝在雲中⑮，不敢詰。僞齊録有劉豫謝封曹王表云：「俄知廢罷之議，愈堅措畫之心。」是金人廢之之意，豫蓋先知也。今略採取，附見。

是歲，樞密院始空名給據，許諸軍代名之人赴軍書填，一切不問。紹興九年九月辛卯所書可參考。

兩浙轉運司始取婺、秀、平江歲計寬剩錢二十二萬緡。自是以爲例。

右奉議郎、河北軍前通問使魏行可爲金所拘，至是九年。或謂行可嘗上金帥書，警以不戢自焚之禍，以謂：「大國舉中原與劉豫，劉氏何德，趙氏何罪哉？若亟以還趙氏，賢於奉劉氏萬萬也。」是歲，行可卒。未幾，其副右武大夫果州團練使郭元邁亦卒於金中。行可十四年正月丁酉贈官。

校勘記

①彥質於賊馬南向之時　「賊」，原作「敵」，據皇朝中興繫年要録節要卷八改。

②可遂使虜不内侵乎　「虜」，原作「金」，據皇朝中興繫年要録節要改。

③京東淮東宣撫處置使司差右武大夫劉寬齎捷報前來行在所投進有旨劉寅特與轉一官回授　此注既言劉寬報捷，則依例轉一官者即寬也，而下文作寅，不知何故。以其名與事跡俱難考知，故一仍舊文而不改。

④以來天下之言　「來」，叢書本作「求」。

⑤殿前行司八千緡　「千」，原作「十」，據叢書本改。

⑥是日　二字前原有「歴」字，據叢書本删。

⑦龍神衛四廂都指揮使密州觀察使權主管殿前司公事楊沂中爲保成軍節度使　「成」，原作「城」，據本書卷一一三改。宋史卷二八高宗紀五即作「成」。本書卷七建炎元年七月乙卯：「改府州靖康軍爲保成軍。」

⑧仍給五人衙官驛券　「官」，原作「門」，本書卷八三有「付神武中軍，仍給五人衙官券」語，周必大益國文忠公集卷一四一薦林永叔劄子亦有「令臨安府破五人衙官券」語，因據改。宋史卷一七二職官志一二給券：「京府按事畿内，幕職州縣出境，比較錢穀，覆按刑獄，並給券。其赴任川陝者給驛券，赴福建、廣南者所過給倉券，入本路給驛券，皆至任則止。」

⑨詔館職如在職二年已上　「館」，原作「官」，據宋史全文卷一九下改。

⑩賜循吏傳恐無補於治　「治」，皇朝中興繫年要録節要作「事」。

⑪既而行宫吏部請因民事犯徒已上罪人　「因」，原作「曰」，據皇朝中興繫年要録節要改。

⑫以公私贓罪三等定天下之罪　「罪」，原闕，據皇朝中興繫年要録節要補。

⑬但云　「但」，原作「旦」，據叢書本改。

⑭自天德軍至韃靼　「韃靼」，原作「塔坦」，據金人地名考證改。

⑮時左監軍撒離喝在雲中　「撒離喝」，原作「薩里罕」，據金人地名考證改。

建炎以來繫年要録卷一百八

1 紹興七年歲次丁巳。金熙宗亶天會十五年，僞齊劉豫阜昌八年。春正月癸亥朔，上在平江。手詔曰：「朕獲奉丕圖，行將一紀。每念多故，惕然於心。屬叛逆以來侵，幸以時而克定。重念兩宫征駕，未還於殊俗；列聖陵寢，尚隔於妖氛。黎元多艱，兵革靡息。永惟厥咎，在予一人。其敢即安，彌忘大業？將乘春律，往臨大江，駐蹕建康，以察天意。播告遐邇，俾迪朕懷。」

時左司諫陳公輔亦勸上幸建康甚力。公輔嘗言：

臣熟思今日恢復之策，不出攻守二事。攻者以我攻彼也，守者防彼攻我也。以我攻彼，則乘機而動，量敵而進，可速可遲，其勢皆在我也。防彼攻我，則突然長驅，忽爾入犯，有莫測之變，有難當之鋒，其勢皆在彼也。以彼我之勢論之，攻雖爲難，而守之爲尤難。攻雖在所急，而守之尤在所急。今朝廷分委大將，各提重兵。天威震疊，士氣鼓勇。所謂攻之之策，廟堂有成算，主帥有遠略[1]，臣不得而議也。唯守之之策，臣請詳言之。

陛下已詔移蹕建康，前臨大江，俯近僞境，非若臨安之比也，防守之備，可不嚴乎？又況豫賊雖屢敗而未曾殄滅，事窮勢逼，必須求救金人。我之所患，不在豫賊，唯防金人。雖嘗逆料金人不争土地，唯利金帛。知吾國家所有，不如往時，彼無所貪，必不妄動。然原其所以立豫之意，非唯使我中國自相屠戮，亦欲爲其藩籬。今聞車駕進蹕建康，有北向之意。若漸逼中原，豫賊難立，金人必須援之。矧河北便是敵區，驅兵而入，計亦不遠，吾豈可不過爲計哉？勿信探報之言，謂敵勢已衰，不足深慮。寧守之而不來，不可俟其來而不守也。臣竊見淮東州縣相連，道里不遠，楚、泗兩州，城壁堅牢，大軍分屯，烽堠相望，此其勢不易犯也。唯淮西路分闊遠，止有一軍，今將移蹕建康，則其地尤重於淮東矣。臣愚欲乞措置淮西，先選大臣以臨之，更增兵將以實之。要害之處，不可空虛。使西連岳、鄂，東接楚、泗，皆有犄角之形。仍令諸大將，緩急相援，首尾相應。則雖敵騎之來，不足畏矣。

公輔又言：「議者皆以兵少爲憂，臣獨以兵多爲憂。望諭諸大將，據見在兵數，擇羸弱者别項差使，老病者去之。仍罷諸般私占，盡以壯强，日赴閲習。則雖少而精，可以取勝。」又言：「諸將或邀求無厭，以至各爲異議，輕視朝廷。此無他，御之未得其道。願加之以威，處之以法。苟有惡不問，有罪不治，且將肆其桀驁，又安敢望其立功邪？」

置御前軍器局於建康府，歲造全裝甲五千，矢百萬。以中侍大夫、岷州觀察使、行營中護軍忠勇軍統制楊忠憫充提點，仍隸樞密院及工部。

2 甲子，命巡幸隨軍都轉運使梁汝嘉先往建康，趣繕行宮，及按視程頓。

皇伯閬州觀察使、同知大宗正事、安定郡王令廬爲鎮東軍承宣使，以積閲遷也。

3丙寅，上諭大臣曰：「昨日張俊呈馬，因爲區別良否優劣及所産之地，皆不差。」張浚曰：「臣聞陛下聞馬足聲而能知其良否。」上曰：「然。聞步驟之聲，雖隔牆垣可辨也。凡物苟得其要，亦不難辨。」浚曰：「物具形色，猶或易辨，惟知人爲難。」上曰：「人誠難知。」浚因奏：「人材雖難知，但議論剛正，面目嚴冷，則其人必不肯爲非。阿諛便佞，固寵患失，則其人必不可用。」上亦以爲然。

直寶文閣、知臨安府李謨移鎮江府。

四川制置大使席益言：「知劍州王彦，智勇謀略，自其所長，而爲政治民，有古循吏風，一郡信服其條教。伏望特加褒異。」詔賜金帶，仍降敕書獎諭。趙甡之遺史云：「王彦爲人好奢喜佞，矯僞不情。」當考。

4丁卯，左宣奉大夫、守尚書右僕射、同中書門下平章事兼知樞密院事、都督諸路軍馬張浚，以破賊功遷特進。

資政殿學士、提舉臨安府洞霄宫沈與求提舉萬壽觀兼侍讀。

户部員外郎霍蠡自鄂州軍前來奏事，言：「今軍事所須而病民最甚者，莫如月椿錢。所謂月椿錢者，不問州縣有無，皆有定額。所椿窠名[2]，曾不能給其額之什二三，自餘則一切出於州縣之吏，臨時措畫，銖銖而積，僅能充數，一月未畢，而後月之期已迫矣。願詔諸路守臣，各條具逐州所椿之錢，實有窠名者幾何，臨時措畫者若何而辦，召諸路漕臣稟決可否而罷行之。」詔諸路通判開具申尚書省。翼日，賜蠡五品服遣還。

龍圖閣直學士、提舉江州太平觀汪藻再遷一官，以編類元符庚辰以來詔旨成書也。其屬官右朝奉郎、新知無爲軍鮑延祖、左從政郎新徽州歙縣丞孟處義皆進秩。初，詔處義比類循資，而處義言，自來修書推恩，即無比類例體，乃命改次等京官。二月乙巳降旨。

5 己巳，履正大夫、崇信軍承宣使、行營中護軍、江南東路宣撫使司前軍統制軍馬張宗顔爲武信軍承宣使，賞功也。初，命宗顔帶軍職落階官，爲麟州觀察使，而宗顔辭軍職，於是改命。餘統制官酈瓊、田師中以下，第賞有差。左宣教郎、新夔州路轉運判官楊晨直秘閣，用行府官屬賞也。

詔京西、陝西來歸之民③，已命湖北京西宣撫司授田給種，其令岳飛以軍儲米萬斛付諸州賑給之。

6 辛未，中書舍人兼權禮部侍郎董弅充集英殿修撰，知衢州，免謝辭。先是，有旨禁伊川學，録黄下禮部，吏部員外郎兼權郎官黄次山欲鏤板，弅曰：「少俟之。」乃以己見求對，弅即申奏。　御史臺謂弅沮格詔令。　御史周秘見上言：「昨者在廷之臣，以一家之學，誘天下之人，而使之同己，士大夫靡然從之，風俗幾爲之變。陛下灼見其弊，乃因臣僚論列，特降聖訓，且使布告中外。命下禮部，郎官欲遵故例，遍牒所屬，弅獨難之，戒諭曹吏，無得印發。其意猶不以前日所行爲非，而今日命令爲是也。蓋弅素無士行，躐躋侍從。今朝廷略其朋附之罪，已賜寬容。而弅猶敢肆其凶愎，沮格詔令，無所忌憚，一至於此。若不斥之於早，臣恐陰邪害政，無所不至。」故弅遂罷。日曆正月六日戊辰，中書舍人董弅已見進對，七日己巳，侍御史周秘本職進對。

直秘閣、新兩浙東路提點刑獄公事張九成罷。先是，左司諫陳公輔入對，論：「九成平日所爲，無非矯僞。苟無仕宦之心，自當不事科舉。既僥倖一第，而堅欲辭榮，亦可謂不相副矣。不知朝廷何意，每因其辭，輒復遷擢，彼亦何憚而不辭？伏望聖慈特降睿旨，罷浙東提刑，與宫觀差遣，遂其自高之志，且爲矯僞者之戒。」詔九成與小郡。九成又辭，乃以九成主管江州太平觀。

詔江東宣撫使張俊特賜御筵，令入内内侍省都知一員押伴。時俊自軍中來奏事，復還泗州。俊入朝，未見本日。按此月丙寅，上諭大臣，已稱昨日張俊呈馬。或是歲前入朝，亦未可知。當求他書參考。

7 壬申，龍圖閣直學士、新知處州劉大中降充龍圖閣待制。侍御史周秘論：「大中平日委親從官，蓋非安分知足之人。今陛下待遇之禮未衰，而大中汲汲求去，乃以不獲陛辭，疑陛下進退羣臣之禮未盡，可謂無禮矣。欲望鐫奪職名，少警在位。」故有是命。

8 癸酉，張浚懇辭特進之命。上曰：「朕以賞罰治天下。如卿大臣，固不俟勸。然賞不行，則四方萬里，無由知卿之功。」浚曰：「爲陛下宣力，臣之職分。而恩禮之優，固不敢當。且向緣富平敗事，受天下之責。借或自效微勞，僅足補過。兼諸大將及偏裨，邇來策勳，無由厭足所欲，惟臣不受賞，庶幾有以服衆。」上曰：「富平之失，卿以宫祠去位，朕所以示罰也。今日有功，則賞可後乎？卿每有制除，必再三辭避，恐於君臣之義，有所未安。」浚恐悚奉詔。

詔兩浙、江東西、湖北漕臣向子諲等七人，以餉軍之勞，各減三年磨勘。

翰林學士兼侍讀朱震引疾乞在外宫觀，不許。先是，董弅免官，震乃白張浚求去。徽猷閣待制胡安國聞之，以書遺其子徽猷閣待制寅曰：「子發求去，晚矣。當公輔之説纔上，若據正論力爭，則進退之義明。今不發一言，默然而去，豈不負平日所學？惜哉！且復問宰相云：『某當去否？』既數日，又云：『今少定矣。』此何等語？遇緩急則是偷生免死計，豈能爲國遠慮？平生讀易何爲也？」於是安國自上奏曰：「士以孔、孟爲師，不易之至論。然孔、孟之道久矣，自程頤始發明之，而後其道可學，而至今使學者師孔、孟而禁不得從頤之學，是入室而不由户也。夫頤之文，於諸經語、孟則發其微旨，而知求仁之方，入德之序，鄙言怪語，豈其文哉？頤之行則孝弟顯於家，忠誠動於鄉，非其道義，一介不以取予，則高視闊步，豈其行哉？自嘉祐以來，頤與兄顥，及邵雍、張載，皆以道德名世，如司馬光、吕大防莫不薦之。頤有易、春秋傳，雍有經世書，載有正蒙書，惟顥未及著書。望下禮官討論故事，加此四人封爵，載在祀典，比於荀、揚之列，仍詔館閣，裒其遺書，以羽翼六經，使邪説不得作，而道術定矣。」

9 甲戌，淮西宣撫使司隨軍使喚張遠特補右迪功郎。遠，歸正人也。

10 乙亥，秘書省著作佐郎勾龍如淵爲尚書祠部員外郎。秘書省正字張嵲爲秘書郎。秘書省正字兼史館校勘高閌爲校書郎。

直秘閣、新知信州周葵提點荆湖南路刑獄公事。直秘閣、新知吉州謝祖信提點兩浙東路刑獄公事。祖信爲御史，坐與章惇連姻補郡，趙鼎既罷，姑以部使者處之。葵以論事語侵鼎去朝，及是並命。

殿中侍御史石公揆言：「官冗之弊寖廣，當有所汰。軍興之費日繁，當有所補。今宫廟之官，文武不下千有餘員，如未曾出官，及世家厚禄之人，皆可減罷。其諸司屬官、州郡攝官，悉宜減省。」詔左右司取索看詳，可減者行之。

11 丙子，端明殿學士、提舉江州太平觀董耘卒於明州，特贈資政殿學士。

12 丁丑，太常少卿林季仲以母老乞補外，除直龍圖閣、知泉州。

秘書省著作佐郎王蘋通判常州，從所請也。

13 戊寅，吏部尚書孫近兼史館修撰，尋又兼侍讀。

右武大夫、開州團練使、帶御器械、權提舉宿衛親兵劉錡權主管馬軍司并殿前步軍司公事。初，行營前護副軍都統制王彦鎮金州，其使臣王善亡去，至是，在權主管馬軍司公事解潛軍中。彦遣將執之，兩軍之士，交鬭於通衢，中外洶洶。會平江民居火，潛所部兵入人室，聲言救火，而攘其貨。巡幸隨軍都轉運使梁汝嘉時在平江，亦頗爲所掠。侍御史周秘論潛罪，詔軍士免推治，管幹使臣李堯臣等降二官。潛閤門待罪。張浚因薦錡文武兩器，真大將才，故有是命。

右承事郎王大智落致仕，張浚薦之也。

右武大夫、興州防禦使李琮落致仕，與宫觀。琮故宦者，娶童貫女，以嘗給事藩邸，故復起之。右司諫王縉論琮在宣和間倚貫聲勢，罪惡不可具言。望賜追寢，以快輿人之論。命遂止。縉論列在五月丁亥。縉墓誌云：「内侍李琮，童貫婿也。已致仕，詔起之奉祠。公言梓宫未還，天下痛憤，忍令童貫婿再仕乎？」命遂止。按日曆中所載縉疏，乃無此語。當是朝廷節貼，或止上前口奏，亦未可知。日曆五月甲戌，右司諫王縉本職進對，在此前十三日，自後别無降出縉章疏，故知縉入對，即是論此事也。

14 己卯，吏部尚書孫近言：「竊見陛下戎輅撫師，凡六曹事有格法者，悉付之有司，而廟堂始得專意於恢復之功。今已過防冬，將遂解嚴。苟常程細務，又復全集，則恐廟堂之上，日力有不暇給，而一二大臣，將不得專意於恢復之圖矣。伏望明詔三省樞密院，惟甲兵征伐，土地開闢，金穀饋運，戰士功賞，叛亡招納，凡所以靖中原禦外侮者，日夜講究，而常程之事，仍復付之有司，有不能決者，然後申覆。庶幾早克有濟。」輔臣進呈，上曰：「近所論甚當，常程事盡可付之六曹，令與決行下。」張守奏：「六曹有常法，故四方所奏禀，或不能專決，而朝廷則取旨施行。」上曰：「固然。但六曹長貳不任責，則巨細皆取決於朝廷。任責，則朝廷事自清簡。要當慎擇長貳而已。」乃如所奏，令三省樞密院遵守。

是日，直寶文閣、新知鎮江府李謨過行在入見。時都督府統制官种溍屯江上，軍民不相安，人情惴恐。謨次丹陽，或勸謨繕騎嚴兵而後入，巡尉部千百人執戈以衛。謨笑曰：「設有急，若輩足恃乎？」趣使散去，延見吏民如平日，一府帖然。溍見謨感泣。

15 庚辰，起復洪州觀察使行營前護副軍都統制王彥、協忠大夫華州觀察使權主管侍衛馬軍司公事解潛，各貶秩一等，潛仍於遙郡上降，坐總兵扈衛軍政不肅故也。給事中胡世將奏：「潛統軍無律，不黜無以明賞罰。」乃罷潛管軍，提舉江州太平觀。潛，趙鼎所薦也。熊克小曆稱彥爲樞密院都統制。又稱是月併罷彥、潛，以兩軍屬劉錡。皆小誤。彥罷兵柄在三月庚辰。

左朝奉大夫淮西宣撫使司主管機宜文字王擇仁、右承務郎張體純等六人，以從軍之勞，各進一官。初，命吏部侍郎兼都督府參議軍事呂祉相度，築采石、宣化渡二城。祉言：「宣化渡之靜安鎮，度城圍千三百步④，其半依山修築。采石渡有舊城基，因而爲之，度三百五十步有奇，工料可省。」從之。

16 辛巳，韓世忠奏，已還軍楚州。上因諭：「淮陽取之不難，但未易守。」張守曰：「必淮陽未可進，故世忠退師。」張浚曰：「昔西伯戡黎，祖伊恐，奔告於受。以要害之地，不可失也。淮陽，今劉豫要害之地，故守之必堅。」上曰：「取天下須論形勢。若先據形勢，則餘不勞力而自定矣。正如弈碁，布置大勢既當，自有必勝之理。」

秘書少監吴表臣試太常少卿。

17 癸未，翰林學士兼侍講陳與義參知政事。資政殿學士、新除提舉醴泉觀兼侍讀沈與求同知樞密院事。

左修職郎朱倬特改左宣義郎。倬爲廣東提舉常平司幹辦公事，用明橐薦得召對，論：「得天下有道，在得民心。」因舉咸平中以户口增減爲計臣之殿最，祥符中以雪活冤獄爲憲臣之上第。「願申戒有司，勤恤民隱。今西北之民，已思見官儀矣。陛下幸大固其心，勿小小以傷之，天下幸甚。」詔下其章，而倬有此命。

詔内外諸軍，今年大禮賞給，除禁衛諸軍外，令户部酌度增減一等支給。自渡江以來，神武右軍、中軍之扈從者，賞給與禁衛比，而前左後軍，及劉光世部曲，則視承平時向陽關戍卒例給之，輕重殊絶，韓世忠嘗以爲言。事見四年十月。至是，尚書省言：「在外諸軍，屏捍外寇，事體爲重，其所得賞給反輕；在内軍兵役使爲輕，賞給優重。若不別行措置，終恐未均。」故有是旨。

18 甲申，給事中胡世將兼權直學士院。

19 乙酉，詔：「有密本兵之地，事權宜重。可依祖宗故事，置樞密使副，宰相仍兼樞密使。其知院以下如舊。」自元豐改官制，而密院不置使名。宣政間鄧洵武以少保知樞密院，其後童貫以太師，蔡攸以太保，鄭居中以少師，皆領院事。中興因之。至是，張浚將引秦檜共政，以其舊弼，不可復除執政官，於是浚自兼知樞密院事改兼樞密使。

吏部侍郎吕祉在建康，聞禁伊川學，上奏曰：

臣竊惟孔子删詩，序書，繫周易，作春秋，明禮樂，與門弟子答問，則見於論語。凡學孔子，無如子思、孟子。中庸與七篇之書具存，自漢至本朝，上所教，下所學，鴻儒碩學，端亮閎偉之士，接武於時，何嘗不由此道，豈待程頤而後傳也？臣竊詳程頤之學，大抵宗子思中庸篇，以爲入德之要。中庸曰：「君子之中庸時中。」程頤之所得也。近世小人，見靖康以來，其學稍傳，其徒楊時輩，驟躋要近，名動一時，意欲歆慕之，遂變巾易服，更相汲引，以列於朝，則曰，此伊川之學也。其惡直醜正，欲擠排之，則又爲之説曰：「此王氏之學，非吾徒也。」號爲伊川之學者，類非有守之士，考其素行，蓋小人之所不爲。有李處廉者知瑞安縣，專事貨賂，交結權貴。取程頤文并雜説，刊板作帙，遍遺朝士。朋比者交口稱譽，謂處廉學伊川。近聞處廉犯入己贓繫獄，罪當棄市，遠近傳笑。此皆子思所謂小人之中庸而無忌憚者也。中庸一也，然有君子之中庸，有小人之中庸，非其學之謬，乃學者之罪也。臣寮所論，可謂切理。望將前日聖旨指揮，連臣寮所論，出榜諸路州縣學舍，使學者皆知舊學，而不爲近世小人之所習，以補治化。

從之。先是，處廉以右宣教郎、知瑞安縣，爲監司所按。殿中侍御史石公揆又疏其罪，詔趣具獄，故祉言及之。公揆論處廉罷，在是月辛巳。

寶文閣直學士、江西都轉運使趙子湜復知西外宗正事。子湜，趙鼎所用也。

福建路轉運判官蘇良治、荆湖北路轉運判官李若虚、兩浙東路提舉常平茶鹽公事鄭績、提舉兩浙路市舶王時並罷。先是，朝論欲重監司之選，而侍御史周秘奏良治，時貪鄙無行，又言若虚止嘗歷秀州司户一考，績自提轄文思院徑除監司，二人尤爲超躐，故並罷。仍以若虚爲湖北京西宣撫司參議官。

命四川制置大使司存恤劉惟輔、張嚴家屬，其兄弟子孫皆與陞等差遣，無官人具名申樞密院。

20 丙戌，詔：「以知州軍諸郡通判各六十一闕歸吏部。」用左右司奏也。於是堂除郡守之闕一百九，通判之闕八十。

21 丁亥，閤門祗候充問安使何蘚、承節郎都督行府帳前準備差使范寧之至自金國，得右副元帥宗弼書，報道君皇帝、寧德皇后相繼上仙。張浚等入見於内殿之後廡，上號慟擗踊，終日不食。浚奏：「天子之孝與士庶不同，必也仰思所以承宗廟奉社稷者。今梓宫未返，天下塗炭，至讎深耻，亘古所無。陛下揮涕而起，斂髮而趨，一怒以安天下之民，臣猶以爲晚也。」上猶不聽，浚等伏地固請，乃進少粥。

是日，百官詣行宫西廊發喪。故事，沿邊不舉哀。特詔宣撫使至副將以上，即軍中成服，將校哭於本營，三日止。時事出非常，禮部長貳俱闕，而新除太常少卿吴表臣未至，一時禮儀，皆秘書省正字、權禮部郎官孫道夫草定。方議論之際，翰林學士朱震多依違，人或罪其緘默。朱震事，據呂大麟見聞志附入。大麟又言：「獨王蘋以謂，若子發建明，是己取名，而歸過於上也。子發之意，或取於此。」按蘋此時已出爲常倅、兼秘書省，正在臨安，今且附此俟考。

觀文殿學士、醴泉觀使兼侍讀秦檜爲樞密使，應干恩數，並依見任宰相條例施行。故事，宰執新除，雖到堂，即時還第辭免。至是，以何薛等還，留檜議事，不許歸第。

尚書右司員外郎徐林直顯謨閣，充江南西路轉運副使。以林引更迭詔書有請也。

命内侍梁邦彦提舉欽奉几筵。

22 戊子，爲太上皇帝、寧德皇后立重，詔諸路州縣寺觀各建道場七晝夜，禁屠宰三日。

新除樞密使秦檜乞立知樞密院事班，不許。檜又乞於宰臣之後，執政之前，別作一班，亦不許。檜又奏言：「竊恐未盡祖宗典故，欲望依臣所請，仍乞應干恩數，比宰臣並行裁減。」上優詔諭之。檜第二奏在是月辛丑，第三奏在二月甲申，今聯書之。林泉野記云：「檜爲樞密使，無所建明，惟奉張浚而已。」

23 己丑，上成服於几筵殿，倣景靈宮，分前後設幄，宗室各以其服服之，無服者三日除。建國公瑗、和州防禦使璩，各以其官服。手詔降諸路流罪以下囚一等，内鬬殺情輕者降配，釋杖以下。詔平江諸佛寺聲鐘十五萬杵，選僧道三十有五人醮祭作佛事。

降授武功大夫、高州刺史、福建路兵馬鈐轄藍公佐復左武大夫、榮州防禦使，知閤門事。

24 庚寅，張浚等請入奏事，上遣幹辦御藥院趙轍宣旨曰：「知欲奏事，以荒迷中，未能裁決庶政，兼不知祖宗故事嘗有此否，恐今日行之，便爲典禮。」浚等曰：「祖宗故事，未聽政之時，大臣亦得進見。今日臣等非敢奏事，實以爲上哭踊過哀，不勝憂懼，欲一望天表。」輸入奏，復宣旨曰：「深欲一見羣臣，以哀迷未能支持。借或相見，不過慟哭而已。」浚等流涕奉詔。

右司員外郎權太常少卿樓炤等言：「陰陽家每遇辰日忌哭。」張浚奏：「合取自聖裁。」詔辰日不得忌哭。

25 辛卯，詔：「百官禁樂二十七日，庶人三日，行在七日，宗室三日。外勿禁嫁娶。」用太常請也。

是日，四川都轉運使李迨始視事。時茶馬司闕官，命迨兼領。自熙豐以來，始即熙、秦、戎、黎等州置場買馬，而川茶通於永興四路。故成都府、秦州皆有榷茶司、馬監牧司，各置官吏。至是，關、陝既失，迨請合爲一司，名都大提舉茶馬司，以省冗費。從之。後月餘，迨至成都，徽猷閣待制趙開乃辭漕職。都運司題名：「趙開今年三月八日替。」

是月，名周處廟曰英烈。後封處忠勇仁惠侯。封侯在二十六年二月。

校勘記

① 主帥有遠略　「帥」，原作「師」，據叢書本改。

② 所椿窠名　「所」，原作「如」，據叢書本改。

③ 京西陝西來歸之民　「京西」，原作「京東」，據宋史卷二八高宗紀五改。

④ 度城圍千三百步　「度」，原作「渡」，據下文及叢書本改。

建炎以來繫年要録卷一百九

1 紹興七年二月癸巳朔，百官七上表，請遵易月之制。詔：「外朝勉從所請。其三年之喪，人子所以自盡者，朕悉於宮中行之。」

2 丙申，夜，太平州火。日曆，太平州申，二月初五日，在城火起。而李致虛家陳狀，稱二月四日，城内遺火。所云不同。按本州所申又云：「上丁釋奠，知通致齋。」則是初四日夜火也。

3 丁酉，鎮江府火。先是，僞齊劉豫遣姦細縱火於淮甸及沿江諸州。於是，山陽、儀真、廣陵、京口、當塗皆被其害。淮西宣撫使劉光世軍於當塗郡治，其府被焚，軍須帑藏，一夕而盡。太平州録事參軍吕應中、當塗丞李致虛，悉以燔死。致虛時攝縣事，後求得其屍，尚握縣印。事聞，詔鎮江府、太平州各給米二千石，賑民之貧乏者。應中、致虛皆官其家一人焉。二郡賜米在是月甲辰，應中與恩澤在己酉，致虛與恩澤在三月丙寅。

4 己亥，小祥。百官拜表，請聽政。許之。

5 庚子，上始御几筵殿西廡之素幄，召輔臣奏事。張浚見上，深陳國家禍難，涕泣不能興。因乞降詔諭中外。詔曰：「朕以不敏不明，託於士民之上，勉求治道，思濟多艱。而上帝降罰，禍延於我有家。天地崩裂，諱問遠至。嗚呼，朕負終身之戚，懷無窮之恨。凡我臣庶，尚忍聞之乎？今朕所賴，以宏濟大業，在兵與民。

惟爾小大文武之臣，早夜孜孜，思所以治。」

詔：「巡幸建康，可令有司擇日進發。」

右文殿修撰、主管台州崇道觀王倫爲徽猷閣待制，充奉使大金國迎奉梓宮使，武節郎、閤門宣贊舍人高公繪爲武經大夫、達州刺史副之。賜裝錢如前數，仍加賜銀帛各二百兩匹。二月丙午降旨支賜。熊克小曆於四月丁酉始書詔倫等奉迎梓宮，乃朝辭之日也。命内侍撫問劉光世、韓世忠、吴玠、楊沂中，仍賜銀合茶藥。

起復湖北京西宣撫副使岳飛以親兵赴行在。翌日，内殿引對。飛密奏請正建國公皇子之位，人無知者。及對，風動紙摇，飛聲戰，不能句。上諭曰：「卿言雖忠，然握重兵於外，此事非卿所當預也。」飛色落而退。參謀官薛弼繼進，上語之故，且曰：「飛意似不悦，卿自以意開諭之。」此以熊克小曆、張戒默記及薛季宣所録參修。默記又曰：「薛弼以甲子正月，道由建昌①，謂戒曰：『弼之免於禍，天也。往者丁巳歲，被旨從鵬舉入覲②，與鵬舉遇於九江之舟中。鵬舉説曰：「某此行將陳大計。」弼請之，鵬舉云：「近諜報，敵人以丙午元子入京闕，爲朝廷計，莫若正資宗名，則敵謀沮矣。」弼不敢應。抵建康，與弼同日對。鵬舉第一班，弼次之。鵬舉下殿，面如死灰。弼造膝，上曰：「飛適奏，乞正資宗之名。朕諭以卿雖忠，然握重兵於外，此事非卿所當與也。」弼曰：「臣雖在其幕中，然不與聞。昨到九江，但見飛習小楷。況密奏，皆飛自書耳。」上曰：「飛意似不悦，卿自以意開諭之。」弼受旨而退。嗟夫，鵬舉爲大將，而越職及此，其取死宜哉！』弼又云：『不知若箇書生教之耳？』」鵬舉，飛字也。但克記此事，繫於今年四月丁未飛求解帥事時③，則恐誤。飛與弼此時同入對，四月間未嘗再至行在也。日曆：「二月庚子，勘會岳飛已到行在，奉聖旨，令入内内侍省引對。」自後更無對班，而當月二十八日乙卯，降出弼劄子，乞爲靖康以來死節之臣立廟。故知弼與飛繼對，在此日也。飛三月乙亥已朝辭，弼三月丙子除京西帥，替張旦過滿闕，便當赴任，安得四月半間，尚與飛對乎？克考不詳，是以差誤，然亦以日曆不載内引之故，難以稽考，須反覆參究，乃見本末耳。餘見今年四月丁未并注。

6 辛丑，吏部尚書孫近率從官同班入見。

詔以太陽有異，氛氣四合，令中外侍從各舉能直言極諫之士一人。自復賢良方正科，久未有應者。至是，張浚乞因災異降詔，上從之。

賜修武郎朱弁家湖州田五頃。弁初副王倫北使，十年未歸。倫爲之請，於是詔諸郡存恤奉使未還魏行可、郭元邁、建炎二年十一月。洪皓、龔璹、建炎三年五月。崔縱、郭元明、建炎三年七月。杜時亮、宋汝爲、建炎三年七月。張邵、楊憲、建炎三年九月。孫悟、卜世臣建炎三年十一月。家屬，各賜錢三百緡。

詔監司郡守，應朝辭上殿人，並權免，願伺候御殿者聽。

7 壬寅，行宮太常寺言：按此時少卿樓炤、博士黃積厚隨行在所，謂行宮太常寺，乃丞華權、博士陳康伯也。「仲春薦獻諸陵，乞依乾興故事，行事官權易吉服。內祀祭天地及諸大祠，亦乞依時日排辦。」從之。先是，有旨，未祔廟前停宗廟祭享及中小祠，故禮官以爲請。

左承事郎、知汀州長汀縣嚴褎特遷一官，以父老言其政績，且親統民兵，捍禦盜賊，保護州城故也。

故通仕郎致仕周永徽特贈宣教郎。永徽，嘉州人。元符末，應詔上書，入邪上尤甚籍，奪官羈管，故録之。

是夜，雷聲初發。

8 癸卯，參知政事張守言：「侄女適秦檜之兄。今檜除樞密使，雖無回避之法，而同在政府，不能無嫌。欲望除臣一在外差遣。」詔祖宗故事不合回避，毋得再請。

起復親衛大夫、利州觀察使、沿海制置副使馬擴知鼎州。

命樞密院計議官李宲往江、淮詢究營田利害。先是，司農少卿樊賓等措置營田才朞歲，議者以爲：「奉行峻急，抑配豪户，或强科保正。田瘠難耕，多收子利，民間類有鬻己牛以養官牛，耕己田以償官租者。而爲營田者之言，則謂去歲所用本錢二十三萬緡，歲中收雜色斛斗共三十一萬石。除客户六分，并知通令尉職田五釐外，官實收十一萬餘石，已粗償所費矣。惟是州縣殘破，户口凋零，募民開荒，最爲難事，非歲月間可望成功，而州縣奉行之初，不無違戾。又形勢之家，詭請冒佃，見官莊不利於己，遂百端鼓唱，意在沮壞良法美意。欲望朝廷，假以數歲之期，勿責近效，庶幾有補。仍乞選忠厚彊明官一二員，分詣諸處，詢究利害，檢察官吏。其措置有方，奉行違戾，即乞依元旨賞罰。或有不便於民，即與本處官吏商量，隨宜措置。」疏奏，遂命宲行，如有未便於民者，令宲與樊賓、王弗商量，先次改正。

夜，大雪。

9 甲辰，輔臣奏事。上曰：「朕常日不甚御肉，多食蔬菜。近日頗雜以豆腐爲羹，亦可食也。水陸之珍，並陳於前，不過一飽，何所復求？過殺生命，誠爲不仁，朕實不忍。」沈與求曰：「陛下舉斯心以加諸彼，天下不難治矣。」先是，太陽有異。張浚奏曰：「臣以非才，備位宰相，致天象如此，罪無所逃。」上曰：「此乃朕不德所致。」浚因引咎。上曰：「應天以實不以文。惟君臣交修不逮，可以消變。」浚曰：「臣等敢不恭承大訓！」

命參知政事陳與義撰謚册文，張守書，同知樞密院事沈與求篆謚寶。

右司員外郎、川陝宣諭范直方乞金字牌旂榜二副，所過綏急，招收盜賊。許之。因命直方與都轉運使李迨措置市馬赴行在。尋賜直方三品服，遣行。直方賜章服在是月戊申。

皇叔象州防禦使士街爲華州觀察使，以積閥遷也。

承節郎、都督府帳前準備差使范寧之特遷忠翊郎、閤門祇候。

10 乙巳，臺諫官周秘、石公揆、陳公輔、王縉、趙涣同班入對。

惠州羈管人劉相如移雷州。相如以書遺廣東經略安撫使連南夫，首引漢高祖不斬韓信，唐神堯不斬李靖事。又云：「聖人作而萬物覩，未見聖人之作。」南夫械繫之以聞，故有是命。

武經大夫、達州刺史、閤門宣贊舍人高公繪自言：「本右學諸生，嘗鎖廳得文解，乞以奉使轉官恩例換文資。」詔特換右朝請郎，仍假左武大夫、忠州防禦使充國信副使。

11 丙午，詔内中祖宗神御殿，俟權制畢，遇節序等酌獻如舊。

川陝宣撫副使吴玠初置銀會子於河池，一錢銀十四萬紙，四紙折錢引一千，半錢銀七萬紙，八紙亦如之。迄今不改。玠元額四萬七千五百緡，行於魚關及階、成、岷、鳳、秦等州，歲一易。十七年七月，總領所復造於大安軍，再歲一易。乾道四年四月，增印一錢銀三萬紙，今總印一錢銀二十三萬紙，半錢銀三十六萬紙，共折錢引十萬緡。

徽猷閣待制、提舉江州太平觀方孟卿卒。

12 丁未，詔：「堂除知縣，並借緋章服。供給依簽判例，任滿赴都堂審察，其有治狀者甄擢之。即治行顯者，監司列薦，當不次除擢。」

通侍大夫、華州觀察使、知思州兼夔州路兵馬鈐轄田祐恭令再任，仍賜金帶及敕書獎諭。先是，祐恭言，得溪州報，有兵萬餘自鼎、澧州來，聲言欲入川界。四川制置大使席益以聞，詔益遣人伺其實，故褒録之。

尚書禮部侍郎兼都督府參議軍事邵溥充徽猷閣待制，知衡州。溥乞在外宮觀，且言：「已終喪制，見起發沿路聽旨。」張浚進呈，乃有是命。溥尋乞蜀郡，改知眉州。

左朝奉郎、新知峽州吴樵特轉一官。折彦質之守潭也，樵知湘陰縣。彦質奏樵招納田明一行人兵，田明未見。乞量加旌賞，至是檢舉行之。日曆紹興五年六月辛未，都督行府關左承議郎、知湘陰縣吴樵已轉行兩官，奉聖旨依。七年二月戊申，又書折彦質奏左朝奉郎、知湘陰縣吴樵，有旨轉一官，前後不同，當考。

13 戊申，詔韶州故工部尚書余靖祠堂，載在祀典，春秋祭享。以州人言，靖有平蠻之功也。

14 己酉，上與輔臣論兵器，因曰：「前日岳飛入對，朕問有良馬否，飛奏，舊有兩馬，已而亡之。今所乘不過馳百餘里，力便乏。此乃未識馬故也。大抵馴而易乘者，乃駑馬，故不耐騎而易乏。若就鞍之初，不可制御，此乃馬之逸羣者。馳驟既遠，則馬力始生。」張浚曰：「人材亦猶是也，但當駕御用之耳。」上曰：「人材若只取庸常易悦者，何以濟天下之事？」浚曰：「既知其可用，則當不責近效，以待有成。苟爲不然，則其材終無以自見。」上又曰：「飛今見之所進論議皆可取，朕當諭之。國家禍變非常，唯賴將相協力，以圖大業。不可時時規取小利，遂以奏功，徒費朝廷爵賞。須各任方面之責，期於恢復中原，乃副朕委寄之意。昨張俊來覲，亦以此戒之。」

詔：「自今大理評事闕，本寺以試中刑法第二等以上，年未六十，無贓私罪人，關吏部，仍令刑寺長貳共赴吏部長貳廳審驗差注。如無應格人，並申朝廷選差。」日曆無此，今以紹興九年九月二十七日臣僚劄子修入。

15 庚戌，吏部尚書孫近等請謚大行太上皇帝曰聖文仁德顯孝，廟號徽宗。於是監察御史已上，先集議而後讀謚於南郊，用翰林學士朱震、給事中直學士院胡世將請也。自是遂爲故事。

觀文殿大學士、江西制置大使兼知洪州李綱，聞諫官陳公輔以伏闕事求去，上疏乞奉祠，優詔不許。

16 辛亥，大祥。

詔俟至建康日，奉安太廟神主於天慶觀，天章閣神御於法寶寺。

故中散大夫魏彥明特贈中大夫，官其子。先是，其家以彥明死事延安，事見建炎二年十一月。乞優恤。事下四川制置大使司究實，而莫有知者。左朝奉郎通判鳳州郭奕嘗爲鄜延經略司幹辦公事，具狀力言其忠，乃有是命。

17 癸丑，禫祭。先是，几筵朝夕上食各五十品，自是減爲三十。

權户部侍郎王俣申明：「常平廢弛事件，乞令諸路主管官檢舉約束。一，拘籍户絶投納，抵當財産及所收租課；二，封樁義倉斛斗；三，出賣坊場河渡；四，樁收免役寬剩錢；五，立限召人陳首侵欺冒佃常平田産；六，根括贍學田租課。已上窠名錢物，自去年正月已後，州縣侵支之數，並立限撥還，自今毋得擅用。」從之。

左朝散大夫、提舉廣南市舶林保進中興龜鑑，詔賜三品服，其書令進入。日曆無保階銜，今年九月二十七日保以上件官職朝見。

是日，雨雹。

18 甲寅，改謚寧德皇后曰顯肅。

建康軍節度推官杜臨等並循一資，以本府言勸誘大姓，買官告錢三十萬緡了足故也。自是，率如此例。

19 乙卯，百官三上表，請御殿聽政。許之。三月庚寅，秀州四縣④，勸誘大姓買官告四十三萬緡，四縣知、令各減二年磨勘。

直徽猷閣、湖北京西宣撫副使司參謀官薛弼請褒靖康以來盡節死難之臣。詔州郡於通衢建立廟廷，揭以褒忠之名，且望致酒脯之奠，春秋修典禮之祀，使忠義之節，血食無窮。詔樞密院三省賞功房，開具自靖康元年後來，不以大小文武吏士，應緣忠義死節之人姓名，取旨。

20 丙辰，上始御便殿，素仗在庭，上服淺黄袍黑銀帶，望之若純素，羣臣莫不感動。先是，左司諫陳公輔嘗論視朝當服淺黄，上納用焉。此據今年九月癸酉公輔所奏修入。

直秘閣、知果州宇文彬降一官放罷。去歲果州旱，守臣王隲率民出粟賑貸。會隲滿歲，彬代之，乃與通判州事龐信孺繪禾登九穗圖獻於朝。吏部侍郎兼權行宮禮部侍郎晏敦復言：「去年四川饑饉，米斗價錢三千，細民艱食，流爲餓殍者十室而五。隋等以勸富户釀米賑濟，朝廷嘗與推賞，則蜀民疾苦，朝廷固已盡知。今知通與隋相繼到官，目擊其事，乃繪禾登九穗圖，號爲瑞應，萬里遣人投進。苟置而不問，則遠方觀望，意謂朝廷甘受僉人諛佞⑤，百姓疾苦，無由上達，其於治體，爲害不細。臣等職在禮部，苟有所見，不敢緘默。」三省擬各降一官。上曰：「此不出誕謾即諂諛爾，去年四川荒旱，黎民艱食，安有瑞禾？正使偶然有之，何足爲瑞？往年知撫州高衛進甘露圖，朕疾其佞，罷其守符。彬等可降官，仍放罷。」秦檜曰：「如此行遣，足使四方知陛下好惡矣。」彬，成都人也。

21 丁巳，起復檢校少保、武勝定國軍節度使、湖北京西宣撫副使岳飛爲太尉，賞商、虢之功也。翌日，陞宣撫使。飛威名日著，淮西宣撫使張俊益忌之。參謀官薛弼每勸飛調護，而幕中之輕鋭者復教飛勿苦降意，於是飛與俊隙始深矣。飛時留行在未去，遂衛上如建康。

起居郎張燾試中書舍人。

趣尹焞赴行在，用張浚請也。

詔秘閣修撰、知建州魏矼治狀有聞，令再任。

武功大夫、忠州團練使、知黃州杜湛降一官放罷。初，湛與通判州事葉介不協，介率其僚七人走鄂州，訴湛語言不順。朝廷聞之，命岳飛究實。飛奏湛忠勞，今來止是語言疑似，別無跡狀，乃兩罷之。介乃鐫二秩。

衢州進士毛夢符、毛歸各上書論事，詔賜帛二十疋。

是日，徽猷閣待制王倫、閤門祗候何蘚皆引對，以使事也。

22 己未，上發平江府。以舟載徽宗皇帝、顯肅皇后几筵而行。將發，召守臣章誼升舟奏事。上每旦乘輦，詣几筵前焚香，宿頓亦如之。

23 庚申，上次常州，泊荆溪堂。

淮西宣撫使劉光世乞在外宫觀。先是，議者謂：「光世昨退保當塗，幾誤大事。俊雖有功，可以贖過，不宜仍握兵柄。」又言其軍律不整，士卒恣横。張浚自淮上歸，亦言：「光世沉酣酒色，不恤國事。語以恢復，意氣拂然。乞賜罷斥，以警將帥。」上然之。光世聞上進發，乃引疾乞祠。是日奏至，上曰：「光世軍比之韓世忠、張俊之軍，訓練殊不至。一軍皆驍鋭，但主將不勤耳。月費錢米不貲，皆出民之膏血，而不能訓練，使之赴功，甚可惜也。大抵將帥不可驕惰，若日沉迷於酒色之中，何以率三軍之士？」趙鼎事實云：「駕至建康，當軸者以光世不足仗，遣其腹心吕祉誘脅之，俾請宫祠，罷兵柄，欲以此兵付岳飛，爲北向之舉。」按此又與秀水録所云「張浚捃摭岳飛」之説不同。後三日，乃以親筆答光世曰：「卿忠貫神明，功存社稷。朕方倚賴，以濟多艱。俟至建康，召卿奏事。其餘曲折，併俟面言。」時上賜諸將詔書，往往命浚擬進，未嘗易一字。此據朱熹所撰張浚行狀。

平江府進士張亨衢進歷代中興論。給事中胡世將看詳言：「亨衢所論，若少康之得民，高宗之任相，周宣之自治，漢宣之待外國，光武之任智勇，晉元之遷都，肅宗之仁孝，憲宗之果斷，其説有可取。然於晉元帝，乃取其還都，則非也。」上讀至是曰：「肅宗以張后、李輔國之故，不能盡子道於明皇，可以謂之仁孝乎？」

武德郎、閤門宣贊舍人、湖北京西宣撫使司書寫機宜文字岳雲爲武德大夫。飛再辭不受。

24 辛酉，上次常州。賜無錫知縣李德鄰五品服。初，上引德鄰入對，問以民間疾苦。德鄰論：「民户避役，田土悉歸兼并之家。近旨雖令單丁女户，募人充役，然每都不得過一名。欲望增爲五人，俾得均濟。」詔付户部。上以德鄰留心民事，故有是賜焉。

壬戌，上次呂城閘。

1 三月癸亥朔，上次丹陽縣。京東宣撫處置使韓世忠以親兵赴行在，遂衛上如建康。

2 甲子，上次鎮江府。權主管殿前司公事楊沂中以所部赴行在，詔沂中總領彈壓車駕巡幸一行事務。

拱衛大夫、和州防禦使、湖北京西宣撫司都統制王貴落階官，爲棣州防禦使、龍神衛四廂都指揮使，賞功也。統制官中侍大夫、武泰軍承宣使牛皋亦落階官，爲建州觀察使。

3 乙丑，詔駐蹕及經由州縣，見欠紹興五年以前税賦，並與除放。

4 丁卯，尚書吏部侍郎呂祉試兵部尚書，陞兼都督府參謀軍事。

顯謨閣直學士梁汝嘉試户部侍郎，仍兼巡幸都轉運使。

權户部侍郎劉寧止權吏部侍郎。

5 己巳，上發鎮江府，乘馬而行。晚次下蜀鎮。上謂張浚等曰：「道中晴明，因閱韓世忠背嵬軍馬，極驍健，事藝比往日益更精彊。」浚等因論奏：「諸將才能不同，大要在得士心，則人肯用命。」上曰：「天時地利不如人和。將帥能得士心，則上下和輯，樂爲之用矣。」

6 庚午，上進發。道中望几筵輿輦在前，恐趣行頓撼，駐馬久之。晚，宿東陽鎮。

7 辛未，上次建康府，賜百司休沐三日。時行宫皆因張浚所修之舊，寢殿之後，庖圊皆無。上既駐蹕，加葺小屋數間，爲燕居及宫人寢處之地。地無磚面，室無丹臒。

8 壬申，詔：「軍旅方興，庶務日繁。若悉從相臣省決，即於軍事相妨。可除中書門下省依舊外，其尚書省常程事，權從參知政事分治。合行事，令張浚條具取旨。」浚奏：「欲張守治吏、禮兵房，陳與義治户、刑工房。如已得旨，合出告命敕劄，與合關内外官司，及緊切批狀堂劄，臣依舊書押外，餘令參知政事通書。」從之。浚條具在是月乙亥。

9 癸酉，秘閣修撰、知建康府葉宗諤率在府文武官入見。輔臣奏事畢，率百官詣几筵殿焚香。手詔：「降建康府流罪已下囚，及鬬殺情輕者，釋杖已下。建康府、太平、宣州，紹興五年以前税賦，及五等户今年身丁錢並放。又免建康府五等户科敷一年，太平、宣州半年。」

10 甲戌，遣内侍往軍前勞問。江東宣撫使張俊仍賜銀合茶藥。時俊軍士兼家戍盱眙，尚未至也。

11 乙亥，中書言：「湖北京西宣撫使岳飛已朝辭，所降立功將佐告命，乞免進入。」詔趣行給付。時中原遺民有自汴京來者，言劉豫自猊、麟敗後，意沮氣喪，其黨與皆携貳。金國謂豫必不能立國，而民心日望王師之來。朝廷因是遂謀北伐。飛謂：「豫不足平，要當以十萬衆横截金境，使敵不能援，勢孤自敗，則中原可復。」張浚不以爲然。會劉光世乞奉祠，飛乃見上，請由商、虢取關、陝，欲併統淮右之兵而行。上問何時可畢，飛言期以三年。上曰：「朕駐蹕於此，以淮甸爲屏蔽。若輟淮甸之兵便能平定中原，朕亦何惜？第恐中原未復，而淮甸失守，則行朝未得奠枕而卧也。」飛無以對。飛朝辭，不見本日。今因中書所奏附此，當即是其辭日也。奏乞取陝右等語，見日曆今年四月丁未。

12 丙子，鎮南軍節度使、開府儀同三司、新知臨安府吕頤浩入見。初，頤浩至平江，欲勸上輟行而不得見，乃隨上西來。至是引對，言者論其罪，上不聽，撫諭久之。熊克小曆載吕頤浩見上在駐蹕建康之前，又稱行宫留守，皆小誤。頤浩除留守在是月辛巳。

召徽猷閣待制、提舉江州太平觀胡安國赴行在。時安國上所纂春秋傳，翰林學士朱震乞降詔嘉獎。上曰：「安國明於春秋之學，比諸儒所得尤邃。向來偶緣留程瑀而出，可令召來。」張浚曰：「若安國乃君子之過，過於厚耳。小人必須觀望求合，豈肯咈旨？」上曰：「安國豈得爲小人？俟其來，當寘之講筵。」故有是命，仍用金字遞行。安國自言：「所著傳，事按左氏，義取公羊、穀梁之精者，大綱本孟子，而微辭多以程氏之説爲據。凡三十年乃成。」上甚重之。其書今行於世。

直徽猷閣、湖北京西宣撫使司參謀官薛弼陞直寶文閣，知襄陽府。前旬日，詔弼兼都督行府隨軍轉運副使，至是改授。弼兼隨軍運副在是月乙丑。

直寶文閣、知鼎州張觷陞直龍圖閣，知處州。先是，山寇周十隆等未平，直徽猷閣孫佑以選爲守。佑至官未幾，言：「隨宜討蕩了當。」詔書嘉獎。正月乙酉。俄又言：「賊大猖獗，乞統制官李貴以所部措置。」江西制置大使李綱亦言：「佑爲謀不密，漏泄事機，致令諸盗反側。」且薦觷材術正，可任此。朝廷以爲然，遂命觷代佑。佑七月癸亥行遣。

賜都督府摧鋒軍統制韓京金束帶、戰袍、銀笴槍。先是，虔寇劉宣犯梅州，京引所部解圍，遂至惠州之河源，討軍賊曾衮。衮挺身出降，故有是賜。八月丁未，帥臣連南夫轉官。

僞成忠郎、閤門祗候李清詣岳飛降。詔補正，仍進二官。

13 丁丑，宰臣率文武百寮遥拜淵聖皇帝畢，詣常御殿門進名奉慰。自是未祔廟皆如之。

14 戊寅，手詔撫勞將士。

同知樞密院事沈與求進知院事。

詔敦武郎、閤門祗候劉光時特與换文資。

忠翊郎、閤門祗候丁禩爲江南東路兵馬都監。禩初爲劉光世部曲，至是離軍。

詔江、浙、福建五分禁軍弓弩手，並揀少壯武藝高彊人一半，赴都督府教習。既而浙東制置大使趙鼎言：「本路將兵約六千五百餘人，半習弓弩。於内摘其半起發，計一千六百餘人而已。朝廷得此千餘懦怯南兵，不足爲用，而一路之間，千百人内摘去强壯百數，則其餘益不堪矣。況本路兼備海道，與其他路分不同。

望賜存留。」詔鼎依數遣赴殿前司教閱，竢防秋月分，遣兵往明州屯駐。鼎奏下在四月丁未。

15 己卯，尊宣和皇后爲皇太后。先是，上諭輔臣曰：「宣和皇后春秋已高，朕朝夕思之，不遑安處。」翰林學士朱震乃奏引唐建中故事，乞遥上寶册。且言：「陛下雖從權宜，而退朝有高世之行。謂宜供張別殿，遣三公奉册，以伸臣子之志。册藏有司，恭俟來歸。」詔禮官條具。太常少卿吴表臣請依嘉祐、治平故事，俟三年禮畢，檢舉施行。乃先降御劄，播告中外焉。上諭輔臣在癸酉，震奏下在戊寅，太常奏下在庚辰。今並聯書之。

都省言：「尹焞已過鄂州。」詔所至州軍守臣，以禮敦遣。

武功郎、閤門宣贊舍人、知壽春府孫暉進一官，令再任。暉守南壽春凡六年。

16 庚辰，上諭輔臣曰：「欽慈皇后、寧德皇后近屬，多流寓南方者，可令所在訪尋推恩。皇太后本家合得恩數，亦令有司以次施行。」

起復龍神衛四廂都指揮使、降授雄州防禦使、行營前護副軍都統制王彦復洪州觀察使，知邵州。解潛既罷，彦亦不自安，因乞持餘服，故有是命。彦入辭，上撫勞甚厚，曰：「以卿能牧民，故付卿便郡，行即召矣。」將行，又錫以金帶。詔彦軍併隸權主管馬軍司公事劉錡。於是，錡始能成軍。彦入辭在四月乙未。

右朝請郎陶愷知吉州，左朝散郎劉長源知眉州。二人初以言紹述責監當，至是並復之。

武功大夫、辰州刺史兼閤門宣贊舍人于鵬令後省策試，降等换文資，用岳飛薦也。明年二月庚辰，换右朝散大夫。

17 辛巳，鎮南軍節度使、開府儀同三司、新兩浙西路安撫制置大使兼知臨安府吕頤浩爲少保兼行宮留守。頤浩不稱判府事，失之也。先是，潭州學廢，頤浩出羡錢五千緡，付學官葺治。州東之二十里，因諸山之泉築堤儲水，曰龜塘，溉田萬餘頃，歲久堙廢，頤浩募饑民補築之。至是，請帥臣劉洪道續其事，上皆許焉。頤浩浹旬間三入對，比至臨安，處事甚有緒，豪右莫敢犯禁。時已命百司漸赴行在所，謂留守司，名存而已。朱勝非秀水閑居録：「吕相頤浩，喜酒色，侍妾十餘，夜必縱飲。前户部侍郎韓相家畜三妾，俱有殊色，名聞一時。相死，諸大將厚賂取之。吕力争，用數千緡得一人焉，號三孺人，大寵嬖之。初則專其家政，既而吕爲留守兼判臨安，權勢甚盛，三孺人者遂預外事，公然交通韓氏，中外因以媒進。時吕六十七歲。」

召觀文殿學士、提舉萬壽觀兼侍讀、行宮留守孟庾赴行在。庾在臨安，軍士嘗有爲飛書怖之者，庾因盛陳兵自衛。浙江並海，漁火夜明，庾以爲寇至，大驚，一城震恐。事聞，故罷去。尋命庾知婺州。孟庾罷留守，日曆全不載。趙甡之遺史云：「以吕頤浩爲留守，而召孟庾回。」今從之。日曆九月二日辛酉，直龍圖閣周綱知婺州。在任，差孟庾替罷，回朝見。不知庾以何日除也。

尚書吏部員外郎辛次膺爲荆湖北路轉運判官。

左通直郎、都督府幹辦公事張斛知桂楊監。前此歸正官未有典郡者，故著之。

18 壬午，武功大夫、忠州團練使、閤門宣贊舍人范温添差兩浙東路兵馬鈐轄，依舊鎮江府統轄人兵。

癸未，中書奏：「銓量監司守貳資格。應監司知州見帶職名，及嘗任館職，若監察御史以上，通判曾任職事官，及得旨陞擢人，並更不銓量。其餘通判資序人任監司節鎮知州，次任知縣資序人任知州軍通判，並依舊。其不應逐項資格，及嘗犯贓罪笞私罪徒，與贓罪論列停替人並罷。願就宮觀者聽。」先是，有詔中書後省、御史臺銓量監司守貳，而中書言，未有立定資格，故申明焉。事祖見去年十二月丙午。

19 甲申，少保、護國鎮安保靜軍節度使、淮南西路兼太平州宣撫使劉光世爲少保，仍三鎮舊節，充萬壽觀使，奉朝請，封榮國公。時光世入見，再乞罷軍，且以所管金穀百萬獻於朝，乃以其兵屬都督府，而有是命。張浚因分光世所部爲六軍，令聽本府參謀軍事吕祉節制。

詔行在職事官令轉對一次。

20 乙酉，賜劉光世府第一區，給親兵三百人。

右朝請大夫韓璡直秘閣。璡爲劉光世參謀官，隨府罷，用光世請而命之。

21 丙戌，左文林郎林獻材令吏部與先次占射差遣一次。獻材爲海豐令，以宣諭官薦對，故有是命。自是選人引對之恩殺矣。

22 丁亥，通侍大夫、武康軍承宣使、行營左護軍前軍統制王德落階官，爲相州觀察使。劉光世既罷軍，都督府以德提舉訓練諸將軍馬，故優擢焉。

故勒停人王毅追復承議郎。毅，倫父也。宣和間坐論蔡京罪，謫死嶺表。至是，倫訴於朝。上謂大臣曰：「倫萬里遠使，宜與施行。」上因言：「靖康中耿南仲用事，每遣使出疆必降旨，有免行者當以軍法從事。既行，雖身分請給，往往不支，其家至有狼狽失所者。比使還，則合得恩澤，亦例從鐫減。如此，何以使人？」

張浚曰：「南仲誤國，何止此事？」

23 戊子，故武功大夫、榮州團練使郝中正特贈翊衛大夫。中正，宣和末守涇州，城陷死，張浚在陝西，承制贈官五等，至是賜告焉。

24 己丑，禮部太常寺言：「今歲當行大禮，而郊天法物未備。國朝故事，仁宗皇祐五年南郊，嘉祐元年恭謝，四年祫祭，七年明堂，蓋嘗踰九年而不再郊。將來大禮，請合祭天地於明堂，祖宗並配，兼祀百神，於禮爲便。」詔行明堂大禮，令有司條具以聞。此時太常少卿乃吳表臣，而禮部侍郎闕，未知何人兼權。

左承議郎、通判彭州施庭臣爲秘書省校書郎。庭臣，成都人也。

秘閣修撰、知建康府葉宗諤，直秘閣、江南東路提點刑獄公事韓膺胄並引對。初，命宗諤營治行宮。至是，官府營柵皆備，上嘉其勞，錫以鞍馬焉。此據武陽志附入。

寶文閣直學士、提舉萬壽觀趙子櫟卒。

25 庚寅，詔京西帥臣薛弼措置荆、襄屯田。時已賜錢五萬緡爲營田本，又市蜀牛三千賦之。言者謂：「凡兵火所過，地廣人稀，皆可徙新附之民，授以遺地。」故以命弼。

僞武義郎、監盧氏縣酒税楊茂特補正。岳飛之出師也，茂挺身歸附，故録之。

翰林醫診俞喆押歸本貫。喆三詣匭上書，尚書省言喆所陳皆告訐事，故有是命。仍令尚書省榜諭。喆，岳州人也。

是春，廣西大饑，斗米千錢，人多餓死。桃李互實，李實變成桃，皆可食。凡物多類此。此據蔡絛叢談。

金左副元帥、魯國王昌居祁州，右副元帥、瀋王宗弼自黎陽歸燕山。左監軍撒離喝居雲中，以前知相州杜充爲燕京三司使。尚書左丞高慶裔以贓下大理寺。

校勘記

① 道由建昌　「昌」，原作「康」，據清抄本中興小紀卷二一、寶真齋法書贊卷二七朱文公儲議帖所引改。朱熹朱文公文集卷二一史館擬上政府劄子：「張戒家在建昌軍居住。」故應以「昌」字爲是。

② 被旨從鵬舉入覲　「鵬舉」，諸本所引張戒默記，原文均作「鵬」，不作「鵬舉」。鵬舉，飛之字也。默記作於秦檜當權遭忌之日，故僅標一「鵬」字而已。

③ 繫於今年四月丁未飛求解帥事時　「帥」，原作「師」，據叢書本改。

④ 秀州四縣　「秀」，原作「季」，據叢書本改。按：秀州四縣，即華亭、嘉興、海鹽、崇德也。

⑤ 意謂朝廷甘受僉人誤佞　「僉」，原作「纖」，據叢書本改。

建炎以來繫年要録卷一百十

1 紹興七年夏四月按是月壬辰朔。癸巳，張浚奏：「雨既沾足，又即晴霽，庶於蠶麥不妨。」上曰：「朕宫中亦養蠶兩箔許，欲知民間蠶熟與否。」浚等曰：「陛下敦本憂民如此，天下幸甚。」上又曰：「朕聞祖宗時，禁中有打麥殿，今後圃有水，朕亦令人引水灌畦種稻，不惟務農重穀，示王政所先，亦欲知稼穡之艱難爾。」

詔築太廟於建康，以臨安府太廟充本府聖祖殿。

起居舍人吕本中直龍圖閣，知台州。本中引疾求去，疏再上，乃命出守。本中辭，乃以本中主管江州太平觀。

修武郎、閤門祗候、龍陽軍水軍統制覃敵知靖州，用張觷薦也。

詔左朝奉郎王弸中已降追一官指揮勿行。初，吏部以弸中爲童貫保奏改官，當追奪，而左司諫陳公輔言：「朝廷設審量之法，蓋爲崇、觀、宣和以來姦臣用事，一時士人朋附結託，夤緣改轉，冒濫之甚。乃若弸中，實係方賊徒黨吕師囊等起兵攻圍台州，而本州司户滕膺率衆官與軍民併力死守，保全一州。偶貫宣撫一路，合行具奏，遂並轉一官，不爲濫賞。若令追官，恐失朝廷審量之意。」故有是命。

2 甲午，少師、萬壽觀使劉光世特許任便居住，從所請也。光世遂居温州。

鎮江府進士蔣將上書論十事，詔永免文解。

3 乙未，直秘閣、新荆湖南路提點刑獄公事周葵移兩浙西路。

尚書吏部員外郎黄次山爲荆湖南路提點刑獄公事。次山引疾，乞補外。會給事中胡世將舉次山自代，張浚因擬次山修注。上曰：「非告訐董弅者耶？此風不可長。」遂令補外，浚意甚沮。此以趙鼎雜記增修。

4 丙申，詔昭憲皇后本族親屬，令所在訪求，參酌推恩。

權主管侍衛馬軍司劉錡奏：「以前護副軍及馬司見在通爲前後左右中軍，及遊奕凡六軍，每軍千人，共爲十二將。」從之。前護副軍，即八字軍也。按馬司元管六百人，後又益以解潛二千人及劉錡帶到軍馬，又有八字軍萬人。今六軍十二將，止共管少壯正甲軍六千人，則老弱數多故也。

5 丁酉，徽猷閣待制王倫、右朝請郎高公繪入辭。倫自平江至建康，凡四召對。上使倫謂金左副元帥、魯國王昌曰：「河南之地，上國既不有，與其付劉豫，曷若見歸？」倫奉詔而去。上因倫行，附進皇太后、淵聖皇帝黄金各二百兩。熊克小曆云：「皇太后禮物，依例支金一百兩，附倫等行。」誤也。日曆：「二月十三日乙巳，勘會王倫等奉使大金，所有禮物，理合附帶前去。有旨，淵聖皇帝金二百兩，宣和皇后金一百兩。並令户部依數支給。三月二十八日庚寅，有旨，皇太后禮物，令户部更支金一百兩，附王倫等進納。」克不詳考爾。

中書言：「宇文虚中、朱弁奉使日久，宜有支賜，以慰忠勤。」詔：「賜虚中黄金五十兩，綾絹各五十匹，龍鳳茶十斤。弁黄金、綾帛各三十兩匹，茶六斤。」樞密使秦檜言：「孫傅、張叔夜家屬，在金中貧甚，願因倫行，有所賑給。」詔賜金如虚中之數。虚中等賜金以三月乙酉得旨，傅、叔夜以丙戌得旨，今併書之。熊克小曆稱詔傅、叔夜依虚中例與之，而不言虚中所賜何物，蓋不詳考也。

初，顯謨閣待制、知荆南府王庶聞何蘚來歸，乃草疏，略曰：「先帝志慕道真，宜用鼎湖故事，奉衣冠弓劍，起陵廟，葬之名山，盡舉送終之典，使海内咸知，梓宫還與否，不足爲國重輕。彼雖有姦萌，何自而生？然後遣使，倘或請之未獲，則大兵躡之，問罪致討，不爲無名。因神民痛憤之情，刷宗廟存亡之耻，臣知梓宫可不請而得，爲策之上也。」疏將發，知朝廷遣使已定，乃止。

6 戊戌，御批：「武功大夫、貴州刺史鄭諶帶御器械。」翌日，上諭宰臣曰：「諶除命未須行。朕宿思之，昨召用徐俯，外議謂諶所薦，朕何嘗容内侍薦人？徐俯之召，止緣洪炎進黄庭堅文集，有云徐郎，或徐甥者，後因胡直孺薦俯自代，朕問之，始知其人。直孺稱其行義文采，過人遠甚，質之汪藻，亦以爲然，遂召用。後程俱論俯與諶往還狀，始知外議乃爾。今諶新命，又恐外間紛紛，不若止與在外宫祠。」張浚等曰：「陛下聖慮如此，敢不奉詔！」

右司諫王縉言：「近詔吏部注擬守貳縣令，精加選擇，止欲得人而已。而差注之日，例出文引，差人追請，又令醫者診視，因緣邀乞，士大夫實耻之。夫癃老疾病，可以見於步趨、答問之間，何必醫人？望免看診，以示禮重士大夫之意。」從之。

7 庚子，直寶文閣、兩浙路轉運使張澄陞直龍圖閣，知建康府。秘閣修撰、知建康府葉宗諤爲福建路轉運使。

右承議郎韓元傑知楚州。

武功大夫、忠州團練使、都督府幹辦公事楊珪知濠州。

右司諫王縉入對，奏疏論江、淮營田利害，以爲：「地段之零碎，土色之不等，莊屋之難置，耕客之難招，若召募土居人户佃種，取其情願，而輕立租税，庶幾可也。若以官田之總數，均之逐鄉之人，或人丁少而不能耕，或去家遠而不能耕，或瘠薄甚而不堪耕，或不曾標撥而出租課，人有受其害者。又況輸納之際，專斗多端邀乞，水旱之變，官司艱於檢放。寄養之牛，來自廣西，乍遇寒凍，多有死損，近免賠填，人心欣悦。其有置莊去處，人耕百畝，給牛一具，耕作既勞，尤多困斃。此皆利害之不可不講者，欲望申敕所差之官，所至詢審的確利害，無或苟簡觀望。去其所謂害，成其所謂利，以爲悠久可行之制。」輔臣進呈。上曰：「營田誠今日大利。如兩淮閑田，不可數計。但恐召募不行，而奪見耕之農，則爲民害矣。須要遲以歲月，以漸爲之，第使耕種日廣，便爲大利。」張守曰：「但地無曠土，則國用足。」上曰：「然。所謂百姓足，君孰與不足？」乃命以縉章示樞密院計議官李宷及營田官樊賓、王弗，如所請。

詔張浚母蜀國太夫人已出峽，可令所在州津遣赴行在。

8 壬寅，太常少卿吴表臣權尚書禮部侍郎。

中書門下省檢正諸房公事兼都督府諮議軍事張宗元權兵部侍郎，陞都督府參議軍事。

司封員外郎蘇符試秘書少監，仍兼資善堂贊讀。

右司員外郎樓炤守起居郎。

右文殿修撰、提舉江州太平觀劉岑充徽猷閣待制，知池州。先是，向子諲爲江東大漕，劾池州守臣右朝請大夫徐昌言軍儲弛慢。至是，三省檢會，降昌言一秩，而用岑。

左武大夫、和州防禦使、知閤門事韓恕爲兩浙東路馬步軍副都總管，從所請也。

9 癸卯，尚書右司員外郎范直方，左朝散大夫、知吉州李彌遜並爲左司員外郎。樞密院檢詳諸房文字王迪、兵部員外郎勾濤並爲右司員外郎。濤嘗入對，論：「今日之勢，莫如先取山東。膏腴之地，財賦所出，叛臣因之以活國者數年，若合江、淮之師，連衡以進，一出淮陽，一出徐、泗，伺敵之釁，徑趨其地利，則山東可得有也。又聞襄陽之衆，欲自唐、潁走汴都，而唐州之地，綿數百里，皆爲荆棘，餉道不通，非用兵之利。宜卷甲由信陽掠順昌，窺陳、蔡，自陳至汴，才兩日耳。僭僞之衆，必褫魄喪膽，莫知所出，其勢必搖。杜牧之曰：『不計地勢，不審攻守，爲浪戰，最下策也。』」

10 丁未，起復太尉、湖北京西宣撫使岳飛乞解官持餘服。飛與宰相張浚異論，歸過江州，上疏自言：「與宰相議不合，求解帥事。」遂棄軍而廬墓，上不許。日曆止書進呈岳飛求解帥事，更無他語。今以諸書參考增入。熊克小曆稱：「張浚與飛議不合，飛喪母，乞持服，乃棄軍去，居江州廬山。」誤也。飛丁憂在去年四月，此行蓋自建康西上，道過江州，因入廬山耳。岳侯傳云：「秦檜當國，方主和議。侯申奏，乞持母服，棄軍權居廬山。檜遂舉張宗元爲宣撫判官監軍事，詔侯赴行在。」此益誤。檜明年冬方獨相，十一年夏，飛方赴行在。今不取。

觀文殿大學士、左銀青光禄大夫、江南西路安撫制置大使兼知洪州李綱特遷左金紫光禄大夫。時綱遣本司幹辦公事韓昇奉表問上起居，且上疏論時事，略曰：「願陛下益廣聖志，與神爲謀，日新其德。勿以去冬驟勝而自怠，勿以目前粗定而自安，凡可以致中興之治者無不爲，凡可以害中興之功者無不去。有所規畫措置，必以天下爲度，必以施於長久、可傳於後世爲法，則中興不難致矣。夫中興之於用兵，止是一事，要以修政事，信賞罰，明是非，別邪正，招徠人材，鼓作士氣，愛惜民力，順導衆心爲先。數者既備，則士奮於朝，農安於野，穀粟充盈，財用不匱，將帥輯睦，士卒樂戰，用兵其有不勝者哉？」疏入，詔綱典藩踰年，民安盜息。故有是命。朱勝非秀水閑居録云：「張浚薦李綱帥豫章以報之，未至也，薦其弟維及其腹心鄒柄等，皆立於朝。又以所薦陳公輔爲諫官。居頃之，議者謂靖康伏闕之變，乃公輔爲綱謀，不當在言路。綱聞而懼，抗章丐罷。浚又思所以安之，繆言江西盜息民安，轉綱官爲金紫光禄大夫。是時虔、吉盜熾，旁郡亦擾，欺罔如此。」上召昇入見，進一官遣還。昇，侯官人也。

11 庚戌，命權兵部侍郎兼都督府參議軍事張宗元權湖北京西宣撫判官，往鄂州監岳飛軍。宗元爲宣判，日曆無一字及之，但於四月十九日，書兵部侍郎張宗元朝辭進對，八月四日甲午書張宗元先次引見，初六日丙申書宗元薦士劄子帶權宣撫判官銜，而云「臣出使湖北，所過郡縣」云云，則使還時所上也。今依林泉野記、岳侯傳、朱勝非閒居録修入，以補史闕。餘見今年七月丁卯、八月乙未并注。

左朝散大夫万俟卨提點荆湖北路刑獄公事。

左奉議郎林待聘知處州。

左宣教郎孫汝翼知建康府溧陽縣。汝翼嘗爲樞密院編修官，至是，堂除大邑，新制也。

故追官人何灌追復正侍大夫、忠正軍承宣使。灌已見建炎元年正月辛卯。灌既死城下，言者論其不能守河之罪，盡褫其官。灌子閤門祗候薛使金而歸，訴於朝，故有是命。

12 壬子，張浚辭往太平州、淮西視師。浚因論劉光世以八千人爲回易。沈與求奏：「臣聞光世之去，嘗語人以陶朱公自比，是誠可以致富矣。」浚等論范蠡之賢，人所難及。上曰：「蠡固賢，朕謂於君臣之義，猶有所未盡也。」熊克小曆載浚出行淮上撫諭諸軍，在今年三月劉光世未罷之前。蓋誤。先是，左司諫陳公輔請對，上因語及岳飛事。公輔退，上疏言：「昨親奉聖語，説及岳飛，前此採諸人言，皆謂飛忠義可用，不應近日便敢如此，恐別無他意，祇是所見有異，望陛下加察。然飛本麤人，凡事終少委曲。臣度其心，往往謂其餘大將或以兵爲樂，坐延歲月，我必欲勝之。又以劉豫不足平，要當以十萬橫截敵境，使敵不能援，勢孤自敗，則中原必得。此亦是一説。陛下且當示以不疑，與之反復詰難，俟其無辭，然後令之曰：『朝廷但欲先取河南。今淮東、淮西已有措置，而京西一面，緩急賴卿。』飛豈敢拒命？前此朝綱不振，諸將皆有易心，習以爲常，此飛所以敢言與宰相議不合也。今日正宜思所以制之。如劉光世雖罷，而更寵以少師，坐享富貴，諸將皆謂朝廷賞罰不明。臣乞俟張浚自淮西歸，若見得光世怯懦不法，當明著其罪，使天下知之，亦可以警諸將也。」公輔此疏，不得其日。按此疏首云「昨親奉聖語」，而其末云「乞俟張浚淮西視師歸」，則必浚未還時所上。日曆十月十八日己酉，左司諫陳公輔本職進對，在此前三日。自後至浚還朝，公輔更無對班，則知所云「親奉聖語」，即己酉之日也。熊克小曆繫之此月丁未岳飛乞解帥之後。按是時，公輔未對，浚亦未往淮西。今宜附浚行之後，庶不牴牾。克又於此月末書「浚欲以劉子羽領光世軍，子羽不可，乃詔子羽知泉州」。尤誤。子羽知泉州在去年八月癸卯，已併附本日。蓋浚欲易光世之意已久，不在今年也。

詔：「羣臣俟祔廟畢純吉服，卒哭日，建康、臨安府禁屠宰三日。大小祥，諸路州縣禁樂七日，屠宰三日。」初，禮官奏百官卒哭日純吉服，左司諫陳公輔請令：「且服黑帶，以俟梓宮之還。如梓宮未還，須小祥後。」又乞百姓禁樂三年。上曰：「禁樂固當，但念細民以樂爲業者，無以得衣食耳。」事下禮官討論，至是條上。禮官言：「卒哭，禁屠樂無故事。」然卒行之二都，蓋上指也。公輔初議，在是月癸卯。羣臣吉服，十二月辛酉所書可參考。

直秘閣、提舉淮南東西路茶鹽公事蔣璨以課息登羨，進職一等。

江南東路轉運副使俞俟以營繕之勞，除直秘閣。

度支員外郎莊必彊面對，言：「近聞廬、壽間微有邊警，詢之道塗，則其說曰：『淮上之師，頗有失伍離次，去而不爲用者。』將臣諱其事而不言也。臣不知所傳之虚實，萬一有之，則是必有姦人，陰爲間諜，以誘我師。其軍中失於撫循，有以離其心也。使將臣不以爲諱而聞於朝，則可以因事設備。果諱而不言，則賊勢猖獗①，軍情疑貳，朝廷不知矣，豈不敗乃事？欲望密詔諸將，明斥堠，廣耳目，嚴爲警備，毋輒懈弛。凡軍中之事，悉以實聞。雖無稽之言勿聽，然聞之亦足以戒。願陛下過聽而深戒之。」後二日，詔關都督府。必彊此奏行下在甲寅，今附面對之日。

13 癸丑，故奉議郎、贈直秘閣、謚忠襄楊邦乂加贈徽猷閣待制，增賜田三頃。於是，樞密院奏邦乂忠節顯著，宜極褒崇。上曰：「邦乂忠烈如此，顏真卿異代忠臣，朕昨已官其子孫。邦乂爲朕死節，不可不厚褒，以爲忠義之勸。」故有是命。

詔臨安府寄留諸軍家屬，已令赴行在，沿路毋得一毫擾民，犯者許越訴管押官，重寘於法。

14 甲寅，龍圖閣直學士、提舉江州太平觀汪藻言：「先奉詔編次元符以來詔旨，今史館既修日曆，恐此書非私家可爲，乞住罷。」詔藻接續編類。

15 丙辰，都官員外郎馮康國面對，論：

曩者金豫相挺，連年寇蜀。吴玠據險得利，全蜀賴之，玠之功績不可誣也。然蜀地狹民貧，山險道隘。紹興四年秋，陸運始行，役夫饑餓，疾病相仍，斃於道者三之一，蜀民至今痛之。自後歲頓不登，斗米二千，死者枕籍。去年冬，是役復興，更名支移。計其所運一石，民間費七十千，逃亡死損，又未論也。有爲救蜀之説者曰，省冗官，節浮費，裁損軍中請給，亦庶幾矣。夫冗官浮費，固當節省，而軍中請給，易搖軍心，未易輕議。臣觀蜀中之弊，患在糧運不繼，而折支太優。嘉陵江險灘磧相望，夏苦漲流之失，冬阻淺澀之患。終歲水運，終不能給，是以時起陸運之役。兼軍前將佐，俸給優厚，類皆正色。米斛價高，銀絹價平，既闕正米，不免折支，每以低價銀絹估折高價之米，所以歲費浩大，錢糧兩不給也。若遣官委曲諭玠，三月以後，九月以前，除關外防扼合用軍馬數目外，其餘將兵移屯内郡，歇泊就糧。且以二萬人爲率，兼選仁厚牧守，分治梁、洋兩郡，招集流散，二年之後，耕鑿就緒，可贍戍卒萬人，歲又省蜀中二十萬斛之運。誠如此行，於吴玠軍中無損，於全蜀生靈稍寬。保蜀善後之策，無易於此。伏惟陛下財察。

16 丁巳，詔送都督府。既而秘書省正字兼權左司郎官孫道夫轉對，上諭曰：「召自遠方者，朕必詢民間疾病。至如職事官轉對，即以朝廷闕失訪之。誠欲追法祖宗，不特舉行故事，爲文具而已也。卿蜀人，宜熟知蜀中利害，水運與陸運，孰便？」道夫奏：「水運遲而省費，陸運速而勞民。向宣撫司初由水運，每石取民錢十千，後以其緩，起兩川夫十數萬人陸運，每石費五十餘千，利害可見。」上曰：「水運既便，自當行之。」

17 戊午，遣内侍往淮西，撫問張浚，仍賜銀合茶藥。

是月，僞齊有梟鳴於後苑，又有鳥數千鳴於内庭，皆作休也之聲。劉豫不樂，命立賞捕之。

校勘記

① 則賊勢猖獗 「賊」，原作「敵」，據叢書本改。

建炎以來繫年要録卷一百十一

1 紹興七年五月按是月壬戌朔。甲子，直龍圖閣、知建康府張澄言：「臨安、建康均爲駐蹕之地，而財賦所入，多寡殊絶。本府所得僅支半年，不惟軍儲窘乏，兼慮闕於供億，以速罪戾。欲望許依駐蹕近例，參酌應副。」詔與權免分撥二年。

2 乙丑，上與輔臣論淮西事，因曰：「兵無不可用，在主將得人耳。趙奢用趙兵大破秦軍，而趙括將之則大敗；樂毅用燕兵破齊，而騎劫代之則爲田單所敗。豈不在主將得人乎？」秦檜曰：「陛下論兵，可謂得其要矣。」初，劉光世之罷也，以其兵隸都督府，而檜與知樞密院事沈與求意以握兵爲督府之嫌，乞置武帥。臺諫觀望，繼亦有請，乃以相州觀察使、行營左護軍前軍統制王德爲都統制。德，光世愛將，故就用之。王德爲淮西大將，日曆全不書。據張浚行狀，以爲浚在廬州時，秦檜等所除。而日曆於此日載上論淮西事在主將得人，則必是此日議差除，然不見除目。六月九日，王德奏准樞密院劄子，奉聖旨除左護軍都統制，乞追還成命。不允。六月九日己亥，去此月乙丑，凡二十五日。德此時在淮西，不應被受如此之遲。日曆五月二十三日甲申，後殿進呈臣浚等奏事，上方議諸軍置副。二十八日己丑，詔殿前司等並許差都、副統制。以前後指揮參考之，則德除命必在乙丑已後、癸未已前，但未知的在何日耳。今因上語附見，當求他書繫其本日。鄭克撰吕祉行狀，乃稱七月除王德都統制，益誤矣。

3 丙寅，詔四川制置大使席益趣遣所募西兵。初，命益於團集人内選三路少壯人二千，兼家赴行在，專充扈衛。益言：「已遣統押官顔漸部兵千一百人出峽。」故命趣之。元降旨揮未見。日曆紹興五年十二月七日乙巳：檢會今年十二月四日已降指揮，顏漸下軍兵、使臣、民兵、義兵、效用等並撥隸步軍司，顏漸差充湖南安撫司使喚。此時席益方去湖南，當是漸不之潭州，而從益入蜀也。此事已附其年十二月庚子。

4 丁卯，詔江西制置大使李綱趣捕虔、吉諸盜。時以山賊周十隆等未息，命江西統制官李貴往討之。左司諫陳公輔言：「虔民素號凶惡，方承平時，亦自歲往廣南劫取財物，率以爲常。自國家多事，乘此擾攘，徒黨愈熾。然此弊亦起於朝廷容忍太過，凡有盜賊，盡是招降，所謂渠魁者，例皆不誅，且寵之以官。此豈足以奪姦雄之氣？又況虔賊實非他處之比，若不痛加誅殺，未必肯止。但令向前破蕩，早見撲滅，不可更議招降。必謂弄兵潢池，皆吾赤子，不欲多殺，亦當誅其首領，而脅從者量與釋放。庶使頑民知懼，不敢復肆凶惡，而盜賊可息。」故有是旨。

5 戊辰，金部員外郎宋棐請詔中外臣寮採訪勇力、權略之士，不時薦舉，以備采擇。從之。棐，莆田人也。

兩浙轉運使向子諲奏修練湖。初，鎮江府吕城、夾岡地勢高，久不雨則運河涸而漕舟艱。子諲命屬官李潤考唐韋損、劉晏故事，建言置斗門二、石磋一，以復舊跡。度費萬緡，今冬可畢。從之。潤，江寧人也。

6 庚午，侍御史周秘入對，言：「臣聞兵法曰：『上下同欲者勝。』故自古用兵之勝者皆以其志同，敗者皆以其意異。唯將帥諧和，士卒輯睦，戰勝攻取，無往而不利矣。方今外侮未已，僭叛未平，朝廷必欲小戰以練師，頻勝以積威，則以輕兵出近地，時有不得已者矣。然上下之欲不可不同。雖帷幄之中已有定謀，而心膂之臣豈無所見？苟其所見或有不同，畏朝廷之威而言不敢盡，有怯懦之嫌而事不敢辭，口順心違，但以疾故，爲遷延之計。如此者，雖强之使行，必不能成功矣。願陛下於命將之際，先授以所任之事，使自揣其可否，或於廟謨有所未喻，則姑與之往復問難，俾其胸中曉然，見勝於未戰之前，然後遣之。庶幾上下同欲，不至於敗，仰副陛下孜孜治兵之意。」

7 壬申，詔禮官條具舉行文宣、武成王、熒惑、壽星、岳、瀆、海、鎮、農、蠶、風、雷、雨師之祀。用太常博士黄積厚請也。文宣王以春秋二仲，并從祀凡九十八，武成王及從祀凡六十三，皆用兩少牢。熒惑以立夏，其禮與文宣王皆如感生帝。壽星用秋分。岳、瀆、海、鎮用四立日，及夏季之土旺。先農以孟春，先蠶以季春之巳日。風師以立春後丑日，雷師以立夏後申日。自壽星以下，皆用酒脯。積厚又言：「太常定謚，率以行狀、銘志爲憑，多不得實。又僥倖寵靈之人，類戒子孫毋請謚，故惡謚不行。望自今臣僚陳乞遺恩，即命太常移史官，采其始終定謚。」從之。上以積厚論事可採，遂以爲尚書比部員外郎。積厚除比部在乙亥，今併降旨除郎之日。

直秘閣、都督府書寫機宜文字許有功陞直徽猷閣，提點潼川府路刑獄公事。時張浚在廬州，遣有功赴行在，前二日引對。有功嘗獻所著晉鑒，上曰：「朕乙夜觀之，且爲艱難之戒。」又面問著春秋防微之旨，對曰：「婦笑於齊，六卿分晉，此書之所爲作也。」上首肯之。有功以母老求去，乃有是命。浚引親嫌力辭，疏累上，詔仍舊職。有功仍舊職在六月癸巳。

8 癸酉，起居郎樓炤請：「命有司講究屯田、鼓鑄、市舶、常平四事。一曰募民以耕，而兵無與焉，是以墾闢未廣。今縱未能使甲士從田，於其中擇所謂不入隊者，十取三四，使之因田致穀，以省大費，何不可之有？二曰鑄錢一司，坐費糧食。今銅料不繼，鼓鑄日稀。謂宜廢罷，俟數年之後，銅料稍多，即令逐路運司措置鼓鑄，似亦爲便。三曰蕃舶不至，蓋官吏侵漁之故。宜擇心計之臣，示遠人之信，明賞以激勸，立法以關防，則所入必豐羨。四曰常平之法，豐則貴取，饑則賤與。今諸道間有豐凶之不齊，宜擇人使之兼總數路，以通其州縣豐凶盈虛而斡旋之。庶有贏貲，以給軍用。」詔户部侍郎梁汝嘉、王俣條具約確利害申省。後不果行。

9 甲戌，徽猷閣待制、提舉江州太平觀胡安國提舉萬壽觀，兼侍讀，疾速赴行在。

殿中侍御史石公揆奏：「今以詞賦、經義取士，而考校者患不能兼通，陞黜安能得實？今歲科場，望令諸路轉運司取詞賦、經義兩等，各差考官。」從之。

10 丁丑，左朝請郎何鑄主管台州崇道觀。鑄初以選爲諸王宮教授，需次兩省，至是乞祠也。

11 戊寅，賜川陝宣撫副使吴玠、知興元府王俊、知洋州楊從儀詔書獎諭，以張浚言玠命俊等部兵修築梁、洋廢堰就緒也。上因謂秦檜等曰：「治天下須恩威賞罰並行，若有恩而無威，有賞而無罰，何以爲治？朕自即位以來，未嘗以私怒降一人之官①，所以言此者，蓋姑息之風不可長也。楊沂中，朕常日撫綏之②，過於子弟。去年淮西有警，朕親筆戒之，若不便進，當行軍法。沂中震恐承命，遂以成功。」檜曰：「陛下英武如此，中興不難致矣。」既而給事中兼直學士院胡世將請：「因此風厲諸將帥，各務究心水利，措置營田。仍命利路監司，候成熟日，具梁、洋渠堰所溉頃畝、所增租稅，覆實以聞。將俊與從儀並加旌賞，以爲忠勞之勸。」從之。世將所奏在是月甲申。

12 己卯，廣西進出格馬。上曰：「此幾似代北所生。廣西亦有此馬，則馬之良者，不必西北可知。」上因論：「春秋列國不相通，所用之馬，皆取於國中而已。申公巫臣使吴，與其射御，教吴乘車，則是雖吴亦自有馬。今必於産馬之地而求之，則馬政不修故也。」

詔禮部討論大火之祀。先是，行在多火災，言者論：「國家實感炎德，用宋建號。康定間，因古商丘作爲壇兆，以閼伯配大火之祭。多事以來，地陷賊境。望詔有司，即行在所，每建辰戌出納之月，設位望祭。」從之，用酒脯。六月壬辰討論奏上。

殿中侍御史石公揆論左朝散大夫新知廣德軍王擇仁、左朝奉大夫新知永州熊彦詩、右朝請大夫新知江州趙伯璆等八人，皆罷。公揆言：「擇仁頃在河東之幕，欲奪官長之權，自擁潰卒，殘金破商，刼盜居民，無所不至。彦詩乃王時雍愛婿，今自京官二年而爲正郎，以至典司祠曹，機宜都督府，極其要選，不知朝廷何以愛其材，獨不念圍城之事乎？伯璆素無才行，昨奉苗、劉薦爲郎官，衆所鄙棄。」故並罷。存此以見王擇仁金、商間事，及伯璆明受除郎因依。當各附本年，削此段。

13 壬午，知舒州周方文遷一官，再任，以宰臣張浚言其治郡有方也。時浚自淮西還行在，留參謀軍事、兵部尚書呂祉居廬州，以護諸將。始浚往視師，參知政事張守遺書戒以毋輕改軍政，浚不從。

賜龍圖閣直學士、四川都轉運使李迨詔書奬諭，以其能裁抑冗濫，以寬民力故也。先是，詔迨以每歲收支之數具旁通驛奏。去年八月丙午降旨。既而迨言：

本司案牘簿籍，並皆不全。紹興四年，所收錢物計三千三百四十二萬餘緡，比所支計闕五十一萬餘緡。五年，收三千六十萬餘緡，比所支計闕一千萬餘緡。皆以宣撫司攢剩錢及次年所收登帶通那應副。六年，未見收數，支計三千二百七十六萬餘緡。今年所收計三千六百六十七萬餘緡，比所支計闕一百六十一萬餘緡。紹興五年鹽酒息錢最增，然以支數增多，終是應副不足，是致六年大段窘迫，頓增起之數，後來已難繼，侵用過之數，後來又難補，逐月拖欠大軍折估，及梓夔路糴本水脚。計司坐此，取怒大將，實非其罪也。然今來七年帳内，收數係是額管納收之數，遞年有虧無增，其支數係是按例實支之數，遞年有添無減。若將來取數稍虧，支數稍添，則不待來年，便有闕少。自來遇歲計有闕，即添支錢引，補助支遣。紹興四年，添印五百七十六萬道；五年，添印二百萬道；六年，添印六百萬道。成都運司及大使司各半。見今泛料太多，引價減落，本司緣此不曾添印。去秋畫旨，上供及該税不盡諸窠名錢③，並許拘收，通融應副。除封樁、禁軍闕額等錢五項，折計錢引七十萬道，已指數科撥外，細數見去年九月庚辰。見準户部符催督總制司錢，大使司拘收提刑司、常平司錢物充稱提錢，並與本司通融取撥指揮相妨。既不敢添印錢引，又別無窠名錢物可以補足所闕錢計。宣撫司但責應辦，大使司乃責以蠲減，勢相矛盾，尤難措置。即今歲計，見憂不足，設若將來緩急調發，歲計之外，別有支費，委是無從辦集，切慮必致誤事。兼歲收錢物，因有上供、進奉、土貢、三路綱、坑冶課利等窠名錢物，共計一千五百九十九萬，係四川舊額所管歲入之數，其勸諭激賞，增敷役錢、助軍頭子錢、免支移米脚錢、秋税上出納地理脚錢、鹽酒增息錢等窠名錢物④，共計錢二千六十八萬，係軍興後來所增歲入之數。今比舊額，已增過倍，取於民者，可謂重矣。若計司不恤，更增賦斂，民力困竭，事有難測，此亦朝廷所當深慮矣。

臣嘗竊讀劉晏傳，見史臣稱晏理財，謂亞管、蕭。是時天下歲入緡錢千二百萬，而筦榷居其半。今四川區區一隅之地，榷鹽、榷酒歲入一千九十一萬，過於劉晏所榷之數多矣。并諸窠名錢，已三倍劉晏歲入之數。於大軍歲計，闕一百六十一萬。彼以一千二百萬貫贍六師恢復中原而有餘，今以三千六百萬貫贍一軍屯駐川、陝而不足。然則拖欠折估、糴本、水脚之類，豈計司之罪乎？議者皆謂軍中支費冗濫，臣初亦疑之。近因檢察，乃得其實。且如折估錢一項，每年計錢引一千三百一十七萬。以上件折估錢十貫折米一石爲率，約計米一百六十八萬，見今每年應副正色米九十七萬，七十九萬係水運，八萬石係就納，九萬九千石係就糴。通估錢所折米，共二百六十五萬。本司不見得宣撫司即今官兵實數，止有紹興六年朝廷遣使取會到諸頭項官兵，共計六萬八千四百四十九人，決無一年用二百六十五萬石米之理。其折估錢，不止是官兵坐倉折估，灼然無疑。據諸處糧審院供到折估錢名色，除官兵各有身分料錢，已係隨折估錢過勘外，官員有驛料折估錢、厨料禄粟米贍家錢、供給錢、月犒錢、旬設錢、支糧錢、添支絹錢，軍兵有坐倉折估錢、攧槍又貼射錢、添支食錢、鹽米紙筆錢、草估錢，共十二項。但緣官員有驛料折估，軍兵有坐倉折估，故特以折估錢總之。又有諸帥諸將公使錢、人吏作匠請給錢，並係於按月折估錢内應副。是致此一項，已用劉晏歲入之數應副不足，此議者所以謂其支費泛濫也。又諸頭項官兵數内，官員一萬七千七員，軍兵五萬七百四十九人。宣撫司上項官員數內，有入隊、有不入隊兩等，近據閬州本司簽廳具到閬州屯駐官兵一萬七千九百三十一人，其官員內有不入隊使臣三百三十人，軍兵內有不入隊敢勇、效用、義兵、弓箭手共五千八百七十八人。訪聞不入隊人數，除輜重、火頭合破數目不多外，餘盡是繫名冗占之人。所有諸州屯駐官兵去處，本司近備坐攢具旁通朝廷，累行會問，並不報應，未見的確不入隊人數。官員之數，比軍兵之數，約計六分之一。軍兵請給錢，比官員請給不及十分之一。即是冗濫在官員，不在軍兵。去年宣撫司屢以拖欠軍兵折估錢聞之朝廷，趙開亦緣此而罷。然臣契勘本司去年應副折估錢，逐月差官剗刷，但緣萬數浩瀚，不能如期起發了足。若宣撫司將撥到錢先支軍兵，次支使臣，後支將官，雖有拖欠，必不闕事。蓋自將官以上，每月請俸，大段優厚故也。然欲脅持計司，則須以拖欠軍兵坐倉折估爲辭。此乃宣撫司屬官爲主將所畫之策，朝廷不可不知也。

臣近到軍前，經由綿、劍、利州、大安軍、興州，皆屬屯駐軍馬去處，間有軍兵陳訴拖欠折估錢。至於衣賜，則所在皆有支散不盡數目，糧食亦有探支過一兩月或一兩旬者，足見軍前衣糧寬剩也。然計司雖知冗濫，力不能裁節；雖知寬剩，亦未敢除減。但日夕憂懼，歲計不足。此朝廷不可不知也。蜀人所苦於折估錢，猶未爲甚，其所甚者，糴買、般運也。蓋緣糴買不科敷，則不能集事。苟科敷，則不能無擾。般運事稍緩則般户獨受其弊，或稍急則税户皆被其害。紹興四年、六年，兩次支移，陸運至軍前，死損人夫甚多，勞費猶不足道也。欲省漕運，莫如屯田。近因興元府、洋州守臣修築堤堰，特降獎諭，蜀人皆知德意在此。然臣會問屯田等事，皆不報。止有紹興六年，朝廷遣使取會到陝西路屯田頃畝共六十莊，計田八百五十四頃七十九畝，當時已種七分以上。今年耕種既遍，又有增墾頃畝不少。漢中之地，自古沃野。訪聞屯田，盡係膏腴。且據前項頃畝會計，每畝除出種糧，止以三石爲率，約收二十五萬餘石。若將一半椿充自來不係水運應副去處歲計米，一半對減川路糴買般發歲計米，亦可少寬民力。兼臣近體問得利路興元府、洋州、陝西路岷州夏麥大熟，皆可就糴。除興元府、洋州已委利路轉運副使勾光祖措置就糴五十萬石外，岷州緣宣撫司屬官異議，措置未得，若屬官肯於岷州就糴二十萬石，兼用營田所收一半之數十二萬石，三項共計五十七萬石。每年水運應副閬、利州以東歲計米五十八萬石，願得此三項，歲計足矣，可以盡數蠲免川路糴買、般運。此乃恤民之實惠，守邊之良策，朝廷所當留意者也。不知務此，但責應辦，今之所入，三倍劉晏而猶不足，雖晏復生，亦不能辦，況如臣者，豈敢望晏之萬一，能保其不敗事？誅責計臣，雖不足道，然四州生靈休戚所繫，朝廷所宜動念也。裁節冗濫，措置糴買，臣累有奏陳，未準回降指揮。今輒復陳本末，是皆臣之職事也。不敢隱默，苟避譴訶。伏望聖慈，特賜睿察。迨此疏關全蜀大計，故止削去錢物畸零數目外，並全載之。不得其本月日，且因獎諭詔書附見。奏中言：「累準朝旨，不許添印泛料。」又言：「近因梁、洋守臣修築堤堰，特降獎諭。」又言：「裁節冗濫，累有奏陳，未準回降。」梁、洋獎諭事，已見此月十七日戊寅。不許添印泛料指揮，在此月二十八日己丑。以事考之，迨此奏必在今年六月以後，未被受今此獎諭詔書之前。當求他書，考其本日。

14 癸未，左武大夫、宣州觀察使王公亮知閤門事。

15 甲申，張浚奏江東宣撫使張俊遣參議官史愿來議修城事。上曰：「昨內殿引愿入對，問軍中教閲曲折，因使告俊，每隊五十，當增旗頭一人，常養之以待用⑤。每遇出戰，旗以簸揚而壞，洎收軍而退，或無以寓三軍之目。於是植所增之旗，則衆無惑矣。」時上方議諸軍置副，浚奏曰：「此亦旗頭之副。」上以爲然。先是，浚自淮西歸，以除王德爲不便，奏論之。左護一軍，皆故羣盜，驕悍自恣，而統制官、中侍大夫、武泰軍承宣使酈瓊素與德不叶。光世以瓊屢立奇功，待之與德等。瓊聞德爲帥，不自安，乃以瓊爲副都統制。瓊除左護軍副都統，不見本日。張浚行狀云：「秦檜等奏以王德爲都統制，即軍中取酈瓊副之，公俱以爲不然，奏論之。」按日曆所書，議諸軍置副，在浚還朝之後，則二人非並除也。殿前司等處置副統制指揮在後五日己丑，或可移附彼日。

詔以時暑，命行在所及行宮御史各一員慮諸獄囚，諸路州軍令監司分詣。

右朝散大夫呂錫山依舊知果州。錫山，大忠子也。大忠，大防兄，紹聖寶文閣直學士。寓居於蜀，上召之，錫山辭不至。

集英殿修撰、知衢州董弅提舉江州太平觀，從所請也。

初，命學士院策試行在所及行宮樞密院、都統府效士五十三人，得陳壽昌等十人合格。詔優等授官，平等免文解一次，餘皆賜帛罷之。

武功大夫、貴州刺史、提舉江州太平觀鄭諶卒。

16 乙酉，手詔：「自今內外臣寮薦士，或不如所舉，及罪當并案者，必罰毋赦。」上以薦舉法壞，甚者以子弟姻戚互相薦論，至犯吏議，則僥倖首免，故條約焉。尚書省言：「自來立法太重，不能必行。」乃詔：「自今犯贓私罪者，舉主遞降二等。其以子弟親戚互薦者，令臺臣察之。」

監察御史趙渙乞：「令侍從至職事官，不限資序，各舉才堪大縣者一人。俟三二年之間，按其治狀，同其賞罰。」詔行在所侍從官限一月通舉二十人。

17 丙戌，右宣教郎、知劍州梓潼縣侯臨令再任，以士民舉其政績也。

18 丁亥，中書言：「諸路監司除授，依祖宗法，即不避本貫。」詔如故事，仍止避置司州。

19 戊子，詔皇太后三代特封贈一次，侄成忠郎謙⑥、訊各進七官，爲閤門宣贊舍人。以后初正尊號故也。

左從政郎、荆湖南路提點刑獄司檢法官王湛特改合入官，以薦對也。湛已見去年十月辛酉。

20 己丑，張浚奏論史事，因言：「紹聖以舊史不公，故再修。而蔡卞不公又甚，每持一己褒貶之語，以騁其愛憎。今若不極天下之公，則後人將又不信。」上曰：「謂之實録，但當録其實，而褒貶自見。若附以愛憎之語，豈謂之實録？」上又曰：「今日重修兩朝大典，不可不慎。」浚曰：「敢不恭承聖訓！」自趙鼎去位，有言神宗實録改舊史非是者，故浚奏及之。日曆己丑，後殿進呈臣浚奏史館事云云，其上又必須别有言語，餘見六月末并注。

名徽宗皇帝神御殿曰承元。時未有殿，而禮官言，明堂前一日，太廟朝饗，當用原廟殿名爲樂曲之名，乃命學士院撰定焉。此乃黄積厚爲博士時所請。

詔殿前司行營右護軍、後護軍並許置都、副統制。日曆不載中、前二軍，當考。

中書言：「四川錢引近來印數多，慮害成法。」詔禁止，令制置大使司覺察，如違，重寘典憲。四川錢引，舊書放兩界，爲二百五十一萬餘緡。至是通行三界，爲三千七百八十餘萬緡，故條約焉。

21 庚寅，尚書右僕射張浚言：「臣先備員川陝宣撫處置使，切見和靜處士尹焞，緣叛臣劉豫父子迫以僞命，焞經涉大河，投身山谷，自長安徒步趨蜀，崎嶇千餘里，乞食問路，僅獲生全。臣嘗延請至司，與之晉接，觀其所學所養，誠有大過人者。紹興甲寅春，被命還朝，蓋嘗以焞姓名達之天聽。今陛下博採羣議，召寘經筵，而焞辭免新命，未聞就道。伏望聖慈，特降睿旨，令江州守臣疾速津遣。」初，焞行至九江，會諫官陳公輔請禁伊川學，焞復辭曰：「學程氏者，焞也。」浚乃顯言其學行，請趣召之，焞猶不至。熊克小曆略載此事於今年正月末，又云：「浚顯言其拒僞之節，焞乃就職。」益誤矣。江州去建康不遠，而焞以九月上旬方及國門，至此已百餘日，況其間一再辭新命，至閏月上旬，方趣令供職。是時，浚得罪已久，非因此奏而遂就職也。今不取。

是月，汴京無雲而雷，有龍起，撼宣德門，滅「宣德」二字。

僞齊陷隨州。

劉豫以進士張浹爲僞皇子府準備差使。浹，景州人，初見建炎四年春末。

1 六月辛卯朔，改謚惠恭皇后曰顯恭。

2 壬辰，右承議郎、新知楚州韓元傑罷，坐前守濠州日，其兄元英私往宿州而不以聞也。時元英已奔劉豫，豫用爲户部員外郎。

3 癸巳，秘書少監蘇符言：「史館見重修哲宗皇帝實録，元祐政事，屢致分更，尤當盡付天下公論，非符所宜參預。望改除一閑慢差遣。」三省勘會元豐、紹聖指揮，係令秘書省長貳通修日曆。詔札與符照會。

左司諫陳公輔入對⑦，面奏興復之策，因言衆論謂南兵不可用。上慨然曰：「赤壁之役，曹操敗於周瑜，淝水之戰，苻堅敗於謝元⑧，北人豈常勝哉？越王勾踐卒敗吴王，兵强諸國，亦豈北方士馬邪？」日曆六月己酉，後殿進呈陳公輔劄子，比緣奏對興復之策云云。按公輔此月戊申進對劄子，即其日所上，則得上語，乃癸巳面對之日也。故附於此。

詔建康府守臣遇有奏稟事，許非時上殿。

直秘閣、京東淮東宣撫處置使司參謀官王晚罷，以樞密使秦檜引親嫌有請也。

龍神衛四廂都指揮使、平海軍承宣使、權主管行宫馬軍司公事藺整罷軍職，提舉台州崇道觀，以墜馬有傷故也。命主管步軍司公事邊順兼權。

4 甲午，四川制置大使席益遣左朝奉郎、本司主管機宜文字趙子琇奉表起居，因統所選衛兵赴行在。上引對，及還，賜益詔書奬諭，又賚以銀合茶藥、毬文帶、象簡。子琇，燕懿王後，東平侯令鏗子也⑨。賜益詔書等，以是月戊申降旨。

5 乙未，罷江淮營田司，以直徽猷閣淮東轉運判官蔣璨、直秘閣淮西轉運判官韓璡、直秘閣江東轉運副使俞俟、直顯謨閣兩浙轉運副使汪思温並兼提領本路營田，仍督責州縣當職官接續措置。提領官樊賓、王弗俟結局還行在。先是，議者數陳營田之害。上命樞密院計議官李宲按視，頗如議者所云。中書乃言：「自置營田司，數年已有成效。但路分闊遠，難以周遍。若不專委帥漕，就近措置，深慮卒無增廣，却致廢弛成法。」故有是旨。三省又言：「恐州縣觀望，乞命帥漕察其稽違與增廣者而賞罰之。」從之。後旨在是月壬寅。

6 丙申，御筆：「史館重修神宗皇帝實録，尚有詳略失中，去取未當，恐不可垂信傳後。宜令本館更加研考，逐項貼説進入，以竢親覽。」先是，秘書著作郎何掄面對，乞刊正新録訛謬。前三日，命掄兼史館校勘，是月癸巳。至是批出。掄所言，張浚意也。輔臣進呈，上曰：「史官公心去取，方可以垂信萬世。」知樞密院事沈與求曰：「神宗一朝史，至今紛紛未定。此蓋史官各以私意去取，指爲報復之資，故久而未就。但能公心實録，庶可傳信。」趙鼎行實云：「初因臣僚上言，裕、泰二史是非失實，始命官重修。鼎去國之後，有言其非者，乃降御筆改修。」又鼎事實稱御筆乃宰相擬定，見今年七月戊寅并注。

7 戊戌，權主管侍衛馬軍司公事劉錡兼都督府諮議軍事，錡時以所部戍廬州故也。

詔四川制置大使司津遣隱士張大檝赴行在。大檝，龍水人，隱居翠微巖。知天象，嘗倣唐制爲蓋天圖，謂可置之几案，及備軍幙中候驗。因爲木式以獻，席益爲上之，乃詔大檝併賫所藏天文秘書赴行在。

8 己亥，德慶軍節度使、充萬壽觀使韋淵爲昭慶軍節度使、開府儀同三司。

9 壬寅，詔徽猷閣待制、新除提舉萬壽觀兼侍讀胡安國累上章引疾，可與便郡。以左司諫陳公輔等有言也⑩。乃以安國知永州。

倉部郎中兼權大理少卿薛仁輔言：「比年以來，法官寖闕。斷刑官十四員，而應格者無三數人。試刑法官恩例增重，而每年中選者無一二人。加以數歲，恐遂曠官。望詔有司討論祖宗設法科之制，於京西、荆湖、淮南、江西每路量立明法科解額，以收遺才。」詔刑部條具申省。

10 甲辰，武功大夫、鳳州團練使、殿前司選鋒軍統領吉俊降二官。俊所部修武郎于輔私役軍士，俊杖之死，主帥楊沂中劾於朝，故有是命。

11 乙巳，知樞密院事沈與求薨於位，特輟視朝二日，贈七官，爲左銀青光禄大夫，即湖州賜田十頃。上將臨奠之，其家辭而止。與求再執政僅數月，未及有所建明。後謚忠敏。

詔宣撫司屬官自今毋得選羌人。

12 丙午，攝太尉張浚率羣臣爲大行太上皇帝請謚於南郊。先是，江端友爲禮官，建議攝太尉名實不正，乞改用三公奉册。至是，浚復攝是官，失之也。既而浚亦以爲疑，乃命禮官討論其事，後遂改爲攝太傅。七月壬戌降旨。

13 戊申，兵部尚書兼都督府參謀軍事吕祉往淮西撫諭諸軍。祉初在建康，每有平戎之志。張浚大喜之。浚以劉光世持不戰之論，欲罷之，參知政事張守以爲不可，浚不從。守曰：「必欲改圖，須得有紀律，聞望素高，能服諸兵官之心者一人乃可。」浚曰：「正爲有其人，故欲易之也。」時祉亦自謂，若專總一軍，當生擒劉豫父子，然後盡復故疆。及光世罷，乃命祉先往淮西。直秘閣詹至聞之，遺浚書曰：「吕尚書之賢，固一時選。然如此軍，恩威曲折，卵翼成就，恐不得比前人。兼此軍今已付王德，德雖有功，而與酈瓊輩故等夷，恐其下有不能平者。願更擇偏裨素爲軍中所親附者，使爲德副，以通下情。」會祉還朝，而瓊與其下八人列狀訟德於都督府，且乞回避。都督府謂德爲直，寢不行。瓊等又訟於御史臺，德亦言瓊之過，乃命德還建康⑪，以所部一軍隸都督府，復命祉往廬州節制之。祉將行，賜以鞍馬、犀帶、象笏，撫諭甚寵，皆非從官故事。中書舍人張燾見浚言：「祉書生，不更軍旅，何得輕付？」浚不從。祉又辟都督府準備差遣陳克自隨。資政殿學士葉夢得與克厚，謂之曰：「呂安老非馭將之才，子高詩人，非國士也。淮西諸軍，方互有紛紛之論，是行也，危矣哉！」亦弗聽。祉、克皆留其家，以單騎從軍。右司諫王縉請於都督府屬官中選知兵者助祉謀議，且留軍中，撫循訓練，以通將士之情。不報。此以趙甡之遺史、熊克小曆、詹至王縉墓誌、張燾行述參修。小曆稱瓊等列狀都督府，以訟王德之過。而張浚行狀稱訴於御史臺，今從之。徐夢莘北盟會編云：「酈瓊狀王德之罪於朝，德密知之，遂赴行在。上問之，德具言諸將驕暴，恐別生患。上愕然，遂命德以本軍入衛。」熊克小曆云：「德亦訟瓊等之過，乃召德以本軍還爲都督府都統制。」按今年九月二十四日，德申薛死事狀，猶繫左護軍都統制銜，與克所云不同。今且云隸都督府，庶不差互。

詔：「以欽、廉、邕州去歲大水，米踊貴，令本路常平官蠲賦稅，賑饑乏。其公私欠負，皆停之。」

右承議郎、直秘閣、新提舉荊湖兩路常平茶鹽公事張叔獻貶秩一等，坐前爲江西提刑，不覈實殘破州郡逃亡人户，蠲減上供錢，雖該恩免，特責也。此未知與五年三月丁丑叔獻申江州隱匿上供事有無相關，更竢考詳。

14 己酉，皇叔檢校少師、光山軍節度使、同知大宗正事士㒟開府儀同三司。士㒟嘗因對，勸上留意恤民。上曰：「朕以兵戈未息，不免時取於民，如月樁之類，欲罷未可。一旦得遂休兵，凡取於民者，當悉除之。」時建康有積欠左藏庫錢帛，乞免輸。上曰：「建康兵火後，遺民無幾，朕何忍更取積逋耶？可並除之。」因謂輔臣曰：「朕嘗語趙鼎⑫，宣和以前，宰輔非人⑬，費用無節，誅求無藝。四海之民，困於科斂，不得安業。朕嗣位以來，思與之休息，又以邊事未靖，軍費之資，取辦於諸路者尚多，斯民之災如此。儻他日兵寢，朕當一切蠲罷，雖租賦之常，亦除一二年。朕之此心，天地鬼神實照臨之。」張浚等曰：「陛下聖志如此，天必助順，民之休息，固有期矣。他日更在陛下選用大臣，推行德意。」上曰：「然事亦在朕。」秦檜曰：「陛下聖志既定，人誰敢違？」因論及唐太宗不能去封德彝，上曰：「唐太宗用封德彝、宇文士及，朕常以爲恨。既知其奸佞，猶信之不疑。」陳與義曰：「古人謂去佞如拔山。」浚曰：「太宗所謂惡惡而不能去也。」

命參知政事陳與義撰顯恭皇后謚册文，吏部尚書孫近、兵部尚書呂祉篆三謚寶。

詔顯肅皇后外家有服親各遷官有差。

左宣教郎田如鼇主管亳州明道宮，理作自陳。如鼇爲御史，坐上疏詆張絢等斥去，及是復之。

15 辛亥，秘書省校書郎兼史館校勘張嵲守著作郎。

左朝奉郎李良臣爲校書郎。良臣已見紹興三年六月。良臣自蜀召歸，上召見而有是命。

賜龍圖閣直學士汪藻銀合茶藥，以其纂緝詔旨之勞也。

16 壬子，左通直郎林安宅主管西外敦宗院。安宅舊爲宣諭官朱異所薦，至是始命之。安宅初見三年七月甲寅。

左朝奉郎、四川制置大使司主管機宜文字趙子琇再入對，言：「四川財賦，自茶鹽榷酤與夫常賦之外，可以供公上之求者，經度措置，固已曲盡，在今無復理財之術，但有惜財之術爾。望明詔主兵者念民力之已殫，應泛濫不急之費，當自有以蠲減；典計者知戍兵之久勞，凡大軍經費之須，務求所以贍給。如此則兩司相通，皆能贍軍恤民，同濟國事。」詔川陝宣撫副使吴玠、都轉運使李迨措置。後五日，擢子琇提舉荆湖北路常平茶鹽公事。時川陝贍軍錢闕，迨遣官屬分行三路，召三等井户量增貼納錢，上等每百斤增千錢，中等七百錢，下等三百錢，自是爲例，而子琇未知也。子琇奏下在是月丙辰，除命在丁巳，今因引對，遂書之。李迨增貼納錢在此月，而不得其日，今附子琇奏疏之後。熊克小曆云「上殿官趙子琇頗知蜀中事」云云，蓋不詳其本末也。

17 丙辰，尚書省請：「申命舉人程文，許通用古今諸儒之説，及自出己意，但文理優長，即爲合格。」從之。

18 乙卯，執政進呈左朝奉大夫蒲贄乞駐蹕江陵。上曰：「荆南形勝，自古吴蜀必争之地，宜諭王庶，益濬治城塹，招徠流移，練兵積粟，爲悠久之計。」張浚曰：「庶在荆南，頗有治行。元係雜學士，猶未復舊職。」上曰：「可還舊職，使悉心府事。」上又曰：「蜀中多士，幾與三吴不殊。近日上殿，如李良臣、蒲贄，極不易得。」因論士人各隨所習，如蜀中之士多學蘇軾父子，江西之士多學黄庭堅。浚等曰：「大抵耳目所接，師友淵源，必有所自。」贄，閬中人，浚在閬州，引爲宣撫處置司主管機宜文字，至是自知彭州召入。後六日，遂以贄行尚書兵部員外郎。

左司諫陳公輔權尚書禮部侍郎。

降授左朝散郎致仕王次翁令再任。秦檜之再召也，道由婺州，時次翁居於婺，與檜遇。至是，起居郎樓炤爲檜言，次翁甚貧。兵部尚書吕祉等奏：「次翁天資孝友，履行清修。年未六十，浩然求退。召寘朝列，必有可觀。」故有是命。次翁去年四月方除湖南大制司參議官，不知何時致仕。熊克小曆云：「樓炤爲秦檜言：『呂頤浩，次翁郡人也。頤浩再相，而次翁困一至此。』檜笑曰：『非其類也。』遂落致仕，以兵部郎官召之。」按紹興三年秋，頤浩在相位，次翁自廣西漕召還。會頤浩免相，次翁亦乞祠而去。比頤浩再起，又以上幙辟之。與克所云全不同，當考。又次翁此時雖落致仕，旋又得祠。明年三月，方除兵部郎官。克不詳考耳。

19 丁巳，吏部尚書兼侍讀兼史館修撰孫近引疾乞奉祠，張浚等皆言近之賢，宜留朝廷。張守曰：「聞近信命甚篤，以爲自此當有災，故亟求去位。」上曰：「此安足深信？陰陽技術，惟卜筮最爲近古。古人精於術數，故無毫髮差。今人能如是乎？君相造命，固不當言命，況近時日者尤不足信，朕未嘗問也。」

20 己未，給事中兼直學士院胡世將、權尚書禮部侍郎吳表臣並兼侍講。

詔：「回易庫撥隸都督府。權户部侍郎王俁仍舊總領其事務，苛細者皆除之。」

是夏，金左副元帥、魯國王昌等以内起大獄，各不之草地避暑。太師、領三省事、晉國王宗維乞免官爲庶人，以贖尚書左丞高慶裔之罪。金主亶不從，斬慶裔於會寧市。慶裔臨刑，宗維與之哭別，慶裔曰：「公早聽我言，今日豈至此？」蓋慶裔嘗教宗維反也。山西路轉運使劉思、河東北路轉運使趙温訊坐累當誅，東京留守宗雋與温訊善，匿其斷命以俟赦，乃得免。其餘連坐甚衆，皆宗維之黨。金中雜書云：「吳乞買即位十年[14]，儲位久虛。黏罕利於幼主易制[15]，陰謀立阿骨打之孫[16]，而慮吳乞買將以子爲嗣，乃創建三省，首除吳乞買之子爲尚書令，阿骨打次子骨盧勃極烈録尚書事[17]，黏罕陽尊二人，而處身於下左揆，立二太子之子爲皇太子。丙辰年，吳乞買死，皇太子即位。黏罕陰謀既成，後以吳乞買之子尚書令者封宋王，阿骨打次子録尚書事者封秦王，置兩人於閑散，黏罕遷太傅，領三省事，拜都元帥，内外之政，皆出於己。金主十二，年少，守虛位而已。秦、宋二王方悟黏罕之術。丁巳春，因羣聚會，所謂宋王者以所受封王之命，擲於黏罕前，歷吐胸中積憤。黏罕深被沮毁，包羞忍辱，亟歸私第，感疾不起，是年十月二十一日死，國政復歸秦、宋二王，遂去黏罕腹心之人，殺左轄高慶裔、山西漕使劉思，黜左揆兀室⑱、右轄蕭慶爲庶人。黏罕用事日，凡所施設，俱廢罷。」宗雋，太祖旻第六子蒲路虎也⑲。宗雋所居官，必復租税，甚得蕃漢間心，然時有酒過。及除東京留守，金主亶敕令止飲，道有渤海僧以杯酒獻者，即命敲殺之。

校勘記

① 未嘗以私怒降一人之官　「之」，原闕，據皇朝中興繫年要録節要卷八補。

② 朕常日撫綏之　「常」，原作「當」，據皇朝中興繫年要録節要改。

③ 上供及該税不盡諸窠名錢　「税」，原作「説」，據叢書本改。

④ 鹽酒增息錢等窠名錢物　「窠」，原作「課」，據上文改。

⑤ 常養之以待用　「養」，原作「卷」，據叢書本改。

⑥ 侄成忠郎謙　「成」，原誤作「誠」，逕改。

⑦ 左司諫陳公輔入對　「諫」，原作「監」，叢書本同。據皇朝中興繫年要録節要改。

⑧ 苻堅敗於謝元　「元」，即「玄」字，宋本常用「元」字避諱。皇朝中興繫年要録節要即此字。

⑨ 東平侯令鏗子也　「令鏗」，宋史卷二一五宗室世系表作「令鑑」。

⑩ 以左司諫陳公輔等有言也　「左」，原作「右」，據本卷上文紹興七年五月丁卯、下文六月乙卯記事改。

⑪ 乃命德還建康　「命」，原作「召」，叢書本同。據皇朝中興繫年要録節要改。

⑫ 朕嘗語趙鼎　「語」，原作「諭」，叢書本同。據皇朝中興繫年要録節要改。

⑬ 宰輔非人　「非」後，原有「其」字，據皇朝中興繫年要録節要删。

⑭ 吴乞買即位十年　「吴乞買」，原作「烏奇邁」，據金人地名考證改。下同。

⑮ 黏罕利於幼主易制　「黏罕」，原作「尼瑪哈」，據金人地名考證改。下同。

⑯ 陰謀立阿骨打之孫　「阿骨打」，原作「阿固達」，金人地名考證作「阿骨打」，或作「阿骨怛」，據改。

⑰ 阿骨打次子骨盧勃極烈録尚書事　「骨盧勃極烈」，原作「固倫貝勒」，據金人地名考證改。

⑱ 黜左揆兀室　「兀室」，原作「烏舍」，據金人地名考證改。「黜」後原有「與」字，據叢書本删。

⑲ 太祖旻第六子蒲路虎也　「蒲路虎」，原作「富勒呼」，據金人地名考證改。

建炎以來繫年要録卷一百十二

1 紹興七年秋七月辛酉朔，直秘閣、提舉廣南市舶宗穎與宮觀，理作自陳。

左朝請大夫、主管台州崇道觀章傑爲廣南東路轉運副使。傑初以家世坐斥，至是復起。

左文林郎、成都府成都縣尉羅萬改京官，堂除大邑。萬以薦對而有是命。十二月丁卯改監進奏院。

2 癸亥，光山軍承宣使、帶御器械錢愐爲樞密副都承旨。

右朝奉大夫、直徽猷閣孫佑奪職，降二官，坐守虔州不捕盜，且奏事失實也。佑聞張觷來代己，乃引病乞宮觀，故責之。

直秘閣、京東淮東宣撫處置使司參議官韓球陞參謀官，兼都督府隨軍轉運副使。

3 甲子，秘書省校書郎兼史館校勘高閌面對，言：「春秋之法，莫大於正名。今樞密院雖號本兵之地，而諸路軍馬盡屬都督。都督專主用兵，亦宜屬於樞密，不宜以宰相主之，是朝廷之上，兵柄自分爲二。又周六卿，其大事則從其長，小事官屬猶得專達。今一切拘以文法，雖利害灼然可見，官長且不敢自決，必請於朝，故廟堂之事益繁，而省漕官屬乃與胥吏無異。又政事之行，給舍得以繳駁，臺諫得以論列，若給舍以爲然，臺諫以爲不然，則不容於不改。祖宗時，有繳駁臺諫章疏不以爲嫌者，恐其得於風聞，致朝廷之有過舉，然此風不見久矣。臣恐朝廷之權反在於臺諫。且祖宗時，監察御史亦許言事，靖康中嘗舉行之。今則名爲臺官，而實無言責，此皆名之未正者也。」

宗正丞譚知柔奏：「宗室訓名，睦親宅『希』字下連『必』字，廣親宅『夫』字下連『時』字，親賢宅『居』字下連『多』字，棣華宅『卿』字下連『茂』字。」並從之。

秘閣修撰、四川轉運副使陳遠猷兼川陝宣撫司參議官，提點本司營田。

詔紹興府聽讀進士耿鎡放還本貫。

都督府請：「諸軍有面刺大字及燒灸人，不許入皇城門。」從之。時西北忠義人多有刺面爲「殺敵報國」等字，故申明焉。

4 乙丑，直龍圖閣、知虔州張觷條上措置盜賊事件。張浚等言：「觷有才，必有措置。」秦檜曰：「觷向知南劍州，能平賊，甚有功，而言者以爲多殺平人，毁譽是非，不公如此。」上曰：「大凡人爲血氣所使，而愛憎移之，所以毁譽是非不公，在上察之耳。」浚曰：「士大夫少學故如此。孔子許顏回爲王佐，蓋唯不遷怒，不貳過者，可以爲天下國家也。」上曰：「孔子所許，顏回一人而已，可知其難。士大夫少時爲血氣所使，而輕任喜怒，更事既多，若能知悔，則亦少累。朕爲親王時，或因事輕用喜怒，至今不能忘，常自悔責。」中興聖政：史臣曰：「人君過失，與常人不同。天下臣民，惟以順君爲義，莫或拂之，而亦莫或回之。惟上聖卓然特立，異於常情，乃能自反爾。故以過失爲諱者常千萬，文過以自安者常十百，悔過而能自反者纔千一也。」

5丙寅，秘書郎張戒提舉福建路茶事。上因論館中人材，以爲：「戒好資質，而未更事任，可令在外作一任，復召用之。」戒聞，請補外。後二日，上謂輔臣曰：「士大夫須更歷外任，不必須在朝廷。若既練達，而止令在外，則又不盡用材之道。」陳與義進曰：「前日陛下惜張戒人材，除外任以養成之，聖意甚美。」上曰：「中書省可籍記，他日復召用。」

右朝散大夫宇文師瑗知建州，以其母安定郡夫人黎氏有請也。

修武郎、閤門祇候何蘚添差兩浙東路兵馬副都監。

6丁卯，起復太尉、湖北京西宣撫使岳飛遣屬官王敏求來奏事。初，飛請解官未報，乃以本軍事務官張憲攝軍事。憲在告，而權宣撫判官張宗元命下，軍中籍籍曰：「張侍郎來，我公不復還矣。」直寶文閣、新知襄陽府薛弼在武昌，未上，請憲强出臨軍。憲諭羣校曰：「我公心事，參議必知，盍往問之？」羣校至，曰：「張侍郎來，由宣撫請也。宣撫解軍政未久，汝輩乃如此，宣撫聞之且不樂。今朝廷已遣敕使起復宣撫矣，張非久留者。」衆遂安。此段熊克小曆繫之於今年四月丁未以前，蓋誤。是時張宗元未權宣判，今移附此。又薛弼今年三月已除襄陽，今稍修潤其文，令不抵牾。上命參議官李若虛、統制官王貴詣江州，敦請飛依舊管軍，如違，並行軍法。若虛等至東林寺見飛，具道朝廷之意。飛堅執不肯出。若虛曰：「相公欲反耶？且相公河北一農夫耳，受天子之委任，付以兵柄。相公謂可與朝廷相抗乎？公若堅執不從，若虛等受刑而死，何負於公？」凡六日，飛乃受詔，此段並據徐夢莘北盟會編修入。但日曆所載降旨，參佐將校敦請，乃去年四月事，今年全不見指揮。且繫此，更當求他書參考。赴行在。張浚見飛，具道上所以眷遇之意，且責其不俟報棄軍而廬墓。飛詞窮，曰：「奈何？」浚曰：「待罪可也。」飛然之，遂具表待罪。此亦據徐夢莘所記修入。據林泉野記、中興遺史、岳侯傳，皆稱上詔飛赴行在，諭遣還軍，而日曆全無之。按，此月戊辰，上宣諭輔臣，有云「飛臨行時，朕明諭之」云云。則飛嘗入朝審矣。據陳公輔四月間所奏，亦云：「陛下且當與飛反復詰難。」又云：「俟張浚自淮西歸，當明著劉光世之罪，以警諸將。」以事考之，則詔飛赴行在當在張浚未往淮西之前，飛還武昌當在張浚既回建康之後，但未見本日耳。今因王敏求奏事，遂併書之，當求他書參考。上慰遣之。將行，上謂飛曰：「卿前日奏陳輕率，朕實不怒卿。若怒卿，則必有行遣。太祖所謂犯吾法者，惟有劍耳。所以復令卿典軍，任卿以恢復之事者，可以知朕無怒卿之意也。」飛得上語，意乃安。至是，遣敏求來奏事，委曲感恩云：「非官家保全，何以有今日？」翌日，上以其語諭輔臣。秦檜見飛舉止①，已有怨忿之意矣。中興聖政：史臣曰：「人主平時馭下，不過恩與威而已。至於馭將，又非平時恩威之所能盡也。是必有不貲之恩出於望外，不測之威出於物表，然後可以折其力，服其心，而得其死力也。太祖遣王全斌伐蜀，一日念其寒，脱所服裘帽賜之。其伐江南也，曹彬等入辭，以匣劍授彬曰：『副將而下，不用命者斬之。』此無他，駕馭英雄之術當然也。高宗亦嘗自言：『朕拊楊沂中過於子弟，及淮西有警，則親筆戒之：若不便進，當行軍法。沂中承命皇恐。』至於岳飛奏陳輕率，自知必抵罪，而乃開示胸腹，略無留難，飛深極感激。二人者，卒皆成功。此其術豈在太祖下？若乃濫賞以褻其恩，姑息以玩其威，其欲諸將之爲用，難哉②！」

左司員外郎李彌遜言：

臣聞善爲國者如持衡，本末輕重，常使適平，無偏而不舉之患。唐自中葉以還，方鎮驕横，稔成禍亂。至於五代益甚。藝祖躬覩其弊，故削州郡之權，以尊王室，以攬威柄，誠得銷患救時之宜。然當是時，强兵勁卒悉屯京師，及西北近畿，往來更戍，不絶於道。百姓逸樂，財用豐衍。州郡奉行詔條，得以無患。其後承平既久，兵制寖隳，民益無聊，而州郡之權益輕，本末俱弱，以致禍患，此已然之明效也。至於今日，曾未少革。帥守但具空名，兵寡民貧，城池隳敝。財賦悉以上供，餽餉不足枝梧，目前常不暇給。平時稍爲備守之計，則羣議而力沮之，萬一有警，拱手罔措。賢者則甘心守節，不肖者則奉身逃生。雖誅竄失職之吏，其害已不可勝道矣。臣愚願慎擇賢材，以任帥守，假之事權，使得竭才展效，鎮安方面，上寬顧憂，下銷姦宄，以效臂指之用。

詔樞密院措置。自祖宗世，陝西、河東北三路皆以文臣爲經略使，領大兵，武臣爲總管，號將官，受節制。熙豐後，始置武帥，論者非之。自渡江以來，沿邊之兵盡歸諸大將，帥臣反出其下，故彌遜有是言，然至今不能改也。

7 戊辰，起居郎樓炤言：

竊見國家暴兵露師之日久，有財匱之憂。近者安陳財用四事，雖蒙開納，有司終不能小有損益者，必主計之司未嘗親見其本末也。竊考唐故事，宰相領鹽鐵轉運使，而同時在位者，或判户部，或兼度支。臣愚以謂使宰相兼有司之事則不可，若參倣唐制，使户部長貳兼領諸路漕權，何不可之有？若户部兼領諸路漕權，内則總大計之出入，外則制諸道之盈虚，以時巡行，如劉晏自按租庸，以知州縣錢穀利病，而事之本末皆身親而目覩之，何者可行，何者可罷，斷然無復疑。伏望聖慈下臣之説，詔大臣講究之。

詔三省相度措置。是月戊子施行。炤又請：「令行在侍從官，各舉通判資序，或嘗任監察御史以上，可以任監司、郡守者一二人，皆具已試之狀保任以聞。朝廷籍記姓名，遇闕除授，後有不如所舉，則正繆舉之罪。」詔如所奏，仍令中書門下省置籍。

8 壬申，張浚以旱，乞率從官禱雨。又乞弛役、慮囚等數事。因奏：「如浙西諸郡及宣州、廣德軍地形下，未覺旱。如鎮江、建康地形高，最覺闕雨。」上曰：「朕患不知四方水旱之實，宮中種兩區稻，其一地下，其一地高。昨日親閱之，地高者其苗有槁意矣，須精加祈求，庶幾數日間得雨也。」

時方盛暑，浚一日坐東閤，參知政事張守突入，執浚手曰：「守向言秦舊德有聲，今與同列徐考其人，似與昔異。晚節不免有患失心，是將爲天下深憂。」蓋指樞密使秦檜也。浚以爲然。

監察御史李誼守右正言。

徽猷閣待制邵溥上其父伯温所著辯誣三卷。上曰：「事之紛紛，止緣一邢恕耳。數十年來，士大夫相攻詆，幾分爲國？幾分爲民？皆由私意，託公以遂其事。宣仁之謗，今已明白，紛紛之議可止矣。」熊克小曆稱都督府幹辦官邵溥進其父所著辯誣，蓋誤。其實溥權川陝宣副時被旨繕寫，今始付出耳。

提舉修内司王鑑特降一官。時以金陵宮室未備，置修内司主其役，而命鑑領之。鑑請聖祖殿基爲私第，部曲多占民居，又遣使臣儲毅市王安石家田之在宣城、蕪湖者，號曰御莊，因冒占腴田，大爲姦利。會有訴者，按驗得實，上命籍其田，降毅官。中書舍人張燾曰：「此與宣和間李彦西城所何異？毅不足道，鑑實使之。」即奏：「鑑以内侍出入宮禁，乃敢公然遣人假託御前，經營莊産，並在宣城、蕪湖，去行朝特一水耳。無所忌憚，一至如此，不加竄逐，何以示懲？」疏入，毅坐停官，而鑑有是命。併御莊罷之。

9 癸酉，左承議郎施鉅充諸王宮大小學教授。

10 甲戌，直龍圖閣、知宣州趙不羣充秘閣修撰、知廬州。

11 丙子，右金吾衛大將軍、提舉台州崇道觀陳仲堅復爲夔州觀察使。仲堅，開封人，欽慈后兄子也。靖康中例换環衛，至是特復之。

檢校少傅、靖海軍節度使、開府儀同三司、嗣濮王仲湜薨。以上在諒闇，用故事，不舉哀成服，輟視朝三日，賜其家銀帛五百匹兩，追封儀王，謚恭孝。仲湜酷好珊瑚，飲食起居，不忘把玩，大者一株至數百千。上嘗問仲湜：「墜地則何如？」曰：「墜地則碎矣。」上曰：「以民膏血，易此無用之物，朕不忍也。」仲湜無以對。

12 戊寅，秘書省著作郎兼史館校勘張嵲面對。先是，有詔刊修神宗新録訛謬。秘書省正字兼史館校勘李彌正、胡珵見右僕射張浚，辭史職。浚曰：「正欲平其事，故令史官自簽貼。若辭，非本意。」既而嵲對罷，中後省以所得聖語云：「范沖、任申先止憑校勘官便以爲是，故實録多舛誤。」彌正、珵再辭史職，從之。趙鼎事實云：「鼎再相，一日見上，論及此事，曰：『止是修訛錯者，非有所改也。』鼎曰：『但所降御筆如此，外間不得不疑。』上曰：『此乃宰相擬定者，俟一併降出，卿自可見。』鼎曰：『近見起居注載著作郎張嵲所得聖語，亦復如此。』上愕然曰：『安得有此？嵲小人也，乃敢爾耶？』上駭甚，謂鼎曰：『嵲所記，不得存留。』鼎曰：『前此已修入時政記，付之史館矣。』上曰：『爲之奈何？』曰：『俟他日修日曆，當諭史館除去之。』上曰：『甚善。』蓋此事本非上意，特重違用事者之言耳。」按今日曆已無此聖語，故知鼎遺事可信也。李彌正辭校勘，日曆不書，但於十月壬寅書「二人可依舊校勘」，今因嵲面對，附此。熊克小曆云：「李彌正、高閌辭史職。」恐誤。按紹興八年十一月丙寅，彌正、閌罷郎官章疏云：「趙鼎再相，彌正乃以前日之罷，爲不易逢之機，閎以前日之舉，爲不得已之事。」則知刊修之際，閎未嘗辭史職也審矣。

左朝散郎王勳提舉廣南市舶。勳知長興縣，有薦其治狀者，上召對而有是命。

13 己卯，上諭張浚曰：「昨夕有雲物，意遂作雨，而夜深乃散。卿等更求可以感召和氣事，悉意爲之。」浚曰：「敢不恭承聖訓！」

右承事郎、新提舉福建茶事陳正同罷，用銓量詔書也。初，命郎官已上免銓量，正同嘗除尚書郎，以資淺而罷，乃自言：「在放久，例亦同經歷。」言者以爲：「不可以一人之私，遂廢天下公法。」故卒罷焉。

左迪功郎、嘉州司户參軍趙雍特改左承奉郎。雍，臨邛人，以薦對而有是命。

萊州防禦使、權主管行宫步軍司兼殿前馬軍司公事邊順疾篤，留守呂頤浩以昭慶軍節度使、開府儀同三司韋淵代之。及是，奏至，上不欲以戚里管軍，乃詔淵見任使相，難以差權。令頤浩別選將。順尋卒。

14 辛巳，張浚等奏：「禱雨備至，未獲休應。」上曰：「應天須以實，如恤刑、弛役之類，當更有實惠可及民者。朕曉夜思之，如積欠一事，爲民之害甚大。比因移蹕，所過州郡下蠲除之令，民間極喜。可將諸路紹興五年以前税賦積欠，及其他逋負議蠲之，庶幾少蘇民力。」浚等退而條具，悉施行焉。

右承議郎、通判閬州王利用行國子監丞。

左朝奉大夫、行尚書屯田員外郎王弗貶秩二等，坐措置營田違戾也。言者又奏：「弗體究誕謾。」遂罷去。日曆無此，今以閏十月二十八日刑部檢舉狀修入。

是日，金領三省事、晉國王宗維卒。高慶裔既誅，宗維恚悶，絶食縱飲，至是死，年五十八。范仲熊北記云：「黏罕庚申生。」

權太原少尹烏陵思謀自戍所來奔喪③，金主亶以思謀爲福州觀察使，去「權」字。徐夢莘北盟會編有黏罕獄中所上書及金人誅黏罕詔，其文鄙陋，他書無其事，今不取。

15 壬午，右宣教郎、直徽猷閣張滉特賜進士出身，與郡。滉奉其母至行在，上引對而命之。中書舍人張燾言：「自宣政以來，姦臣子弟濫得儒科。陛下方與浚圖回大業，當以公道，首革前弊。滉首蒙賜第，何以塞公議？」上以浚有功，欲慰其母心，乃命起居郎樓炤行下。炤又封還。秘書省著作郎兼起居舍人何掄曰：「賢良之子，宰相之兄，賜以科第，不爲過也。」乃書黄行下。後旬日，滉引嫌復辭，尋除知鎮江府。滉乞免賜出身在此月己丑。

16 癸未，手詔：「中外臣民，各許實封言事。在外令附驛以聞。」旱故也。

宰臣張浚、樞密院使秦檜已下，引咎乞罷黜。詔曰：「亢陽未雨，憂心如熏，咎在一人，非卿等罪。各安乃位，勿復陳詞。夙夜勉旃，以輔台德。」時臺臣有謂右司諫王縉曰：「上任我輩言路，而求直言，何也？」縉曰：「此故事也，豈以臺諫而廢哉？」

左宣教郎、簡州州學教授黄源應詔上書言：

中興之主，當與創業同。創業當視藝祖，其大計大議，取謀於宰相，則趙普等是也；大勳大烈，責成於大將，則曹彬等是也。内則講修政事，爲萬世計；外則削平僭僞，爲一統計。十有六年，而天下泰定。非但藝祖聰明神武，亦維冠劍大臣，憑藉威福之至此也。今陛下中興，將相豫附，保國備寇，忠勤篤至。然而十有一年，政事則講修不逮，僭僞則削平不果，何也？無乃隆主勢以論一相，嚴威斷以馭大將，作威作福，直與藝祖不同故耶？

因條上六事，一曰躬一德以享天心，二曰正東宫以嗣國統，三曰勵宗親以策勳勞，四曰厚禁旅以鞏宸極，五曰連秦夏以臨三晉，六曰田淮甸以傾全齊。其論國統，略曰：

往者宗社不幸，明受之變，皇太子居襁褓中，爲賊所污，不克正位。今既九年，而皇嗣未育。陛下蓋嘗選宗親之賢，納之宫中矣。此誠社稷至計，然而其名未正，無以係天下望，乖謹重之議，開覬覦之端。藝祖櫛風沐雨，以開洪業，挈天下之重，不以私其子，顧授之太宗。仁宗在位四十有二年，而國統不絶者如綫，亦取宗親於濮邸而立之，是爲英宗。今陛下即位之日，不爲不多，建儲之計，不爲不急。以爲皇嗣未育，不可遽議乎？則祖宗故事可考而知也。以爲兵戈未戢，不可遽立乎？則漢高帝嘗立太子於關中，而身在兵間也。以爲儲貳體大，非疎屬可定乎？則後周太祖嘗以異姓之親尹京邑而付大統也。今宗親之賢，既足以仰承聖意，而日復一日，未留睿斷。臣愚以爲恐左右前後或懷姦心者，朝浸暮潤，以行其譖④，非社稷之福也。

厥今天下，亦多變矣。是在他日，必得長君，然後可辦，非赤子可得而卧治也。大江以北，亦多寇矣。是在他日，必得賢明，然後可理，非母后可得而制政也。夫求成不諱敗，圖存不諱亡。況宗親之賢，越自支庶，陛下取而歷試之，典册所加，以上公矣。陛下必不得已，姑少須之，何不使攝居儲貳之位？皇嗣之生，退居藩服，社稷豈不益固？天祐聖祚，陛下則百斯男，抑未可知。然而宗親之賢，臣切念之，非藝祖之昭，則太宗之穆也。陛下勿謂昭之爲遠，穆之爲近。藝祖應天順人，除五代之暴，用永清於四海。陛下嗣景命於祖宗，擇其後，何遠近之有？陛下使之出居東宫，就師傅，則敵國必不敢輕繼體之幼弱，姦佞必不敢幸廢立之非福。國以之安，而家以之全，此萬世之業也。

源，臨邛人。舊游太學有聲，雖爲小官，聚族百口而養之。然亦尚氣好駡，故仕不達而卒。源所上書不得其月，因求言附見。

17 甲申，蠲諸路民户紹興五年以前欠租，上旨也。坊場净利，五年正月以前所負亦除之。建康府居民貧病者畀之藥，死者助其葬。

18 乙酉，權户部侍郎王俣請就建康權正社稷之位。詔本府踏逐，如所請。

進士蕭建功特補將仕郎。建功，新淦人，通經史，陳瓘、李朴皆器重之，隱居江濱，士大夫乘舟上下者，必禮於其廬。江西制置大使李綱薦於朝，召試中書，而有是命。

19 丙戌，宣州觀察使董旼爲淮南東路馬步軍副都總管，填創置闕，仍兼京東淮東宣撫處置使提舉一行事務。

20 丁亥，左奉議郎、新江南西路提舉茶鹽常平公事李公懋爲監察御史。

詔：「今後士民陳獻利害，令給舍子細看詳。其可採者，取旨施行。」

21 戊子，刑部尚書胡交修言：「諸州縣奏劾公事，稽滯甚多，乞責罰。」上曰：「大抵刑獄須當從寬。」乃命本部開具稽滯尤甚三五處，申省取旨。

觀文殿大學士、提舉臨安府洞霄宫朱勝非知宣州。

尚書省言：「州縣財賦，率多妄用，亦或失取，緣此上供虧欠，漕計不足。」詔：「户部逐時輪那長貳一員，出外巡按。其奉行詔令違戾等事，按劾以聞。州縣財賦利病，並考究以實措置，使各條具聞奏。餘聽一面行訖，具申朝廷。合行事，依本等奉使格法。」初用樓炤請也。

詔諸路州縣逃亡民户，未開墾田畝，通限八年輸全税。初，用江西轉運副使逢汝霖請，免五年升科，至是又推於諸路焉。

校勘記

① 秦檜見飛舉止　「止」，叢書本、宋史全文卷二〇上作「趾」。

② 難哉　叢書本此段注語在「飛得上語意乃安」之後。

③ 權太原少尹烏陵思謀自戍所來奔喪　「烏陵」，原作「烏淩阿」，據金人地名考證改。

④ 以行其譖　此句原闕，據叢書本補。

建炎以來繫年要録卷一百十三

1 紹興七年八月按是月辛卯朔。壬辰，張浚奏：「探報僞齊簽軍，自六十以上則減之，十五以上則增之①。科條之煩，民不堪命。出軍之際，自經於溝瀆者，不可勝計。」上蹙額歎息曰：「朕之赤子，至於如此，當思有以拯救之。可諭江、淮諸郡，凡歸附者，加意撫納，厚與賙恤，勿令失所，以稱朕意。」

2 癸巳，上與執政論漕臣能否，因及向子諲。上曰：「帥府舊僚，往往淪謝，惟汪伯彦實同艱難。朕之故人，所存無幾，伯彦宜與牽叙。」張浚奏：「陛下念舊如此，實甚盛之德。但伯彦無所因而牽叙，則必致紛紛，恐非徒無益。臣等已商量，俟因大禮取旨，更得親筆數字，爲明帥府舊勞，庶幾内外孚信。」上曰：「俟到九月，當復職與郡。」伯彦之未第也，嘗受館於王氏，秦檜從之學，而浚亦伯彦所薦，故共贊焉。

中書舍人張燾、起居郎樓炤以嘗論駁張滉賜第事不自安，皆求去，不許。言者繼論之，乃以燾爲集英殿修撰，提舉江州太平觀。後省題名，燾以八月除職奉祠，而日曆不載。今因燾乞去，遂書之。或可移附乙未日並除兩舍人之後。

3 乙未，少保、江南東路宣撫使張俊爲淮南西路宣撫使，盱眙軍置司。保成軍節度使、主管殿前司公事楊沂中爲淮南西路制置使，右武大夫、開州團練使、權主管侍衛馬軍司公事劉錡爲淮南西路制置副使，並廬州置司。時呂祉至廬州，而酈瓊等復訟王德於祉。祉諭之曰：「若以君等爲是，則大相誑。然張丞相但喜人向前，儻能立功，雖有大過，彼亦能闊略，況此小嫌疑乎？」於是密奏，乞罷瓊及統制官靳賽兵權。乃命二帥往淮西召瓊等還行在。鄭克撰吕祉行狀，稱祉密以利害聞於廟堂，未可易將分軍，與諸書全不同。詳具八月戊戌注。

顯謨閣待制提舉亳州明道宫曾開、徽猷閣待制提舉江州太平觀趙思誠並爲中書舍人。思誠嘗除舍人，坐其父挺之直陳紹述，爲言者所論。至是，張浚復用之。

權尚書兵部侍郎兼都督府參議軍事、權湖北京西路宣撫判官張宗元爲徽猷閣待制、樞密都承旨。岳飛復任，宗元乃還，既對，遂有是命。

司農少卿樊賓罷知袁州。

左朝議郎常明爲秘書省正字。明自西充丞召對，策試而後命焉。明以今年六月辛卯降旨就試。按是時校書多不試，而正字有試者，不知何故也。

4 丙申，尚書户部員外郎霍蠡轉一官，用權湖北京西宣撫判官張宗元奏也。日曆惟此日宗元繫宣判銜。蠡在鄂州，應副岳飛軍錢糧，宗元言其奉公守正，故特遷焉。先是，飛數言軍中糧乏，乃命蠡按視。至是，蠡言：「飛軍中每歲統制、統領、將官、使臣三百五十餘員，多請過錢十四萬餘緡，軍兵八千餘人，多請過一千三百餘緡，總計一十五萬餘緡。」於是右正言李誼言：「蠡職在出納，理當究心。然慮點檢苛細，若行改正，却合支券錢六萬餘貫，才省九萬緡而已。望令依舊勘支，務存大體，以副陛下優恤將士之意。」蠡奏不得其日，今因其轉官，遂書之。熊克小曆繫之去年八月戊子蠡初受命時，誤矣。是時李誼止爲監察御史，今年七月方除正言。此段或可移附今年十月戊戌蠡入對之日。但是時乃淮西軍變後，恐不應議裁減，更須詳考。

詔知桐城縣魏持、知太湖縣張鼎、知武昌縣唐時侯秩滿，並令入對。以權湖北宣撫判官張宗元言其政績也。先是，樞院計議官李寀奉詔行視江、淮營田還，言其不便，又論持及知泰興縣李慥違法殃民，比之諸邑尤甚，望黜責之。張浚不樂，寀得監西京中嶽廟而去。於是宗元奏持爲政有惠愛，淮南諸司亦上慥治狀於朝，乃令再任焉。注此，見李寀本末。寀明年三月自嶽廟除察官，未知其罷日，今附此。按王弗、樊賓之罷，去此不遠，必相先後也。持明年九月爲張戒所論。

5 丁酉，左從事郎朱松特改左宣教郎，爲秘書省校書郎。松，婺源人。以薦者得召見，言：「自昔中興之君，惟漢光武可以爲法，晉元帝、唐肅宗可以爲戒。元帝東渡，賞刑失中，彊臣跋扈，晉室終以不振。肅宗雖復兩都，而急於罷兵，是以終唐之世，不能取河北。」上曰：「光武固無可議，若元帝，僅能保區區之江左，略無窺取中原之心。而肅宗猶能克復兩都，再造唐室，則肅宗爲優。然肅宗當明皇西幸，既不能扈從以行，晚復惑於張后、李輔國之讒，而虧人子之行，此其可恨也。」

四川制置大使席益復與都轉運使李迨有違言，交愬於上。詔：「川蜀去朝廷甚遠，全藉兩司協濟國事。今覽益、迨所奏，務爲嫌隙，必致生事，深以爲憂。可令學士院賜詔戒諭，仍當深體朕意，毋得因今旨在告待罪，妨廢職事。」

詔四十大邑許通除選人，供給依職官例，代還甄擢，如先詔。

6 戊戌，張浚進呈顯謨閣待制、知荆南府王庶復徽猷閣直學士。上曰：「庶嘗云：『今天下不可專用姑息，要當以誅殺爲先。』謂朕太慈。聞仁宗皇帝嘗云：『寧失之太慈，不可失之太察。』此祖宗之明訓也。今百姓犯罪，自有常法，何以誅殺爲先乎？」浚等曰：「聖人三寶，一曰慈，未聞以慈爲戒也。」庶學識淺陋，不知大體。」浚因奏僞齊尚用本朝軍器。上曰：「祖宗有内軍器庫在謻門②，幾百間，所藏弓弩器甲不可勝計。及軍器庫在酸棗門外，數亦稱此。原祖宗置庫有内外之異，及弓弩弦箭亦各異藏，分官主之，皆有深意。」陳與義因奏：「頃爲澶淵教官，嘗見甲仗甚盛，日久不用，往往朽敗。」上曰：「此等物得不用，亦美事也。」

是日，中侍大夫、武泰軍承宣使、行營左護軍副都統制酈瓊叛，執兵部尚書呂祉。祉簡倨自處，將士之情不達。徐夢莘北盟會編云：「祉舉止驕傲，不諳軍旅。統制官有兩使，有正使者，横樾唱喏，祉頷應之。有伺候終日，稱歇息喫食，調弄聲樂之類不得見者。其下多憤怒。」按祉此時不將家以行，所云調弄聲樂之類，恐當求他書參考。惟熊克小暦云：「説者皆曰祉簡倨自處，將士之情不達。」今從之。淮西轉運判官韓璡舊在劉光世幕中，光世待之不以禮，至是諸校或以罪去。趙鼎逸事曰：「張浚自當國，引呂祉爲援，除兵部尚書，復用韓璡爲淮南漕。璡嘗倅建康日，劉光世待之不以禮，又常爲其屬劉覲所辱。積此二忿，故力建議罷光世軍，遂以祉代爲宣撫判官。祉爲人剛愎自任，昧於應變。既代光世，謂執政可跬步而得。璡亦狠傲，志在復仇。故李著、王默，光世所厚也，悉以罪去。王德者，光世之腹心也。酈瓊者，光世所招徠之盜也。光世以瓊屢立奇功，待之與德等。祉慮其部曲難制，故專任德以悦軍情，瓊不自安。會祉密奏朝廷，乞罷瓊及靳賽軍權，吏朱照漏謀於瓊③，瓊、賽懼，翌日殺祉，舉軍奔僞齊。」祉聞瓊等反側，奏乞殿前司摧鋒軍統制吴錫一軍屯廬州，以備緩急。又遣璡詣建康趣之。鄭克作呂祉行述曰：「公往合肥護諸將還朝，奏事懇切，皆寢不報。留行朝再浹旬。上令執政諭旨，且暫往，續有處分。復遣中使抑賜鞍馬、犀帶、象笏，撫諭甚寵，皆非從官故事，蓋示將欲大用也。公拜賜退，語家人曰：『君命如此，義不可辭，勢須即往。一死固不惜，第恐議論不定，無益於國家耳。』與其妻孥相對涕泣，如訣別然。蓋以事有牙蘖，往不保還故也。合肥一軍，如酈瓊輩，將校兵卒，皆故羣盜也。居則蠶食，動則鴟張。光世紀律不嚴，暴橫殊無畏忌，其所憚者，惟王德耳。十月除王德都統制，然瓊輩與德等，舊爲等伍者，恥受其節制也，乃列狀詣都督府，數其過而訟之，並乞迴避。都督府謂德爲直，故寢不行。瓊等又詣御史臺，或語之曰：『爾輩如此，是訟宰相，跡甚危矣。』遂憂懼不自安。一旦，瓊等二十人橫檛趨庭，哀訟於公曰：『不合極惱朝廷，今日未知所告，尚書救取某等。』公令升階，慰諭之曰：『若以公等爲是，則大相誑。然此事尚可醫治。蓋張丞相但喜人向前耳，儻能向前立功，雖有大過者，彼亦闊略，況此小嫌疑乎？當力爲諸公辨之，保無他慮，切不可置胸中也。』詞直意誠，衆皆感泣於庭下，曰：『誠如尚書之言，某等誓當效死圖報。』其事遂定。公見德與瓊等輩如冰炭然，乃密以利害聞於廟堂，且加撫循，徐爲措置，未可遽易其將，驟分其軍。尋有旨召王德，諸將皆喜，謂德之往，必有行遣，而公所言不妄矣。先是，嘗薦趙不羣爲淮西帥，且乞吴錫一軍廬州駐劄，準備緩急。又遣轉運判官韓璡詣建康，而屬之曰：『諸將反側，幸已定矣。然有他議，則必愈乖。煩賢子細白知宰相。』此可見公慮之周也。時都督府機宜蓋諒別因職事經過合肥，璡乃問公：『蓋幕歸去，曾令説否？』公曰：『亦曾屬渠，第恐不敢盡達此意，復煩開陳曲折。』諒果不敢盡言。璡行至和州，以疾作滯留。已而諸將聞王德留都督府爲都統制，且錫賚極優渥，瓊等皆觖望曰：『我初訟彼罪也，今彼既受賞，我必有罰，首領且不保矣。』於是始萌叛意。時有旨除張俊、楊沂中、劉錡三人爲淮西宣撫使、副、判官，軍中已傳聞。而八月七日金字牌指揮，令易置分屯。次日，瓊等遂叛。」按日曆，八月八日戊戌，有旨韓璡令閤門引見上殿，與克所云略同。今從之。但所言祉事，亦多緣飾，恐須詳考。徐夢莘北盟會編云：「楊沂中遣吴錫先以兵往淮西，察其動静，瓊等覺之。」按此時錫實未至，今删潤修入。瓊聞，頗有異志。統制官康淵曰：「朝廷素輕武臣，多受屈辱。聞齊皇帝折節下士，士皆爲之用。」衆皆不應，猶相視以目。先是，統制官王師晟戍壽春，挈營妓去，其家訟於祉。時將士方不安祉之政，師晟乃與瓊及統領官王世忠、張全等謀作亂。已上並據徐夢莘會編。祉之乞罷瓊與靳賽也，其書吏朱照漏語於瓊。此據趙鼎逸事。瓊令人遮祉所遣置郵，盡得祉所言軍官之罪，瓊等大怨怒。此據徐夢莘會編。前一日，被旨易置分屯。此據祉行狀。按張俊等以乙未日除宣撫、制置，至此三日，正當被受。所謂分屯，乃瓊等被召之旨也。瓊被召，不見於諸書，以今月十一日手詔修入。康淵曰：「歸事中原則安矣。」詰朝，諸將晨謁，祉坐定，瓊袖出文書，示中軍統制官張景曰：「諸兵官有何罪？張統制乃以如許事聞之朝廷邪？」祉見之大驚，欲退走不及，爲瓊所執。有瓊之黄衣卒者，以刀斫瓊中背④，瓊大呼曰：「何敢爾？」顧見有執鐵檛者，瓊取以擊卒，斃於階下。瓊親校已殺景於廳事，又殺都督府同提舉一行事務喬仲福及其子武略大夫嗣古、統制官劉永、衡友，遂執閤門祗候劉光時，率全軍長驅以行。已上並據徐夢莘所編。其張景以下官職，則以日曆增入。但夢莘以衡友爲邢友，蓋字誤。至州東樓下，祉謂瓊曰：「若祉有過失，當任其咎，奈何乃如此負朝廷！」此據張宗元所奏。軍士縱掠城中而去。時直徽猷閣前知廬州趙康直、秘閣修撰知廬州趙不羣皆爲所執。此據徐夢莘會編。既而釋不羣歸，蓋不羣至官未旬日，無怨憾於軍中故也。此亦據徐夢莘會編。但稱瓊至霍丘縣，殺祉而縱不羣歸則恐誤。按張宗元所申，祉以十三日被殺。而日曆八月十二日壬寅，知廬州趙不羣申，已回本州。則是不羣未至霍丘，先得歸也。今併附此日。瓊遂以所部四萬人渡淮，降劉豫。熊克小曆云：「瓊以全軍七萬人北走降劉豫。」趙鼎事實云：「瓊以全軍五萬之衆歸於豫。」張戒奏上語云：「淮西失精甲四萬。」日曆云失三萬。人數皆不同。按光世一軍，德所部八千人已還建康，其餘必無此數。趙甡之遺史亦云四萬人，似得其實。今從之。

7 己亥，吴國長公主言：「妾選尚潘正夫三十年矣。伏見祖宗以來，駙馬都尉如石保吉、魏咸信、柴宗慶，皆除使相。見今戚里，亦多得之。正夫歷事累朝，於靖康圍城中，首乞迎立陛下早正大位，又於杭州召對，嘗言：『陛下倉卒渡江，禁衛未集，預宜防變。』今望特除開府，仍將檢校少保落檢校字。」詔：「近除士㒟開府儀同三司，係任宗司十年，合依故事。札與本位都監，自後毋得妄有陳請。」

8 庚子，中衛大夫、秀州刺史、京東淮東宣撫處置使司前軍第三將魯彥降橫行遙郡七官，令本軍自效。彥嘗幽軍吏韓全，絶其食而死，爲韓世忠所按，故黜之。

9 辛丑，上始聞淮西失師，手詔賜酈瓊等曰：「朕躬撫將士，今逾十年。汝等力殄寇讎，殆將百戰。比令入衛於王室，蓋念久戍於邊陲，當思召汝還歸，方加親信，豈可輒懷反側，遂欲散亡？儻朕之處分或未盡於事宜，汝之誠心或未達於上聽，或以營壘方就而不樂於遷徙，或以形便既得而願奮於征戰，其悉以聞，當從所便。應廬州屯駐行營左護軍出城副都統制以下將佐軍兵⑤，詔書到日，以前犯罪，不以大小，一切不問，並與赦除。」熊克小曆書：「壬寅，淮西奏至。」蓋不考此手詔也。

10 壬寅，張浚見上引咎。上曰：「失三萬人，不繫國安危。譬猶臨陣折傷，亦是常事。卿等不可以此介意，當益鎮安人心，激厲士氣，以爲後圖。」浚曰：「去年劉麟賊兵一敗塗地，無慮殺數萬人，亦復能軍。況軍將時有叛亡，亦所不免。要是臣非才誤國，上貽聖慮。今聖志先定，臣復何憂？敢不黽勉，以圖報效！」趙鼎事實曰：「劉光世既罷，其下已不安。當軸者俾呂祉者以都督府參議官總其事。祉不嫻軍旅，措置不厭衆心。既又除劉錡制置副使、楊沂中制置使、張俊宣撫使。劉光世將酈瓊懼併其衆，以全軍五萬之衆歸於豫。報到，中外皇駭，莫知所措。意瓊挾豫衆爲倒戈之計，當軸者謂參知政事陳與義、張守曰：『萬一侵犯，使上往何地避之？』與始議移蹕建康，氣勢不同矣。」

遣中使以銀合茶藥勞賜新淮西宣撫使張俊，且犒修城將士。時俊在盱眙，未受命也。

是日，兵部尚書、都督府參謀軍事吕祉爲酈瓊所殺。先一日，瓊與其衆擁祉次三塔，距淮僅三十里。祉下馬，立棗林下，謂曰：「劉豫逆臣，我豈可見之？」衆逼祉上馬，祉罵曰：「死則死此，爾等過去，亦豈可保我也？」軍士聞之，有傷感咨嗟者。瓊恐摇衆心，乃急策馬先渡淮，至霍丘縣，令統領官尚世元殺祉。世元以刃刺祉，且顧統領官王師晟，師晟不肯。祉罵瓊不已，遂碎首折齒而死，年四十六。於是，直徽猷閣趙康直亦爲所害。世元斬祉首示瓊，瓊摽之木末，祉從者江涣取而埋之。主管馬軍司公事劉錡、殿前司摧鋒軍統制吴錫尋至廬州，以兵追之不及。上遣樞密都承旨張宗元往招叛卒。制置使楊沂中聞瓊已渡淮，乃遣人持羊酒相勞苦，於是錡復還濠州。

11 甲辰，御筆：「觀文殿大學士、兩浙東路安撫制置大使、兼知紹興府趙鼎充萬壽觀使，兼侍讀，疾速赴行在。」

是日，張浚留身求去位。上問可代者，浚不對。上曰：「秦檜何如？」浚曰：「近與共事，始知其闇。」上曰：「然則用趙鼎。」遂令浚擬批召鼎。檜謂必薦己，退至都堂，就浚語良久。上遣人趣進所擬文字，檜錯愕而出。浚始引檜共政，既同朝，乃覺其包藏顧望，故因上問及之。

詔新除崇政殿説書尹焞疾速赴行在。以焞再辭除命故也。

起居郎兼權中書舍人樓炤充秘閣修撰，知温州。炤爲言者所劾，力上疏請奉祠。上謂輔臣曰：「朕固深知炤，但言者不已，恐非所以愛惜人才。宜暫令去，除職與郡，三數月間召用未晚也。朕於人才，惟恐傷之。

彈擊不已，非炤之福。」

12 乙巳，故右宣教郎、知筠州高安縣步汝霖特贈右承議郎，官一子。故迪功郎、高安縣尉李聃年特贈右從事郎，與一子下州文學。先是，劇寇熊清作亂，汝霖等統民兵、射士與戰，爲所執，死焉。帥臣李綱上其狀於朝，故有是命。

是日，僞齊劉豫得酈瓊降報，大喜。先是，豫聞王師移屯，遣僞户部員外郎韓元英乞師於金主亶，以我師進臨長淮爲詞，欲併力南寇。金主亶不許。至是，潁昌馳報喜旗至，言：「江南劉相公下全軍人馬及淮西百姓十餘萬來歸附，已交收器甲接納矣。」豫乃命粉飾門牆，增飾仗衛，以待其至。又命僞户部侍郎馮長寧爲接納使，僞皇子府選鋒統制李師雄副之。此以僞齊録及徐夢莘北盟會編參修。熊克小曆云：「元英乞師未回，而酈瓊降豫。」僞齊録云：「七月，間人回，探報王師北征。遣韓元英乞師大金，金人不許。」今從之。

13 丙午，左朝奉大夫、主管建寧府武夷山沖佑觀趙令衿行尚書都官員外郎。令衿，令宬弟⑥，靖康初爲軍器少監，坐言事斥，至是復用之。

14 丁未，張浚論：「淮西地勢險阻，可以固守。」陳與義曰：「見王德呈淮西圖，道路幾不可方軌。」上曰：「地形雖險，亦在將兵者如何耳。李左車謂井陘之道，車不得方軌，騎不得成列，韓信卒由井陘口以破趙軍。要是險阻不足恃也。」

給事中兼直學士院胡世將言：

舊制，常平錢、義倉米皆有專法，不許支撥。近年以來，州郡急於軍期，侵借殆盡。朝廷雖有立限撥還指揮，緣在窘乏，終無可還之理。今既張官置吏，自合舉行舊制，務興實利，截日將見在錢穀及以後所收之數，專一樁管，仍委主管官逐季巡察。如有借兑之數，即劄刷本處係省錢物撥還，申提舉官，將擅支官吏按劾。除義倉合備水旱外，其常平錢專充糴本，朝廷亦宜權住支取，並令趁此豐歲，盡數糴米，別倉收貯，不得與漕司米相雜。遇春夏之交，民間貴糴之時，比市價量減錢出糶。如此積三五年，官本既豐，糶糴增廣，則可以低昂百貨。劉晏所謂常操天下贏資，以佐軍興者，可復見矣。然後寬留糴本，而取其贏餘以濟緩急之用。如此，雖無目前之近利，而有無窮之實效。所謂富國而民受其利者，實在於此。

詔户部看詳申省。

寶文閣學士、知廣州連南夫特進一官，仍賜詔奬諭，以招捕惠賊曾衮之勞也。後數日，南夫言：「今水陸別無大寇，乞收還便宜指揮。」從之。是月癸丑降旨。

15 戊申，權禮部侍郎吴表臣言：「科舉校藝，詩賦取其文，策論取其用，二者誠不可偏也。然比年科舉，或詩賦稍優，不復計策論之精粗⑦，以致老成實學之士，不能無遺落之歎。欲望特降諭旨，今年秋試及將來省闈，其程文並須三場參考。若詩賦雖平而策論精博，亦不可遺。庶幾四方學者知向慕，不徒事於空文，皆有可用之實。」輔臣進呈，上曰：「文學、政事，自是兩科。詩賦止是文詞，策論則須通知古今。所貴於學者，修身、齊家、治國以治天下，專取文詞，亦復何用？」張守曰：「此孔門四科，所以文學爲下科也。」乃如所奏行下。

16 己酉，尚書左司員外郎李彌遜爲起居郎，右司員外郎勾濤守起居舍人。

賜吴玠漢中田二十頃。

17 辛亥，贈故中侍大夫、榮州防禦使、熙河蘭廓路兵馬都鈐轄喬仲福爲保信軍承宣使，故降授武功大夫、恩州刺史兼閤門宣贊舍人張景爲光州觀察使，故武功大夫果州刺史劉永、故武功大夫吉州刺史衡友並爲右武大夫、亳州觀察使，皆録淮西之死也。瓊之叛也，將官成忠郎張遇不從，率其麾下四十餘人歸壽春。詔遷遇一官。熊克小曆以衡友作史衡，恐字誤。又稱辛亥，張遇至建康，詔轉一官。按日曆上是壽春府申，遇未嘗至建康也。

18 壬子，詔秘閣修撰、知廬州趙不羣俟淮西轉運判官韓璡至本州日，暫赴行在。

19 癸丑，贈吕祉資政殿大學士，例外官其家二人，加賜銀帛五百匹兩。先是，樞密都承旨張宗元至廬州，而祉之從校江渙、馬師謹言其死狀，宗元具以聞，故有是命。時有得祉括髮之帛歸吴中者，其淑人吴氏持之自盡以殉葬。聞者傷之。吴氏事，以張祁廬州百韵詩修入。

觀文殿大學士趙鼎奏辭新命。上不許，繼遣中使往紹興宣押赴行在，又以御札趣行。此以鼎奏議修入，日曆並無之。

權禮部侍郎陳公輔言：「淮西軍叛，或謂朝廷緣此諸事稍沮，見謀改圖，不知今日當如何耶？謂帥不應罷，將復任之耶？謂兵不可馭，將姑息之耶？謂大臣無謀，將別用之耶？謂進臨建康爲失，將回蹕耶？此皆徒爲紛紛，未見有益。臣謂正當鎮静，使敵無所窺。」於是張浚求去位，故公輔請對論之。

左宣教郎金安節召對，論士大夫苟且之弊，且言：「編删、計議、廷評等官，多用選人，蓋取其才，不論資序。比乃令改官即罷，往往到任一年皆去。則是朝廷設此，特爲選人改官之地而已，不幾示人以苟且乎？」又言：「軍興以來，言利者日益衆，然皆瑣碎掊尅，而無益於國之大計。爲今之計，獨有推行營田之策，以省邊地轉輸，抑奢長儉，簡事恤費，命郡邑守長禁游惰，招流亡，興瀦澤蓄泄之利，以備水旱，使民敦本力農，以廣播植。庶幾田野闢而穀粟多，緩急有以供公上之求而無咨怨，是爲長久之策。如目前匱乏，不免下取於民。莫若昭然布告，使知所以取之之意，不必避科斂之名而别爲之法也。如避其名而别立法以取之，則事益多，文書益繁，不唯胥吏得以爲姦，而重困吾民，且示天下以不誠，非所以感人心而孚萬邦也。」

20 甲寅，中書言：「命官犯贜抵死，祖宗之時，間有杖脊刺面，係一時酌情斷遣。近來刑部引爲常例，甚非朝廷欽恤之意。」詔自今似此案狀，令刑部更不坐例，止申朝廷，酌情斷遣。自是贜吏不復黥配矣。

進士閻夏特補右迪功郎，令引對。夏獻六論，故策試而論之。

21 乙卯，詔來年禮部奏名進士，依祖宗故事，更不臨軒策試。先是，祠部員外郎兼權禮部勾龍如淵引天聖、治平諒闇故事爲請，召侍從討論。吏部尚書孫近等言：「皇帝臨御天下，發號出令，已踰十年。即與前世嗣君新立，諒闇不言，事體不同。所有將來御試貢士，乞用臨軒之制。」奏可。是月辛丑行下。未幾，權禮部侍郎陳公輔入見，請罷經筵、策士等事，以爲三年之内，凡涉吉禮者，皆未宜講。上以爲然。公輔乞罷臨軒，日曆不載，此以公輔奏疏修入。

是日，御史中丞周秘入對，論：

右僕射張浚，輕而無謀，愚而自用。德不足以服人，而惟恃其權；誠不足以用衆，而專任其數。若喜而怒，又怒而喜，雖本無疑貳者，皆使有疑貳之心；予而陰奪，奪而復予，雖本無怨望者，皆使有怨望之意。無事則揚威恃勢，使上下有暌隔之情；有急則甘言美辭，使將士有輕侮之志。酈瓊以此懷疑而叛。然則浚平日視民如草菅⑧，用財若糞土，竭民膏血而用之軍中者，曾何補哉？陛下若不逐浚，則紀綱何由張？輔相何所憚？敵人誘掖之謀將日至，將士摇動之情將日生；百姓無以慰其愁歎之心，衆情無以安其憂懼之意。陛下如有區區之心，尚欲觀其後效，則臣謂浚之才術止於如是而已。願早正其誤國之罪，以爲後來之戒。

22 丙辰，左護軍使臣林堅、黄貴並杖脊，刺配海南。堅等爲酈瓊持書往僞境順昌府取糧，而霍丘縣令執之以獻故也。

是日，殿中侍御史石公揆入對，論右僕射張浚罪。大略言：「浚强狠自專，往年富平之敗，論者謂有不軌跋扈之漸。今汲拭録用，復爾寡謀失策，使數萬之衆一旦叛去。舍而不戮，何以示威而勸來者？」

23 丁巳，左宣教郎金安節守監察御史。

是日，右司諫王縉入對，言：「劉光世屯淮西，士卒數萬，惟王德一軍忠勇敢戰，餘驕怠自肆，不可用也。

一旦以德踵光世之後，酈瓊等憚其威嚴，訴於朝，既爲之改命，而召瓊等赴行在，乃懷疑貳，相率北去，則潛爲此謀有日矣。今張浚引咎求罷，方防秋之際，二大將又入奏事，朝無宰相，無乃不可乎？」時已詔韓世忠、張俊入見，議移屯，故緡言及之。

24 己未，刑部尚書胡交修等奏：「以故尚書左僕射、贈太師、魏國公、謚文定韓忠彦配享徽宗皇帝廟廷。」三省勘會，内有在告及新到行在官，未經詳議。詔令詳議以聞。八年三月壬寅下詔，此事必有故，當考。

詔自今當講日，只令講讀官供進口義，更不親臨講筵。以權禮部侍郎陳公輔言「恐日臨講筵，有妨退朝居喪之制」故也。

直寶文閣、湖北京西宣撫使司參謀官薛弼乞追還所進職名，不許。弼初除襄陽，未赴而罷，故請之。弼罷襄陽，日曆不書。但弼申狀中有云：「今來寢罷，允合公議。」不知何日降旨，當考。

武經大夫、閤門宣贊舍人武糾知襄陽府。

降授左朝奉大夫、直秘閣李健知太平州。

是月，諸路大旱，江、湖、淮、浙被害甚廣。觀文殿大學士、江西安撫制置大使李綱獻言[9]，乞修政事。大略以謂：

前年江、湖、閩、浙嘗苦大旱，殍踣相望。陛下軫慮之深，親灑宸翰，勸誘賑濟，其所存活，不知其幾千萬人。至誠動天，報以休應，曰雨而雨，曰暘而暘，歲大豐穰，民以安樂。自經一稔之後，上下恬嬉，不復勤恤民隱，朝廷百色誅求。上供不以實數，而以虚額；和糴不以本錢，而以關子。絲蠶未生，已督供輸；禾穀未秀，已催裝發。州縣困於轉輸，文移急於星火。官吏愁歎，閭里怨咨。感動天心，旱災復作。然則陛下欲銷弭災異，導迎吉祥，不必他求，但如前日之用心，自然感召和氣，休應立臻，繼旱暵復爲豐年矣。夫今日之患，欲民力寬則軍食闕矣，欲軍食裕則民財乏矣。二者如鐵炭之低昂，此首重則彼尾輕，非有術以權之，使歛不及民而軍食足，不可得而均也。惟陛下留神邦本，天下幸甚。

校勘記

① 自六十以上則減之十五以上則增之　「十五以上」，原作「五十以下」，據宋史全文卷二〇上改。按：此言僞齊簽軍所限年齡，五十以下增加名額，與十五以上增加名額并不沖突，然終以宋史全文記事準確，故改之。

② 祖宗有内軍器庫在謻門　「謻」，原誤作「誃」，續資治通鑑長編卷三二五有「都虞候指揮使押班在東華門謻門」記事。明李濂汴京遺蹟志卷一：「東華門直北有東向門，西與内東門相直，俗謂之謻門而無牓。」據改。

③ 吏朱照漏謀於瓊　「照」，原作「昭」，據叢書本、四庫本中興小紀卷二二、宋史全文卷二〇上及本書下文改。

④ 以刀斫瓊中背　「背」，叢書本作「臂」。

⑤ 應廬州屯駐行營左護軍出城副都統制以下將佐軍兵　「左」，原作「在」，叢書本同。按此當爲「左」之誤。本書卷一〇九有記載：「通侍大夫、武康軍承宣使、行營左護軍前軍統制王德落階官，爲相州觀察使。劉光世既罷軍，都督府以德提舉訓練諸將軍馬，故優擢焉。」故據改。

⑥令衿令戣弟「戣」，原作「葳」。宋史卷四四七忠義傳二：「趙令戣，燕懿王玄孫，安定郡王令衿兄也。」據改。

⑦不復計策論之精粗　「策論」，皇朝中興繫年要録節要卷八作「論策」。

⑧然則浚平日視民如草菅　「菅」，原作「管」，據四庫本中興小紀卷二三、三朝北盟會編卷一七九改。

⑨觀文殿大學士江西安撫制置大使李綱獻言　上「大」字原闕，據卷一一〇紹興七年四月丁未、卷一一四紹興七年九月辛未記事補。

建炎以來繫年要録卷一百十四

紹興七年九月庚申朔，贈故武略大夫喬嗣古爲武功大夫、忠州刺史，故秉義郎蛾浹爲修武郎。浹，嗣古内弟，同死於淮西故也。

辛酉，申命吏部審量崇、觀以來濫賞。初，范宗尹既免相，遂罷討論。及是，復開坐二十四項，凡調官、遷秩、任子，皆令吏部審量以聞，自是追奪者復衆矣。此以王次翁章疏修入，日曆無之。

尚書户部侍郎梁汝嘉充寶文閣直學士，知平江府。汝嘉力求去，故有是命。

起復太尉、湖北京西宣撫使岳飛之爲效用也，張所爲河北招撫使，見而奇之，用爲中軍將。所以斥死，飛欲厚報之。至是，請以明堂任子恩，官其子宗本，仍依近例補文資。從之。

是日，左正言李誼入對，論：「右僕射張浚，頃以樞臣宣撫，妄作威福，致全陝傾覆，健將叛亡。其罪當誅，姑從薄責。未幾，召還爲相，而尚循故轍，撫馭無術，措置乖方，致酈瓊以數萬衆叛去。計浚前日之功，曾掩過之不足。望收還政柄，置之閑慢。」

壬戌，武德大夫兼閤門宣贊舍人、帶御器械韓世良領榮州團練使，以世良行在供職日久，備見忠勤故也。

左朝散郎王次翁主管台州崇道觀。次翁以吕祉薦，落致仕，復請奉祠，故有是命。

武功大夫、榮州刺史、江南西路兵馬都監、都督府選鋒軍統制申世景以捕盜之勞，陞充洪州兵馬鈐轄。武德郎申友、忠翊郎路真、進武校尉袁章，以不從酈瓊叛北，各進一官。袁章轉官在丁卯，今聯書之。

1 甲子，攝太傅張浚率百官上徽宗皇帝、顯肅皇后謚册於几筵殿。

2 乙丑，御史中丞周秘入對，言：

近上殿，論宰相張浚失謀誤國，乞正其罪，未蒙付外施行。臣謹摭所聞，爲陛下言之。

兵之有帥，不可一日闕。浚於劉光世之軍，不命帥者幾四月。始則别爲六軍，使專聽節制於吕祉。比至命帥，而將士已懷疑慮。浚罪一也。置戍守之域，當據要害。今盱眙之城，圍二十七里，虚費公私之力，無補捍禦之事。罪二也。今夫兵備，宜取勇夫重閉之説，爲往來更戍之計。而浚不知此，悉兵邊面，使江、淮乏表裏之勢，敵人無腹背之虞。罪三也。浚力違衆議，遣諸軍家屬盡之戍所。軍士不便於薪米，百姓倍費於將輸。使緩急之際，將士有骨肉之累，而不得專意於王事。罪四也。淮西今爲戰地，而浚復置榷貨務於真州，再給牛種於濠、壽，江南之錢貨，盡轉於淮甸，使敵人他日有可因之糧。罪五也。淮西之兵，當資地利，乃於合肥之北，創築長堤，調夫四千人，役之幾數月，勞民費財，不適其用。罪六也。創造牙牌，欲賞復地之功。去歲劉猊入寇，遽以是付之大將。又如奇功給曆，本爲戰勝金人。浚於是時，亦出黄榜，許以付給。既而悔之，人皆怨望。罪七也。去歲淮西戰捷，得降卒萬人，陛下命給裝齎，遣歸東北，而浚不審其願，盡刺爲義兵，使人心失望，而陛下德意未能孚於中原。罪八也。兵以間探爲先，而浚一意僥倖，惟望美報。有言敵勢衰弱，中原跂望，則賞賜優腆，不然止令責狀，給以軍令。故忠信敢死之士無復肯出，敵之情僞今皆不知。罪九也。功同賞異，爲政之大患。而浚於將士，妄有厚薄，使有異論。罪十也。浚自前歲以來，大爲掊尅之政。始則給散户帖，擾及四方，次則出賣官誥，重困江、浙，次則斂及僧道，以至科買雜物。其視疲瘵之民，略無恤心。罪十一也。浚以掊斂所得，盡入都府，支用之數，皆不關於户部。遣戍多而津發之兵不貲，移屯數而營蓋之用倍費。多築無用之城，濫養俘降之衆。以至犒設酈瓊等軍，下至小校，人賜金一兩。連歲横斂數千萬緡，幾盡費於浚之妄用。罪十二也。浚於掊尅之人，獨加旌賞。出賣官誥，則知其爲抑配，而以所得之多寡，賞以減年。如無錫縣令劉寬，剥民最甚，遂除倅永州①，爲國斂怨，不恤後患。罪十三也。浚於財利之事，專任駔儈。如鎮江則有范深、朱熙之徒，建康則有錢意、王似之流。且駔儈之桀黠者，浚皆任以回易之事，使挾朝廷之勢，以争利於市井。罪十四也。建康兵火之後，全乏第舍，而浚建議移蹕。謀不素定，使倉卒遷徙之家，暴露失所。罪十五也。營繕之初，宗廟宫室，皆所未備，而浚起府第，獨盡壯麗。罪十六也。監司、郡守，責任至重。而浚以妻父宇文時中爲湖州太守，以舅計有功爲成都提刑，又除親兄滉知鎮江府，任用親戚，無以督責吏治。罪十七也。四川士久失職，差除尤宜盡公。浚所任用，惟其親故，舊任方滿，新命已下。或至兄弟數人，常占佳闕，而孤寒不爲所知者，皆絶望於禄仕。罪十八也。浚爲性忌嫉，果於自用。臣僚有所論列，陛下以爲可行，浚必再三執議，力抗君父，專權自恣。罪十九也。贊佐謀畫，當用忠智之士。而浚以高明自許，非狂狡性與己合，或愚佞能順己意者，一切無所收用。罪二十也。凡此二十事，雖未足以盡浚之所爲，而不達軍情，不恤民力，不用善言，不畏公議，其所以至於敗事者，實皆由此。今猶强顔廟堂之上，以淮西之變爲細事，以吕祉之死爲奇節，尚欲文飾其過，以欺聖明，此亦可謂無恥矣。望將浚前後罪狀明正典刑，以爲人臣誤國者戒。

浚聞，復求去，自是不復入對矣。張浚行狀云：「浚以五月九日得請。」按浚初五日尚率百官行事，行狀恐誤。

3 丁卯，京東淮東宣撫處置使韓世忠、淮西宣撫使張俊皆入見，議移屯。秦檜曰：「臣嘗語世忠、俊，主上倚兩大將，譬如兩虎，固當各守藩籬，使寇盜不敢近。」上曰：「此喻猶未切，政如左右手，豈可一手不盡力也？」乃命俊將所部自盱眙移屯廬州。時俊軍士皆以家屬行，而官舟少，參知政事陳與義請賜僦舟錢萬緡。上曰：「萬緡可惜。其令楊沂中以殿前司官船假之。」

詔泗州并盱眙縣仍舊隸京東。以張俊移屯故也。

直徽猷閣、新知鎮江府張滉爲周秘所論，乞奉祠，以滉主管台州崇道觀。

進士鄧酢特補右迪功郎。酢上書言利害，故策試而命之。

4 己巳，詔將來明堂大禮，行在諸軍賞給，並依紹興四年例。先是，張浚奏令户部參酌裁損，至是寢焉。

5 庚午，張浚言：「已具奏解罷機政，所有都督府職事，別無次官交割。」詔交與樞密院。

6 辛未，百官受誓戒於尚書省，上易吉服。先是，權禮部侍郎陳公輔請先期一日，盡哀致奠，奏於太上皇帝，以將有事於明堂，暫假吉服。既奏，然後即齋宫入太廟②，行明堂事畢，服喪如初。詔禮官集議。七月丙子。已而太常博士孫邦乞受誓戒日，皇帝權易吉服。八月丁未。權禮部侍郎吴表臣又請以未受誓戒前行祭告几筵之禮。八月戊申。至是參用焉。

龍圖閣學士、知平江府章誼試户部尚書，兼提領榷貨務都茶場③。

觀文殿大學士、江西制置大使兼知洪州李綱疏論淮西兵叛，因勸上以兼聽。上深以爲然，令學士賜詔獎諭。時綱疏所陳朝廷措置失當者五，深可痛惜者五，及鑒前失以圖將來者五，凡十有五事。且言：「天地之變，不足爲災。人不盡言，國之大患。侍從者獻納論思之官也，臺諫者耳目心腹之寄也。今侍從、臺諫以言爲職，類皆毛舉細故以塞責，所論不過簿書資格、守倅令丞除授之失當。至於國家大計，係社稷之安危、生靈之休戚者，初未嘗聞有一言及之。陛下試察，如淮西之變，侍從、臺諫之臣，亦有見危納忠，爲陛下言之者乎？大臣懷禄而不敢諫，小臣畏罪而不敢言，此最今日之可憂者。」又以書遺張浚，言：

今春閣下專任大政以來，薦進人才，調護將帥，措置邊防，均理財用，皆未卓然有以慰天下之心者。聲譽損於前時，規模爽於舊説，中興氣象，邈未有期，不知何爲而然也。且以近日淮西叛將事觀之，官吏軍民二十餘萬一朝相率而北去，將佐遇害者甚衆，閣下平日信任，以爲可屬大事如吕祉者，被執以往。挫威辱國，中外震驚，於誰責而可乎？閣下才識高遠，自任以天下之重，前無古人，而事有出於意外者。愚謂所以致此，知任而不知所以爲任之道故也。

今有人於此，力足以舉百鈞，而益之以萬鈞，則力必不勝矣。然有可勝之理者，與人共之也。今閣下以一人兼將相之權，總中外之任，而無與人共功名之心。軟美者進，骾諒者疎，逆耳苦口之言不聞，曲突徙薪之謀不至，變生所忽，不足怪也。方今國勢日蹙，人心弗寧，彊敵憑陵，僭竊窺伺，加以旱暵爲災，財用殫竭，而閣下獨斡化鈞，佩天下之安危，豈可使措置多失，以蹈覆車之轍哉？因淮西之變，痛自懲創，輯睦將帥，博詢衆謀，惟其是之爲從，幡然改圖，則未必不轉禍爲福也。閣下不自知其爲非，而無改之之意，豈惟宗社傾危，而生靈告病，閣下之禍可立以待，而綱雖欲退休，亦莫知税駕之所矣。安危休戚，與國家及閣下同之。

綱書凡一千五百言，其大要如此。朱勝非秀水録，論李綱賣奇釣直，事見今年閏十月辛巳李綱提舉洞霄宫注。

和靖處士尹焞言：「誤蒙召命，已及國門。癃老廢疾，委實可矜。伏望敷奏，許之自便。」輔臣進呈，上曰：「尹焞可謂恬退矣，辭免之奏至十數上而未止。可降旨不允。竢其痊安，即召對之。」

初，以旱故求直言，而太學生有應詔上書論兵事者。且言：

以淮西一事論之，去歲劉豫以羅誘三不救之説，力攻淮西，劉光世遂欲南渡，爲退保之計。苟非張浚親至江上，使楊沂中絶賊之後，一舉而大破之，則江南之民亦危甚矣。如光世之罪，天下欲共誅之，尚賴陛下不加刑戮，而以善罷。惜乎朝廷以光世部曲付之吕祉。臣在淮東，聞有識、無識皆稱祉必敗事。臣嘗謂酈瓊等所統軍馬，其來久矣，而光世遇之甚厚，非其他大帥之比。及光世既罷，當且令諸軍人馬，各自爲一頭項，仍數加存恤，使之不疑，俟諸軍稍寧，朝廷或別作措置，然亦未晚。夫何吕祉，天資驕傲，以尚書自居，至於檢察冒請之類，欲爲之一新。如瓊等驟見窘迫，日生猜忌。疑似之間，朝廷又除張俊爲淮西宣撫，楊沂中爲制置，以瓊等屬焉，其叛必矣。如瓊等軍馬，平日驕惰，終不爲用。陛下勿以瓊等上勞聖慮，天下之事，有大於此者，臣請爲陛下言之。

自古中興之世，則必有中興之臣。臣觀張浚區區之心，實有是念，惜乎浚才力有限，舉非其人。且如泗州之兵，事無大小，則知有張俊；楚州一軍，則知有韓世忠；襄陽一軍，則知有岳飛；殿前一司，則知有楊沂中。一旦緩急之際，人皆各爲其主，誰復知有陛下者乎？陛下即位以來，所任宰執，至於十八九，惟張浚庶幾，吕頤浩次之。趙鼎雖有大臣之才，而無大臣之器，至於尚僻學而臨事失措，視頤浩又其次也。浚器識深遠，所患者才不足也。向使浚才術兼濟，如囚曲端，罷劉光世，不爲人詆罵而更相短之也。浚之孤立，無一介爲助者，爲陛下自任以天下之責，此亦今日之所難矣。

臣願陛下，應諸軍馬，各置都督一員。如吕頤浩乃張俊所畏服，淮西一路，願除頤浩爲都督，以俊副之，楊沂中屬焉。孟庾與韓世忠有湖南、福建之舊，淮東一路，願除庾爲都督，世忠副之。秦檜現任樞密，寬而有器，襄陽一路，除檜爲都督，以岳飛副之。趙鼎、劉光世皆西人，願陛下除鼎爲川陝都督，以光世副之。詔折彦質爲參贊軍事，以王瓔、馬擴爲參謀議官。仍以王德爲都統，將光世見存軍馬，泝流而上。願假鼎重權，令措置四川財賦，任便駐劄。間遣吴玠軍馬出没僞境，亦措置關中之一端也。臣切見明堂大禮在即，陛下當乘此機會，召諸大臣盡赴行在，拜張浚爲大都督。陛下親御戰馬，往來問勞，庶使蕃僞之情，不能探伺陛下之神策也。臣聞張俊一軍號曰自在軍，平居無事，未嘗閲習，甚至於白晝殺人而圖其財者。惟韓世忠、岳飛兩軍人馬整肅，其失又傷於太嚴。願陛下速置諸路都督，以通上下之情，無使諸軍復有淮西之禍也。此疏据徐夢莘北盟會編修入，而不得其名。夢莘繫之今年十月貶浚之後，恐誤。按此書乞以張浚爲大都督，又乞趙鼎川陝都督，當在浚未去、鼎未相之前。今且附此，俟考。

7 壬申，特進、守尚書右僕射、同中書門下平章事兼樞密使、都督諸路軍馬、監修國史張浚罷爲觀文殿大學士，提舉江州太平觀。制曰：「春秋之義，責備於股肱；賞罰之公，必先於貴近。朕行法而待人以恕，議罪而不忘其功。用能全君臣進退之恩，成風俗忠厚之美。粤有定命，告於外庭。張浚頃嘗奮身，事朕初載，入勤王室，位冠樞機；出捍疆陲，謀專帷幄。乃疇宿望，俾踐台司。期左右於一人，庶贊襄於萬務。屬者式遏戎寇，經理淮壖。番休禦侮之師，更戍乘邊之將。而乃撫御失當，委付非才，軍心乖離，卒伍亡叛。郵傳沓至，駭聞怨怒之情；封奏踵來，請正失謀之罪。然念始終之分，察其平昔之懷，許上印章，退休真館，錫名秘殿，庸示眷私。於戲，栒邑遺兵，鄧禹致威權之損；街亭違律，武侯何貶抑之深！尚繼前修，勉圖來效。」學士朱震之詞也。浚爲相凡三年。

詔張浚特免辭。

給事中兼侍講、直學士院胡世將試尚書兵部侍郎。先是，趙鼎言：「臣蒙恩召還經帷，方再辭，而復遣使宣押，臣感深且泣。至西興，又奉宸翰促行[4]，且諭以圖治之意，臣無地措足。然先事言之，則不敢昧。蓋進退人才，乃其職分。今之清議所與，如劉大中、胡寅、吕本中、常同、林季仲之徒，陛下能用之乎？妒賢黨惡，如趙霈、胡世將、周秘、陳公輔，陛下能去之乎？陛下於此或難，則臣何敢措其手也？昔姚崇以十事獻之明皇，終致開元之盛。臣何敢望崇，而中心所懷，不敢自隱，惟陛下擇之。」疏入，上爲徙世將，於是公輔等相繼補外。

武義大夫[5]、左護軍中軍第二正將蘇懷挺身來歸。淮西制置使楊沂中受而言之，至是，遷一官。

是日，酈瓊至汴京，劉豫御文德殿見之，僞授瓊静難軍節度使、知拱州；閤門祗候劉光時爲大名府副總管，統制官趙四臣爲歸德府副總管，王世忠爲皇子府前軍統制，靳賽爲左軍統制。以次諸將，爲諸州副鈐轄，餘則授準備使唤之類，正軍廪給，皆不及朝廷之數，人人悔恨。獨瓊以爲得策，具言王師必欲北征，且告以諸軍虚實。豫入其言，復遣僞户部侍郎馮長寧乞師於金國。王曮撰楊存中神道碑云：「酈瓊叛，拜王爲淮西制置使，追之。瓊衆聞王至，相率去瓊來歸，曰：『可舍吾父而從叛亡耶？』瓊已渡淮，王遣人餽羊酒相勞苦。賊聞疑之，遂以瓊知拱州，分其軍。」此事他書皆不見，更須詳考。

8 癸酉，樞密使秦檜爲明堂大禮使，代張浚也。

詔三省事權從參知政事輪日當筆，俟除相日如舊，更不分治常程事。

湖北京西宣撫使岳飛言：「伏覩陛下移蹕建康，將遂恢圖之計。近忽傳淮西軍馬潰叛，酈瓊等迫脅軍民。事出倉卒，實非士衆本心，亦聞半道逃歸人數不少，於國計未有所損，不足上軫淵衷。然度今日事勢，恐未能便有舉動。襄陽上流，即日未有敵馬侵犯。臣願提全軍進屯淮甸，萬一蕃、僞窺伺，臣當竭力奮擊，期於破滅。」詔獎之。

罷諸路軍事都督府，合行事並撥隸三省，其錢物令三省、樞密院同共樁管，遂併入激賞庫。朱勝非秀水閑居録論激賞庫事，已見紹興五年正月戊午支金付樞密院激賞庫注。

是日，右司諫王縉請對，乞留張浚。大略謂：「以叛將之故，進退大臣，非知大體。望陛下厚其禮貌退之，以俟後相。」不從。厚其禮貌，石公揆劾疏云爾。

9 甲戌，張浚落觀文殿大學士，依舊宮觀。浚既罷相，而御史中丞周秘復論：「浚自再用之後，日欲僥倖功名，每以侈言誕計欺惑聖聽，陳設利害，幾於劫持。論其專制，豈特王恢之比？今既敗事至此，而猶以秘殿隆名，退安真館。如此，則浚之誤陛下信任者，其何所憚？伏望削奪官職，重賜竄責，以爲大臣專權誤國之戒。」殿中侍御史石公揆亦論浚罪，請投之遠方，故有是命。

召徽猷閣直學士、知荆南府王庶赴行在，上意也。

10 乙亥，大理少卿薛仁輔乞：「天下獄有半年未決者委提點刑獄親問，一年未決者具因依申省。」張守等奏：「累降旨催諸路結獄，不得淹繫。若依仁輔所奏，則許及半年或一年矣。」上以爲然，且曰：「獄重事也，朕自即位以來，未嘗送一人入獄。」

淮西宣撫使張俊言：「軍中營寨未辦。」張守等乞增支錢。上因論：「財用皆出民力，若如此之費，實不可已。苟可已者，須極愛惜。張俊嘗奏『軍中費却陛下無限錢糧』⑥，朕語之：『朕何嘗有一錢與卿？此皆百姓膏血也。不可窮極⑦，務與朝廷爲一體，則中興之功不難致矣。』」

右承事郎、都督府準備差遣陳克送吏部，與遠小監當。御史石公揆論：「克每爲誇大無稽之語，呂祉信之，置之幙中。凡祉失軍情者，皆克所爲。」故有是命。

先是，淮西安撫司屬官任古、任之邵、嚴毅皆爲酈瓊所執，帥臣趙不羣以爲言，乃命賜趙康直家銀帛百匹兩，恤古等家有差。古，定陶人也。

11 丙子，觀文殿大學士、左正奉大夫、萬壽觀使兼侍讀趙鼎爲左金紫光禄大夫，守尚書左僕射、同中書門下平章事兼樞密使。鼎再相，進四官，異禮也。前一日，鼎至行在。上召對於内殿，首論淮西事。鼎曰：「方得報時，臣在遠不得效所見，少補萬分，今固無及。然臣愚慮不在淮西，恐諸將竊議，因謂罷劉光世不當，遂有斯變。自此驕縱，益難號令。朝廷不可自沮，爲人所窺。」上以爲然。喻樗語録曰：「時樗至闕見趙鼎，首問：『相公何以處張相？』鼎曰：『方力辭。』樗曰：『上意如此，豈容辭也？以樗鄙見，若挽住爲上，第恐上意不許，朝論不然耳。其次莫若以宣撫使處之淮上。張相方以近事，不忘補過，緩急必有以報。況失賊之家，方知防賊。兼駐蹕建康，全是張相之謀。相公今日豈應獨任其責也？自來宰相之出，門人鮮有不遭逐，相公決無此事，但恐言事觀望，在相公包容之耳。』鼎以爲然。」

吏部尚書兼侍讀兼史館修撰孫近復爲龍圖閣學士、知紹興府兼沿海制置使。

左承議郎丁則入對。則爲陰平丞，永興經略使郭浩檄則主管機宜文字，會則以撫諭官楊晨薦召，浩因遣則部所進西馬、弓、劍偕來。尋賜則五品服，九月乙酉。進一官，十月丁卯。以爲大理寺丞。十一月壬寅。

特進張浚言：「臣荷陛下知遇，出入總兵將近十年。其所施爲，不無仇怨。臣今奉親偕行，去家萬里，泛然舟寄，未有定居。望許臣於都督府借差使臣四員，存留親兵五十人，以備緩急。如蒙俞允，令所在州於上供錢米内應副。」許之。自趙鼎召歸，浚每以回鑾爲念。洎罷政登舟，諸人往餞，猶以此言之。秦檜起曰：「檜當身任，果有此議，即以死争之。」其後檜卒無異論。

12 丁丑，上問趙鼎防秋大計，鼎曰：「淮西雖空闕，當以壯根本爲先務。」又問去留如何，鼎曰：「來已失之遽，去不可復爾。今國威少挫，維勉强自振⑧。」上以爲然，且曰：「初聞淮西之報，未嘗輒動。執政奏事，皆皇懼失措，反求以安慰之。」鼎曰：「正須如此。見諸將尤須安靖，使之罔測。不然，益增其驕蹇之心矣。仍以控制之事，專責之二將曰：『光世之兵，本不爲用。我之所賴，惟汝二人。』彼必感陛下倚任之重，且不敢以朝廷爲弱也。前此大臣，曾以此答否？」上曰：「彼皆倉皇，無地措足，何暇及此？」

詔顯恭皇后近屬各進一官。

徽猷閣學士詹義卒。

13 戊寅，上致齋於射殿，書羊祜傳賜樞密使秦檜。

左朝散郎魏良臣知漳州。

詔廬州、壽春府居民遭酈瓊擄掠者，皆捐其稅一年。

14 己卯，上酌獻聖祖於常朝殿。特詔尚書左僕射趙鼎侍祠。

15 庚辰，朝饗太廟，上顯恭皇后改謚册寶。

16 辛巳，合祀天地於明堂。太祖、太宗並配受胙，用樂，赦天下。故事，當喪無享廟之禮，而近歲景靈宮神御在温州，率遣官分詣。至是，禮官吳表臣奏行之。今年四月甲子。翰林學士朱震言：

王制：「喪三年不祭，惟天地社稷，爲越紼而行事。」春秋書：「夏五月乙酉，吉禘於莊公。」公羊傳曰：「譏始不三年也。」穀梁傳曰：「喪未畢而舉吉祭，故非之也。」國朝景德二年，真宗居明德皇太后之喪，既易月而除服，明年遂享太廟，合祀天地於圜丘。當時未行三年之喪，專行以日易月之制可也，在今日行之則非也。

詔侍從、臺諫、禮官參議。孫近時爲吏部尚書，與議者十五人皆言，按唐故事，以皇帝將行大禮，奏告太廟太清宮，本朝因之。蓋告也，非祭也。上從之。於是監察御史趙渙不從衆議，而獨上疏言：

兩考之於古，凡國家大喪，升祔以後，宗廟常祭，皆不當廢。而居喪祭廟，亦有顯據。春秋傳曰：「烝嘗禘於廟。」曾子問曰：「已葬而祭，此不當廢也。」周頌：「成王即位，諸侯助祭。」春秋：文公四年十二月，僖公薨，六年十月，猶朝於廟[9]。此顯據也。若夫書吉禘於莊公者，譏其不待三年而亟舉終喪之吉祭爾，非謂喪服之中，宗廟四時之祭皆不當舉，亦非謂諸侯居喪，則不得入宗廟行吉祭也。然而將來宗祀，有於典禮未安者，受胙、用樂二事而已。蓋拜跪受釐，既爲嘉慶之事，而虞祔既畢，則廟加先帝之坐，金石絲竹，雜然並奏，豈不傷陛下之孝心哉？事下禮官。六月癸丑。權禮部侍郎吴表臣、陳公輔、太常博士孫邦言：「檢詳景德、熙、豐故事，皆在諒闇之中，奏樂、受胙，俱不敢廢。蓋樂爲上帝、宗廟而設，受胙爲民祈福，考之故事，合之典禮，可行無疑。」詔從禮部官議。七月庚午。中書舍人傅崧卿言：

明堂之禮，主於嚴父配天。周公之所行，孔子之所言，蓋當萬世奉以周旋而勿失者也。歷數漢、唐行禮，異此則指以爲非，循此行之，以爲得禮之正。本朝皇祐中，創議明堂大饗，合祭天地，而以祖宗並配，特出於權時之宜。熙寧據經，首加釐正，乃推英宗專配上帝。元祐之初，登用故老，熙、豐政事往往改從祖宗之舊，獨明堂之禮，踵而行之，無所更易。昨者陛下駐蹕浙東，以太上皇帝遠狩朔漠，合宫之祀，於古有嫌，是以姑循皇祐舊典，仍以天地合祭，祖宗並配，蓋亦出於權宜，非以爲永制也。今諱問奄至，而季秋大饗不及太上，理實有未安者。意者以親郊尚未有其時，天地之祀，疑於簡闕，謂宜即禮之權，明詔有司，於正配四位之外，增設太上皇帝一位於太祖皇帝之次，以配昊天上帝。

復詔侍從、臺諫、禮官同議。七月戊辰。權禮部侍郎陳公輔言：

今暫釋凶制，權行吉禮，豈有陛下方居太上皇帝之喪，而太上皇帝神靈方在几筵，遽可以預配帝之吉禮？況又梓宫未還，祔廟未有定議，輕舉此事，求之禮經，質之人情，恐皆未便。臣竊意天地祖宗、上皇神靈所以望於陛下者，必欲興衰撥亂，恢復中原，迎還梓宮，歸藏陵寢，以成中興之功，以隆我宋無疆之業也。若如議者之言，以陛下貴爲天子，上皇北狩，十有一年，未獲致天下之養，今不幸升遐，且欲因明堂之禮，追配上帝，謂是足以盡人子之孝，則於陛下之志，恐亦小矣。天地祖宗所以望陛下者，恐不止此，上皇神靈所以切切然於陛下者，恐亦不止此也。

上出其奏，命近臣、禮官併議。議者孫近等言：

考之於詩，郊祀后稷者，祖有功也；宗祀文王者，宗有德也。前漢孝武祀明堂，以高祖配上帝。後漢明帝祀明堂，以光武配五帝。本朝治平中，英宗皇帝因王珪、孫朴等奏，欲以仁宗配上帝，司馬光論之曰：「古之帝王，自非建邦啓土，造有區夏者，皆無配天之文。雖周之成、康，漢之文、景、明、章，德業非不美也，然而子孫不敢推配天者，避祖宗也。孝經曰：『嚴父莫大於配天，則周公其人也。』孔子以周公有聖人之德，成太平之業，制禮作樂，而文王適其父也，故引之以証聖人之德，莫大於孝。近世祀明堂者，皆以其父配，此乃誤識孝經之意，而違先王之禮，不可以爲法也。」

熙寧中，神宗皇帝問輔臣曰：「今明堂乃配先帝，如何？」王安石對曰：「此乃誤引嚴父之說，故以考配天。」神宗曰：「周公宗祀，乃在成王之世。成王以文王爲祖，則明堂非以配考明矣。」自紹興以來，權時之宜，斟酌典禮，宗祀明堂，合祭天地，並配祖宗。議者謂太祖皇帝實兼后稷、文王之事，而混一區宇，亦在太宗之時。太祖雖以配郊，則今明堂之禮，宜與太宗並配。今論者乃欲祖宗並配之外，增設太上皇帝一位於太祖之次，不唯不合乎詩禮格言、兩漢故事與夫治平、熙寧之議論，而揆之人情，蓋亦近於豐于昵矣。又况梓宫未還，几筵未除，山陵未卜，而遽議配侑之事乎？

崧卿議遂格。八月壬寅。時景靈宫未卜，故以常御殿爲宫及明堂。吏部員外郎鄭士彦請徧設從祀羣神，禮官以「殿小不能容，且祭器、祭服之類數益加多，勢難猝請，須後行之」。乃用四年故事，設四百四十有三位，上朝獻畢，復還射殿齋宿，以太廟無齋殿故也。五月癸亥太常寺申。宫廟當用玉爵、瑶爵十有五，以福州壽山白石代之。六月己酉，降旨趣造。而飲福用金爵，蓋權禮也。此據紹興九年十月己巳太常寺狀修入。時少保、淮西宣撫使張俊至行在，特詔俊赴大禮侍祠。

召少師萬壽觀使榮國公劉光世、感德軍節度使萬壽觀使高世則赴行在。權禮部侍郎陳公輔言：

臣鄉者妄奏淮西軍叛，正當鎮静，使敵無所窺，偶合聖心。今則陛下赫然改圖，所罷帥果已復召，所移兵更令姑息，大臣又以無謀賜罷，惟未回蹕臨安爾。是臣所言上惑聖聽，無一可取，便當俟竄殛。然尚有餘説，若遂不言，死不瞑目。臣竊謂光世之召，非出聖心，乃因大將之言。如是，則朝廷威令可否，皆在諸將，今後大將有過，何以處之耶？張俊一軍，久在盱眙，今令過淮西，而老小不欲，遂養之於行在。議者謂俊兵祇欲住此，緩急恐難遣，可否任其自擇，何姑息之甚耶？張浚之罷，亦緣稍振紀綱，衆皆不喜，遂激怒陛下，乘此擊而去之，幾於助將帥而罷宰相，何倒置之甚耶？至於回蹕，則臣愚深以爲不可。臣鄉奏事，親聞玉音，謂建康若不可居，臨安又豈能保？堅斷如此，但恐羣臣主進者少，主退者多，則陛下不能無惑。更望陛下勿因小害而沮，則中興之功可望。臣蒙超寘諫垣，今又列在侍從，將乞骸以去，故卒獻此説，惟陛下貸其狂。光世之召，日曆不載，獨趙甡之遺史係於九月庚辰，今以連書大禮事，故移附於此。公輔奏疏，必不在此日，因光世事聯書之。世則十月乙卯進對。

17 壬午，江西制置大使李綱言：「近論列淮西事宜，其言指陳朝廷措置失當，但欲納忠於國，情迫言切，必有抵忤，難以復當帥守之寄。乞降旨黜責，或除外任宫觀。」詔答之。

18 甲申，故武德郎、行營左護軍中軍準備差使薛抃特贈二官，禄其家二人，以都統制王德言其不從叛而死也。

19 乙酉，趙鼎監修國史。

武節郎張子儀特換右通直郎，尋以子儀監登聞檢院。未上，改軍器監丞。大將子孫除職事官始此。子儀閏十月己卯除檢院，其除監丞，日曆不書，但於八年二月壬午書陳確除軍器監丞，已差下張子儀，改替陳確。不知初以何日除也。

是日，静海軍節度使、安南都護、交趾郡王李陽煥薨，子天祚立。陽煥在位九年。范成大桂海虞衡志云：「交趾李乾德死，子陽煥立。乾德有遺腹子屬之占城，占城奉而立之。或云，有黎牟者，乾德妻黨也，嘗子於李氏，與遺腹子争，殺之，年十二。牟立，姓李氏，名天祚，實紹興九年，其國人猶稱黎王。」此與史不同，今附此，餘見紹興九年六月乙亥并注。

20 丙戌，右宣教郎李處廉除名，新州編管。處廉知永嘉縣，坐以官錢雕伊川集板，及印造與人，并他贓，當絞，特貸死，籍其貲。自是以爲例。

21 丁亥，徽猷閣待制、樞密都承旨張宗元落職，提舉江州太平觀。殿中侍御史石公揆言：「宗元本唐之一富人，初無材能。張浚喜其便佞，奬借提挈，亟躋從班。今當深引不能贊佐之咎，自爲去計可也，而乃隨衆詬罵，力詆其非。」故黜之。趙甡之遺史曰：「張浚落職，張宗元素與浚善，因得進用，懼以浚黨見逐，欲示其直氣，明非浚黨，乃表請斬浚，士論惡之。」此説恐過，當考。

尚書都官員外郎趙令衿罷。臺諫之論張浚也，令衿以急速請對，乞留浚。石公揆論其無所忌憚，令衿遂罷。

中書言：「川陝宣撫副使吴玠於梁、洋勸誘軍民營田，今夏二麥并約秋成，所收近二十萬石，可省饋餉。」詔奬之。

22 戊子，右武大夫、開州團練使、權主管侍衛馬軍司公事兼淮西制置副使劉錡知廬州，主管淮南西路安撫司公事，仍兼制置副使。初，淮西宣撫使張俊既還行在，朝議復遣之。俊欲毋往，臺諫交章，以爲淮西無備可憂。趙鼎獨顯言於衆曰：「今行朝握精兵十餘萬，使敵騎直臨江岸，吾無所懼。惟是安静不動，使人罔測，渠未必輒敢窺伺，何至自擾擾如此？倘有他虞，吾當身任其責。俊軍久在泗上，勞役良苦，還未閲月，居處種種未定，乃遽使之復出，不保其無潰亂也。」於是議者即欲還臨安，起居舍人勾濤直前奏事，言：「今江、淮列戍，猶十餘萬，若委任得人，尚可用。方此危疑，詎宜輕退示弱，以生敵心？」因薦錡以所部守合肥。上從之。時主管殿前司公事、淮西制置使楊沂中亦已還行在，在淮西者，錡一軍而已。日曆九月二十七日丙戌，起居舍人勾濤直前奏事。上以馬、步二帥並闕，乃命沂中兼之。沂中辭曰：「祖宗置三衙，使之鼎列相維，今獨以命臣，非所敢安。」不許。沂中兼馬、步帥，以王曮所撰墓碑增入。但碑載此事在除淮西制置之前，恐誤。

秘閣修撰趙不羣知荆南府。

是月，加封南海神爲洪聖廣利昭順威顯王。

僞齊户部侍郎馮長寧以劉豫之命，乞兵於金主亶，且言：「鄜瓊過江自效，請用爲鄉導，併力南下。」金主亶慮其兵多難制，陽許之，遣使馳傳詣汴梁，以防瓊詐降爲名，立散其衆。

先是，徽猷閣待制王倫奉使至歸德府，豫授館鴻慶宫，遲之不遣，檄取國書，及問所使何命。倫答以國書非大金皇帝不授，而所銜命，蓋祈請梓宫。留彌旬，金迓使乃至。於是倫始渡河，見左、右副元帥魯王昌、瀋王宗弼於涿州，具言劉齊營私、民怨之狀，且其忍負本朝厚恩，若得志，寧不負上國？時金人已定議廢豫，頗納其言。撻懶等乞廢劉豫⑩，事見紹興十年五月金人取河南注。金中雜書云：「黏罕死，國政復歸秦、宋二王，遂去黏罕腹心之人，殺左轄高慶裔、山西漕使劉思，黜左揆兀室⑪、右轄蕭慶爲庶人。黏罕用事日，凡所施設俱廢罷。時左副元帥撻懶自祁州徑赴巢穴⑫，助宋王變更黏罕事。聞吴乞買幼年曾出繼撻懶之父，與撻懶情好，撻懶欲宋王之立，而黏罕廢之，故撻懶與宋王共惡。黏罕常有身滅數國之語，二人力攻之，以爲妄自矜伐耳。且如北有契丹大石林牙⑬，尚偏伯一隅，軍聲日著，則可見遼未全滅。立齊八年，徒勞軍馬遠涉，民力耗盡。四太子昨在淮南敗師，僅以身免，尚欲肆志以圖後舉，似此等事，豈足言功？爲今之策，當廢劉豫，遣使報知江南，則國家太平，民得安息。」此所云與諸書差不同，今併附此。

是秋，金國大内都點檢出忽質之子⑭，與金主亶之妃亂，皆伏誅。

尚書省令諸路以桑木多寡定絲課，鄉民自伐者甚衆。

校勘記

①遂除倅永州　「除」，原作「降」，據三朝北盟會編卷一七九改。

②然後即齋宫入太廟　「宫」，原作「官」，據文獻通考卷七四、五禮通考卷二九改。

③兼提領榷貨務都茶場　「榷」，原作「權」，據卷一一六紹興七年閏十月壬午記事改。

④又奉宸翰促行　「促」，皇朝中興繫年要録節要卷八作「趣」。

⑤武義大夫　「義」，原作「議」，據宋史卷一六八職官志改。

⑥張俊嘗奏軍中費却陛下無限錢糧　「錢糧」，原作「金錢」，據皇朝中興繫年要録節要改。

⑦不可窮極　「極」，原作「竭」，據皇朝中興繫年要録節要改。

⑧維勉强自振　「維」，叢書本作「惟」。

⑨文公四年十二月，僖公薨六年十月猶朝於廟　按春秋，僖公卒於僖公三十三年十二月乙巳，文公二年躋僖公，四年無有關僖公記載；六年，「閏月，不告月，猶朝於廟」。本書記載當有奪誤。

⑩撻懶等乞廢劉豫　「撻懶」，原作「達蘭」，據金人地名考證改。

⑪黜左揆兀室　「左」前原有「與」字，前引此文時已疑爲衍文而删之，今仍之。「兀室」，原作「烏舍」，亦據金人地名考證改。

⑫時左副元帥撻懶自祁州徑赴巢穴　「左」，原作「右」，逕改。

⑬且如北有契丹大石林牙　「大石」，原作「達實」，據金人地名考證改。

⑭金國大内都點檢出忽質之子　「出忽質」，原作「楚古爾蘇」，據金人地名考證改，即金史卷七四之雛鶻室。

建炎以來繫年要録卷一百十五

1 紹興七年冬十月庚寅朔，上謂大臣曰：「向緣亢旱，詔求直言，自是上書者甚多，雖經親覽，猶恐未能詳究利病。可令後省官子細看詳，有可採者，中書條上取旨行之，庶詔令不爲虚文。」

詔依舊間一日開講筵。用右正言李誼奏也。初，權禮部侍郎陳公輔建議，以爲上日臨講筵，有妨退朝居喪之制，乞令講讀官供進口義。今年八月己未。事既行，而講讀官孫近、胡交修、朱震論：

天子之孝，有百姓四海，其勢不得與諸侯卿大夫同也。且以古今論之。喪禮：唯而不對。今陛下親庶政，決萬幾，可否天下事，其可唯而不對乎？喪禮：未葬，衰麻不去身。今越紼行事，被黼服冕，其可不去衰麻乎？今便殿按弓馬，撫將士，金革之事有不避也，何獨至於講筵而疑之？真宗咸平元年，在諒闇之中也。是年正月，詔訪明達經義者，召崔頤正講尚書於廣福殿，又於苑中説大禹謨。二年，置翰林侍講學士，命邢昺講左氏春秋，亦在三年之中。伏望以時開講筵，見儒生，臣等不勝大願。

兵部侍郎兼直學士院兼侍講胡世將時爲給事中，言：

神宗皇帝治平四年四月，同知諫院傅卞請開經筵，詔俟祔廟畢取旨。按祖宗舊制，即無前件供進口義典故。況陛下親御經筵，講明治道，與其餘事體不同。臣恐於居喪之制實無所妨。伏望更令侍從官討論故事。

奏可。今年九月乙丑。公輔復言：

今陛下親決萬幾，此蓋外庭以日易月之制。明堂祀上帝，不敢以卑廢尊也。至於咸平、治平故事，臣非不知，蓋以祖宗時，並遵漢文故事，以日易月，未嘗明言行宫中三年之喪，則以日易月外，自不妨聽講。今陛下以太上皇帝奄終沙漠，痛不可言，所遭變故，實異前世。臣所以每切切於此，欲以將順陛下之美。至論視朝，當服淺淡，羣臣未純吉服，遇禫日，天下禁屠宰、作樂，朝廷並已略賜施行。前日，又乞不行臨軒策士之制，蓋欲陛下於三年之内，凡涉吉禮者，皆未宜講，亦蒙依臣所奏。今日所議開講，非固立意違衆，自速一時嫌謗也。實望陛下深念爲人之子，十年不獲致天下之養，而萬里告哀，痛傷無及。今居宫中之喪，雖日月逾邁，不可暫忘，故凡遇退朝，且以追思悲慕爲先，然陛下孝性純篤，何待臣言？伏望斷自聖心，特賜詳酌。

乃命從官一併詳議。九月癸酉。於是誼奏：

臣備位言責，不嫌出位，爲陛下別白而明言之。臣竊考之於詩，成王訪落之初，羣臣進戒之始，其言曰：「日就月將，學有緝熙於光明。」是成王居三年之制，未嘗廢學也。英宗皇帝嗣服之始，司馬光首以開講筵爲言者三，是司馬光所以輔導人主，於三年之制，亦未嘗廢乎學也。曲禮曰：「居喪，未葬讀喪禮，既葬讀祭禮。」故曰：「喪復常，讀樂章。」是未復常以前，除樂章之外，皆可以讀也。又曰：「居喪不言樂。」自樂之外，皆可以言也。臣質之禮典，論之人情，以謂三年之制，聽備樂，悦備色，饗備味，則有所不可。至於聞先王之正道，監祖宗之成訓，亦何不可之有？伏望陛下，斷自聖志，依舊間一日開講筵，燕見羣臣，講求至道。庶幾聰明不蔽，以增聖德，以闡大猷，實天下之幸。

疏奏，從之。

右司諫王縉罷爲直秘閣，知温州。從所請也。

浙東諸司言：「婺州金華縣士民舉知縣蔡材治狀。」詔遷一官，令再任。

2 壬辰，御史中丞周秘入對，論張浚罪，乞更賜貶責。

3 丙申，權尚書禮部侍郎陳公輔充集英殿修撰，提舉江州太平觀。張浚既得罪，公輔再上疏乞奉祠，自言進退之際，有不得不去者，故有是命。

4 丁酉，徽猷閣待制、新知永州胡安國提舉江州太平觀，從所請也。趙鼎進呈，因言：「安國昨進春秋解，必嘗經聖覽。」上曰：「安國所解，朕置之座右。雖間用傳注，頗能發明經旨①。朕喜春秋之學，率二十四日讀一過，居常禁中亦自有日課。早朝退，省閲臣僚上殿章疏；食後，讀春秋、史記；晚食後，閲内外章奏；夜，讀尚書，率以二鼓。」鼎曰：「今寒素之士，豈能窮日力以觀書？陛下聖學如此，非異代帝王所及。」上曰：「頃陳公輔嘗諫朕學書，謂字畫不必甚留意。朕以謂人之常情，必有所好，或喜田獵，或嗜酒色，以至其他玩好，皆足以蠱惑性情，廢時亂日②。朕自以學書賢於他好，然亦不至廢事也。」

四川制置大使席益奏：「成都府、漢州賑濟有方，全活甚衆。」賜益詔書獎諭，漢州守臣仍進一官。

是日，殿中侍御史石公揆入對，論張浚罪，且言：「浚之敗事，天下之人，皆痛憤切齒，恨不食其肉。而直秘閣、新知温州王縉方且爲決癰之論：『陛下厚其禮貌，以俟後相。』懷姦顧望，欲爲後圖。望褫其職名，還之銓曹，以爲言者之戒。」詔縉落職，主管台州崇道觀，免謝辭。

戊戌，特進、提舉江州太平觀張浚責授左朝奉大夫、秘書少監，分司南京，永州居住。先是，趙鼎奏：「欲降一詔，以安淮西軍民。」上曰：「當以罪己之意播告天下，俟行遣張浚畢降詔。」鼎曰：「浚已落職。」上曰：「浚誤朕極多，理宜遠竄。」鼎曰：「浚母老，且有勤王大功。」上曰：「勤王固已賞之爲相也。功過自不相掩。」此據趙鼎雜記。於是臺諫周秘等論浚罪未已，秘奏：「浚去國之數日，乃與賓客置酒高會，從容遊觀，殊無恐懼循省之意。今聞盛兵自衛，居苕、霅間，若不稍申遣罰，則浚必不自知其罪，而四方之人，亦未必知浚之所以去也。」石公揆奏：「浚之罪惡，上通於天。竭天下之財，東南爲之困；覆富平之師，西北爲之擾。止於褫職，人心謂何？」李誼奏：「浚罪戾之餘，更求衛卒之衆。頃年責居福州，於未行間，亦上章以官田爲請。其意以此卜陛下眷禮之盛衰。」惟秘奏罪大責輕，未知所懼。已上並據日曆。秘對後四日，夜降秘等各兩章。惟秘第二章論浚二十罪不出。後批浚散官安置嶺表。中書舊例，御批即時行出。至是鼎封起，未即行。此亦據鼎雜記。翌日，至漏舍，約諸人救解。此據趙鼎事實。鼎奏曰：「前日趙令衿之言，外頗傳播，以謂浚之出，皆諸將之意。今又如此行，外間益疑矣③。」上曰：「若宰相出入由於諸將，即唐末五代之風，今幸未至此。」鼎曰：「今謫浚，雖非諸將之言，亦少快諸將之意矣。」上曰：「此不恤也。」此據趙鼎雜記。樞密使秦檜奏曰：「臣等前日不敢言，今日却當言。」此據趙鼎事實。參知政事張守曰：「浚爲陛下捍兩淮，宣力勤勞。前此罷劉光世，正以其衆烏合不爲用，今具驗矣。羣臣從而媒孽其短，臣恐後之繼者，必指浚爲鑒，孰肯身任陛下事乎？且其母老矣，惟陛下哀憐之。」此據趙甡之遺史。上顧而不答。鼎開陳累數百言，上意殊未回。鼎又曰：「浚有母老，今過嶺，必不能將老母。浚有勤王功，陛下忍使其子母爲死別乎？」上猶未解。鼎又曰：「浚所犯不過公罪，恐不應如此。」上乃曰：「來日再將上商量。」鼎又留身，再懇曰：「浚之罪，不過失策耳。凡人計謀，欲施之際，豈不思慮，亦安能保其萬全？倘因其一失，便寘之死地，後雖有奇謀妙筭，誰敢獻之？此事利害，自關朝廷，非獨私浚也。」上意解。此據趙鼎事實。鼎朝退，召祠部員外郎勾龍如淵、都官員外郎馮康國、工部員外郎馮檝至都堂，三人見鼎，皆蹙縮。鼎曰：「上憐德遠母老，有復辟功，決不遠謫，無過嶺之患。諸君速以書報上意。」三人退，鼎又目之曰：「鼎不負德遠，德遠負鼎。」此據趙鼎遺事。又張浚行狀云：「上令浚擬詔召鼎，既出，樞密使秦檜謂浚必薦己，就閤子與浚語良久。上遣人趣進所擬文字，檜錯愕而出。後反謂鼎曰：『上召公，而張相遲留。上使人趣，始進入。』檜之交諜類此。」又翌日，乃有是命。制略曰：「浚奮自孤生，驟膺重寄。既執廟堂之柄，遂專帷幄之籌。獨幸成功，力排衆議。委用非人，而境土侵削；綏懷無策，而將士叛離。廣費以蠹邦財，重斂而屈民力。乃至丐賜田以探主意，請衛卒而爲身謀。論其前後之愆，難以一二而數。念嘗奮身以赴國家之急，提兵而拯社稷之危。屈法申恩，姑投善地；記功閔舊，忍寘嚴科。尚體寬容，毋忘循省。」此據日曆。鼎之初相也，上謂曰：「卿既還相位，現任執政去留惟卿。」鼎曰：

「秦檜不可令去。張守、陳與義乞罷。」上皆許之。檜亦留身,求解機務。上曰:「趙鼎與卿相知,可以必安。」檜至殿廬,起身向鼎謂曰:「檜得相公如此,更不敢言去。」此據趙鼎事實。

江西制置大使李綱上疏言:「臣竊見張浚罷相,言者引漢武誅王恢事以爲比。臣恐智謀之士卷舌而不敢談兵,忠義之士扼腕而無所發憤,將士解體而不用命,州郡望風而無堅城。陛下將誰與立國哉?伏望陛下堅聖心而勿動,修軍政以自强,無爲趨時獻言者之所搖。古語曰:『臨大難而不懼,聖人之勇也。』夫張浚措置失當,誠有罪矣。然其區區狥國之心,有可矜者。願少寬假,以責來效。」此據綱奏議。

户部員外郎霍蠡自鄂州赴行在,詔引對。今年八月所書蠡奏岳飛錢糧事,或可移附此。

是日,僞齊遣兵犯泗州,守臣起復武功大夫、閤門宣贊舍人劉綱率官軍拒退之。尋詔綱領文州刺史。

6 庚子,手詔曰:「朕不敏不明,誤用柄臣,寄以兵政。乃謀猷乖戾,委付非才,致淮西一軍懷疑反側,而莫以告朕,遂使積年忠義之衆一旦陷於叛亡之罪。凡取於民力,以事此軍者,委於空虚而無效。此朕所以慨惜叛者,而深愧吾民也。中外文武,將何以副朕焦勞願治之意?應監司守令,各務存恤百姓,非供軍費定數之外,無得妄取於民。將帥之臣,撫綏其衆,毋使失所,訓練整齊,毋使驕惰。毋怠毋忽,助朕遠圖。有違朕言,則有常罰。」

都官員外郎馮康國乞補外。趙鼎奏:「自張浚罷黜,蜀中士大夫皆不自安,今留行在所幾十餘人,往往一時遴選。臣恐臺諫以浚里黨,或有論列,望陛下垂察。」上曰:「朝廷用人,止當論才不才。頃臺諫好以朋黨罪士大夫，如罷一宰相，則凡所薦引，不問才否，一時罷黜。此乃朝廷使之爲朋黨，非所以愛惜人才而厚風俗也。」鼎等頓首謝。

集英殿修撰、提舉江州太平觀陳公輔知處州。

右朝請大夫、知楚州胡紡直秘閣。

武功大夫、文州團練使、京東淮東宣撫處置使司右軍第一將高傑除名勒停，本軍自效。傑醉擊隊官，統制巨振笞之，傑怒，自斷其指。韓世忠以聞，故有是命。

初，虔賊毛順掠武平縣，武德郎、汀州弓手准備將領吴辛率諸巡尉捕之，官軍失利，辛與右迪功郎、上杭縣尉王袞皆死。至是贈辛武節大夫，袞右承事郎，官其家有差。

7 辛丑，詔御史中丞周秘累乞外任，可除徽猷閣直學士、知秀州。

中書舍人趙思誠入對，論任子之弊，以爲：「每遇親祠之歲，補官者約四千人。是十年之後，增萬二千員，科舉取士不與焉。臣將見寒士有三十年不得調者矣。比歲朝廷置討論之法，羣起怨謗，不果盡行。夫該討論之人，盡是緣横恩私謁而得之，雖盡追奪，猶不爲過。今以士大夫本分合得恩澤而議裁抑之，則其羣起怨謗，愈甚於前。大臣不敢專任其怨，日復一日，以至於今。祖宗朝秘書監，今之中大夫也；諸寺卿，今之中奉、中散大夫也。仕至此者，皆實以年勞功績得之，年必六十，身不過得恩澤五六人。政和、宣和之後，私謁行，横恩廣，有年未三十而官至大夫者。員數比於祖宗之時，不知其幾倍，而恩例未嘗少損，有一人而任子至十餘者，此而不革，實政事之大蠹也。望特詔侍從官共議所以革弊之術，示之以至公，斷之以必行。」翌日，詔侍從官討論，申尚書省。會思誠補外，議遂格。

8 壬寅，秘書省正字胡珵、李彌正復兼史館校勘。趙鼎因奏事，議及改修神宗實録。上曰：「止修訛謬，非有所改也。」鼎曰：「所降御筆如此。」上曰：「乃宰相擬定者。」鼎曰：「起居注載著作郎張嵲所得聖語亦然。」上駭曰：「安得有此？」即詔嵲所記勿存留。鼎乃知是事本非上意。鼎言：「何掄本與秘閣修撰曾統所進本小異，掄乃蜀本，有朱字處統本却無之，自合重修。其李彌正、胡珵不應嫌避史職，令依舊兼之。」上曰：「朱勾去者太冗。」鼎曰：「此乃美事。蔡卞輩不學，故不知去取。如吴奎傳有曰：『臣願陛下爲堯舜主，不願爲唐德宗。』卞乃删去。臣謂主聖則臣直，載之乃見神宗之聖也。使魏徵、王珪傳不載其直言，則後世不知太宗能納諫也。」上曰：「然。」鼎又曰：「臣去國半載，今觀聖意，稍異前日。」上曰：「尋常造膝，每以孝悌之説相摇撼，其實紹述之謀也。」鼎曰：「秦檜莫有正論？」上曰：「無之。自卿去，唯朱震不改其舊。」鼎曰：「臣觀持中論者，皆惑聖聰，乃是沮善之術，故以爲不可太分，當兼收而用，則得人之路廣。臣謂君子小人並進，何以爲治？與其多得小人，寧若少得君子之爲愈也。蓋分善惡唯恐不嚴，稍寛則落其姦便，君子於小人常恕，小人於君子不恕也。」上復以爲然。乃詔：「昨令史館官再加研考新修神宗實録，止緣曾統所進本脱落不全，又九卷不載舊史，理宜修整，别無同異之嫌。元校勘官胡珵、李彌正可依舊校勘。」

是日，有星隕於僞齊平康鎮。壕寨官賁百祥見之，謂人曰：「齊帝星隕，禍在百日之内。」劉豫問：「可禳否？」曰：「惟在修德。」麟怒，以爲誑，斬於市。

9 癸卯，上曰：「昨布衣賴好古上書，論虔賊事，頗有理。」趙鼎奏：「大意以招安爲非。」張守曰：「招安固非策。其始州軍非不欲剿殺，而賊據險負固，師老財費，則不免於招安，固非得已。」陳與義曰：「招安、討殺，不可偏廢。以重兵臨之而後招，則賊可得也。」上曰：「用兵則不免害及良民，止當誅其首惡，餘悉縱之乃善。」

初，京東淮東宣撫處置使韓世忠遣親校温濟來奏事，且圖上淮陽形勢，言：「賊並淮陽增築保障，欲遣偏師平之。」使濟諗於朝。上戒濟曰：「歸語汝帥，當出萬全，不宜輕動，以貽後悔。」濟既稟命，復要他日將士之賞。上曰：「有功則當賞，但須覈實，然後有功者勸。世忠既以狀來上，則朝廷不欲違，如去年攻淮陽，賞一萬七千餘人，不以爲當也。」濟恐悚奉詔。至是，趙鼎奏濟已行。上曰：「昨呼來訓飭之矣。」熊克小曆稱世忠使其屬官温濟諗於朝。按濟乃世忠軍中事務官，非屬官也。日曆紹興九年九月戊戌，濟自拱衛大夫、威州防禦使勒停。

10 甲辰，少保、鎮南軍節度使、兩浙西路安撫制置大使兼知臨安府、行宮留守呂頤浩以明堂恩封成國公。

右承事郎陳正同知大宗正丞。正同以銓量罷，故改命之。

11 乙巳，左承奉郎趙雍充諸王宮大小學教授。

12 丙午，荆湖北路轉運判官辛次膺行左正言④。先是，右正言李誼言：「古者争臣七人，唐六典諫大夫以次六員。祖宗時，諫員並置，當其盛際，以言相高。今臣獨員供職，綿力寡助，深恐不逮。望增置一二，庶有補於聖聰之萬一。」至是，以命次膺。誼所奏不得其日。熊克小曆附之今年六月末，實甚誤。此時王縉爲右司諫，不得云獨員也。

直寶文閣、湖北京西宣撫使參謀官薛弼行户部員外郎。

13 丁未，殿中侍御史石公揆守侍御史。

中書舍人趙思誠充寶文閣待制，知南劍州，從所請也。

武功大夫、閤門宣贊舍人王進以收捕虔寇毛迪之勞，領忠州刺史。

14 己酉，承節郎張久中特進二官，賜銀帛，以樞密院言「先令久中往諭叛黨，得其干照而歸」故也。所諭事當考⑤。

15 辛亥，權主管殿前司公事楊沂中乞以諸路所起禁軍弓弩手揀刺上四軍⑥。事初見今年三月戊寅。日曆止云諸路所起弓弩手，而省禁軍二字。熊克小曆又去弩字，止云諸路弓手，遂失其實。趙鼎等因論及南兵可教。張守曰：「止是格尺不及耳。」上曰：「人猶馬也，人之有力，馬之能行，皆不在軀幹之大小。故兵無南北，顧所以用之如何耳。自春秋之時，申公巫臣通吴於上國，遂霸諸侯。項羽以江東子弟八千横行天下，以至周瑜之敗曹操，謝元之破苻堅⑦，皆南兵也。」

正議大夫、提舉臨安府洞霄宫汪伯彦復資政殿大學士，用中書檢舉也。制曰：「朕卜季秋之月，躬總章之祀。顧雖燀胞之微，悉蒙慶賚；囹圄之賤，咸與滌除。況嘗居於輔臣，敢獨忘於甄叙？伯彦頃膺鼎鉉之寄，旋致覆餗之凶。投置散地，歷年於兹矣。爰因合宫之享，稍復神殿之聯。昔漢家故事，宰相之不任職事者，賜之牛酒，歸老於家；唐室舊制，凡郊祀之慶，百官庶士，麗於刑書者，皆以赦除。朕雜用漢、唐之典，以御臣工，非獨爾私也。服我至恩，無忘補報。」按此時舍人是曾開獨員，不知此制誰當筆也。

16 壬子，秦魯國大長公主入見。上謂大臣曰：「大長公主今日入内，朕以仁宗皇帝之女，朕之曾祖姑，待遇加禮。每入内，朕必迎見聲喏。朕惟仁宗深仁厚澤，涵濡海内。大長公主眉壽康强，亦仁宗盛德遺澤之所致。」

17 甲寅，中書舍人曾開充寶文閣待制，知鎮江府。開與趙思誠皆張浚所引，故力請外而命之。徽猷閣待制、知嚴州胡寅移知永州。先是，寅父徽猷閣待制安國自衡山以書訓寅曰：「汝在桐江一年矣，大凡從官作郡，一年未遷，即有怠意。汝今宜作三年計，日勤一日，思遠大之業。若有遷擢，自是朝廷，非我所覬也。」至是寅言：「父病初愈，迎侍不來。近者妻室喪亡，乞湖南一小郡。」乃改命焉。直秘閣詹太和知江州，仍趣之任。太和既落致仕，上引對而用之。趙鼎進呈除目，因言：「士人有不可爲郡守而必欲得之者，往往不肯就宫祠。」上曰：「爾則不肯，其如一方赤子何？」鼎退而歎曰：「大哉！帝王之言也。」

武翼郎、行營左護軍部將張世安以爲酈瓊所殺，特贈武節郎，官其家二人。

18 乙卯，上謂大臣曰：「昨劉瑜書論十事，皆民間疾苦，可擇其當行者行之。」趙鼎等曰：「所論皆善，然法令已詳密，當申嚴行下。」上曰：「若申嚴，未必濟事，須去其不便於民者，謂如向來浙右困於水脚錢⑧，其後造成綱船，遂免此患。」瑜以布衣應詔言事，上納用之。

感德軍節度使、萬壽觀使高世則來朝，召之也。

19 丁巳，中書舍人傅崧卿、權尚書禮部侍郎吴表臣並試給事中。

徽猷閣待制、提舉太平觀常同試禮部侍郎。

秘書省校書郎高閌、正字李彌正並爲著作佐郎，正字胡珵爲校書郎，仍並兼史館校勘。

左宣義郎、通判永州羅孝芬爲秘書省校書郎。孝芬，岳州平江人。宣和初中進士甲科，屏居邑之石牛山，躬耕養親，十年不調。至是，湖南憲臣趙伯牛等薦於朝，上召對，乃有是命。

詔遇六參日，輪行在百官一員轉對。右正言李誼奏：「昨扈從臣僚不多，止令輪對一次。今已輪徧數月矣，望準建隆、天聖故事，日輪一員。俟百官俱集，則依舊制。」故有是旨。

校勘記

① 頗能發明經旨　「發」，原闕，各本同。據宋史全文卷二〇上補。皇朝中興繫年要録節要卷八此字已鏟，詳其字型，亦是「發」字。

② 廢時亂日　「日」，原作「政」，據皇朝中興繫年要録節要改。

③ 外間益疑矣　「間」，原作「聞」，據叢書本改。

④ 荆湖北路轉運判官辛次膺行左正言　「路」原闕，逕補。

⑤所諭事當考　此後原有四庫館臣按語：「干照字未詳。」今删。

⑥權主管殿前司公事楊沂中乞以諸路所起禁軍弓弩手揀刺上四軍　「主」原闕，逕補。

⑦謝元之破苻堅　「元」，即「玄」，宋人避諱改。

⑧謂如向來浙右困於水脚錢　「困於」，原闕，據皇朝中興繫年要録節要補。

建炎以來繫年要録卷一百十六

1 紹興七年閏十月己未朔，故左中大夫李回追復端明殿學士，官其子孫三人，以其家有請也。

2 庚申，權尚書吏部侍郎劉寧止、權户部侍郎王俣並落「權」字。

監察御史金安節守殿中侍御史。安節爲察官，嘗論：「大功未立，羣情凛凛。而昧者乃欲竭民之力，而僥倖於一舉，豈不殆哉？臣謂今日之計，莫若早自治而已。欲自治，則選將以訓兵，擇吏以安民，恤費以豐財，誠當世之急務。」又論：「自用不若用人，用寡不若用衆。國家所以用輔弼之臣而置諸左右者，非苟取充位而已，蓋欲可否相濟，彌縫朝政之闕也。今天下多事，正馳騖而不足之時。欲望陛下斷自宸衷，衆建大臣，而使均任其責。庶幾廟堂之上，分職率屬而不至於專權，同寅協恭而不容於備位。可否相濟，謀無不獲。」至是遂進之。安節所言，不得其日，必張浚未去位以前所上。今因遷職附書之。

直龍圖閣、主管台州崇道觀吕本中試太常少卿。

直龍圖閣、新知泉州林季仲爲中書門下省檢正諸房公事。季仲既至，建言：

禍亂未平不足憂，風俗未革深可畏。比年以來，大臣去位，凡其所行之事，所引之人，率皆廢而逐之。輩出輩入，相傾相擠，彼亦一是非，此亦一是非，是非至於今未決也。遂使陛下願治之心，憒憒然無所底定。而在位之臣，亦或畏首畏尾，不敢展四體以從事，蓋懼後患之必至也。嗚呼，士大夫如此，亦已甚矣。今日何日，而忍爲是哉？

臣願陛下，體貌大臣，進退以禮，唯當疇咨於未用之前，不當致疑於既用之後。誠得其人，則委以庶政，責以成功，使夫讒間之口不得以入焉。必不得已而罷出之，姑示涵容，而露彈章於天下，如漢故事，策免三公，但以陰陽失度、盜賊未弭爲言，雖不斥言其罪，人亦自知之矣。孰與淫言醜語，狼籍白簡，内見侮於中國，外取笑於强敵，使之輕其臣以及其君乎？至於所行之事，不必概廢，問其當否可也。所引之人，不必概逐，問其賢否可也。如此，則皇極建，私黨銷，而風俗可革矣。

尚書户部員外范璿爲樞密院檢詳諸房文字。

資政殿大學士、提舉臨安府洞霄宮王綯薨於平江府，特贈七官，爲左光禄大夫。

3 辛酉，寶文閣學士、知廣州連南夫條上市舶之弊，大略言：「市舶司惟藉蕃商往來貨易，大商蒲亞里者①，昨至廣州，有武臣曹訥利其財，以女適之，亞里遂留不歸。」上因令南夫勸其歸國，運蕃貨往來。上曰：「市舶之利最厚，若措置合宜，所得動以萬計，豈不勝取之於民？朕所以留意於此，庶幾可以少寬民力耳。」

進士江俊明獻陣圖，詔賜束帛。

4 壬戌，給事中傅崧卿兼史館修撰。時崧卿在行宮未至也。

詔江東西州縣民户輸納米，每石收水脚錢二百文。此以紹興二十七年六月戊申葉義問所奏修入，日曆無之。

5 癸亥，左正言辛次膺論士大夫營私不任事之弊，詔榜朝堂。時趙鼎再相已逾月，未有所施設，朝士或以此責之。鼎曰：「今日事如久病虚弱之人，再有所傷，元氣必耗。惟當静以鎮之，若作措置，焕然一新，此起死之術也②。張德遠非不欲有爲，而其效如此，亦足以戒矣。」

集英殿修撰、提舉江州太平觀董弅充徽猷閣待制，知嚴州。

故直徽猷閣趙康直特贈徽猷閣待制，依所贈官禄其後。時僞境揭榜，言康直與吕祉已被害。京東淮東宣撫處置使韓世忠得而上之，故優恤焉。

是日，趙鼎奏張俊措置河道事。上曰：「俊每事必親臨，所以有濟。」上因言：「朕每論將帥，須責其挽弓騎馬，人未知朕意，必謂古有文能附衆，武能威敵，不在弓馬之間。抑不知不能弓馬，何以親臨行陣而率三軍，使之赴難？況今時艱，將帥宜先士卒，此朕之深意也。」時俊以全軍還行在，上欲令俊盡以舟師分布控扼，然後引兵渡江。鼎曰：「淮西寂然無警，似不必爾，外間便謂朝廷棄淮西矣。當一向勿顧，不發一兵，彼未必敢動。」上以爲然。

6 乙丑，上諭大臣曰：「川、陝茶當專以博馬，聞吴璘軍前，向或以博馬價易珠玉之屬。艱難之際，戰馬爲急，可劄下約束。」

端明殿學士致仕翟汝文、端明殿學士提舉鳳翔府上清太平宫宇文粹中、端明殿學士提舉嵩山崇福宫王孝迪並復資政殿學士。

7 丙寅，右宣教郎尹焞爲秘書郎兼崇政殿説書③。焞及國門，稱病未已，上趣起之。既而焞入見，遂就職。焞每當講前夕，必齋戒沐浴。或問之，曰：「欲以所言感悟人君，安得不敬？」焞時年六十七矣。焞既至講筵數日，即乞致仕。翌日，趙鼎言：「焞有山林之志④，不樂居此。願陛下以禮留之，因加賜賚。」焞乃止。後有言於上者，乃謂其徒相與造謀，欲朝廷見留，以爲高云。

監察御史趙涣以親年高求去，除江南提點刑獄公事。

主管殿前司公事楊沂中乞三綱馬。上曰：「川、廣馬到，朕未嘗留，盡以均給諸將。若小不均，則謂朕有所偏。沂中馬少，而張俊近以老馬數百匹納樞密院，可以兩綱付沂中，而以一綱付俊。」

8 己巳，上謂大臣曰：「朕思今日安民之要，無過擇監司郡守而已。士大夫求差遣，苟其履歷可爲，便以與之，雖滿求者之意，而其間或有不材之人，奈一方赤子何？可降旨，令侍從官不限員數，舉可以爲監司郡守者，中書置籍，遇有闕，卿等議以差填，朕亦當書屏風，置諸左右，以時揭貼。見在已差人不任職而無他過，與自陳宫觀，公議亦必爲是。」上又曰：「繆吏之害民甚於贓吏。贓吏一身取錢爾⑤，繆吏爲州則一州之胥吏皆取錢，爲縣則一縣之胥吏皆取錢，其害民豈不甚於贓吏也？」秦檜曰：「向令内外侍從舉知縣，而有互舉其子者，其子又皆貪贓。」上曰：「侍從官朕之所取信也，而其任私欺謾如此，朕當時不知，若知之，當竄之嶺表。卿等可諭諸從官，須妙選實可爲監司郡守者，使實惠及民。若苟求著中人材以應詔令，則所得不過平常之人爾。他日若所舉稱職，朕當賞其知人。」趙鼎曰：「敢不祇承聖訓！」

9 庚午，殿前司中軍統制官王存、進武校尉賀允升並降兩官。存上書乞許張浚自便，趙鼎進呈，乞黜責。上曰：「朕非不能容一王存，但進退輔弼，豈小臣所當議？他日將帥或干預其間，非國之福。」先是，允升獻詩百篇，其間多醜詆浚。乃詔存、允升不循分守，並降官，仍黜存爲本軍正將。

右朝散郎莫將行太府寺丞。將，洪州人，通判利州代還，上疏論時事，後省看詳，以爲援古證今，皆有條理，遂詔對而有是命。將疏言：「天下之事，成敗得失，在理不在形。形者衆人共争之地，理者衆人不見之處。願陛下游心於所不争之地，以求治安之理。勿貪功於須臾，勿喪志於少屈。彼劉豫者，助敵爲虐，石敬瑭、趙德鈞之禍，豫必不免，陛下姑俟之。」

詔：「侍從官各選可爲監司郡守之人，不限員數，具名以聞。務令實惠及民，不爲文具。」

故左從政郎徐鼎特贈左承事郎，官一子。鼎權桃源縣，爲水賊龔亭所殺，故録之。

10 辛未，詔：「堂除吏部窠闕，並依去年十二月丙午指揮以前舊制施行。」自張浚獨相，欲革内重外輕之弊，乃詔郎官、館職二年，並補外。又取寺監丞以下至外州學官送部者百闕，而取知縣堂除者四十處。未幾，郎曹館職請外者衆，終不克行。至是，又復其故焉。

詔史館見修徽宗皇帝日曆，以實録爲名。時秘書省著作郎何掄言：「日曆視實録格目尤詳，今記注不存，編次無日。」故有是命。

11 甲戌，户部尚書章誼等請用禮官議，爲徽宗皇帝作主祔廟。詔恭依。初，趙涣之爲御史也，建言：「今雖迎奉梓宮，未可指日，請不竢梓宮之還，作主祔廟。」於是禮官亦有以宗廟久闕祭享爲言者，今年五月。朝廷業已遣使，欲少竢之。至是，祠部員外郎兼權禮部勾龍如淵言：「宗廟祀典，不可久曠。請依明德皇后故事，行埋重虞祭祔廟之禮。」詔侍從臺諫議於尚書省。閏十月己巳。尋又詔禮官同議。議者言：「如淵所請，權時制宜，於禮爲得。」乃倣虞祔練祥，次第於小祥前擇日行之。

左朝議大夫周審言降授左宣義郎，不得與親民差遣。審言，浦城人。登政和貢士第，爲朱勔子婿。以選人進頌，改京官，累遷直徽猷閣、知秀州。至是，以討論不得調訴諸朝，詔以爲左朝散郎，聽參選。左正言辛次膺論：「審言登科第而甘心婚朱勔之息，其間僥冒可鐫者，詎止五官？望存出身一資外追奪。」乃又降五官。

12 乙亥，檢校少保、瀘川軍節度使、充中太一宮使錢忱開府儀同三司⑥。忱從其母秦魯國大長公主入朝，主奏：「忱自建節鉞十有七年，欲望聖慈，以仁祖之甥，戚里之舊，特於節鉞之上優賜推恩。」詔三省樞密院進擬，而有是命。主入謝，上從容語之曰：「大長公主壽考如此，乃仁宗皇帝四十二年深仁厚澤，天下愛戴鍾慶於長公主。在家待遇諸子，宜法仁宗皇帝之用心，須是均一。」長主曰：「未嘗敢不均一也。」上知愐、愷非主所出，常偏厚於忱，故訓諭及之。

13 丙子，詔左朝奉大夫、徽猷閣待制、提舉江州太平觀李彌大降二官，左奉議郎、廣南東路提點刑獄公事韓璜降一官。彌大之守靜江也，璜提點廣西刑獄。有强盜屈巢弟等作亂，陽朔尉王鎬爲所殺。法當絞，彌大以經略司酌情處斷，盡斬之。璜劾於朝，去年四月乙卯。遣大理寺丞吴彦璋即静江鞫治。十二月乙未。獄成，璜亦坐所奏不盡實，故有是命。彦璋又言：「鎬因捕賊被害，情有可矜。」乃録其子爲下州文學。王鎬得恩澤，在今年八月癸卯，今聯書之。按屈巢弟强盗殺死縣尉，而彌大乃坐誤引絞入斬抵罪，不知何故，當考。熊克小曆於是月書：「彌大自工部尚書出爲廣西安撫使。」實甚誤矣。

14 丁丑，詔以春寒，賑恤行在建康府貧民，如平江例。

15 己卯，龍圖閣待制、知處州劉大中試禮部尚書。徽猷閣直學士、知荆南府王庶試兵部侍郎。趙鼎以庶知兵，故薦用之。

16 庚辰，韓世忠乞統制官許世安功賞。上曰：「世安雖勇果，不及呼延通等，而平穩曉事過之。平居議論，多有補於世忠。」上於諸將偏裨，其材性短長，亦照臨無遺如此。

起居舍人勾濤爲故觀文殿大學士張商英請謚，詔令太常寺定謚。紹興十四年五月丙寅謚文忠。

17 辛巳，觀文殿大學士、江南西路安撫制置大使兼知洪州李綱提舉臨安府洞霄宫。時趙鼎、秦檜已叶議回蹕臨安，綱聞知，上疏諫，大略謂：

自昔用兵以成大業者，必先固人心，作士氣，據地利而不肯先退，盡人事而不肯先屈。是以楚、漢相距於滎陽、成皐間，高祖雖屢敗，不退尺寸之地。既割鴻溝，羽引而東，遂有垓下之亡。曹操、袁紹戰於官渡，操雖兵弱糧乏，荀彧止其退師，既焚紹輜重，紹引而歸，遂喪河北。由是觀之，今日之事，豈可因一叛將之故，望風怯敵，遽自退屈？果出此謀，恐六飛回馭之後，人情動搖，莫有固志。士氣銷縮，莫有鬬心。我退彼進，使敵馬南渡，得一邑則守一邑，得一州則守一州，得一路則守一路，亂臣賊子，黠吏姦氓，從而附之，虎踞鴟張，雖欲如前日返駕還轅，復立朝廷於荆棘瓦礫之中，不可得也。借使敵騎衝突，不得已而權宜避之，猶爲有説。今幸疆埸未有警急之報，兵將初無不利之失，朝廷正可懲往事，修軍政，審號令，明賞刑，益務固守，而遽爲此擾擾，棄前功，蹈後患，以自趨於禍敗，豈不重可惜哉？

既又具防冬畫一事件言之，遂忤當路意。時江西大旱，而綱課民修城，民不以爲便。侍御史石公揆因劾：「綱妄自尊大，恣爲苛擾。在江西尤無廉聲。張浚初謫居福州，綱意其復用，欲以爲援，所以交驩浚者，無所不至。近聞其置將不善，致淮西之變，勢必譴責，遂貽書痛詆，傳布行朝，欲以欺衆取譽，爲進用之計。繼聞已用趙鼎，其意大沮，乃自言指陳朝廷，措置失當，必有牴牾，乞行黜責，聞者竊笑。」殿中侍御史金安節、左正言李誼、右正言辛次膺，亦論綱違法虐民，毒流一路，乞賜黜責。三省乃檢會綱累乞宮觀奏章行下。時未有代者，綱懲靖康之謗，乃具以本司積蓄財穀之數聞於朝，自是不復出矣。朱勝非秀水閑居録云：「合肥兵亂，執吕祉以入齊。執持紛紜，綱意浚必敗，條十五事，奏浚措畫之失。又貽書抵浚，痛詆其過，以副本傳示遠近，欲擠浚而鈎奇，且示於浚不厚也。浚既貶永州，綱亦坐浮薄及暴横貪墨而罷。鼎復相，窮治浚事，至今未已。嗚呼，勢利之交，古人羞之，其三相之謂與？」綱貽浚書，已見今年八月辛未。

18 壬午，趙鼎等奏：「榷貨務出賣度牒，而遠方不能就買，欲量付諸路。」上曰：「如此則州縣將科敷於百姓矣。」鼎等奏：「不責以限數，則無科敷之弊。」上曰：「宜嚴爲約束，毋使民受其患。」

户部尚書兼提領榷貨務都茶場章誼言：「務場見係誼總領，別無同官商議，竊恐誤事。望仍撥隸户部。」從之。

詔臨安太廟且令留存。初，以行在建康，故以太廟爲本府聖祖殿。及是，將回蹕，議者乃言：「本朝推尊聖祖，比之有唐尊奉老子，事若相類，而禮實不同。爰自仁祖纂承以來，五聖百年，踵行不易，協於禮經所謂『凡祭有其舉之，莫敢廢也』之義。今乃賜太廟爲聖祖殿，在理實有未安。」故有是旨。

户部侍郎王俣乞令從官所舉監司郡守，必取曾經治縣聲績顯著之人。從之。

19 癸未，復漢陽縣爲軍，用湖北京西宣撫使岳飛奏也。尋以右奉議郎、通判鄂州孔戊知軍事。戊之除在是月丁亥。

尚書右司員外郎王迪爲左司員外郎。

吏部員外郎薛徽言、都官員外郎馮康國並爲右司員外郎。

20 乙酉，趙鼎奏：「比得旨，復置茶馬官。舊有主管至提舉官凡三等。」上曰：「俟擇得人，當考其資歷命之。」尋遂以左中奉大夫、直秘閣張深主管成都等路茶馬監牧公事。自趙開後，茶馬無專官者近十年。先是，知熙州吳璘常取茶馬至軍前博馬，因以易珠玉諸無用之物。上聞之，數加戒飭，故復置官領其事。深，雙流人也。日曆止書至考其資歷而命之，自後更不見除人。按茶馬司題名，張深以紹興八年正月二十八日到任。則其除命，必在此月末，或十二月初也。

21 丁亥，秘書省正字兼史館校勘鄧名世爲校書郎。

22 戊子，詔：「應淮西脱歸使臣，不候整會失去，並先次支破本等請給。如有冒濫，即坐以法。」初，淮西軍中諸使臣爲酈瓊劫去，至是復歸者甚衆。有司以文券不明，例降所給。趙鼎與執政議不合，乃密白於上，曰：「此曹去僞歸正，當優假之。今乃降其所請，反使棲棲有不足之歎。」上即批出，各還其本。於是人心欣然，來者相繼。鼎因奏事，又言：「來春去留之計，望更留聖慮。恐回蹕之後，中外謂朝廷無意恢復。」上曰：「張浚措置三年，竭民力，耗國用，何嘗得尺寸之地？而壞事多矣。此等議論，不足恤也。」趙鼎事實曰：「上議回鑾，諸公初無異議。鼎獨曰：『今日復回臨安，四方必謂朝廷但務退縮，無興舉之意。豈知陛下聖筭，初不如此。今固不可户曉，唯是他日淮上有警，却須前進，鼓作諸軍，庶幾進退合宜。』上嘉納，於是降旨，先發百司，使民間預知。乃以建康守臣兼行宫留守，示往復兩都，居無常所。蓋自十二月降旨，至明年二月始離江左。期既不迫，上下帖然。」

校勘記

① 大商蒲亞里者　「蒲」，原作「滿」，據本書卷七二「大食進奉使蒲亞里至廣州」條及皇朝中興紀事本末卷四二改。張守毗陵集卷一六論大食故臨國進奉劄子亦有「據廣南市舶司奏，近據大食故臨國進奉人使蒲亞里等狀申」諸語。

② 此起死之術也　「起」，叢書本作「趣」。按：趙鼎之言，以爲元氣大傷之後，如再有大措置，乃促死也，應以「趣」爲優，然皇朝中興繫年要録節要卷九亦作「起」，故不改。

③ 右宣教郎尹焞爲秘書郎兼崇政殿説書　「右」，原作「左」，據皇朝中興繫年要録節要改。按：尹焞以布衣爲臣僚薦舉，授

右宣教郎充崇政殿説書，非由科舉，故應爲右宣教郎。宋史卷四二八本傳作「左」，亦誤。

④ 焞有山林之志　「之」，原闕，據皇朝中興繫年要録節要補。

⑤ 贓吏一身取錢爾　「身」，原作「吏」，據皇朝中興繫年要録節要改。

⑥ 檢校少保瀘川軍節度使充中太一宫使錢忱開府儀同三司　「川」，原作「州」，叢書本同。本書卷七九已有「右金吾衛上將軍充中太一宫使錢忱復爲檢校少保瀘川軍節度使」之記載，故據改。宋史卷八九地理志五潼川府路：「瀘州，上，瀘州郡，瀘川軍節度。」

建炎以來繫年要録卷一百十七

1 紹興七年十有一月按是月己丑朔。庚寅，尚書兵部員外郎蒲贇、比部員外郎黄祖舜並徙吏部員外郎。左承事郎、新提舉福建茶事張城守兵部員外郎。樞密院編修官鄒柄守比部員外郎。國子監丞李維爲屯田員外郎。秘閣修撰、福建轉運使葉宗諤爲江南西路轉運使，以中書言礙本貫也。其餘見任人皆徙官。

2 癸巳，監察御史蕭振提點兩浙西路刑獄公事。振引親年高求去，不許。振復因給事中吴表臣、右司員外郎薛徽言請於趙鼎甚切，鼎乃從之。此據趙鼎事實。

侍御史石公揆等論李綱罪未已。初，謂：「朝廷檢舉綱前後屢請宫祠，使之善去，則長惡不悛，何所忌憚？」乃詔言章報行。閏十月乙酉。至是，又請鐫綱職名。上曰：「前宰執政所體貌，綱已罷帥，不必更有行遣。朕待遇羣臣，未嘗容心賞罰，適當於功罪足矣。」

3 甲午，用户部尚書章誼請，初置贍軍酒庫於行在，命司農寺丞蓋諒主之。賜浙東總制錢五萬緡爲釀本，其後歲收息錢五十萬緡。二十九年七月，南外、東外二庫共收三十萬緡。三十年二月癸亥，增置新中庫，又收二十萬緡。三十一年三月庚寅所書可考。

武功大夫、貴州防禦使、幹辦皇城司韓公裔帶御器械。

承務郎楊適監行在都進奏院。適，時子也。

淮西宣撫使張俊入見，爲上言：「劉光世罷軍政閑居，自有登仙之歎。」上不樂，謂俊曰：「卿初見朕何官？」曰：「副使。」「是時家貲如何？」曰：「貧甚，從陛下求戰袍以禦寒。」上曰：「今日貴極富溢，何所自邪？」曰：「皆陛下所賜。」上曰：「然則卿宜思所以自效，而有羨於光世邪？」俊皇恐謝。

先是，都督府既罷左護軍，都統制王德未有所屬。俊每以厚幣結之，德遂以其軍八千歸於俊，俊軍以故益强。然俊在建康，其下多不戢，頗爲民患。殿中侍御史金安節見上，嘗言：

治兵者一於嚴而不撫之以恩，則怨；一於恩而不御之以嚴，則驕。怨固不爲使，驕亦不足恃也。比者朝廷以禁旅單寡，還盱眙之戍，以實行朝。精鋭之衆，無慮數萬。是宜武備增重，百姓恃以無恐。而近日以來，羣情惴惴，咸不自安。以爲朝廷之患，不在外寇，甚駭聞聽，臣切憂之。所以然者，以撫御非才，士心不附，慮其緩急非所恃，且爲百姓之患故也。臣竊聞其下裨佐，材力不堪，陛下睿明，悉已知之。願因閲武之際，精加選擢，喻以聖意，使歸申明紀律，訓齊士伍，令不特有勇，而且知義，則將爲用而兵足恃，軍國之勢順，兵民之情安矣。彼爲將而日興土木之工以廣邸第者，既失拊循，以致其怨，復爲姑息，以長其驕。其於申儆，固有所不至矣，亦無怪乎羣情之過慮也。惟陛下圖之。俊軍頗爲民患，林泉野記云爾。安節奏議集無月日，下注「第三」字。按日曆，此月十一日己亥，金安節本職進對。十二月庚子，降出安節第一、第二論塡闕、任子兩劄子，則此疏必己亥所上也。今因俊事附書之。

4 丙申，川陝宣撫副使吳玠遣使臣呂政求犒軍物。上詔政諭之曰：「歸語吳玠，玠自小官拔擢至此，皆出於朕，非由張浚也。大丈夫當自結主知，何必附託大臣而後進？所須犒軍物，已支百五十萬緡，非因浚進退有所厚薄也。宜以此諭之。」

龍圖閣直學士汪藻奉詔舉鄉貢進士劉度應直言極諫科，且上其詞業。詔兩省官參考以聞，不果召。度，歸安人也。

宰相趙鼎之帥浙東也①，以近旨，與監司分上下半年舉知縣之有政績者，遂舉松陽令唐閎。至是檢舉，循二資，竢終更令赴都堂審察。

5 丁酉，執政擬臨安火禁條約，凡縱火者行軍法，遺火延燒數多者，罪亦如之。上曰：「遺火豈可與縱火同罪？立法太重，往往不能行。」趙鼎曰：「遺火數多者，取旨可也。」上曰：「止於徒足矣，庶可必行。兼刑罰太重，亦非朝廷美事。」

端明殿學士、知溫州李光爲江南西路安撫制置大使，兼知洪州。

名彭澤縣唐相梁國公狄仁傑廟曰顯正。

6 戊戌，右承直郎、江東安撫司幹辦公事王繆上六朝進取事類，詔與陞擢差遣。

7 己亥，江南西路提點刑獄公事余應求、直秘閣淮南西路轉運判官韓璡並罷。璡仍奪職，用侍御史石公揆章疏也。公揆言：「吕祉之自用，失軍士心，人皆言陳克與璡之謀，望賜罷黜，以快士論。」應求坐與李綱連姻，故併劾之。

殿中侍御史金安節入對，論：「比年以來，吏員衆多，而闕不足以處之。近者每改遷事故，必別差人承替，仕者始不安其分。乞應在外堂除去處，如見任及待次人別有差遣者，令已授人次第之任，庶幾授受之際，悉歸至公。」從之。始，趙思誠之請減任子也，上命侍從官討論來上。事見十月辛丑。安節言：「迄今累月，未聞有所施行。儻謂其來已久，難以過爲裁損，亦當約以中制，去其太甚也。今欲除初遇大禮，許其依格蔭補外，其後並令遞展一郊。仍自宰執侍從以及庶官，皆爲之限，通前後奏薦，以至致仕遺表恩澤，各不得過若干人。如此庶幾稍合人情，可以悠久。雖未能盡去官冗之弊，亦可以少損矣。」乃命疾速討論，如初詔。安節二疏，以庚子日行出。

左朝散大夫、新知信州梁澤民爲淮南西路轉運判官，用從官應詔所舉也。後三日，澤民入辭，又加直秘閣。

8 庚子，資政殿大學士、四川安撫制置大使兼知成都府席益以母福國太夫人朱氏憂去官。

9 辛丑，左正言辛次膺言：「比來臣寮因罪降黜，初若峻厲，閲月既久，往往增飾情詞，巧爲辯訴。前日所坐之罪，雖嘗經推鞫，迹狀明白，貪贓姦惡，不可容貸者，一切除免，復其故秩，謂之改正。其間隔過郊恩任子磨勘轉官者，一旦盡得，謂之給還。援例紛然，干乞不已。欲望稍嚴定制，自今應訴雪者，必須在一年限内體究得實，而後別勘，果有異同，即專委刑寺官看詳定奪。委係冤濫，方與改正。仍議元勘官司不當之罪，以爲懲戒。」從之。

10 壬寅，上謂大臣曰：「張俊事上御下，慮事臨敵，皆不易得。獨好廣邸第，營土木，朕數鐫諭，莫能改也。比因其入對，面諭以朕來建康行宮，皆因張浚所修，朕不免葺數間小屋，爲燕居及宮人寢處之地，當與卿觀之，初不施丹雘，蓋不欲勞人費財也。俊曰：『略加雅飾，不過二三千緡。』朕語以國用艱窘之時，以二三千緡崇土木之飾，亦所不忍也。俊感歎而去。」先是，俊營第建康廣袤，占民居②。王縉爲右司諫，奏其事，請密敕俊自還之③，上納用焉。中興聖政：臣留正等曰：「儉爲百王之至德，然有矯激沽名者，有出於天稟之自然者，其爲儉則同，而所以爲儉則有間矣。晉武之焚雉頭裘，夫裘則焚矣，而侈心自若也。平吳之後，後宮益以侈麗，卒之晉祚陵夷者以此。唐明皇始罷織錦坊，而錦則無用矣，侈心猶是也。驪山華清遊幸之盛，極其侈靡，唐遂以衰。二君之爲儉，無乃非其真情而徒竊其美名乎？太上皇帝愛張俊之材勇，而恐其以侈故殫民力以事上，乃諄諭如此。雖然方庶事草創之初，戒土木之工，示敦樸以先天下，似非甚難也。乃其行之悠久，奉養有節，而費用彌省，至今不改其度，然後知慈儉之德，殆由天稟，與大禹之菲食，文王之卑服同風，宜以爲聖訓之尤也。」

11 乙巳，金右副元帥、瀋王宗弼執僞齊尚書左丞相劉麟於武城。先是，金主亶已定議廢豫。會豫乞師不已，左副元帥魯王昌謂之曰：「吾非不欲出兵也，顧以用兵以來，無往不捷，而自立齊國之後，動輒不利，恐蹈覆車，挫威武耳。」豫請不已，乃以女真萬户拔束爲元帥府左都監④，屯太原，渤海萬户大撻不也爲右都監⑤，屯河間。令齊國兵權聽元帥府節制，遂分戍於陳、蔡、汝、亳、許、潁之間。於是尚書省上豫治國無狀。僞齊録：

「尚書省上劾奏：『自趙氏北遷後，準元帥府申指，以大河爲界，河外别擇賢人，使爲民主。施此厚恩，庶其知報協力，兩獲安便，早致成平。以此準申，建立張楚。無何，旋爲彼人所廢。王師再舉，無往不克。後來帥府復申前議，册立劉豫，建號大齊。置國之初，恐其不能自保，故於隨路分駐兵馬，至今八年。載念上國大事已來遠戍，兼齊國有違元議，闕乏軍需。比年以來，益漸減損，遂致艱窘，多有逃亡。隨路百姓，亦各不得息肩。與之征討，則力既不齊；爲之拊循，則民非我有。凡事多誤，終無所成。況齊人假我國家之力，積有歲年。事悉從心，尚不能安民保國。論其德不足以感人，言其威不足以服衆。兹實有乖從初康濟生靈，免其荼毒，使天下早致隆平之意，反使庶民困苦，兩國耗乏之端。相度從初所申，實爲過舉。既知其非，豈可不改置？若混同四海之内，聖德廣運，睿澤旁流，霜露所霑，孰不歸附？今臣等議欲定一民心，變廢齊國，不准宋國舊疆。至於普天之下，盡行撫綏，是爲長便。』奏訖，奉聖旨：『齊國建立，於今八年。道德不修，家室不保，有失從初兩獲安便之意，豈可坐視生民久被困苦？宜依所奏施行。委所司速爲措置。所有其餘隨擬事件，仍别商量行下。』」

金主亶下詔責數之，略曰：「建爾一邦，逮兹八稔。尚勤吾戍，安用國爲？寧負而君，無滋民患。」僞齊録：「敕行臺尚書省：朕丕席洪休，光宅諸夏。將俾内外，悉登成平。故自濁河之南，割爲鄰壤之界。灼見先帝，舉合大公。罪則遄征，固不貪其土地；從其變置，庶共撫其生靈。建爾一邦，逮今八稔。尚勤吾戍，安用國爲？寧負而君，無滋民患。已降帝號，别膺王封。咎有所歸，餘皆罔治。將大革於弊政，用一陶於新風。勿謂奪蹊田之牛，其罰則甚；不能爲託子之友，非棄而何？凡爾臣民，當體至意。所有其餘便宜事件，已委所司晝下元帥府去訖外，處分不盡之事，亦就便計議，從長施行。仍布告逐處，咸使聞知。」遂令昌等以防江爲名，伐汴京。先約麟單騎渡河計事，麟以二百騎至武城，與宗弼遇。金人張翼圍之數匝，悉擒而囚之。

12 丙午，詔：「潯州編管内侍李綱留滯衢、撫州，踰年不去。令兩路憲臣體訪，押赴貶所。」上諭趙鼎曰：「兩州守臣亦須行遣。」鼎曰：「候體訪到取旨。陛下於近習不少假貸如此。」上曰：「小事便須繩治，無使滋長。」鼎曰：「如此必不至如童貫之典兵，梁師成之預政。」上曰：「童貫、梁師成豈是一日至此？要在不可假以事權耳。」

是日，金人廢劉豫爲蜀王。初，右副元帥宗弼既執劉麟，遂與左副元帥昌、三路都統葛王褎同馳赴京城下⑥，以騎守宣德、東華、左右掖門。褎，太祖旻孫，潞王宗輔子也。宗弼將褎等三騎突入東華門，問：「劉齊王何在？」僞皇城使等錯愕失對，宗弼以鞭擊之，徑趨垂拱殿，入後宫門，問：「劉齊王何在？」有美人揭簾曰：「在講武殿按射。」宗弼等馳往，直陞殿。豫遽起，欲更衣。宗弼下馬，執其手曰：「不須爾，有急公事，欲登門同議。」於是偕行出宣德門，就東闕亭少立。宗弼乃麾小卒，持羸馬，强豫乘之，約令偕至寨中計事。豫拊手大笑上馬，從衛猶數十人。宗弼露刃夾之，囚於金明池。張浚行述云：「浚嘗遣人齎手榜入僞地誘劉豫，略曰：『如能誘致，使之疲弊，精兵健馬，漸次銷磨，兹報國之良圖，亦爲臣之後效。』金用事者見此榜，已疑豫。八月間，豫聞王師北嚮，遣韓元英告金乞兵同舉。金謂豫終欲困己，益疑之。會酈瓊叛去，浚復多遣間，持蠟書入僞地，故遺之。大抵謂豫已相結約，故遺瓊等降。而豫再乞兵於金。十月，金副元帥宗弼徑領兵來廢豫。惜其有此機會，而浚已去位矣。」趙鼎事實云：「鼎欲使張俊出不意往趨壽春，取其城。措置已定，會金廢豫，乃止。」其所措置，當求他書詳考。何俌龜鑑曰：「方逆豫之陸梁也，羣盜縱横，蹂踐京汴。兇雛狂悖，子麟侄猊，擾動江淮，其鋒不易當也。李横之謀復東京，而豫之氣已折。岳飛之收復襄陽，而豫之鋒已摧。内有趙鼎贊親征之謀，外有張浚董督師之事。張、韓、劉、岳，又從而諸道進兵，自是而兇徒授首，强敵悔禍。六年而廢豫之謀定。金人廢豫，自麟、猊敗之後，廢豫爲庶人。蓋自建炎四年僭僞，至紹興七年敗走，凡八年而後平云。」

13 丁未，故朝請大夫陳師錫加贈諫議大夫。告詞無左右字⑦。其子右朝奉郎顯言：「黨籍餘官，任臺諫者凡七人，其五人皆已贈諫議大夫。」故有此命。師錫已見元年四年。按餘官自司馬康，元祐中已贈諫議大夫。陳瓘，靖康中追贈。常安民、任伯雨、江公望、龔夬，紹興中追贈，凡六人。而第十六人殿中侍御史黄隱，第三十人監察御史馬涓，第三十一人右正言孫諤，第三十六人監察御史王回，第四十五人殿中侍御史孫倚，第四十六人左司諫陳祐，此六人與師錫皆未加贈，凡十三人。今顯乃以其父及康、瓘、伯雨、安民、夬、倚爲七人，不知爲何，當考。

右朝奉郎程江軍使游輔丁憂去官，詔以其有却敵之功，特起復。

初，宣和間進士王問進書萬卷，補承務郎。上即位，有越州布衣諸葛行仁亦因進書得迪功郎。至是，吏部以爲不倫，追問兩官。問訴之，詔與改正，起居郎兼權中書舍人李彌遜以爲不可。上謂執政曰：「求遺書自是美事，朕方多難之時，故行仁之賞薄。宣和承平，留意墳典，與授京秩，不爲過。然既有論駁，可鐫一官。」熊克小曆以彌遜爲中書舍人，蓋誤。彌遜除舍人在十二月。

是日，金左副元帥、魯王昌等復入汴京⑧，召僞齊文武百官、軍民僧道耆老，拜金詔於宣德門下。宣詔已，昌與宗弼張紫蓋，從素隊數十人，立西朵樓下。僞尚書左丞相張昂、左丞范恭、右丞李鄴等趨前欲拜，昌斂身，令通事傳言慰勞，昂等次第進揖。次見宗弼，宗弼不爲禮。昂等退，二帥入居東府，遣鐵騎數千巡繞大内。又遣小卒巡行坊巷，揚言曰：「自今不用汝爲簽軍，不取汝免行錢，不取汝五釐錢，爲汝敲殺貌事人，請汝舊主人少帝來此住坐。」於是人心稍定。尚書省行下：「齊國自來創立重法，一切削去。應食糧軍，願歸農者許自便。齊國宫人，除劉豫所留外，聽出嫁。内侍除看守宫禁人外，隨處住坐。自來齊國非理廢罷大小官職，並與叙用，見任官及軍員各不得奪侵民利。自來逃亡在江南人却來歸投者，並免本罪，優加存恤。應州縣見勘諸公事，不得脱漏。」始豫僭位，作楮幣，自一千至百千，皆題其末曰：「過八年不在行用。」其兆已見矣。逮豫之廢也，汴京有錢九千八百七十餘萬緡，絹二百七十餘萬匹，金一百二十餘萬兩，銀一千六十餘萬兩，糧九十萬斛，而方州不在此數。豫拘於瓊林苑，常蹙頞無聊，謂魯王昌曰：「父子盡心竭力，無負上國，惟元帥哀憐之。」昌曰：「蜀王，汝不見趙氏少帝出京日，萬姓燃頂煉臂，號泣之聲聞十餘里。今汝廢，在京無一人憐汝者，汝何不自知罪也？」豫語塞。昌逼之北行，問以所欲，豫乞居相州韓琦宅，昌許之。

先是，進士邢希載、毛澄上書，請豫密通朝廷，爲所殺。至是，留錢五萬，命道士追薦諸直言者而去。豫弟京兆留守益，輕財好施，禮賢下士，與士卒同甘苦，頗有遠略。金人忌之，將廢豫，遣左監軍撒離喝、左都監拔束以寇蜀爲名，伐京兆，襲益以歸。金人以僞齊銀青光禄大夫、太子太傅張孝純權行臺尚書左丞相，契丹蕭保壽奴爲右丞相⑨，金人温敦師中爲左丞⑩，燕人張通古爲右丞。保壽奴、師中、通古未見其前銜。後不書官名者準此。僞齊户部侍郎馮長寧爲户部尚書，燕人張鈞爲禮部侍郎，又以杜崇爲兵部郎中，張仲熊爲光禄寺丞，皆在行臺供職。崇，充子。仲熊，叔夜子也。鈞始事遼爲鴻臚少卿、遼興軍節度掌書記，奉張覺歸順表來朝，除徽猷閣待制，至是復用。罷僞齊尚書右丞相張昂知孟州，左丞范恭知淄州，右丞李鄴知代州，殿前都指揮使許青臣同知懷州，僞皇子府左軍統制靳賽同知相州，户部員外郎韓元英爲忠武軍節度副使，南路留守翟綸爲横海軍節度副使。又以金人完顏胡沙虎爲汴京留守⑪，僞齊河南監酒李儔同知副留守，知代州劉陶僞齊録作「劉⿰禾匋」。爲都城警巡使，宗室趙子滌爲汴京總判，僞皇子府選鋒軍統制李師雄爲馬步軍都虞候，前軍統制王世忠爲步軍都虞候，僞知萊州徐文爲汴京總管府水軍都統制，僞鎮海軍節度使、山東路留守李成爲殿前都指揮使兼知許州，孔彦舟爲步軍都指揮使兼知東平府，涇原路經略使張中孚爲陝西諸路節制使權知永興軍，秦鳳路經略使張中彦權知平凉府，麟府路經略使折可求、環慶路經略使趙彬、熙河路經略使慕容洧、資政殿學士知開封府鄭億年、僞齊録云：「億年自吏部兼禮部侍郎除吏部尚書。」而朱勝非閒居録及當時臺章皆稱億年爲僞尚書左丞、資政殿學士，今修潤附此，更須詳考。知河南府關師古、知拱州酈瓊、知亳州王彦先、知宿州趙榮、大名府副總管劉光時，並依舊職。

時晉國王宗維已亡，金主亶以太師、領三省事宋國王宗磐乃太宗晟長子，豪猾難馭，而京東留守宗雋，亶親叔父，有才望，乃拜宗雋太保領三省事，封兗國王以制之。初，金國自其祖宗以來，雖名爲帝，而與其下無尊卑之别，樂則同享，財則共用。自亶幼時，詞臣韓昉已教之學，稍賦詩染翰。及嗣位，左右儒士，日進諂諛，導之以宫室之壯，侍衛之嚴。入則端居九重，出則警蹕清道。視舊功大臣寖疎，且非時莫得見。由是宗戚思亂。

14 己酉，殿中侍御史金安節言：「諸路和糴米，加耗太多，如饒州一石至收四斗。」三省擬下提刑司體究。上曰：「郡守爲誰，候體究得實，當痛與懲戒。」趙鼎等奏：「江東郡守，有掊斂不恤民者。」上曰：「郡守以字民爲職，掊斂不恤，朕何賴焉？當悉罷與宫觀。選除循吏，如周綱、陳槖之流，使罷者不失宫觀之禄，而民被實惠，實爲兩得。」上諭諸軍使臣猥多⑫，歲增俸廪，因曰：「大將奏功，率以所愛偏裨多轉官資，而出戰士卒往往不及。不惟無以勸有功，兼亦蠹國用。朕嘗謂行賞當先自下，行罰當先自上。」鼎曰：「聖慮高遠，豈諸將可及？」

15 庚戌，承信郎劉偉等各進二官。偉，左護軍使臣也。自僞地來歸，故録之。初，修武郎朱弁既爲金人所拘，至是遣使臣李發歸，報黏罕等相繼死。秦檜曰：「金國多事，勢須有變。」上曰：「金人驕恣，理無足恃。我藝祖皇帝兵不血刃而得天下，故福祚悠遠。自古帝王，未聞窮兵黷武而能久長者。金人連破大國，而兵弗戢，其可久乎？」檜曰：「陛下但積德，中興固自有時。」上曰：「亦須有所施爲，而後可以得志。但今年政猶病人誤服藥，氣力尚羸，來春當極力經理中原。」

16 辛亥，右迪功郎李時雨特循二資。時雨初見建炎元年七月。時雨獻玉壘忠書三十篇，論形勢、選兵、任相、攻取等事，故有是命。其間有鹽鐵論，欲罷四川官賣鹽引，而征民間鹽貨三分之一。又欲盡榷天下銅鐵而輸之官云。

17 壬子，樞密院計議官吕稽中、司農寺丞蓋諒並罷。二人皆爲都督府官屬，故侍御史石公揆論之。趙鼎等開陳稽中、諒之爲人，上曰：「用人不須太速，須使名實加於上下，然後無異論。賢士大夫，衆所未知，驟加拔擢，一遭點污，則爲終身之累，非所以愛惜人才也。可且與外任。」

18 乙卯，爲徽宗皇帝、顯肅皇后立虞主，不視朝。故事，山陵埋重於皇堂之外，及將祔徽宗主，翰林學士朱震言：「不當虞祭。」又請埋重於廟門之外。上命禮官議之。閏月辛巳。太常以爲不可，乃埋重於報恩觀，立虞主。昭慈之喪也，工部侍郎韓肖胄題虞主。至是，震引漢、唐及永昭陵故事爲言，乃不題。

19 丙辰，上與大臣言：「嗣濮王仲湜酷好珊瑚。」趙鼎因言：「頃到蔡行家，見其奢麗可駭，如卧榻亦滴粉銷金等爲飾。」上曰：「朕頃在藩邸，猶用黑漆牀。渡江以來，止用白木，上施蒲薦，素黄羅爲褥，素黄羅被三條而已，睡後豈復知有華好也？」

直秘閣、新知台州秦梓主管台州崇道觀，從所請也。先是，殿中侍御史金安節論：「梓人品凡下，自爲諸生日，固已不安義命，出入權門。厥後以傔從往高麗，始授校尉。又圖直赴殿試，唱名後，自第二人以下，皆未有所授，而梓已爲太學官矣。其無忌憚如此，以梁師成爲之援也。梓附麗匪人，惟意所欲，而討論之法又獨不行於梓。郡守民之師帥，風化所係，而梓之所履如此，難以望其化民成俗矣。」疏入不報。安節又言：「近降聖旨，欲實惠及民，不爲文具，故博詢侍從，不限名數，各以名聞，是務得其人，以副除授。臣之區區，必欲罷梓所授者，蓋欲使郡守之選，自此加重，以稱陛下及民之意，非止爲一郡言也。」梓聞乞宫觀，乃有是命。樞密使秦檜深恨之。

右朝奉大夫、主管華州雲臺觀錢端禮直秘閣。端禮，忱子也，上召對而有是命。既而言者論：「今日艱難之時，所以激勵多士者，職名爲重。端禮未有勞效，非所當得。傳之四方，必有譏議。」乃以端禮通判嚴州。端禮寢職名在十二月癸亥，除倅在辛未，今併書之。時朝廷方優假勳臣，故以右通直郎張子儀爲軍器監丞，右承議郎韓彦直直秘閣。按韓世忠碑志，世忠四子，彦直、彦樸、彦質、彦古。而日曆世忠長子亮，紹興四年十二月庚午，自右宣教郎特轉三官。不知亮復是何人，碑誌何以全不及之，當考。

殿中侍御史金安節言：「國家賞延之典，有予人以爵禄，無假人以職名。崇、觀以來，因父兄秉政而得貼職者，近制皆在討論之數，蓋惡其濫也。今彥直復因父功而授，得無類於昔乎？況倖端一啓，則攀援僥覬，他日必有難從者。」又言：「軍器不除貳長，唯以丞專治其事，任責匪輕。子儀行能，既未有聞於時，而方換文資，殊無履歷。伏望併賜追寢。」不報。張子儀除目，已見今年九月乙酉并注，但未知的以何日還監丞。按安節劾章云：「乞詔大臣，遵用去年八月初一日差官指揮，勿使輕變。」考之日曆，紹興六年八月一日丙申，有旨，寺監丞等並去替半年，方許差人。而安節七年閏十月方除御史，則其論列，正在此時也。韓彥直除職⑬，亦不見月日，因錢端禮除職事遂書之。安節所奏有云：「近以韓世忠屢有捷奏，特授其子彥直初等貼職。」而安節明年二月丁憂，則彥直之除，亦在此時矣。日曆明年二月壬子，陳確除軍器監丞，已差下張子儀改替陳確。則安節所論不行可知。然本監題名，乃無子儀姓名，則是後來竟不到官。當考。

是月，左承直郎、荊湖南路提點刑獄司幹辦公事胡銓爲左通直郎，充樞密院編修官。銓，廬陵人也。

僞知臨汝軍崔虎詣湖北京西宣撫使岳飛降。此據徐夢莘北盟會編增入，日曆無之。按岳飛今年十一月八日申「先次到歸正人崔虎、劉永壽、孟皋、華旺等將帶官兵，已供申朝廷外」云云。則知果有此事，但日曆脱落耳。先是，劉豫建新蔡縣爲軍，後使虎守之。

1 十有二月庚申，禮部尚書劉大中言：「浙東之民有不舉子者，蓋自艱難以來，姦臣持不恤之説，虐用其民，爲國斂怨，民被其毒，無所赴愬，一身不恤，皇恤其他。臣嘗承乏外郡，每見百姓訴丁鹽紬絹最爲疾苦，蓋爲其子成丁則出紬絹，終其身不可免。愚民寧殺子，不欲輸紬絹。又資財嫁遣，力所不及，故生女者例不舉。誠由賦役煩重，人不聊生所致也。望令州縣五家爲保，保內有妊娠及五月者，次第申縣，除其籍。守令滿替，以生齒增減爲殿最之首，增減甚者，取旨別行賞罰。其殺子罪賞，並依見行條法。」趙鼎進呈，上曰：「可嚴行禁止。朝廷法令備具，往往不能奉行。如銷金鋪翠，立法甚嚴，禁中有犯，罰俸三月，無一人敢犯者。而聞士民之家，尚有服用。如鋪翠一事，非特長奢靡之風，而殘害物命，不知其數，朕甚矜之。俟軍務少休，當更申嚴，且行下廣南、福建，禁採捕者。」鼎退而批旨，以大中所言送户部措置。日曆載大中奏疏節略「生男女賜帛」一段，遂失所奏本指，今具書之。八年五月庚子，降旨如所奏。

2 辛酉，左承直郎趙成之特改左奉議郎。成之知萬安縣，劉大中爲宣諭，薦於朝，至是引對而有此命。

3 癸亥，禮部侍郎常同奏奉詔舉可爲監司郡守之人，輔臣進呈，上曰：「朕已令書於屏，其間有除授者則注之。」先是，旬日前，建昌軍守臣趙叔涔以御史金安節論罷，三省奏用注待舉者填闕。安節又論建昌有次待者，而朝廷別用人爲疑。上曰：「言者不知待舉乃近日從官所薦之人故也。今後監司郡守有闕，有已差人不足任，皆當用所薦人填闕。雖不滿一人所欲，而千里之民，休戚所繫，當權輕重而處之。」退遂批旨：「監司郡守，自今罪罷處，許於舉到人内先次選除填闕。」

4 乙丑，上親行卒哭之祭，用酒幣。先是，虞主還几筵殿，上服袍履奉迎，遂行安神禮，自埋重。至於癸亥，皆太常代行九虞，及是又親祭焉。

5 丁卯，祔徽宗皇帝、顯肅皇后神主於太廟第十一室。初，議祔廟畢，純吉服。及太常以爲請，上詔曰：「情有不安，可並如舊。其百官竢過小祥取旨。」初議易服，已見今年四月壬子。太常建請在十一月乙卯，百官過小祥取旨在是月辛酉，今并於此書之。

左承事郎羅萬監都進奏院。萬自初官改秩，始命堂除大邑，至是趙鼎以京局處之。

6 戊辰，中書門下省奏：「勘會已降指揮，來春復幸浙西。日曆不見此指揮。所有太廟神主，合先次進發。」詔恭依。

協忠大夫、華州觀察使、提舉江州太平觀解潛權主管侍衛步軍司公事。後二日，又命潛兼權馬軍司。熊克小曆於今年九月戊子劉錡除淮西帥時遂書之，蓋誤。按此時馬步二司職事皆楊沂中權管，今始命潛耳。王曮撰沂中神道碑云：「馬步乏帥，詔兼領其職。王辭不許，閱數月，復乞免，乃令舉人自代，其眷委如此。」按解潛乃趙鼎所厚，其兩除管軍，皆隨鼎進退，恐非沂中所舉，蓋碑不無緣飾也⑭。

僞齊武略郎兼閤門宣贊舍人、統制官王宗等帥衆來歸，上命引見，賜銀帛。趙鼎奏：「令有司供進。」上曰：「已令內帑辦賜。禁中所有，未嘗一毫妄用，皆以賜將士耳。」乃詔宗遷官三等，餘吏士各進二官。熊克小曆於此月書宋超來降，今移附八年正月。

殿中侍御史金安節言：

臣切聞劉豫爲金所執，驅之以北，雖得於諜報，未審其由。敵情多變，難以遥度。然有以知，去順效逆，禍終自速。金人無信，不可恃以爲援也。臣蚤夜思之，神州既非外國所可居，而變詐若此，誰復爲用？是殆上天悔禍，使復爲國家驅除，以啓中興之運爾。要在修人事以應之而已。蓋中原重擾，外敵方强，或狃勝之兵，怙其詐力，尚敢憑陵。或喜亂之民，起於盜賊，輒肆越軼。則防遏之備，不可以不嚴。轉禍而爲福者，或舉城而內附，去危而即安者，或率衆以來歸，則撫納之方，不可以不至。此誠天下舉安之機，南北復合之會，不可失也。臣謂正當申嚴守禦，以固吾疆陲。多遣間諜，以招彼携貳。通好之使，未可遽遣；順動之計，更宜緩圖。使民心不摇，軍聽無惑。養威持重，徐觀其變。然後起而赴之，則定計審而臨機果，庶幾無遺策矣。臣願陛下，上承天眷，下副人望，命心腹大臣，深謀審處，無失機會，以定中興之業。天下幸甚。安節疏不得其所上之日，據日曆，是月十七日甲戌，安節進對，又在此後六日，恐太晚。今因奉迎太廟神主及王宗等來降，遂書之，更須詳考。

宗正少卿馮檝言：

國家自金人犯順以來⑮，謀所以恢復平定之策，不過和、擊二議而已。和則遣使，擊則用兵。然使屢遣矣，而好未通；兵屢用矣，而功未見者，何也？時勢未革，而機會未至故也。中原荒蕪，無可須索。敵人追求，悉厭所欲，事已極矣。邇來傳報，金執僞齊、叛瓊而歸，似時勢欲革而機會之將至也，顧朝廷措畫以趨其機會者如之何耳。聞見議遣使，此正得策。然爲今日之使，全藉有識見謀畫膽氣，又有辭辯副之，乃能有濟。儻有請行者，乞令宰執召而密詢之：今金執僞齊、叛瓊而歸，謀出何策？前去見金，合致何辭？金與論事，説以何道？事畢而還，當有何功？若於此四者，皆有建明，使可遣矣。儻或於此初無先見深畫，更在陛下與大臣熟議而慎擇之。此據馮檝所上時議録。録稱紹興七年十月内在建康府投進，然金執劉豫，乃閏月事，不應前十月先言之。今且附金安節奏疏之後。

庚午，秘書省校書郎施庭臣、諸王宮大小教授黄鍰並守監察御史。日曆無鍰除目，本臺題名在十二月，今併附此，俟考其本日。庭臣，勾濤所薦。鍰，范沖所薦也。

樞密院進呈，先得旨，令京東宣撫處置使韓世忠移司鎮江府，留兵以守楚州。秦檜奏曰：「諸軍老小，既處置得宜，萬一警急，諸師當盡力捍寇。」時已命張俊、岳飛皆留屯江内，故檜奏及之。世忠上奏，極論：「虜情叵測[16]，其將以計緩我師，乞獨留此軍，蔽遮江、淮，誓與敵人決於一戰。」上賜劄曰：「朕迫於彊敵，越在海隅，每慨然有恢復中原之志。顧以頻年事力未振，姑鬱鬱於此。前日恐小或有未便，委卿相度，今得所奏，益見忠誠，雖古名將，亦何以過？使朕悚然興歎，以謂有臣如此，禍難不足平也。古人有言，閫外之事，將軍制之。今既營屯安便，控制得宜，卿當施置自便，勿復拘執。至於軍餉等事，已令三省施行。」

7 辛未，資政殿學士翟汝文落致仕，提舉臨安府洞霄宮。

8 壬申，不視朝，百官進名奉慰。先是，太常言：「祔廟畢，遇朔望日，皇帝御殿，百寮更不奉慰。」上以宮中實行三年之喪，乃命如舊。

9 癸酉，端明殿學士、提舉臨安府洞霄宮折彥質知福州。趙鼎去位，彥質亦奉祠，至是復起。

10 甲戌，禮部侍郎常同面對，言：「兵革未息，正當馬上爲治之時。而上至三省，下至州縣，尚循承平之舊，窮日之力，以從事於煩文曲禮，豈救弊之道？望詔大臣，屏去細務，專帷幄之謀。責任六曹，隨事裁決。凡禮文法令，悉命裁定，以趨簡便。」翌日，上謂宰執曰：「聞三省文書極繁，卿等省閱，日不暇給，皆由六部官不任責，事事申明故也。豈有爲尚書，不能任一部之事？朕若擢爲執政，便可裁天下之務。昨常同亦奏此事。」陳與義曰：「今日事，比承平時極多。」趙鼎曰：「承平時，朝廷尊嚴，上下有分。昨一小使臣，馬前喧呼，臣恐其訴冤，乃求差遣耳。政由臣等不才，致朝廷之勢陵夷。」上曰：「此須與行遣。天下事，賞罰而已。若有罪不行罰，漸成姑息之風，誠爲不便。」乃命六部措置條具申省。命六部條具在是月丙子。

金人徙劉豫於上京，給舊夫子廟居之。後封曹王。豫廢年六十五。

11 乙亥，户部尚書章誼入對，上諭曰：「天下苗米，須與措置。其不熟處，除檢放外，止令輸錢，仍運錢於豐熟之地糴米，如此，則公私兩利矣。」誼退，以上旨告執政行之。

12 丙子，徽猷閣待制、知池州劉岑移知鎮江府。

13 己卯，秘書郎羅孝芬提舉荆湖南路茶鹽常平公事。

14 辛巳，尚書禮部侍郎常同試御史中丞。

試尚書户部侍郎王俣充徽猷閣待制，提舉江州太平觀。侍御史石公揆論：「俣在户部，所行皆誅剥之政。初爲趙鼎所用，及鼎與張浚争論不合而去，則百計譖短，以求合於浚。又諂事吕祉、張宗元，因緣求哀，且謂得革心洗慮，以求自效。祉常笑其語，對士大夫語之，然復説其諂，力爲游説。浚遂喜而用之，力言回易之利，呼吸駔儈市井爲之用，破費官錢數百萬緡，而莫收其利。伏望亟加貶斥，投置閑散。」故有是命。俣辭後三日，改充集英殿修撰。

15 壬午，吏部員外郎蒲贄面對，論當建都險要之地。時已議定回蹕，故贄言及之。此以明年正月戊戌上語修入。

温州布衣黄石應詔上書，論内事之可治者七，外事之可治者四。詔與免文解，仍賜束帛。

16 癸未，有司奉九廟神主還浙西，百官辭於城外。

是日，徽猷閣待制王倫、右朝請郎高公繪還自金國。初，劉豫既廢，左副元帥、魯國王昌乃送倫等歸，曰：「好報江南，既道塗無壅，和議自此平達。」前七日，知泗州劉綱奏倫歸耗。上嚬蹙曰：「朕以梓宫及皇太后、淵聖皇帝未還，曉夜憂懼，未嘗去心。若敵人能從朕所求，其餘一切，非所較也。」趙鼎曰：「仰見陛下孝心焦勞。」上曰：「國家但能自治以承天心，豈無復彊之日？」日曆云：「臣檜以屈辱爲憤。」此秦檜爲秘書少監時所修也，恐非其實。倫言：「金人許還梓宫及皇太后，又許還河南諸州。」上大喜，賜予特異。時通問副使朱弁因以表附倫歸進，上覽之感愴，恤其家甚厚。王明清揮麈録載弁表，略曰：「節上之旄盡落，口中之舌徒存。」又曰：「歎馬角之未生，魂消雪窖；攀龍髯而莫逮，淚灑冰天。」按此乃弁等北地祭徽宗文中語，明清誤記也。

初，知泗州劉綱乞調滁州千夫修城，有旨從之，言者以爲非是。甲申，上謂宰執曰：「百姓誠不可勞，但邊城利害至重，天下之事，亦權輕重而爲之。朕愛民力，一毫不敢動，惟此役不得已也。」趙鼎曰：「昨得旨，已令優給錢米矣。」

17 丁亥，以王倫爲徽猷閣直學士，提舉醴泉觀，充大金國奉迎梓宫使。高公繪爲右朝奉大夫，充副使。

樞密使秦檜乞以元日假内往山中上冢焚黄，許之。

是月，起居郎李彌遜、起居舍人勾濤並試中書舍人。

尚書祠部員外郎勾龍如淵守起居舍人。時已定議回蹕浙西，羣臣對者多言建都事，而如淵獨言在德不在險，故擢用焉。三人之除，日曆不載，今以後省題名附入。按十二月十三日庚午，起居舍人勾濤，十八日己亥，起居郎李彌遜，並直前奏事。則三人之除，必在下旬。或是常同除中丞之日，當考。

是冬，川陝宣撫副使吴玠遣裨將馬希仲攻熙州。希仲素妄庸，得檄即氣索，不得已進營熙州城外數十里。熙州父老聞官軍來，有欲率衆歸附者，金將宣言曰：「北軍今日大至，當共劫營。」希仲聞之，昏時拔寨遁去。時别將鄭宗、李進攻鞏州，城垂破，希仲引兵會之。金守將龍虎衛上將軍蒲察烏遺人約降⑰，希仲許諾，獨進疑其詐，衷甲待之。烏出城，援騎四至，蘭州歸明將王宏曰：「事急矣，何不遂取此人？」即刺之，不殊，騎士張玘斷其首，坐者皆鳥獸散，獨宗死城下。久之，玠以希仲失二郡機會，梟其首，令諸軍。此據員興宗西陲筆略。

校勘記

① 宰相趙鼎之帥浙東也　「浙」，原闕，叢書本同。按，趙鼎前爲兩浙東路安撫制置大使，此顯脱「浙」字，因補。

② 占民居　「民居」，原作「居民」，叢書本同。南軒集卷三八王司諫墓誌銘：「張俊營第建康廣袤，占民居，公請密敕俊自還之。」故據改。

③ 請密敕俊自還之　「密敕俊」，原作「敕俊密」，據上條所引乙。

④ 乃以女真萬户拔束爲元帥府左都監　「拔束」，原作「布爾噶蘇」，據金人地名考證改。

⑤渤海萬户大撻不也爲右都監　「大撻不也」，原作「大托不嘉」，據金人地名考證改。

⑥三路都統葛王襃同馳赴京城下　「襃」，原作「褒」，蓋因形近而誤。按：葛王即後來即位之金世宗，其即位前之名，諸書或作襃，或作褒，或作裒。當以襃爲正。三朝北盟會編卷二三三引張棣正隆事蹟曰：「襃乃太祖第三子潞王宗輔之子也，亮之從弟。襃字彦舉。」漢書卷五六董仲舒傳有「子大夫襃然爲舉首」語，「彦舉」之義由此出，故知「襃」是也。

⑦告詞無左右字　按：據宋史卷三四六本傳，陳師錫爲熙寧進士第三人。續資治通鑑長編卷二七四熙寧九年四月癸巳記事，亦載其爲是年進士，則知其必爲左朝請大夫，李心傳偶失考也。

⑧金左副元帥魯王昌等復入汴京　「左」，原作「右」，據本書前文改。右副元帥乃瀋王宗弼。

⑨契丹蕭保壽奴爲右丞相　「保壽奴」，原作「博碩諾」，據金人地名考證改。

⑩金人温敦師中爲左丞　「敦」，原作「騰」，據金人地名考證改。

⑪又以金人完顔胡沙虎爲汴京留守　「胡沙虎」，原作「呼沙呼」，據金人地名考證改。

⑫上諭諸軍使臣猥多　「諭」，原作「論」，據叢書本改。

⑬韓彦直除職　「韓」，原作「轉」，據叢書本改。

⑭蓋碑不無緣飾也　「不」，原作「下」，據文義逕改。叢書本「不無」作「有」。

⑮國家自金人犯順以來　「犯順」，原作「用兵」，據叢書本改。

⑯極論虜情叵測　「虜」，原作「敵」，據皇朝中興繫年要録節要卷九改。

⑰金守將龍虎衛上將軍蒲察烏遣人約降　「蒲」，原作「富」，據金人地名考證改。

建炎以來繫年要録卷一百十八

1 紹興八年歲次戊午。金熙宗亶天眷元年。春正月戊子朔，上在建康。尚書左僕射趙鼎率百官遥拜淵聖皇帝於南宫門外，退詣常御殿門進名奉慰，以上在諒闇故也。

賜淮西將士宴於本軍，以帥臣劉錡主之。

2 庚寅，集英殿修撰、提舉江州太平觀王俣落職，用侍御史石公揆再疏也。

3 辛卯，金國宣義郎總管府議事官楊堯弼、迪功郎楊憑獻書左副元帥魯王昌、右副元帥瀋王宗弼，論和議三策。上策還宋梓宫，歸親族，以全宋之地，責其歲貢而封之。中策守兩河，還梓宫。下策以議和欵兵，重邀歲幣，出其不意，舉兵攻之，僥倖一旦之勝。又言：「今宋使以梓宫爲請，萬一不許，大軍縞素遮道，當此之時，曲在大金，而不在宋。」昌後頗用其言。

4 壬辰，詔浙西制置大使吕頤浩暫赴行在奏事。時上將還臨安，而建康留鑰，未有所付。趙鼎以頤浩之政，長於彈壓，故奏用之。

5 癸巳，言者請：「今後從官作守，不許衝見任人。」趙鼎曰：「祖宗以來，待從官如此。」上曰：「若遇從官無異庶官，宰執無異從官，則非朝廷之體。」陳與義曰：「人臣何有重輕？但堂陛之勢，不得不存。」秦檜曰：

「嚴堂陛乃所以尊朝廷也。」熊克小曆稱壬辰宰執奏事云云。蓋差一日。

是日，起居舍人勾龍如淵直前奏事。先是，奉使王倫之還，言金人廢劉豫之謀，自己使人發之。如淵言：「倫迎梓宮，問諱日，使指也。梓宮未還，諱日猶秘，而一言之合，遂使廢豫，此其可信哉？」上曰：「不然。倫奉使時，朕嘗以此意諭之。渠果能游説，亦未可知。」如淵皇恐謝。

6 甲午，秘閣修撰、兩浙轉運使向子諲陞徽猷閣待制，充都轉運使。

7 丙申，給事中充史館修撰傅崧卿充徽猷閣待制，提舉江州太平觀，以御史中丞常同論其陰險也。同又言：「自姦臣用事以來，沮抑言路，喜怒好惡，一出私意。臺諫章疏，多不報行。朝廷命令，既無所因，而言事之官，亦被緘默之謗。陛下既以更正其非，而近者言章所論，尚循前例，請之再三，然後報出。或加節貼，文理不通，殆非所以明是非，公賞罰，肅紀綱，廣言路也。道揆法守，不宜分彼此之嫌；進賢黜姦，當共守至公之道。言章若實，使天下知朝廷議罪之當；若其不實，亦使被罪者異時得以自明。欲望特降處分，隨事劄下報行，以稱陛下無偏無黨之意。」從之。

右中奉大夫陳古知興元府。古後不赴，改用田晟。

8 戊戌，詔復幸浙西，以二月七日起發。上因諭趙鼎曰：「建康諸官司，及百官廨舍，皆令照管。他時復來幸，免更營造，以傷民力。」鼎等奏：「已令建康府拘收。」且言：「若金人遂以大河之南歸我，當且駐蹕建康，以俟經營。」上曰：「羣臣上殿，多論建都事。蒲贄謂當擇險要之地，勾龍如淵謂在修德而不在險，以二人之論校之，如淵爲勝矣。」

左中大夫、參知政事張守充資政殿大學士，特遷左通議大夫，知婺州。仍加恩從優，禮也。初，上將還臨安，而守謂：「建康自六朝爲帝王都，江流險闊，氣象雄偉，且據要會以經理中原，依險阻以捍禦强敵，可爲別都，以圖恢復。」每對，必爲上言之。及將下詔東歸，守與趙鼎議於都省，不合，又謀諸朝。上顧守曰：「何如？」守曰：「昨日都省已與趙鼎言之矣。陛下至建康，席未及煖，今又巡幸，百司六軍有勤動之苦，民力邦用有煩費之憂。願少安於此，以繫中原民心。」鼎持不可，守引疾求去，故有是命。

席益起復資政殿大學士、四川制置大使，遣内侍往宣押之任。益固辭不起。

9 己亥，詔右朝請郎、廣南東路轉運判官林師説職事修舉，令再任。

10 辛丑，左宣教郎張絢復爲殿中侍御史。

監察御史李公懋求去，除荆湖北路提點刑獄公事。

僞齊武顯大夫、知壽州宋超率軍民來歸，閤門宣贊舍人、知壽春府孫暉以聞。上曰：「此事於朝廷無毫髮之益，但如人子來歸，爲父者豈可却而不受？然已遣使人與金議事，可下沿淮，不得擅遣人過淮招納，引惹事端。」乃命淮西帥臣劉錡入朝處超等，竢畢復還合淝。趙鼎事實曰：「金既廢豫，鼎密遣諜者散之沿淮一帶，誘其守將。由是壽、亳、陳、蔡諸郡，率其部曲來歸者相繼不絶，兩月間得精兵萬餘，西馬數千。朝士相謂曰：『前日大作措置，未進一步，潰亡者五六萬衆。今不動聲色，自致士馬如許之盛，可謂過人矣。』」熊克小暦繫此事於去年十二月末，徐夢莘北盟會編亦於去年十一月書劉錡來朝，恐誤。

是日，僞知蔡州劉永壽殺兀魯孛堇①，率城中遺民來降。永壽爲淮西安撫使，兀魯副之。永壽以小隙劾其罪，金人移兀魯同知德州。未幾，忽報兀魯以女真兵三千來蔡者。提轄白安時請永壽南歸，永壽不從曰：「朝廷若賜我死，當死之。」安時恐其謀泄，即拘永壽，勒兵以待之。兀魯引衆入城，不爲備，安時乘勢盡殺之，遂驅城中軍民來歸。湖北京西宣撫使岳飛遣統制官張憲等往接納之，城中人往往有還北者。此據徐夢莘所編。夢莘又云：「安時授武功大夫、高州刺史。」日曆未見，且闕之。今年八月戊辰，張節夫以招誘永壽之故，改京官。

11 壬寅，考功員外郎方庭實爲禮部員外郎。

左承事郎陳槖守司勳員外郎。

右武郎、同知閤門事潘永思爲右武大夫，落「同」字②。永思尋卒。

12 癸卯，徽猷閣待制致仕蔣瑎卒。瑎，之奇子。中進士第，事徽宗爲大司樂，卒年七十六。手書遺奏，使其子上之。書無一字敧傾，亦無一語及私者。

13 乙巳，趙鼎言：「士大夫多謂中原有可復之勢，宜便進兵。恐他時不免議論，謂朝廷失此機會，乞召諸大將問計。」上曰：「不須恤此。今日梓宮、太后、淵聖皇帝皆未還，不和則無可還之理。」參知政事陳與義曰：「用兵須殺人，若因和議，得遂我所欲，豈不賢於用兵？萬一和議無可成之望，則用兵所不免。」上以爲然。

14 丙午，寶文閣待制、知鎮江府曾開試尚書禮部侍郎。

觀文殿學士、知婺州孟庾提舉臨安府洞霄宮。御史中丞常同言：「庾少號博徒，奴事王黼。昨爲行宮留守，士卒怨憤，幾致生變。今守婺州，郡政不理。」乃詔庾奉祠，而同章不下。同又上兩疏，卒行之。

龍圖閣直學士、提舉江州太平觀范沖知婺州。沖力辭不赴。

左正言辛次膺直秘閣、提點荊湖南路刑獄公事。次膺論：「左中大夫王仲嶷，與直秘閣王喚之父，在建炎中皆嘗投拜。喚不當與郡，仲嶷不當復官。」二人樞密使秦檜妻黨也。檜力營救，次膺乃併劾之，曰：「是將有蔽朝之漸。」時檜議復遣王倫使北請和，次膺力言：「國耻未雪，義難請好。」面陳及上疏者六七，不從，乃以母疾求去，故有是命。

宗正少卿馮檝直秘閣，知劍州。以御史中丞常同論：「檝諂事張浚，有同僕隸。浚罷宣撫還朝，檝乃作疏頭，抄斂屬官監司郡守錢物，以獻於浚。」故出之。

丁未，召徽猷閣待制、新知眉州邵溥赴行在。上謂趙鼎曰：「朕於知名士大夫，皆欲識之，獨未識溥。」故召。既而溥以疾不至，乃除提舉江州太平觀，居犍爲。

右朝請郎高公繪辭奉使所遷官，改除直秘閣。

是日，宰執大閱張俊軍馬於城西。翌日，趙鼎奏：「器甲精明，照耀廣川。軍馬之盛，至於如此，皆陛下留意所致。」上曰：「前日俊來奏事，具言近來軍中製造兵器，已無遺功。朕因諭之：『國家之力，亦盡於此矣，但欠一事爾。』俊曰：『不知欠何事？』朕曰：『所欠力戰而已。』俊悚息對曰：『他日若遇敵，臣當盡死以報國家。』」

16 戊申，尚書兵部侍郎兼直學士院兼侍講胡世將爲樞密直學士、四川安撫制置使，兼知成都府。上聞席益已去，因問刑部尚書胡交修，孰可守蜀者。交修曰：「臣從子世將可用。」遂有是除。時趙鼎亦不欲世將居中故也。自重兵聚關外以守蜀，而餉道險阻，漕舟出嘉陵江，春夏漲而多覆，秋冬涸而多膠。紹興初，創行陸運，調成都、潼川、利州三路夫十萬，縣官部送，激賞爭先，倍道而馳，晝夜不息，十斃三四。至是，交修言：「養兵所以保蜀也。民不堪命，則腹心先潰，尚何保蜀之云？臣愚欲三月已後，九月已前，第存守關正兵，餘悉就糧他州。如此，則給守關者水運有餘，分戍者陸運可免。」上乃命學士院述交修意，詔宣撫副使吳玠行之。

17 己酉，故承議郎李新特贈朝奉郎。新已見建炎三年七月。新元符末爲南鄭丞，上書論方今之弊：「權綱不在人主，責任不及宰相。朋黨之風熾，臺諫之職輕，士不素慮而出，土木之役興，財利之臣進。西南亡備以虞倉卒之變，内外相蒙而有衰微之漸。」坐是入邪上尤甚籍，停官羈管，至是始録之。

18 壬子，徽宗皇帝小祥，不視朝。

19 癸丑，侍御史石公揆直龍圖閣，知撫州，以病自請也。

20 甲寅，集英殿修撰、提舉江州太平觀任申先爲徽猷閣待制致仕。申先居秀州，以疾亟告老，趙鼎引故事，以次對處之。殿中侍御史金安節言：「申先險惡之性，根著於心，而狠戾之色，見於面目。考其自服韋布以至齒縉紳，居州里以及在朝廷，無一善可稱。而驩兜、共、鯀之惡，則兼而有之。望賜追奪，以爲兇人之戒。」不報，而申先已卒矣。日曆正月甲寅，秀州奏集英殿修撰任申先風疾發動，乞守本官致仕。有旨，任申先已除徽猷閣待制，特轉一官致仕。

而不見除待制之日。秀州去建康不遠，今申先止繫修撰銜，則其除命只在此數日間也。安節劾疏亦不見其本日。疏中有云：「豈宜通計年勞，復以峻職畀之？」當是朝廷引此故事降旨，今掇取附見，更須求他書參考增入。

21 乙卯，詔拱衛大夫、忠州團練使、新江南西路兵馬鈐轄馬欽，令疾速之任。欽本隸淮西軍，欽初見建炎四年五月戊申。劉光世爲宣撫使，以欽爲親兵副統制。及張俊代爲宣撫使，欽與俊有隙，上聞之，御筆有此授。俊堅欲留之，上諭俊曰：「卿必欲留無害，萬一欽病死，人必謂卿殺之，於卿便乎？」俊悚然謝曰：「臣慮不及此。」

新除四川制置使胡世將乞：「四路漕司差注不當，從吏部下本司依法究治，仍許士人赴本司陳訴。」從之。

金主亶既免喪，改元天眷。楊氏編年：「紹興七年，金主吴乞買死，二太子之子亶襲位，改元天眷。」誤也，今不取。乃立裴磨氏爲皇后③。夏國主乾順遣武功郎穆齊好德、高麗國王楷遣衛尉少卿李仲衍奉表賀正。金主改燕京樞密院爲行臺尚書省，以三司使杜充、簽書樞密院事劉筈並簽書省事。時左副元帥魯國王昌、右副元帥瀋王宗弼皆在④，左監軍撒離喝屯長安，左都監拔束屯鳳翔⑤，以新取河南、陝西故也。以兩國編年、松漠紀聞參修。二國賀表，紀聞不書其年，然俱附於裴磨氏謝表之後。而夏國表中有「更新謹始」之語，則必改元之年，故附著諸此。

1 二月丁巳朔，尚書兵部侍郎王庶試兵部尚書。庶自荆南入對⑥，奏曰：「今十年而恢復之功未立，臣請言其失，蓋在偏聽，在欲速，在輕爵賞，是非邪正混淆。誠能有功則賞，有罪則罰，其誰不服？苟委其權於大臣而非其人，則身受其欺，而國罹其禍。昔漢光武以兵取天下，不以不急奪其費。不知兵者，不可使輕言兵。」

他日又見，口陳手畫秦、蜀利害，上大喜之。即日遷尚書。

武顯大夫宋超爲淮南西路兵馬都監。

2 戊午，右武大夫、開州團練使、知廬州、主管淮西安撫司公事劉錡對於内殿。錡言：「淮北兵歸正者不絶，今歲合肥度可得四五萬衆。」翌日，上謂趙鼎等曰：「朕每慮江上諸將控扼之勢未備，若上流有警，岳飛不可下，則江、池數百里，邊面空虚，得錡一軍，遂可補此闕矣。」鼎曰：「更須措置荆南事，若就緒，則沿流上下，形勢相接，不同前日矣。」上曰：「如此經營，人事既盡，若功有不成，則天也。」

左迪功郎、夔州州學教授李昌言：「應詔撰成中興要覽十篇，自始至終行之，將永享治安，措斯民於仁壽之域，不止恢復疆土而已。」詔本州取索，實封投進。

詔四川制置司屬官右修職郎韓詔、右迪功郎閻夏，並先次轉一官，仍與支賜。以道里遥遠故也。日曆無此，今以紹興十一年六月一日吏部狀修入。自後都漕司及成都帥司屬官，亦用此例。李迨、張燾。

3 庚申，少保、鎮南軍節度使、判臨安府兼行宫留守吕頤浩爲少傅、鎮南定江軍節度使，充江南東路安撫制置大使，判建康府兼行宫留守。仍命中使符輔之宣押之鎮。頤浩之除，日曆不載，但於初七日書：「勘會建康府已除行宫留守。」今以會要修入。

刑部尚書胡交修權臨安府行宫留守。此除日曆亦不載入。

直龍圖閣、知建康府張澄爲集英殿修撰，知臨安府，先往措置。澄受命，星馳而至。不數日，前所闕者，率皆辦焉。

户部尚書章誼權知建康府。誼除，日曆不載，但於是月己卯正除始書之。建康知府題名，章誼二月四日到任。即此日也。時呂頤浩以疾辭召，故趙鼎奏用之。秀水閑居録稱趙鼎以一執政死二從臣，事見六月丁丑并注。

太常少卿呂本中試中書舍人。

資政殿學士富直柔知衢州⑦。

4 壬戌，湖北京西宣撫使岳飛乞增兵。上曰：「上流地分誠闊遠，寧與減地分，不可添兵。今日諸將之兵已患難於分合，末大必折，尾大不掉，古人所戒。今之事勢，雖未至此，然與其添與大將，不若別置數項軍馬，庶幾緩急之際，易爲分合也。」飛又奏爲荆湖北路轉運判官夏珙陞職，鄂州守臣趙士瑗、鄧州守將韓適、均州守將格禧進官，上曰：「可作直旨行下。監司守臣，朝廷所用，不當令盡歸大將。」乃詔珙、士瑗職事修舉，珙陞副使再任。士瑗直秘閣。適、禧措置宣力，皆進一官。徐夢莘北盟會編，八年三月，韓世忠、岳飛來朝。日曆全不見，恐此即飛來朝所請，當求他書參考。

詔建康府曾得解舉人，並與免文解一次。

是日，六宮先發。上召淮西宣撫使張俊至宮中，從容與論邊事。俊曰：「臣當與岳飛、楊沂中大合軍勢，期於破敵，以報國家。」上諭之曰：「卿能如此，甚副朕意。然此乃卿之所職，朕更有一二事戒卿。朕來日東去，卿在此，無與民爭利，勿興土木之功。」俊悚息承命。俊見地無磚面，再三歎息。上曰：「此事非難，但艱難之際，一切從儉，庶幾少紓民力。朕爲人主，雖以金玉爲飾，亦無不可，若如此，非特一時士大夫之論不以爲然，後世以朕爲何如人主也？」

5 癸亥，上發建康府。殿前都虞候楊沂中、主管侍衛步軍兼權馬軍司公事解潛以其軍從。

是日，次東陽鎮。

詔行宫留守司合行事並依西京體例。自孟庾、秦檜兩爲留守，皆得行尚書省常程事，故申明焉。

6 甲子，上次下蜀鎮。

殿中侍御史張絢乞：「車駕所過州縣，量免租税。」上曰：「自古人主所過，皆有蠲復。當議使實惠及之。」又絢乞疏決，上曰：「此事則不須。父老望幸之意，不可不有以慰之。若罪人有罪，無可恤也。」

7 乙丑，上次鎮江府。

8 丙寅，徽猷閣待制、提舉江州太平觀胡安國充寳文閣直學士，賜銀帛三百匹兩。安國以衰疾乞致仕，上將許之，乃詔以安國解釋春秋成書，進職加賜。翌日，詔安國進一官致仕。命未下，而安國卒矣。安國風度凝遠，言必有教，動必有法。燕居獨處，未嘗有怠慢，而與人談論，氣恬詞簡，若中無所有。性本剛急，晚更沖澹。年寖高，加以疾病，而謹禮無異乎平時。家居食不過兼味。病中值歲大旱，所居岑寂，膳羞不可致。子弟或請稍近城郭，便藥餌，安國曰：「死生有命，豈以口體移不貲之軀哉？」雖轉徙屢空，取舍一介，必度於義。少從游酢、謝良佐、鄒浩游，與向子韶、曾開、唐恕、朱震情義最篤。又嘗曰：「四海神交，惟君曼一人。」

君曼者，清河劉奕也。震被命召，問出處之宜。安國曰：「世間惟講學論政，則當切切詢究。若夫行己大致，去就語默之機，如人飲食，其饑渴寒温，必自斟酌，不可決諸人，亦非人所能決也。」故其出處，自崇寧以來，皆内斷於心。自登第逮休致凡四十年，在官實歷，不登六載。雖數以罪去，其愛君之心，遠而逾篤。由中興以來，諸儒之進退，最合於義者，安國與尹焞而已。

9 戊辰，上次吕城鎮。

10 己巳，上次常州。

11 庚午，上次無錫縣。

12 辛未，上次平江府。

右正言李誼論：「非次闕不當改爲集注。」上曰：「士大夫羈旅之中，必使待集注，僉以爲不便。又聞受闕者，所費極多，何以責其清廉？」先是，御史中丞常同以爲言，故上有此論。趙鼎曰：「比聞一縣令，居官無過，將代去，乃集諸吏，以情告之曰：『我在此無俸餘，今當赴調而無以爲資。』吏裒三百緡賂之。」上曰：「祖宗時，贓吏多棄市。朕欲法之，以禁姦贓。若情理如此，則又可憐也。」鼎曰：「竢至臨安，議定取旨。」其後令都省榜部門，約束而已。常同奏疏及榜部門，並在三月甲辰行下。

13 甲戌，上次吴江縣。

14 乙亥，龍圖閣直學士、四川都轉運使李迨罷，用川陝宣撫副使吴玠奏也。迨與玠以職事間積不相能，會給軍踰期，利州營婦遮其馬首悖詈，迨不自安，乃求去。及是，玠章亦聞。趙鼎奏曰：「二人不咸如此，萬一吴玠更失體，則朝廷難處。迨累奏乞祠，且從之。」上曰：「迨在帥府，朕熟知其爲人。性實不通，然能任怨，乃奉公吏也，可且與宫祠。」時議應副玠軍須，或言宜付之四路漕臣，或言宜總之制帥。右正言李誼言：「蜀都五十四郡，歲贍玠軍近四千萬緡。四路漕臣，各自爲家，豈能通其有無？況又權輕，安能與之抗衡而抑其冗濫？帥臣雖重，而體貌不可削，乃令兼領錢穀，則必坐受羈縶。彼方且約其期會，斥其逋欠，帥臣之威亦少損矣。又帥臣與主兵之官，尤不可不和。兩者皆非所責，則都漕之職，豈可闕乎？李迨雖究心所職，不避仇敵，然其人少恩，喜與物忤。今必得忠智之士，知開闔之權，識取予之方，然後爲得。望早求其人而用之，無可疑者。」時宣撫司參議官、右文殿修撰陳遠猷已兼四川轉運副使，乃命直秘閣、主管四川茶馬張深兼權副使，與遠猷共事。秘書省正字兼權左司郎官孫道夫嘗言：「四川自來元無都漕，自宣司以隨軍漕兼總領財賦，俾措置茶鹽酒息，通融贍軍。今都漕司但四分歲數，以付西路而已，非有所措置，願罷之以寬民力。」不從。張深攝大漕，日曆不書。四川都運司題名，李迨以今年三月十八日替，張深以今年三月十八日到。必同日降旨也。李誼、孫道夫所言，未見本日，權附此俟考。

15 丙子，上次崇德縣。

16 丁丑，上次臨平鎮。

17 戊寅，上次臨安府。留守刑部尚書胡交修升幄奏事畢，上還宫。

18 己卯，百官純吉服，用太常議也。上服淡黄袍如故。

户部尚書、權知建康府章誼充端明殿學士、江南東路安撫大使，兼知建康府兼行宫留守司公事。朱勝非秀水閑居録曰：「先是，户部尚書章誼、禮部尚書劉大中、翰林學士朱震皆可遷執政。趙鼎知吕頤浩必不赴，乃請以誼權守建康。洎頤浩改命，誼遂即真，悒悒得疾，兩月卒。」

19 庚辰，少傅、鎮南定江軍節度使、充江南東路安撫制置大使兼知建康府兼行宫留守、成國公吕頤浩充醴泉觀使，免奉朝請。頤浩見上於平江，力引疾求去，故有是命。

20 壬午，尚書工部侍郎兼侍講趙霈充徽猷閣直學士，知袁州。以御史中丞常同論「霈頃任遺補，遂長諫垣。汲引羣邪，中傷善類」故也。先是，徽宗几筵還行在，而霈迎拜不及，自劾待罪。上欲黜之，趙鼎救而止。後二日，同即疏其罪，霈乞奉祠，詔如其請。同又論：「頃年田如鼇上書，力排善類，乃霈陰與之謀。使其自請而去，不知何以待之？」霈聞，復辭職名，乃除顯謨閣待制。霈改待制，在是月辛卯。

秘書少監蘇符試太常少卿，仍兼資善堂贊讀。

秘書郎尹焞試秘書少監，仍兼崇政殿説書。

秘書省校書郎李良臣爲工部員外郎。

21 甲申，中書舍人李彌遜試尚書户部侍郎。

是月，殿中侍御史金安節以家艱免。

1 三月按是月丙戌朔。丁亥，廣西經略司奏：「得安南都護府牒，當道郡王薨謝。今有遺進表章及綱運。」詔：「使人免到闕，就命直龍圖閣本路轉運副使朱芾充弔祭使，賜絹布各五百匹，羊五十口，麵五十石，酒五十瓶。仍以敕書諭其嗣子天祚。」安南與廣西諸司通問訊，其王不列銜，而列其將佐數人。有稱中書侍郎、同判都護府者，印文曰南越國印。安南行移體式，以范成大桂海虞衡志增入，他書未嘗見也。

2 己丑，皇叔祖濟州防禦使、知南外宗正事仲偪爲檢校少保、嚮德軍節度使，封嗣濮王。仲偪，景王宗漢子。生長富貴，而性不慧。既封，入見，至榻前則慟哭。上驚問故，曰：「見十五哥言，我王似上皇。」上問：「爲誰？」曰：「姓馮。」上曰：「馮益邪？」仲偪曰：「是也。」上由是不樂。

顯謨閣待制、知福州張致遠試給事中。

中書門下省檢正諸房公事林季仲直龍圖閣，主管洪州玉隆觀，以御史中丞常同言其貪惏邪佞也。季仲嘗因對，上奏曰：

臣聞古語有曰：「乳彘搏虎，伏雞搏狸。」夫彘非虎之敵，雞非狸之敵，其能搏之者，發於感憤之誠也。金人肆爲貪虐，以吞噬中夏。自今觀之，誠强矣。然中原之地尚數千里，帶甲之士，無慮百萬，亦何至如是之弱哉？嘗試號於衆曰：「金人殺而父兄，係而妻子，燔而廬舍，奪而財寶，是爲不共戴天之讎，必思有以報之。」則俯仰之間，氣必百倍，以此衆戰，誰能禦之？

今世之說者不然，曰：「天命如此，其如彼何？」而釋老報應之說，又從而蠱之。縉紳士大夫，率以爲然，往往束手受囚，引頸待刃，爲之甘心焉。嗚呼，能洗是耻，猶有餘耻。能雪是冤，猶有餘冤。若歸之命而聽其自然，可謂善自寬矣。且人事盡而後可以言命，四裔交侵，必因小雅之廢。小雅之廢，命耶人耶？外攘彊敵，必由政事之修。政事之修，命耶人耶？如以命而已矣，則賢才不必求，政刑不必用，將帥士卒不必選練，車馬器械不必修備，以待命之將興，斯可也。故李泌以謂：「君相不可言命，惟當修人事而已矣。」吴王闔廬之敗也，謂其子曰：「夫差，而忘越王之傷而父乎？」卒能破越於夫椒。越王勾踐之敗也，喟然歎曰：「吾終此乎？」卒能滅吴於姑蘇。區區吴、越，激於感憤，猶能以危爲安，以亡爲存，況以天下之大，億兆之衆，乘其怒心而爲之，何遽不爲福乎？建炎二年冬，蒙恩召赴揚州，聞諸道路，未知信否。且云：「陛下中秋對月，酒初行，愴然泣下，乃命徹酒。」臣以是知陛下之心，無一日不在北也。舉斯心以感衆人之心，赫斯怒以激衆人之怒，養以沉潛，待時而動，則克復宗社，取舊物以還中原，夫亦何難之有？臣未填溝壑，庶幾或見之。季仲此疏，不得其日，因罷去附見。

既而同又請：「黜季仲職名，以戒作僞之士。」季仲坐奪職。季仲奪職，在是月丁酉。

3 庚寅，禮部尚書劉大中參知政事，兵部尚書王庶充樞密副使。庶爲尚書時，嘗論：「制外國之道，在於愛民。周文王問太公以爲國，太公曰：『愛民而已。』兵書無不本諸愛民者。今縉紳無一言及民者，何也？敵之强弱，吾無與也，顧在我者何如耳。古之已衰而興者，未有不由於威令行，紀綱立。既盛而衰者，未有不由於威令不行，紀綱不立。求古之言，不若論今之事。羣臣有言慮合聖心者，願略煩文爲簡易，與之反覆圖成敗。」上歎曰：「大臣之才也。」遂拜樞密副使。庶私念：「軍不可專，專則難制。兵不可驕，驕則不用命。賞罰不可不公，不公則人不服。今此可爲乎？我於爵賞不濫，人多以我爲吝。於罪無所貸，人多以我爲刻。今此可行乎？」辭其位者三，不聽。遂論：「江西、淮南、廣東盜發四十餘輩，出於凍餓，宜蠲平賦役，治部使者守令貪虐，以慰安其心。」且曰：「負陛下恩德，壞陛下天下者，彼則去矣，陛下爲宗廟社稷主，何所之乎？」其言激切類此。

4 辛卯，詔刑部增郎官一員，大理寺增丞二員。

直秘閣、新知劍州馮檝落職。御史中丞常同再論檝，以爲：「四川自靖康以來七年，上供皆爲軍興諸處截用。檝獻策張浚，再行科斂。會朝廷訪聞，降旨而罷，蜀人恨之切骨。」故黜之。

故静海軍節度使、特進、檢校太尉兼御史大夫、安南都護、上柱國、交趾郡王李陽焕贈開府儀同三司，追封南平王。

5 壬辰，樞密使秦檜守尚書右僕射、同中書門下平章事兼樞密使。前一日，趙鼎留身奏事。上曰：「堂中必無異議者。」又曰：「秦檜久在樞府，得無怨望否？」鼎曰：「檜大臣，必不爾。然用之在陛下爾，況自有闕。」是夕，鎖院。制下，朝士皆相賀。惟吏部侍郎晏敦復退而有憂色，曰：「姦人相矣。」給事中張致遠、秘閣修撰魏矼聞之，皆以敦復言爲過，其後乃服。

三省奏：「台州有匿名書，稱常平官李椿年刻薄等事，欲率衆作過，言頗不遜。」上曰：「兵火以來，官物多失陷，懼官檢察，若稍留心，便生誣毁。此必州縣吏所爲，萬一作過，當遣兵剿殺。」後卒無事。

左宣教郎、監西京中嶽廟李寀守監察御史。寀自祠官召對，上疏言：「營田之法，可謂備善。然奉行峻速，或抑配豪户，或驅迫平民，或强科保正，或誘奪佃客。給以牛者，未必可用；付以田者，或瘠鹵難耕。由官府有追呼之勞，監莊有侵漁之擾。鬻己牛而養官牛，耕己田而償官租。種種違戾，不可概舉。其間號爲奉法不擾者，不過三數縣而已。盡江、淮兩路⑧，以紹興六年秋收計之，雜色稻子共三十一萬餘石，公家所得纔十一萬餘石。使皆正出田畝，亦少資助軍食，奈何皆奪民之力哉？蓋營田上策，宜行軍中，乃古人已試之效。今以閑田付之有常賦之民，官吏希賞畏罰，其患彌甚。欲望申飭有司，無閑民則闕而不置，使江、淮之民安土樂業，均被實惠。」詔領營田監司約束。

左宣義郎、知常州無錫縣許忻爲秘書省校書郎。忻以再召對，故有是命。

6 甲午，左中大夫、參知政事陳與義罷爲資政殿學士，特遷左太中大夫、知湖州，仍加恩。與義本張浚所引，故稱疾而有是命。與義在政府未滿歲也。

詔建國公聽讀尚書終篇，本閣及資善堂官吏以下並減二年磨勘。先是，翊善翰林學士左朝奉大夫朱震、贊讀左奉議郎太常少卿蘇符，皆用例進秩，已賜告，復改命之，自是恩始殺矣。日曆書此事，殊無首尾。按震去年十一月戊辰轉左朝散大夫，符轉左承議郎，已有告詞。會要贈官門：「紹興八年六月，翰林學士、左朝奉大夫朱震贈四官。」日曆：「八年十一月甲辰，左奉議郎、試起居郎蘇符乞免充國信計議副使。」以此知二人嘗改命也。方疇稽山録所稱，趙鼎罷相後，論鼎者專以資善堂藉口。及林泉野記所云秦檜不欲宗强等事，恐可移附此段。

中書舍人吕本中兼侍講。

直寶文閣、知湖州宇文時中移知遂寧府，從所請也。

起居舍人勾龍如淵言：「户部非擘畫財賦之地，宜置一使，以總諸路。蓋諸路漕臣權勢分，但覺一路利害，若一使總之，則能通有無，審虚實，爲朝廷久長之計。」又言：「此事當以户部長貳判諸道水陸度支轉運等使爲名，如蘇，如洪，可以置司，若以外官爲之，則事必掣肘，不能久矣。」上然之。

詔平江府曾得解舉人，依臨安、建康府例，免文解一次。以鄉貢進士陳長方等言「自建炎以來，四經巡幸」故也。

7 丁酉，中書舍人勾濤兼史館修撰。

尚書左司員外郎范直方進秩二等，以直方自川、陝撫諭還故也。先是，潼川兩路歲輸糴本水脚錢一百八十三萬餘緡，直方與大使司共議減三分之一。又奏州縣官治狀，以右朝奉大夫、知榮州史煒爲首。會煒又爲近臣所薦，上命召之。二事日曆皆不見。減水脚事，以紹興十年井度申宣司狀修入。史煒事，以邵溥所撰煒墓誌修入。煒明年十月癸酉差知全州。既而殿中侍御史張絢劾直方自爲宰屬，私有附麗，間諜廟堂。乃復以直方直秘閣，主管洪州玉隆觀。

8 己亥，制授故南平王李陽煥嗣子天祚静海軍節度使、安南都護，封交阯郡王。其階勳及檢校官憲銜、食邑功號皆如陽煥初封故事。日曆無此，今以會要修入。

9 辛丑，太常少卿蘇符言：「景靈宮神御見在温州，將來四孟朝獻，乞此附國朝諒陰故事，行在設位，分命大臣行禮。」從之。

尚書吏部員外郎蒲贄知簡州。比部員外郎鄒柄知台州，以御史劾柄貪饕，而贄諂事張浚也。柄尋卒。趙鼎奏：「柄貧甚，無以歸葬，忠賢之裔，理宜優恤。」乃賜其家百縑。賜帛在五月戊申，不知柄以何日卒也。

秘書省著作佐郎高閌爲尚書祠部員外郎。李彌正爲都官員外郎仍並兼史館校勘。

校書郎胡珵、朱松並爲著作佐郎。秘書省正字徐度爲校書郎。左承事郎汪應辰爲秘書省正字。

詔龍圖閣直學士、提舉江州太平觀汪藻賜餐錢，如史館修撰。

右從政郎李景山特改右宣義郎。景山，濟州人，爲江州司理參軍。先是，黄州獲漁人二十餘人，以爲强盜，其後誣服者十三人，斬二人首，餘悉流之遠郡。朝廷聞其枉，命景山劾之，皆平人也。上命江東提點刑獄公事韓膺胄覆實，與景山同，故有是命。此據會要。

10 壬寅，詔：「故相韓忠彦配饗徽宗皇帝廟廷。」用從官議也。張浚之未去也，請命從官詳議，至是卒行之。事祖在七年九月己未。

左朝奉郎潘良貴試中書舍人。良貴初免喪，故申前命。

11 甲辰，徽猷閣待制、兩浙都轉運使向子諲試尚書户部侍郎，用御史中丞常同薦也。子諲言：「安民固圉，必資儲蓄。江西宜於洪州置糴，於江州置轉般倉，以給淮西。湖南於潭州置糴，於鄂州置轉般倉，以給襄、漢。湖北於鼎州，淮東於真州，仍多造船，則遣戍出兵，無往不利。」又言：「今天下急務在考兵籍，究户版，故汰老弱，升勇健，創簿正名，使諸軍上帳於兵部，諸將上帳於樞府，著鄉貫，書事藝，季申歲考，所以除詐冒也。凡詭名挾户，典買推招，進丁退老，分煙析生，田畝升降，貨殖盈虚，必以時覆實，所以革欺弊也。此其大略爾，推而行之，則在乎人焉。」

監察御史閭丘昕守尚書右司員外郎。先是，詔用右司員外郎馮康國爲直顯謨閣、知夔州，因命康國往吴玠軍前計事，故以昕代之。康國之補，日曆不載，都司題名亦闕之。日曆此月十三日戊戌，新知夔州馮康國申乞添差路分都監一員。則康國之除，必在此前矣。今因事附書之，俟考。

尚書兵部員外郎張戒守監察御史，用中丞常同薦也。戒之除，日曆亦闕。兵部及御史臺題名並在此月。今因閭丘昕改除附書之，當求他書，考其本日。戒之待次嚴陵也，同與戒遇，問之曰：「諸將權太重，張丞相既失，今當何以處之？」戒曰：「兹甚不難，但當擢偏裨耳。吴玠既失，而曲端受死。楊沂中建節，而張俊勢分。自然之理也。」同大喜曰：「此論可行。」既而同被召，首薦戒焉。

御史中丞常同言：「蜀漢之師，艱於運糧，從古已然。今吴玠屯師興、利，而乃取糧西川。水陸漕運，是民力未有息肩之期也。玠頃年講營田於漢中，亦諸葛亮分兵屯田之意，朝廷嘗降詔奬諭之矣。願陛下再以璽書存問，大意謂兵不可不養，糧不可不足，而財匱民困，亦不可不恤。今日蜀中糧運，在趙開爲都漕時，其數幾何？在李迨爲都漕時，其數幾何？自講營田以來，積穀幾何？減損餽運之數復幾何？俾制司、都轉運司同宣撫司條具以聞。庶幾遠方軍實，朝廷得以盡知，然後寬民之道，可得而議。」詔吴玠、馮康國同共條畫聞奏。

12 丙午，趙鼎奏：「近積雨，恐傷蠶麥，欲詣天竺寺祈晴。」上曰：「朕於宫中，亦養蠶一箔。要知農桑之候，久雨葉濕，豈不有損也？」

13 丁未，詔江、浙州縣回蹕所嘗過者，民間欠紹興六年歲終税賦皆除之。

詔小使臣因泛濫及應奉祗應有勞等補授名目之人，雖已經關陞，不許注授親民等官。靖康元年十一月九日指揮，泛濫補官，若自來祗應應奉有勞之人，並在武舉等人名次之下，不得通比分數，仍先注遠地差遣。若用諸般恩數，亦不許入近地差使。至是，又有此命。其指揮，日暦不載，今以紹興十年九月二十一日臣僚劄子修入。

14 戊申，右正言李誼言：「金人入居汴都，西北之民，感恩戴舊，襁負而歸，相屬於路，此殆天所以興吾宋。臣願於淮南、荆、襄僑建西北州郡，分處歸正之民，給以閑田，貸以牛具，使各遂其耕種之業。而又親戚故舊，同爲一所，相愛相恤，不異於閭里。將見中原之人，同心效順，敵人之謀當不攻而自屈矣。」詔諸路宣撫司依累得旨措置。

尚書右司員外郎薛徽言試左司員外郎。

降授左朝散郎、主管台州崇道觀王次翁爲兵部員外郎。次翁，秦檜所引也。

15 己酉，右正言李誼言：「川、陜換給付身，自紹興三年至今凡二千三百七十八員，所轉官資共計一萬六千三百一十四資。有自選人而爲員郎者，有自借官而爲遥刺者，有自副甲頭而至於横行者，有自白身而至於大使臣者。夫張浚得專黜陟，僅踰三年，而遷補如是其衆。議者以爲是非紛揉，虛實混并，不可不審也。望自今後換給真本，除軍士外，其餘文武官員並令吏部長貳郎官更加考覈，如是冒濫尤甚，即乞重與折減。」詔吏部措置。熊克小曆載此事於去年九月壬申，蓋不詳考也。

16 庚戌，尚書户部員外郎薛弼直龍圖閣，知荆南府。

尚書兵部員外郎程克俊守右司員外郎。

福建路轉運判官范同爲吏部員外郎。

17 辛亥，端明殿學士、知福州折彦質奏諸州起發禁軍弓弩手乞發回。趙鼎曰：「昨得旨，呼楊沂中到堂商量，欲朝廷應副錢物，招收填闕，可以久長使用。諸州弓弩手，欲節次遣還。」上曰：「甚善。」鼎曰：「此亦是感召和氣之一端。」上曰：「然。」

觀文殿大學士、知宣州朱勝非提舉臨安府洞霄宮，從所請也。

18 壬子，故朝散大夫滕康、劉珏並追復龍圖閣學士。

19 癸丑，殿中侍御史張絢稱病，乞閑慢差遣。上不許。劉大中曰：「絢實病，陛下當從所請。況絢臣所薦，今在言路，臣備執政，不無妨嫌。」上曰：「絢佳士，必不附麗。可降旨不允。」

直秘閣、主管江州太平觀張九成試宗正少卿。制曰：「朕於敦厚廉退之士，知之惟恐不盡，用之惟恐不至。庶幾丕變貪懦之俗，而一洗澆薄之風。向之論者，曾不恤此，顛倒白黑，務逞其私，以迎合一時之好惡。

朕既塈讒説而遠壬人，則名節之士宜其復用矣。爾以深厚之詞，蚤魁多士；止足之操，嘗致爲臣。風節凛然，士林推重。宗卿之貳，其選甚高。庶使天下之士靡然向風，以自振拔於苟賤不廉之地，豈無助歟？」

録故天章閣侍講胡瑗之孫滁爲下州文學，用湖州諸生請也。

是月，宣州觀察使、淮南東路馬步軍副都總管董旼卒。

校勘記

① 知蔡州劉永壽殺兀魯孛堇　「兀魯孛堇」，原作「烏嚕貝勒」，據金人地名考證改。下同。

② 落同字　「落」，原作「潘」，據叢書本改。

③ 乃立裴磨氏爲皇后　「裴磨」，原作「費摩」，據金人地名考證改。

④ 時左副元帥魯國王昌右副元帥瀋王宗弼皆在　疑「在」字後有脱文。據皇朝中興紀事本末卷四三，是年魯王與瀋王皆在汴京。

⑤ 左監軍撒離喝屯長安左都監拔束屯鳳翔　前「左」原闕，據上文補。後「左」原作「右」，本書卷一一七謂拔束爲左都監，據改。

⑥ 庶自荆南入對　「荆」，原作「京」。按王庶是時在知荆南府任上，「京」顯係「荆」之誤，因改。

⑦ 資政殿學士富直柔知衢州　「政」，原作「正」，據叢書本改。

⑧ 盡江淮兩路　「兩」，原作「西」。叢書本同。本書卷一〇九載：「命樞密院計議官李宲往江、淮詢究營田利害。」知「西」誤，據改。

建炎以來繫年要録卷一百十九

1 紹興八年夏四月丙辰朔，輔臣奏：「以尚書比部員外郎周聿、刑部員外郎周三畏並爲大理少卿。」上曰：「須仁恕老成者爲之。宣、政間作此官者，皆觀望以成獄事，深可戒也。」

龍圖閣待制鄧襄追奪職名。先是有詔，襄弟直龍圖閣齊、直徽猷閣高並奪職。而御史中丞常同論：「襄以父洵仁秉政而叨侍從，如鄭修年等之比。」詔落職。同又言：「如此，則是襄本當得職名，因臣僚論列降黜，將來却有可復之理。」乃改爲追奪焉。

2 己未，太常少卿蘇符言：「徽宗皇帝、顯肅皇后至今未聞諱日，乞權於聞哀日，依祖宗忌辰禮例，建置道場行香。」從之。

右從政郎張祁特改右宣教郎。上以其兄邵久使未歸，故引對而有是命。尋以祁主管官告院。

3 庚申，輔臣進呈言者請：「選文武臣子弟有材武者充衛郎。」上曰：「掄材正當如此。朕親加教督，彼必樂爲之也。可速條具。」先是，蔡京爲政，嘗置三衛郎，皆用世族之子弟，後劉豫亦倣爲之，故言者以爲請。後不果行焉。

直秘閣、新廣南東路轉運判官劉子翼罷。御史中丞常同論：「子翼兄弟姦險，昨守撫州，竭倉庫所儲，獻之督府，而軍糧不繼，幾至生變。」故罷。章再上，詔奪職。

是日，初置户部和糴場於臨安。其後又增於平江，歲糴米六十萬石。十八年閏八月甲子，詔平江一場、臨安二場，共糴此數。

4 辛酉，右宣教郎、湖北京西宣撫使司參議官李若虚爲軍器監丞。

5 壬戌，命樞密副使王庶暫往沿江及淮南等處，措置邊防。詔曰：「朕臨遣樞臣，協濟軍務，按行營壘，周視山川。乘斯閒暇之時，經畫久長之利。凡爾監司羣帥、郡縣之官，各盡乃心，以康庶事。儻或弛慢失職，已令王庶密具以聞。」先是，御史中丞常同言：「今去淮益遠，邊民多不自安。宜遣重臣出按兩淮，田荒縱民耕之，勿收租税。數年之後，百姓足而國用足矣。」至是，上命庶行視東關，且調諸路兵預爲防秋計，因以同奏付庶行之。時保成軍節度使、殿前都虞候楊沂中怒其統制官吴錫，收繫之獄。户部侍郎向子諲力言於庶，謂錫可用。庶奏釋之，使統兵屯淮西。

6 丙寅，庶辭，上戒以：「張浚待諸將多用術數①，且狎昵，自取輕侮。吕祉以傲肆自大取敗，皆可爲戒。」上因論：「王伯之道不可兼行，當以三王爲法。今之諸將，不能恢復疆宇，他日朕須親行，不殺一人，庶幾天下可定。」庶奏以大理少卿周聿、尚書金部員外郎晁謙之並主管機宜文字，軍器監丞李若虚、樞密院計議官方滋、左承奉郎通判臨安府朱敦儒並爲樞密行府諮議參軍。謙之，任城人也。自酈瓊叛，張俊擅棄盱眙而歸，諸將稍肆。庶素有威嚴，臨發勞師於都教場，軍容嚴整。庶便服坐壇上，自楊沂中而下，悉以戎服，步由轅門，庭趨受命，拜賜而出，莫敢仰視，自多事以來所未有。庶辟官屬奏下，在是月戊辰。改幹辦公事爲諮議，在丙子。今併書之。熊克小曆稱「三衙大將而下，雖身任使相，悉以戎服庭趨」。按此時行在統兵官無爲使相者，克小誤也。

7 丁卯，協忠大夫、華州觀察使、權主管侍衛步軍司兼馬軍司公事解潛落階官，爲宣州觀察使、龍神衛四廂都指揮使，權主管馬軍司公事。

户部侍郎李彌遜、權刑部侍郎曾開、給事中吴表臣、張致遠、中書舍人勾濤、吕本中奏：「建州進士劉勉之學有淵源，行可師法，閩中士人，無不推仰。伏望特賜録用。」詔召赴行在。勉之，建陽人。少得易象之學於譙定，又嘗從劉安世游，故本中率同寮論薦焉。

8 己巳，尚書刑部侍郎曾開試禮部侍郎。

左迪功郎楊光嶷上書，論三國形勝攻守，詔循一資。

9 庚午，徽州布衣王棐獻孝經解義，詔賜帛三十匹。

10 辛未，少保、鎮南軍節度使、醴泉觀使、成國公吕頤浩固辭兩鎮及遷官之命，且言：「本朝自有國以來，文臣未嘗除授兩鎮。在昔兩朝定策如韓琦，四朝大老如文彦博，皆不敢受，況臣何者，乃越彝章。望改授一階官。」詔許免定江軍節度使。既而頤浩又辭少傅，許之。頤浩許免少傅在七月癸巳。

11 壬申，秘書少監兼崇政殿説書尹焞留身求去。時已詔焞免兼史事。四月甲子。上曰：「待與卿在京宫觀。」焞力辭，且云：「士人若不理會進退，安用所學？」翌日，上以諭輔臣，參知政事劉大中曰：「焞所學淵源，足爲後進矜式。班列中若得老成人爲之領袖，亦是朝廷氣象。」乃以焞直徽猷閣，主管萬壽觀，留侍經筵。

12 癸酉，徽猷閣待制、新知永州胡寅試尚書禮部侍郎兼侍講②，尋又兼直學士院。

徽猷閣待制、知明州仇悆充徽猷閣直學士，知潭州。

13 丁丑，户部侍郎李彌遜言：「祖宗之法，有便於國利於民，可行於今者，發運一司是也。其制始於太宗淳化間，而備於仁宗皇祐之後。大概不過權六路豐凶，以行平糴之法。然今日之宜，比昔少異，不必盡循舊制，當師其意，損益而行之。臣愚謂當於經費之外，給糴本數百萬緡，復置一司，廣行儲積，分毫不得取供近用。三年之間，當有一年之蓄。臣謹條具發運司建置廢罷，及今日可以依倣置使之因，伏望特加聖覽，參酌利病，斷以不疑而力行之，不勝幸甚。」詔吏、户部條具申省。

14 戊寅，詔尹焞解論語書成，特賜六品服。

15 己卯，詔上殿人曹滙與改合入官③。滙未見。

16 庚辰，翰林學士兼侍讀朱震乞在外宫觀。趙鼎之免相也，自劉大中、范沖、林季仲、呂大中已下④，皆相繼補外，震獨居近侍如故。至是，震乞祠之章以謂：「夙夜自竭，圖報上恩，不敢雷同，上辜任使。知臣者，以臣爲守義，不知臣者，以臣爲守株。自非陛下斷而行之，則如愚臣黜已久矣。今則大明垂照，公論漸伸。既俊乂相率而在官，則支離豈煩於攘臂？」不許。朱勝非秀水閒居録稱震聞劉大中參政，即病，累章求去，詆誚鼎與大中。當是指此，詳見今年六月戊寅注。

17 辛巳，太常少卿蘇符言：「今歲當行祫享，而在諒闇内，乞用熙寧故事，移就來年孟冬。」從之。

18 壬午，命翰林學士朱震知貢舉。是歲，增參詳官二員。翌日，禮部言：「參詳官左司員外郎程克俊、點檢試卷官左宣教郎黄豐嘗考太學秋試。」乃命官代之。

秘書省著作佐郎朱松守尚書度支員外郎，校書郎徐度爲都官員外郎。前數日，上召二人入對而有是命。

19 癸未，詔：「三衙管軍依舊通輪内宿，惟殿前都虞候楊沂中許選統制官一員代之。諸班直宿衛親兵，並聽節制。」

是月，徽猷閣直學士王倫見金左副元帥魯王昌於祁州。時韓世忠、岳飛、吴玠軍各遣間招誘中原民。金得其蠟彈旗榜，出以語倫曰：「議和之使既來，而暗遣姦諜如此，君相紿，且不測進兵耳。」倫言：「所議靖民，乃主上之意。邊臣見久而無成，或乘時希尺寸爲己勞，則不可保。主上決不之知，若上國孚其誠意，確許之平，則朝廷一言戒之，誰敢爾者？」諸帥相視無語。熊克小曆附此事於今年春末。又云：「撻懶、兀朮皆在祁州。」按張匯節要，紹興八年夏，撻懶自東京北歸祁州，留兀朮、大撻不也守東京⑤。克所云差不同。今移附四月，仍去兀朮字，更當求他書參考。

1 五月按是月乙酉朔。丙戌，秘書郎錢秉之、錢觀復並爲尚書户部員外郎。樞密院編修官鄭剛中爲考功員外郎，將作監丞吕弸中爲駕部員外郎。弸中，好問子。觀復，平江人，趙鼎所薦也。後旬日，以弸中提舉福建茶事。弸中補外在是月戊戌。秉之，霸州防禦使晦曾孫，紹興四年十一月特旨改官。

左朝請郎何鑄行秘書郎，秦檜薦之也。翌日，上問鑄何如人，檜曰：「曾除諸王宫教授。」上因曰：「朕爲親王時，見翊善等到宮學，只講書，一授茶湯而退，不欵留。一日令具酒食以待張勸、賈安宅，與之從容論文。次日，主管内侍見白云：『鄆王諸宮無此例，恐不便。』自後更不復講此禮。宮中雖欲與儒士講習不可得，深以爲恨。」

詔曹覲、趙師旦、耿傳忠節昭著，可尋訪其家，録用存恤。按覲、師旦之後，久已不見，此似爲耿自求也。

2 戊子，監察御史張戒入對，因言諸將權太重。上曰：「若言跋扈則無迹，兵雖多，然聚則强，分則弱，雖欲分，未可也。」戒曰：「去歲罷劉光世，致淮西之變。今雖有善爲計者，陛下必不信，然要須有術。」上曰：「朕今有術，惟撫循偏裨耳。」戒曰：「陛下得之矣。得偏裨心，則大將之勢分。」上曰：「一二年間，自可了。」戒曰：「陛下既留意，臣言贅矣。」戒又曰：「國家機事，小臣不敢知。然備員御史，義當憂國。王倫使事如何？」上曰：「去歲上皇訃至，朕若不遣使，天下謂朕何？因令倫與金四太子言：『河南之地，大國既不有，與其付劉豫，曷若見歸？』既而金人廢豫，遣人賫四太子書來，言當歸河南及梓宮、淵聖、太后。四太子者，乃朕使金時素所識也。」戒曰：「中原萬里之地，金竭兵力十年取之，一日無故復還，此非堯舜不能，載籍亦無此事。陛下謂金棄中原何意⑥？」上曰：「不能守。」戒曰：「金據中原久矣。山東、陝西皆傳檄聽命。以臣觀之，金蓋能守。」上曰：「和議成否，姑置勿論，當嚴設備爾。」戒曰：「去歲淮西之變，失精甲四萬。張浚用呂祉，誤國至此。但祉欲得簽樞耳，然亦緣將相不和。頃者國威稍振，外却金人，内平湖寇，乃趙鼎、張浚協和之時。」上曰：「時鼎與浚協和如兄弟。」戒曰：「去歲若非浚逐，則鼎未去，必不令浚遽罷劉光世而用祉也。

光世雖號爲怯，然累世將家，豈祉書生可比？」上曰：「浚但惡光世湛於酒色。」戒曰：「此亦將之常也。」

3 己丑，禮部侍郎曾開兼權直學士院。時禮部侍郎兼侍講直學士院胡寅以父憂免，故命開代之。

左宣教郎王居修爲太常丞。

4 庚寅，詔衢州布衣柴宗愈與免文解一次。宗愈獻中興聖統，大略謂：「夏少康、漢光武可爲標準。周宣王、漢宣帝、晉元帝、唐玄宗、憲宗可爲鑑戒。」後省奏其言有補，故録之。

5 辛卯，降充徽猷閣待制、提舉江州太平觀黄叔敖卒，詔追復徽猷閣學士。

直顯謨閣、新知夔州馮康國丁母憂。癸巳，詔起復，仍趨往吴玠軍前撫諭。

6 乙未，秘閣修撰、知建州魏矼權尚書吏部侍郎。

秘書省正字范如圭兼史館校勘。

御史中丞常同奏：「寶文閣學士、知潭州劉洪道疎狂誕妄，徽猷閣待制、知静江府胡舜陟兇暴傾險。」並罷之，洪道仍奪職。

7 丙申，詔韓愈昌黎集中，有佐佑六經、不抵牾於聖人之道者，許依白虎通、説文例，出題以取士。用翰林學士、知貢舉朱震等請也。震尋以疾出院，遂卧家不起。

8 丁酉，端明殿學士、江南西路安撫大使兼知洪州李光陞本路安撫制置大使。

御史中丞常同言：

徽猷閣待制劉子羽猥浮刻薄，傾險殘賊。自其父時，奴事童貫，及張浚用事，以狂誕不根之說感動之，遂居上幕，專權妄作，排斥異己。生殺廢置，在其一言。但知有浚，不知有陛下。浚在川、陜，下視朝廷，而子羽號爲腹心。專主富平之戰，使浚一舉而喪師三十萬，失地六十州。罪一也。斬趙哲之後，既赦諸將，自慕容洧以下，方列告於庭，而子羽曰：「爾等頭亦未牢。」洧遂首以環慶兵叛，金人乘之，因以大潰。其後諸將揭榜僞境，自以不負朝廷，專數浚與子羽之罪。罪二也。浚以聖旨便宜，一切稱制，改敕肆赦，無復人臣之禮。子羽身在幕府，實爲謀主。罪三也。浚憤陛下差王似爲副，而自差子羽與程唐爲判官，子羽被受不疑，遂行宣判事。罪四也。教浚於梁、洋敗亡之際，兵將普轉十官資，使之邀留於朝。罪五也。興元，川、陜之咽吭，王庶爲守，積穀至百餘萬石，教義勇六萬人，正兵萬餘人，城壁一新。子羽嫉其功，譖庶於浚，而己代之。至郡未幾，聞敵騎有侵蜀之意，即盡散積聚，縱火城中，遂爲丘墟。罪六也。朝廷知子羽之罪，召赴行在，次年乃始出蜀。聞浚過江南，又至信州迓之。已而徑歸，不復造朝。罪七也。力勸浚以報怨復讎，大興軍事，加賦横斂，欲以川、陜已行之事，施於江、淮。罪八也。既以次對守泉，所至謗罵朝廷，詆毁言路。罪九也。泉州之政，貪殘兇横，無所忌憚。聞浚既敗，憤躁不已，遂肆毒於平人，公私騷然。罪十也。伏望盡奪官職，投畀四裔，以禦魑魅。

詔子羽落職。

直秘閣、專一總領明州海戰人船張自牧罷。初，以許翰薦補官，亟用爲京東制置副使。自牧至揚州，逗遛不進，會敵騎渡江而罷，至是奉祠家居，復陳守海道之策，故以命之。右正言李誼言：「自牧論兵，蓋靖康郭京之徒。今付以舟師，恐倉卒有警，爲國生事。乞依建炎三年已得旨，追還自牧見帶官資職名。」詔自牧依舊主管台州崇道觀。

9 戊戌，知廬州劉錡奏：「使臣張括等三人，自言在西京關師古手下，師古遣來申奏朝廷，乞赦其罪，自效來歸。」上曰：「昨背叛從僞之人，若能束身自歸，無功者朕以不死待之，若能立功自效，即隨高下推賞。」趙鼎、秦檜退而歎曰：「大哉王言，此漢光武之略也。」

詔内侍羅亶竄海島，永不放還。亶爲景靈宫幹辦官，有營卒章青告其語言指斥，温州以聞，乞送御史臺治罪。上命本州鞫實，刑寺擬私罪徒，勒停。上曰：「亶素凶悖不逞，無可恕者。當竄海島，仍令發卒護送之。」温州以去年十二月己酉申到。

10 庚子，直徽猷閣、淮南東路轉運副使蔣璨陞直寶文閣，知揚州。

詔州縣鄉村五等、坊郭七等以下貧乏之家，生男女而不能養贍者，每人支免役寬剩錢四千，守令滿替，並以生齒增減爲殿最之首。劉大中之爲禮部尚書也，嘗有是請，事下户部措置，去年十二月庚申。而久不之報，至是，大中執政，乃檢會取旨行之。十五年五月改給米。

11 辛丑，徽猷閣待制、提舉江州太平觀胡安國上遺表，詔賜銀帛二百匹兩。時已除安國雜學士致仕，然未受命也。已而翰林學士朱震奏：「安國正義直指，風節凜然。時晚歸衡山，講道自樂。遭遇聖明，學遂顯行。蓋其功不在先儒之下。去年有旨，召其子寅於永州，寅過衡山，安國已病，徘徊不進，欲留侍疾。安國勉令如期而發，手作書遺臣曰：『寅已促令上道矣。』其書俱在，安國義不忘君有如此者。夫昔人有一節可稱，猶褒之以謚，列諸史傳，況安國孝於親，忠於君，好學不倦，安貧守道，身死而言立，可不飾其終乎？伏望下太常禮官，特賜以謚，用爲儒林守道之勸。」乃謚文定。後數月，詔曰：「安國所進春秋解義，著百王之大法，朕朝夕省覽，以考治道。方欲擢用，遽聞淪亡。可撥賜銀帛三百匹兩，令湖南監司應副葬事。賜田十頃，以給其孤。」朱震乞賜謚劄子今年七月丁酉行下，今併附於此。賜田指揮在八月十二日乙丑，而日曆不載，故備記之，以補史闕。朱勝非秀水閑居録云：「胡寅者，兇慝躁進之士也。趙鼎薦之詞掖，朝士皆畏之。以行詞乖繆，衆論不容，乃稱父安國老病，遠在湖湘，乞歸省，於是差知永州。寅携妾居婺州，久之不去。有朝士范伯奮貽書責之，寅以妾臨蓐爲辭。伯奮復曰：『妾產與父疾孰重？』寅訴於鼎，改知嚴州。鼎旋罷，累月復相，欲召寅，議者以不省父止之，復除永守。星夜南奔，未及到家，召命已下。比見其父，疾困不能言。寅留數日，將行，告之，安國攬衣垂淚而已。寅至行朝，除禮部侍郎，又兼經筵，又直學士院，尚未踰月，安國凶問果至。寅匿之，佯爲父書與交黨翰林學士朱震，言久疾垂死，寅欲免君命，以時事尚艱，遣之使行。欲蓋而彰。度其死時，寅尚猶在路耳。」按安國以去年秋除京祠兼侍讀，欲行，會遭論而止，則寅除嚴州時，安國未病也。寅赴嚴州一年後，安國尚有書誨之，令作三年計，此豈病中所言耶？蓋勝非將再相，時安國嘗駁其同都督之命，指其不能死節等事，故勝非以此憾之。恐其言失實，今不取。

12 壬寅，集英殿修撰、提舉台州崇道觀張燾試尚書兵部侍郎。燾召還，詔閤門不隔班引對。上慰勞久之，曰：「卿去止緣張滉。」燾曰：「臣頃者備員後省，苟有所見，事無大小，不敢不盡愚忠。如內侍王鑑，乃陛下親信委任之人，其擅置御莊事，臣尚論列，不敢有隱。豈有宰相親兄自賜出身者？公論不與之，臣若不言，豈惟負陛下，亦負張浚。」上曰：「卿交游且盡忠若此，事主可知。」因問：「朕圖治一紀於兹，而收效蔑然，其弊安在？」燾曰：「自昔有爲之君，未有不先定其規模而能收效者。臣紹興初，始蒙召對，首以治道當先定其規模爲言，於今七年矣。所謂規模者，臣未見其有一定之説。臣竊觀方今朝廷施設之方，朝令夕改，其事大體重，不可輕舉者，莫如六飛之順動。往者前臨大江，繼又退守吴會。曾未朞年，而或進或却，豈不爲黠虜所窺乎⑦？此無他，規模不素定故也。陛下之所朝夕相與斷論國是者，二三大臣而已。而一紀之間，命相之制，凡十有四下，執政遞遷者，亦無慮二十餘人。非規模不定，任之不一，責之不專，致此紛紛乎？日月逝矣，大計不容復誤。願陛下以先定規模爲急，規模既定，未有治效不著。」上歎息曰：「此誠方今急務。朕非不欲立定規模，緣宰輔數易，未有定論耳。」遂擢燾兵部侍郎。

右朝散大夫、提舉江州太平觀劉子羽責授單州團練副使，漳州安置。御史中丞常同之以十事論子羽也，上批出：「子羽可白州安置。」趙鼎奏：「子羽之罪，誅殛有餘。第章疏中論及結吴玠事，今方倚玠禦賊，恐玠不自安，乞且奪職。」上曰：「聞張浚之黨，日夜冀浚復用，子羽尤甚。不重責，何以懲姦？」鼎力請，上乃許落職。後一日，同復言：「子羽之罪，竄於遐荒，未爲過舉。今尚從寬典，得非以吴玠之故優假之乎？玠忠義勇烈，知事上之義。聞朝廷以公議竄子羽，豈無郭子儀與渾瑊之喜？」疏入，遂謫漳州，猶以其母老不欲遠竄也。

右宣教郎吕用中爲尚書駕部員外郎。時其兄弼中外補，故以用中代之。

13 丁未，命吏部員外郎范同假太常少卿，接伴金國人使。武功大夫、高州刺史帶御器械劉光遠假吉州團練使副之。先是，徽猷閣直學士王倫既見魯國王昌，昌遣使偕倫至北地。倫見金主亶，首謝廢豫，然後致上旨。金主始密與羣臣定議許和，至是遣倫還，且命太原少尹烏陵思謀、太常少卿石慶充來議事⑧。思謀，金人始與徽宗通好，海上所遣之人，今再遣來，示有許和意。

樞密副使王庶條上淮南耕種等事。上曰：「淮南利源甚博，平時一路，上供内藏紬絹九十餘萬，其他可知。」劉大中曰：「淮南桑麻之富，不減京東，而魚鹽之利，他處莫比，今荒殘可惜。」上曰：「以此知淮甸不可不措置葺理。」中興聖政：史臣曰：「唐史臣謂睢陽遮蔽江、淮，以全財用，爲中興之本。今之議强兵者，必本於豐財，議豐財者，必本於成賦。荆、蜀之輸入於王府者無幾，而江、浙、閩、廣民力告病，未有瘳者。淮甸利源，宜在所經理，以寖還全盛之舊，況欲置邊州於度外乎？邊隅未靖之時，高宗猶不忘經理如此，況今邊鄙不聳之時乎？」

湖北京西宣撫使岳飛聞庶行邊，遺庶書曰：「今歲若不出師，當納節請閑。」庶稱其壯節。熊克小曆於此即書分移張宗顏、劉錡軍事，恐太早。今依日曆，附六月乙亥。

直顯謨閣、江南西路轉運副使徐林爲司農少卿。趙鼎之免相也，林自都司補外，至是復召之。

14 戊申，端明殿學士、知建康府章誼提舉江州太平觀，以誼嘗引疾有請也。資政殿學士、提舉臨安府洞霄宮葉夢得爲江南東路安撫制置大使，兼知建康府，兼行宫留守司公事。章誼得祠，日曆不載，此據建康知府題名。

命刑部員外郎李彌遜馳勞北使於平江。翌日，上謂輔臣曰：「館待之禮，宜稍優厚。若事有商量，早遂休兵，得免赤子肝腦塗地，此朕之本意也。」趙鼎曰：「若用兵，不知所費多少，比之館待之費，殊不侔矣。」上又曰：「昨日士㒟對，勸朕留意恤民。朕諭之云：『只爲休兵未得，不免時取於民。如月樁錢之類，欲罷未可。若一旦得遂休兵，凡取於民者，悉除之。』」上慨然歎曰：「當時若無軍旅之事，使朕專意保民，十數年間，豈不見效？」鼎與秦檜同對曰：「陛下爲此言，神明感格，必有平定之期矣。」中興聖政：臣留正等曰：「語有云：『造次必於是，顛沛必於是。』言仁者之用心，必於其平居閑暇之時，語默動静之間，不忘乎是可也。臣觀太上皇帝，凡所論議，一語一言，未嘗不以休兵息民爲之指歸，蓋惻然常若疾痛之在其身，非僞爲之者。嗚呼仁哉！嗚呼聖哉！」

15 己酉，録故御史中丞孫覺之孫衍爲下州文學。中書舍人吕本中言：「衍學有本原，逢時多故，未嘗少屈。舊族子弟，能守家學，終久不變，如衍者少。」故特録之。

16 庚戌，閤門祗候趙瓌爲閤門宣贊舍人⑨。瓌，普元孫也。

宗子趙不懼，江夏郡王孫也，自僞地來歸，詔補承信郎。

17 辛亥，改命徽猷閣直學士王倫充館伴使。初，命權吏部侍郎魏矼館伴，右武大夫、榮州防禦使、知閤門事藍公佐假慶遠軍承宣使副之。矼言：「頃任御史，嘗論和議之非，今難以專對。」秦檜招矼至都堂，問其所以不主和議之意。矼具陳敵情難保，檜謂之曰：「公以智料敵，檜以誠待敵。」矼曰：「相公固以誠待敵，第恐敵人不以誠待相公耳。」檜不能屈，乃改命焉。既而又辭，遂命給事中吴表臣，而倫往來館中計事。日曆止書有旨改差王倫充館伴使一句，更無首尾。今以紹興正論增入。熊克小曆稱表臣爲太常少卿，蓋誤。

時左宣義郎王之道亦遺砬書曰⑩：

國家自靖康以來，失於議和，致兩宫北狩，萬乘東巡，百姓墮於塗炭，迨今十有四年，尚不覺悟，復縱王倫賣國，引賊入家。頃年章誼、孫近使金，餘人盡留南京，惟誼與近得至軍前稟議。今金使之來，自合用此例，留餘人於韓世忠軍中，令其使、副造朝，不惟有以褫金人之魄，而奪之氣，亦足以示朝廷之尊。乃若和議，則有九不可而一可。

父母之讎，不共戴天。自徽宗皇帝、寧德皇后上仙，雖云厭世，其實殺之。又況淵聖之與六宫尚困沙漠，此不可和。一也。彊敵之性，非盟誓可結。二也。和所以息兵，而興議乃爾，蓋傷弓之心，猶思靖康之覆轍，而懼其復蹈。三也。金立劉豫於濟南，歲責幣三百六十萬緡，豫奉之未嘗少有失墜，一旦乘其不虞，以計廢豫。今又欲和，是以劉豫畜我。四也。今從金之約而遂罷兵，則非特不能保其不叛盟，又恐朱克融之徒，變生不測，從之而兵不可罷，則不能不於養兵之外，横賦重斂，歲供貢幣，其勢必至陳勝、吴廣之起於秦，青犢、黄巾之起於漢，爲禍殆有甚於此。五也。頃年以來，諸將非不進兵，終不能取淮北尺寸之地，或暫得之，復旋失之，正使舉大河以南，盡還朝廷，度其力能保有之乎？六也。今得河南之地，不足以立國，而金藉此求和，則必矢天地以要我⑪，自此以後，雖復軍聲日振，有敢議恢復之事哉？七也。今天下之權，不在廟堂，而在諸將。諸將擁重兵，據要地，偃蹇自肆。倘從金盟，而不與諸將議，使金誠和，猶恐自疑而至於潰敗，萬一挾詐，是使諸將得以有詞而不出兵矣。八也。主上以休兵爲重，固不憚臣事金人，且以金爲君，則其使蓋同列也。若金使如李義琰之言，倨慢無禮，不知朝廷何以待之？九也。然則所謂一可者，孰可？今金誠欲還二帝六宮與祖宗之故地，爲德於我，而無所事賄，夫誰曰不可？爲今日計，當以此意明告使者，而俾復命焉。苟其不從，是金無意於盟，我何罪也？

吏部員外郎范同論：「贓吏翻異，不移前勘，乞并初勘共不得過三次。」上曰：「官吏犯贓，既已斷罪，多進狀訴雪何也？此來尤多。」趙鼎曰：「意在僥倖改正，然須更令體究。」劉大中曰：「在法，雖許訴雪，却合再勘，得委實無罪，須罪元勘官吏。若所訴不實，合別科妄訴之罪。」秦檜言：「當送刑部。」上可之。

18 壬子，徽猷閣待制、提舉江州太平觀王居正知温州。

19 癸丑，召親衛大夫、利州觀察使、知鼎州馬擴赴行在。金使烏陵思謀初入境，問廣所在。王倫奏：「思謀乃海上結約之人，與廣相熟，乞召赴行在，恐須使令。」故有是命。

御史中丞常同言：「近故知閤門事潘永思家，以財興訟。本臺牒送大理寺，後得旨疏出，緣事干內侍梁珂，乞仍付寺結案。」上即批同奏如所請。劉大中曰：「陛下初不欲繫無辜，今因臺臣所論，而從其請，仰見陛下未嘗容心。」上曰：「臨安府勘到永思幹人郭壽之用過錢三千緡，餘七人各認一二千緡。既無文約，必是壽之妄攤。可除壽之外，餘並免。」於是趙鼎以下退譚上之明，曰：「此一事，勝疎決多矣」蓋時盛暑，方涓日疎決故也。

是月，開封府太康縣雨冰龜數十里，首足卦文皆具。此據松漠紀聞。紀聞又云：「戊午夏，熙州野外濼水有龍見三日，初於水面見蒼龍一條，良久即没。次日見金龍以爪托一嬰兒，兒雖爲龍所戲弄，略無懼色。三日金龍如故，見一帝者乘白馬，紅袍玉帶，如少年中官狀，馬前有六蟾蜍，凡三時方没。郡人競往觀之，相去甚近，而無風濤之害。熙州嘗以圖示劉豫，豫不悦。趙伯璘曾見之。」按豫去冬已廢，當此時正在上京，熙州何爲圖示之？紀聞必誤。

校勘記

①上戒以張浚待諸將多用術數　「浚」，原作「俊」，叢書本同。據皇朝中興紀事本末卷四四改。

②徽猷閣待制新知永州胡寅試尚書禮部侍郎兼侍講　「永」，原作「承」。本書卷一一五有「徽猷閣待制知嚴州胡寅移知永州」之記載，故據改。

③詔上殿人曹匯與改合入官　「入」，原作「人」，據叢書本改。

④吕大中已下　按，本書卷一一四紹興七年九月壬申條載趙鼎言：「今之清議所與，如劉大中、胡寅、吕本中、常同、林季仲之徒，陛下能用之乎？」據此，此處「吕大中」疑當作「吕本中」。

⑤撻懶自東京北歸祁州留兀朮大撻不也守東京　「撻懶」、「兀朮」、「大撻不也」，原作「達蘭」、「兀朮」、「大托卜嘉」，俱據金人地名考證改。前後同。

⑥陛下謂金棄中原何意　「謂」，原作「爲」，據皇朝中興紀事本末卷四四改。

⑦豈不爲黠虜所窺乎　「黠虜」，原作「敵人」，據皇朝中興繫年要録節要改。

⑧且命太原少尹烏陵思謀太常少卿石慶充來議事　「陵」，原作「凌阿」，據金人地名考證改。「充」，原作「克」，三朝北盟會編卷二二三、宋史卷二九高宗紀六、卷三七三朱弁傳及宋史全文卷二〇中俱作「充」，故據改。下同。

⑨閤門祗候趙瓌爲閤門宣贊舍人　「瓌」，原作「環」，據建炎以來朝野雜記乙集卷一二趙韓王六世小譜改。下句同。本書後文亦有趙瓌紀事。

⑩時左宣義郎王之道亦遺矼書曰　「曰」，原作「有」，據宋史全文卷二〇中改。

⑪則必矢天地以要我　「矢」，原闕，據三朝北盟會編卷二〇三補。

建炎以來繫年要録卷一百二十

1 紹興八年六月乙卯朔，徽猷閣待制、知信州程邁爲江淮荆浙閩廣等路經制發運使，專掌糴事，用李彌遜議也。

刑部尚書兼侍讀胡交修以老求去，罷爲寶文閣學士，知信州。

右承直郎、鄂州武昌縣令唐時特改右通直郎，以部使者列薦其治狀也。既對，復令還任。

禮部貢院奏：「試博學宏詞合格中等，左迪功郎新鄂州武昌縣尉詹叔義、右迪功郎前建康府司法參軍陳巖肖，下等左迪功郎新饒州鄱陽縣東尉王大方。」詔叔義、大方並與堂除，仍減年磨勘。巖肖賜同進士出身。叔義，玉山人。大方，麗水人。巖肖，金華人也。

2 丁巳，諸班直换校，上特御射殿。

3 戊午，淮西轉運判官李仲孺言：「崑山場積礬千餘萬斤不售，乞損引錢六分之一。」許之。其後，歲鬻礬六十萬。官買礬，每斤十三錢至二十錢。舊引錢每斤一百，至是損之，礬引分一百斤、五十斤、三十斤，爲大中小等。又有韶州岑水礬，歲額十萬斤。信州鉛山場青膽礬、黄礬無定額①。十四年十一月，崑山礬增作三十錢一斤。

4 己未，秘閣修撰、知温州樓炤復爲起居郎。

左朝請郎、新成都府路提點刑獄公事李授之直秘閣。授之，開封人。宣、政間爲縣令，有匪人誣其有謗語，坐失官。趙鼎爲諸生，嘗從授之學。鼎相，辟爲都督府幹辦公事，擢知簡州。至是，獻所著易解於朝，故有是命。中書舍人吕本中當制，頗加稱美焉。

5 庚申，詔廣西鹽歲以二分，令雷、廉、高、化州官賣人户食鹽，餘八分行鈔法。尋又詔廣東鹽九分行鈔法，一分産鹽州縣出賣，皆不出嶺。（日曆無此指揮，今以紹興十二年十月二十二日户部狀修入。會要，廣東行鈔法在十二月二十五日。）廣南去中州絶遠，土曠民貧，常賦入不支出，故往時之法，諸州以漕司錢運鹽鬻之，而以其息什四爲州用，是以州租給而民無加賦。昭州歲收買鹽錢三萬六千餘緡，以其七千緡代潯、貴州上供，赴經略司買馬，餘爲州用。及罷官賣鹽，遂科七千緡於民户，謂之縻費錢焉。

敕令所請：「福建路人户，以子孫或同居緦麻以上親，與人雖異姓，及不因饑貧，並聽收養，即從其姓，不在取認之限。著爲本路令。其江、浙、湖、廣州縣有不舉子風俗處，令憲臣體究申明，依此立法。」從之。

6 壬戌，宗正少卿張九成權尚書禮部侍郎。

衍聖公孔玠避亂寓衢州，詔即賜田五頃。

7 癸亥，尚書左僕射監修國史趙鼎、中書舍人史館修撰勾濤、秘書少監尹焞、著作郎兼史館校勘張嵲、佐郎胡珵、史館校勘鄧名世、朱松、李彌正、高閌、范如圭等，上重修哲宗皇帝實録。九月書成，凡百五十卷。

8 乙丑，御史中丞常同言：

近關報，右奉議郎曾惇進曾祖曾布著三朝正論真蹟，轉右承議郎。臣聞昔者神宗皇帝切於求治，鋭然更化，付王安石以政事。安石孤負委任，創爲新法，布於是時，實爲腹心，其政皆出於布之謀，其法皆成於布之手。故自海州懷仁縣令一年半間，十三遷而至於制誥。安石嘗語人曰：「終始言新法不便者，司馬光也。終始言便者，曾布也。其餘出入而已。」故熙寧之初建新法者，王安石始之，曾布成之也。逮紹聖初，布與章惇、蔡卞同秉大政，元祐之法度委若弁髦，元祐之人材棄如斷梗。布内愧於私心，外迫於清議，乃間出一善言，引一善士，以求自異於衆。故正論之作也，雖論元祐人章疏不當編排，然至於一時忠良，竄斥無餘，而布未嘗少假。雖論瑶華不當加妃號，至於掖庭秘獄，疑似難明，而布未嘗略辨。雖以公論爲不可廢，而以司馬光爲詆毁，以蘇轍爲訕上。雖論新法爲不可不變，而以免役爲便於民。凡所啓迪，率皆順從之言，紹述之旨，而必飾小説以文之，借異論以申之。既欲取高位於當年，又欲掠美名於後世。首鼠兩端，馴致建中之事，遂致蔡京得以乘間而入，貽禍邦家。而朝廷尚尊其説，頒其書於史官，號曰正論，臣竊惑焉。雖增秩賜金，固未足道，而奪朱亂雅，誠爲可惜。

臣願陛下明辨是非，昭示好惡，使天下之士，曉然不貳於趨向，復宜宣諭史官，筆削之際，毋惑其説，以至亂真。庶幾一代之典，足以垂信後世。

詔付史館。

9 丙寅，上謂大臣曰：「吴國長公主數日前到，留宫中三日，爲駙馬都尉潘正夫求恩數。朕語之曰：『官爵豈可私許人？須與大臣商量。況今日多事，未暇及此。』」上又曰：「當此極暑，朕每日着衣服相伴飲食。蓋謂長主是哲宗之女，朕之姊也。」趙鼎曰：「陛下行家人禮於宮中，所以待長主之禮，雖盛暑不廢。至於官爵，則不以私予，此帝王之公也。」

左金紫光禄大夫、守尚書左僕射、同中書門下平章事兼樞密使、監修國史趙鼎遷特進，用實録成書也。禮部侍郎、權直學士院曾開當制，上批諭開，令具述宣仁保祐之功。由是制詞中載修書本意甚悉。鼎辭不拜。時秘書省著作郎何掄論哲宗舊録一書，不應分前後，請併紹聖、元符接續修纂。從之。

左承議郎、新兩浙東路提點刑獄公事蕭振試宗正少卿，秦檜引之也。

初，湖北京西宣撫使岳飛之在京師也，其妻劉氏與飛母留居相州。及飛母渡河，而劉改適，至是在淮東宣撫處置使韓世忠軍中。世忠諭飛復取之，飛遺劉錢三百千。丁卯，以其事聞，且奏：「臣不自言，恐有棄妻之謗。」詔答之。

[10]戊辰，接伴官范同言：「金使已至常州。」上愀然曰：「太后春秋已高，朕朝夕思念，欲早相見。故不憚屈己，以冀和議之成者，此也。」秦檜曰：「陛下不憚屈己，講好外國，此人主之孝也。羣臣見人主卑屈，懷憤憤之心，此人臣之忠也。君臣用心兩得之矣。」上曰：「雖然，有備無患。縱使和議已成，亦不可弛兵備。」趙鼎曰：「假使金人與我河南之地，亦須嚴備江南②。前日張建壽之説是也。」參知政事劉大中曰：「和與戰守自不相妨。若專事和而忘戰守，則墮敵計中耳。」

樞密副使王庶時在合淝，上疏曰：

臣聞無故請和者，謀也。究觀金國侵軼，已逾一紀。前此乘戰勝之勢，以至江、淮，而我未嘗有一日之捷。逮至紹興甲寅冬，蕃僞深入，駐兵淮南，陛下親征，至使奔潰而去。又丙辰冬，敵人傾國南侵，陛下再統六師，進於江、淮之間，皇威大振，蕃僞皆有所畏，於是遣使告我以徽宗皇帝、顯肅皇后訃音。彼若果敦鄰好，則所報訃音，不應在累年之後。必畏長驅而往，故以此謀沮師。陛下天資聖孝，哀毀之中，即遣使往，以求梓宫。往返之間，一年半矣，尚未聞梓宫之至，固已落彼之姦。又聞去年金國以欺詐廢豫，僞庭用事之人，奔散四走，莫能自保。百姓上下，日望我兵之至。諸帥之在中都者，如居積薪之上，而火未然，勢之傾危，未有易於此者。若我一摇足，則中原非彼所有。所以姦謀秘計，不得不遣使也。從違之間，可不深思而熟計之？

臣中夜以思，使人之來，其甘言啗我，不過出於二策。一則以淮爲界，一則以河爲界。以淮爲界，乃我今日所有之地，而淮之外亦有見今州縣所治，如泗州、漣水軍是也。既爲我有，安用以和爲請？若以河爲界，則東西四千里，兵火之餘，白骨未斂，幾無人迹。彼若誠實與我，既得其故地，非若僞豫之不恤，尚當十年無征役，以蘇其凋瘵。財賦既無所從出，所責歲賂，無慮數百萬，若欲重斂，諸路困弊已極，安可取以充溪壑之欲？利害曉然，而不先爲之慮，則三十萬兵，宿於無用之地，假以歲月，是彼不必征伐，而我數年之間，終於自斃。彼之爲計，可謂盡善，而我之爲國，未有若是之疎也。臣願陛下，先與在廷之臣，立爲一定之論。若以淮爲界，其所請之賂必少。以河爲界，其所請之賂必多。或多或寡，未繫國之利害，願以凋弊之極爲言。彼若以生靈爲念，當告之以河南之地，僞豫暴斂之甚，必使之蘇息，然後可漸責稅賦。其歲賂須五年之後，方能津遣。若或見從，則彼之議和，方見誠實。如或不然，則彼以計困我，既使我不敢用兵，而又於困窮之際重取歲賂。是彼無所施爲而坐收成功，其爲謀深矣。

疏入不報。庶又言：

臣聞敵中自廢豫之後，遼人與漢人，上下不安，日夕思變。前此歸正者甚衆，其驗可見。彼知其屯戍不足，又旋起簽軍，以實疆埸。其所起之人，又非昔日簽軍之比，老弱盡行，人心乖離，抑又甚焉。緣此岳飛近與臣咨目，稱今歲若不舉兵，要納節請祠。韓世忠亦以爲然。臣方欲到榻前縷細開陳，今聞使人入境，彼到闕廷，必大有須索。若以梓宮爲言，則設如得歸，事在來年，又詐僞未易可保。今陵寢皆在敵境，豈特徽宗、顯肅兩梓宮而已？若以割淮畫河議和，兩淮我見有之。以大河之南，千里丘墟，得之須兵屯守，事力支持不行，是所謂非徒無益而又害之也。若果以此三説欵我，亦不可遽絶之，但將歲幣多説艱難，非五年之後不可。或渠委曲見從，其詭秘尤未易可料。切望斷自宸衷，出臣此章，與大臣熟計之，無落彼姦，天下幸甚。

既而庶聞烏陵思謀已至境，又奏曰：

臣聞前此敵中遣使人，率皆傲慢無禮，必多受金幣，方少恭順。如此人到，恐徇前轍，望陛下先遣人諭旨，以朕見在諒陰，聞使人即至，悲慟哽噎，殆不能堪。以此爲辭，不須遽令朝見，恐有商量事，且令趙鼎等處商量。如此，則少破其姦謀，又得徐觀趨向。在我乃爲得體，在彼須少挫抑爾。事與大臣議之，無所不可。惟是王倫深爲不然，彼欲朝廷曲從金人，以成一己之私。此不達大體，前日已稱有廢豫之功，如此一事，至易可見，尚敢誕謾，其餘何所不至？望深賜聖察。

直秘閣、奉迎梓宫副使高公繪先歸至臨安③。

從義郎劉鐸自僞地結官兵百餘人來歸，詔遷一官。

11 庚午，詔故左朝請郎、直龍圖閣、知虔州張觷特與遺表恩澤一名。觷至郡，未踰歲而卒。州人言：「觷乘孫佑之後，諸盜周十隆等相繼束身自歸，前後守臣實所不及。」故優恤之。

12 辛未，監察御史張戒言：

今日議和，理有可得者，有必不可得者。畫大河爲界，復中原，還梓宫，歸淵聖，此必不可得者也。各務休兵，音問往復，或歸吾太后，此或可得者也。兩國之議和，猶兩家之議婚姻也。家聲不敵，雖有良媒，決不能諧婚姻之好。國勢不敵，雖有金使，決不能解侵伐之兵。金强我弱，國勢殊絶。事之可否，豈在一使人之口，易者可得，而難者必不可得，理則然耳。

又曰：

我今未有以勝，金初非憚我。金一執劉豫，而自有中原，乃遣王倫回，揚言講和，且有復中原，還淵聖，歸梓宮之説，此政所謂無方之禮，無功之賞，禍之先也。臣揣敵情，若非欲襲我，則恐我乘其未定耳。是皆欵我之意，而奈何信之？中原之復不復，梓宮之還不還，淵聖之歸不歸，一言可決。遷延往復，事已可知。敵國愚弄，使人誕謾，臣恐不足以講和，適足以招寇④。復中原，還梓宮，歸淵聖，臣子之心孰不願？然以兵取之則可，以貨取之則不可。非惟不可，亦必不得。設或得之，不過如童貫買燕、雲之地，金人暫去復來，財與地卒兩失之爾。自古豈有兵不能勝，而貨財可以却敵復國者？必兵强而後戰可勝，戰勝而後中原可復，梓宮可還，淵聖可歸。

苟力或未能，則勤修闕政，嚴設邊備可也。不知務此，而聽其枝詞遊説，僥倖萬一，欲中原無故自復，梓宮無故自還，淵聖無故自歸，不勞力而坐享成功，臣竊以爲過矣。事之必不可者，臣既力言之，其或可者，臣亦妄爲陛下謀之。物之可者與之，其無厭之求，不可與也。禮之可者從之，其非禮之辱，不可從也。夫强國之欲無厭，而弱國之物有限。不稍執綱紀，而一切畏懦順從，亡之道也。臣竊謂金使之來，朝廷當以大義正色裁之，而嚴兵以待之。書詞之慢，姑委曲謝之。使人之倨，可勿見也。

又曰：

自古伐人之國，得其家而歸之者易，得其君而歸之者難。君之去來，係於勝負，而家則無與於事，理勢固然。金人貪婪，惟利是視。太后在彼，於金初無損益。陛下若刻意圖之，或有可歸之理。然亦須國勢稍振，兵力稍强，乃可望爾。齊弱周强，而宇文護之母遂歸。況陛下尚有大半天下，欲報之德，昊天罔極，可不勉哉？

川陜宣撫副使吴玠遣右朝議大夫、直秘閣、本司主管機宜文字高士瑰來奏事。上召見，後十日，進士瑰官職各一等，遣還。

13 壬申，上特御射殿，引見禮部合格舉人黄公度已下，遂以南省及四川類試合格舉人黄貢等共三百九十五人，參定爲五等，賜及第、出身、同出身。奏名林格已下出身至助教。公度，莆田人。貢，仁壽人也。

14 癸酉，辛相趙鼎等上諸班直親從親事官轉員敕令格。

是日，樞密副使王庶自淮西還行在。先是，庶將還朝，未至，復上疏言：

宴安酖毒，古人戒之。國家不靖，疆埸患生。敵人變詐百出，自渝海上之盟，至於今日。其欺我者，何所不至？陛下所自知也，豈待臣言？今也，不知宴安酖毒之戒，將信其愚弄，臣不知其可也。今其誠僞，以陛下之聖，固難逃於臨照。夫商之高宗，三年不言，其在諒闇，言猶不出，其可以見外國之使乎？先帝北征而不復，天地鬼神爲之憤怒。能言之類，孰不痛心？陛下抱負無窮之悲，將見不共戴天之讎，其將何以爲心？又將何以爲容？亦將何以爲説？願陛下以宗社之重，宜自兢畏，思高宗不言之意，無見異域之臣，只令趙鼎而下，熟與計事，足以彰陛下孝思之誠，而於國體爲宜。臣恭依詔旨，見今兼程，前去奏事。誠恐臣萬一未到之日，金使先已授館，陛下不疑而見之。敢布腹心，伏惟聖慈採聽，天下幸甚。

又曰：

言金使入境，經過州郡，傲慢自尊，略無平日禮數。接伴使欲一見而不可得，官司供帳，至打造金酸。輕侮肆志，略無忌憚。臣聞自古謀人之國者，必有一定之論。越之取吴，在驕其志而已。秦之取六國，在散其從而已。其間雖或出或入，而一定之論，未嘗易也。金人所以謀人之國者，曰和而已。觀其既以是謀契丹，又以是謀中國。方突騎陵闕，初以和議爲辭。暨大兵圍城，又以和議爲辭。二聖播遷，中原板蕩，十餘年間，衣冠之俗，蹂踐幾徧。血人於牙，吞噬靡厭，而和議未之或廢也。今王倫迎奉梓宫爾，而受金人和議以歸，且與其使俱來，此爲可信不可信乎？劉豫雖云僭竊，正名號者七八年，一旦逐去，金人慮中原百姓，或有反側，陝西叛將，或生顧望，吾一日出師，必有應者。以此設爲講和之説，仍遣使焉，所以欵我者昭然無疑矣。

臣蒙陛下親擢，備位本兵。國之大事，不敢隱默。故重爲陛下陳其三策。上策莫如拘其使者，彼怒必加兵，我則應之，所謂善戰者致人，而不致於人是也。金人强大自居，一旦或拘其使，出於意表，氣先奪矣，其敗可立而待。其次願陛下念不共戴天之讎，堅謝使人，勿相與見。一切使指，令對大臣商議。然後徐觀所向，隨事酬應。最其次，姑示怯弱，待以厚禮，俟其出界，精兵躡之。所謂掩其不備，破之必矣。凡此三策，臣晝夜經度，慮不出此，倘陛下採其荒唐，用濟機會，則臣於兹事，或可陪在廷之末議。或以臣言爲闊誕，不切於事，則臣之智思窮於是矣，不敢復有論説也。臣頃與邊臣大將議論，皆云若失今日機會，他日勞師費財，決無補於事功。至有云今年不用兵，乞納節致仕者。觀此，則人情思奮，皆願爲陛下一戰。望陛下英斷而力行之。

15 乙亥，起復武信軍承宣使、行營中護軍統制軍馬張宗顔知廬州，主管淮南西路安撫司公事。右武大夫、開州團練使、知廬州兼淮西制置副使劉錡以所部屯鎮江府。初，王庶自淮上歸，命宗顔以所部七千人屯廬州，命中護軍統制官巨師古以三千人屯太平州。又分京東淮東宣撫處置使韓世忠二軍屯天長及泗州，使緩急互爲聲援。徙錡屯鎮江，爲江左根本。時朝廷以諸將權重，欲撫循偏裨，以分其勢。俊覺之，謂行府錢糧官、右通直郎、新監行在榷貨務劉時曰：「鄉人能爲我言於子尚否？易置偏裨，似未宜遽。先處己可也，不知身在朝廷之上能幾日？」庶聞之曰：「爲我言於張十，不論安與未安，但一日行一日事耳。」俊不悦。時，秦州人也。此以張戒默記增修。但戒稱大理寺丞劉時，則小誤。時今年七月方除大理。熊克小曆記宗顔移屯在五月丁未已前，亦誤。按日曆載此日所降指揮云：「劉錡候張宗顔廬州交割職事訖⑤，前來鎮江府駐劄。」則非庶五月初在淮上所遣可知。今並附本日，庶不牴牾。

16 丙子，上諭大臣曰：「昨王倫對云：『金使烏陵思謀説國書中須是再三言武元帝海上通好事，庶得國中感動。』朕因記當時黏罕輩不肯交燕、雲，皆欲用兵，惟阿骨打以謂：『我與大宋海上信誓已定，不可失約。待我死後，由汝輩。』卒如約。阿骨打乃所謂武元者也。以此知創業之人，設心積慮，必有過人者。」

初，行朝聞思謀之來，物議大訩。羣臣登對，率以不可深信爲言。上意堅甚，往往峻拒之，或至震怒。趙鼎因請間，密啓上曰：「陛下與金人有不共戴天之讎，今乃屈體請和，誠非美事。然陛下不憚爲之者，凡以爲梓宮及母兄耳。羣臣憤懣之辭，出於愛君，非有他意，不必以爲深罪。陛下宜好謂之曰：『講和誠非美事，以梓宮及母兄之故，不得已而爲之。議者不過以敵人不可深信，但得梓宮及母兄今日還闕，明日渝盟，吾所得多矣，此意不在講和也。』羣臣以陛下孝誠如此，必能相諒。」上以爲然，羣議遂息。趙鼎語，以鼎事實修入。按王庶奏疏所稱，趙鼎首鼠兩端，當是指此等語也。惜哉！

詔：「今後除六曹尚書，未應資格人，依元祐例帶『權』字，賜俸如正侍郎，滿二年取旨。」

左奉議郎馮時行特轉一官。時行知丹陵縣，以楊晨薦得召對。時行見上言：

金人議和，何足深信？必緣初廢僞齊，人心未固，深恐陛下乘其機會，殄滅有期。如奉迎梓宮，在陛下之心，至切至痛，故以爲辭。延引歲月，待其撫循既定，狡計既生，然後牽其醜類，送死未遠。陛下可否逆焰其情，深爲之備。臣切見以前備禦，尚爲疎闊。自建康以屬海道，臣非親見，不敢妄陳。自西蜀以至江東，臣請論之。

吴玠一軍，在梁、洋之間，凡五千餘里，至鄂州始有岳飛。又三千餘里至建康，始有張俊。陛下雖以淮爲屏障，然東南形勝，實在長江。今岳飛屯鄂渚，實欲兼備江、池，襄陽有警，比岳飛得聞，往返三千里，束裝辦嚴，非一月不至荆、襄，而敵騎近在京西，輕軍疾馳，不數日而遂涉江、漢。萬一舉偏師向江、池，連綴岳飛，而以大軍向襄陽，中斷吴、蜀，當是時，吴玠不能捨梁、洋而下，岳飛不能捨江、池而上，敵騎盤泊荆南，可以控據上流，震驚吴會，或徑趨潭、鼎，横涉饒、信，可以直乘空虚，擾我心腹。備禦如此，似亦疏矣。臣願陛下先事制勝，選知兵大臣，分重兵以鎮荆、襄，倉卒有警，荆、襄事力，足當一面，而岳飛得專力於江、池之間。若兵有統，不可遽分，亦宜嚴戒岳飛，及兹無事，預思方略。

上諭以爲親屈己之意，時行引漢祖故事言之，上慘然曰：「杯羹之語，朕不忍聞。」因顰蹙而起，乃命進秩，擢時行知萬州。時行除郡，在八月乙卯。

17 丁丑，金國人使福州管内觀察使太原府少尹河東北路制置都總管烏陵思謀、中散大夫太常少卿騎都尉石慶充入見。思謀至行在，上命與宰執議事於都堂。思謀難之，欲宰相就館中計議，趙鼎持不可。思謀不得已，始詣都堂，然猶欲以客禮見輔臣。鼎抑之，如見從官之禮。鼎步驟雍容，思謀一見，服其有宰相體。鼎問思謀所以來之意，曰：「王倫懇之。」問所議云何，曰：「有好公事商議。」鼎曰：「道君皇帝諱日，尚不得聞，有何好公事？」又問地界何如，曰：「地不可求，聽大金所與。」時執政聚廳，惟王庶不之顧。鼎因與思謀議定出國書之儀，思謀氣稍奪。將對，鼎奏曰：「金使入見，恐語及梓宫事，望少抑聖情，不須哀慟。」上問：「何故？」鼎曰：「使人之來，非爲弔祭，恐不須如此。」及見，鼎與諸大臣洎管軍楊沂中、解潛皆立侍殿上，閤門引思謀等陞殿。上遣王倫傳旨，諭曰：「上皇梓宫，荷上國照管。」又問太后及淵聖聖體安否，因哽咽舉袖拭淚，左右皆飲泣。思謀曰：「三十年舊人，無以上報，但望和議早成。」上又諭曰：「記舊人必能記上皇，切望留意。」思謀退，遣倫就驛燕之。徐夢莘北盟會編云：「思謀引見，禮甚倨。上問：『朝廷數遣使議和，不從，今忽來和，何也？』思謀曰：『大金皇帝仁慈，不欲用兵，恐生靈塗炭。』上曰：『俟朝廷議之。』思謀請上自決，上令思謀退館以俟。」按此所云，與日曆不同，今從日曆。

翰林學士兼侍讀兼資善堂翊善朱震疾亟，上奏，乞致仕，且薦尹焞代爲翊善。夜，震卒，年六十七。中夕奏至，上達旦不寐。戊寅，輔臣奏事，上慘然曰：「楊時既物故，胡安國與震又亡，同學之人，今無存者，朕痛惜之。」趙鼎曰：「尹焞學問淵源，可以繼震。」上指奏牘曰：「震亦薦焞代資善之職，但焞微瞶，恐教兒童費力。俟國公稍長，則用之。」乃詔國公往奠，賜其家銀帛二百匹兩，例外官子孫一人。又命户部侍郎向子諲治其喪事。朱勝非秀水閑居録云：「先是，章誼、劉大中、朱震皆可遷執政。宰相趙鼎以誼守建康，會當省試，引故事，以震知貢舉。既鎖院，大中遂作參知政事。震聞之即病，謁告出院，不復供内職，累章求去，詆誚鼎與大中。初章求外祠，次章復求行在宫祠，顛錯可駭。先是，鼎初相，以其姻家范沖與震同兼資善堂，爲鼎求結近閣。鼎罷，沖亦去，震如故。及其復相，震自以爲於鼎有功，意圖執政。至是，大失望，怨鼎刻骨。月餘疾危，猶作詩詆鼎，遣人傳示，遂不起。一執政死二從臣，可歎也。」以事考之，此説雖不爲無據，然大中以三月庚寅除參政，而震四月壬午方知貢舉⑥，勝非實誤。又所云交結近閣等事，疑出於忿辭，今不取。上命國公奠震，及向子諲治喪，他書不見，惟子諲奏疏及張九成家傳及之。例外與震家恩澤，在八月己未。

秘書省正字孫道夫爲校書郎。道夫入館踰再歲，至是始遷之。

18 己卯，御史中丞常同論新知蘄州李允武有贓，因言户部郎官錢觀復除郎不當。上曰：「郎官輕以予人，雖蔡京、王黼不至是也。」趙鼎造膝具言觀復無過，且求去。上曰：「卿不須爾。言官易得，宰相難求。」時同之眷已衰矣。熊克小曆，紹興八年五月，中丞常同論新知蘄州錢觀復除郎不當。按秘書省題名，錢觀復八年三月除秘書郎，五月遷户部員外郎。此云觀復自新知蘄州除郎，恐誤。日曆八年五月癸丑，李允武差知蘄州，替張旦年滿闕。六月己卯，御史中丞常同奏李允武差知蘄州指揮更不施行，恐此自是二事，更須求他書考之。

19 辛巳，詔吏部審量崇、觀以來濫賞比類名色九項，依去年九月辛酉詔旨施行。用本部請也。此以王次翁劄子修入，日曆無之。

起居郎樓炤、起居舍人勾龍如淵並試中書舍人。

20 壬午，中書舍人吕本中兼權直學士院。時將遣金使，禮部侍郎兼直學士院曾開當草國書，乃言：「遲暮廢學，志力俱衰，凡有撰述，動繫國體。乞免兼權直職事。」上欲用勾龍如淵，趙鼎力薦本中，乃有是命。

21 癸未，給事中兼侍講吴表臣試尚書兵部侍郎，兼資善堂翊贊。

中書舍人兼史館修撰勾濤試給事中。

是日，户部侍郎向子諲入見，因論京都舊事，其言頗及珍玩。中書舍人潘良貴故善子諲，至是，攝起居郎立殿上，聞其言甚怒。既而子諲奏：「金國遣使，當審度情實報聘，不可墮敵計中，宜飭邊臣嚴備。」又奏：「朱震之亡，陛下令建國公往奠。師道久廢，今陛下崇儒尚德如此，實可以風化天下。」上因諭以震與楊時、胡安國皆學有淵源，深於春秋，且論先儒異同之説，及震薦尹焞、爲安國請謚等事。子諲反覆良久。良貴不聞其餘語，怒甚，徑至榻前，厲聲曰：「向子諲以無益之言，久勞聖聽。」上語未竟，子諲不爲止，良貴叱之退者再焉。上驚而怒，欲抵良貴罪。甲申，子諲請致仕。右正言李誼亦奏良貴罪。此據勾龍如淵退朝録，未見章疏。御史中丞常同奏：「良貴疾子諲曼詞，衆以爲直，不可罪之。願許子諲補外。」上詰同曰：「子諲之貳版曹，乃卿所薦。今良貴犯分沽激，復上章稱述，何也？」於是上欲併逐同。權禮部侍郎張九成爲上言：「臣比聞良貴廷叱子諲，甚懼，因就問之。良貴曰：『日旰暑甚，子諲久對，而朝膳未進。良貴懼勞聖躬，遽前叱之，不覺聲之厲也。』」上曰：「良貴用心乃爾。」又曰：「三人得無不相能否？」九成曰：「良貴嘗爲臣言：『子諲佳士。』子諲亦云：『且得子賤在朝。』子賤，良貴字也。以此知二人初無不相得者。」上曰：「常同嘗薦子諲，今反論之。」九成曰：「常同亦嘗薦臣。同之事，臣不當言。然前日之薦，以子諲之才可薦也。今日之事，乃國體也。」上意稍解，九成因曰：「近朱震死，陛下命國公往奠，又命子諲治其喪，尊師重道，天下歎仰。且士大夫所以嘉子諲者，以其能眷眷於善類也。今以子諲之故，逐柱史，又逐中司，非所以愛子諲也。」上批諭同，同言不已，於是三人卒俱罷。秀水閒居録云：「向子諲進不以道，交結北司，頗事貢獻。一日對甚久，論説珍玩之物云云不已。潘良貴不能平，叱子諲退，於是良貴罷與外祠。中丞常同言良貴忠直，不應去。前此，同於上前薦子諲，蓋觀望北司也。至是，上責其反復。」按，子諲多爲善類所與，此云交結北司，未詳。趙甡之遺史曰：「先是，秦檜、向子諲、范同請與金人議和，魏矼、常同慮其詐和，請善備之。潘良貴請戰，上命侍從官共議。子諲執講和之説，良貴大叱之。及同奏事，子諲與良貴交爭於殿上。上知同爲子諲辟客，必助子諲也，因顧問同，同乃以講和爲非，而以良貴爲是，大忤上旨。」張九成行述云：「向子諲陛對云云。翌日，公侍金華，因奏其事。」按九成今年八月丙寅方兼經筵，今削去此四字，或移附八月亦可。

是月，顯謨閣直學士、知漳州辛炳卒。

是夏，金左監軍撤離喝自長安歸雲中元帥府，下令：「諸公私債負無可償者，没身及妻女爲奴婢以償之。」先是，諸帥回易貸緡，偏於諸路，歲久不能償。會改元詔下，凡債負皆釋去，諸帥怒，故違赦復下此令，百姓怨，往往殺債主，嘯聚山谷焉。

校勘記

①信州鉛山場青膽礬黄礬無定額　「鉛」，原作「沿」，叢書本同。按：本書卷五九有「又置信州鉛山場」之記載，「鉛」讀如「沿」，故誤。今據改。

②亦須嚴備江南　「須」，原作「維」，皇朝中興紀事本末卷四四、三朝北盟會編卷二二三皆作「須」，據改。

③直秘閣奉迎梓宫副使高公繪先歸至臨安　「奉」，原作「奏」，據叢書本改。

④適足以招寇　「寇」，原作「敵」，據叢書本改。

⑤劉錡候張宗顔廬州交割職事訖　「劉錡」，原誤作「熊克」，據叢書本改。

⑥而震四月壬午方知貢舉　「震」，原作「鼎」，叢書本同。據前後文義逕改。

建炎以來繫年要録卷一百二十一

1 紹興八年秋七月乙酉朔，詔：「徽猷閣直學士、提舉萬壽觀王倫假端明殿學士，爲奉迎梓宫使。大理寺丞陳括爲尚書金部員外郎，假徽猷閣待制副之。」

殿中侍御史張戒復上疏，請外則姑示通和之名，内則不忘決戰之意，而實則嚴兵據險以守。又曰：「自古能守而能和者有矣，未有不能戰不能守而能和者也。使真宗無撻覽之捷①，仁宗非慶曆之盛，雖有百曹利用，百富弼，豈能和哉？」又曰：「苟不能戰，不能守，區區信誓，豈足恃也？」

樞密院計議官陳康伯充本院編修官。

詔以司馬光族曾孫伋爲右承務郎，嗣光後。

2 丙戌，直顯謨閣、知台州耿自求行太府少卿。

尚書左司員外郎薛徽言爲中書門下省檢正諸房公事。

右司員外郎閭丘昕、程克俊並守左司員外郎。

吏部員外郎范同、司勳員外郎陳橐並守右司員外郎。

3 丁亥，右武大夫、榮州防禦使、知閤門事藍公佐假慶遠軍承宣使，充奉使大金國奉迎梓宫副使，代陳括也。先是，王倫請括自副。括見輔臣言：「國家多事，臣子不敢辭。若朝廷遣臺省諸公，括願爲之副。如欲令括副王倫之行，則不敢奉命也。」於是，以公佐代行，仍黜括監浙東州酒税。此以紹興正論修入。括送部與監當，在八月丙辰。徐夢莘北盟會編云：「上召馬擴既至，令入館見思謀，因叙海上相見之好，且屈指舉諸帥小字，詢其安否。思謀皆舉其封謚之號以答之。因踧踖不安。時復欲以馬奉使，思謀懼其小己也，乃繆曰：『馬某舊往來奉使，國中甚敬之。今若再遣，恐必見留。』遂信不遣。」姑附此當考。

4 戊子，樞密副使王庶留身，言：

臣前日在都堂，與趙鼎等同見金使，再詢得烏陵思謀在宣、政間②，嘗來東京，金人任以腹心。二聖北狩，盡出此賊。今日天其或者遣使送死，雖虀醢之，不足以快陛下無窮之冤。今陛下反加禮意，大臣温顔承順，臣於是日，心酸氣噎，如醉如癡。口未嘗交一談，目未嘗少覘其面。君辱臣死，臣之不死，豈有所愛惜耶？臣又竊聽其語，詭秘譎詐，無一可信。問其來，則曰王倫懇之；論其事，則曰地不可求。且金人不遣使已數年矣，王倫何者，能邀其來乎？地不可求，聽我與汝，若無金主之意，思謀敢擅出此語乎？臣曉夜尋繹此語，彼必以用兵之久，人馬消耗，又老師宿將死亡略盡，又敵人互有觀望，故設此策以休我兵，候稍平定，必尋干戈。今若苟且目前，以從其請，後來禍患，有不可勝言者矣。設如金人未有動作，損陛下威武，離天下人心，蠹耗財賦，怠惰兵將，歲月易失，凶豐不常，所壞者國家之事力，所憂者陛下之宗祏，臣下無所不可。今走道途號奉使者，朝在泥途，暮陞侍從；居廟堂任經綸者，竊弄威柄，專任私昵，豈止可爲流涕慟哭而已哉？臣以忠憤所激，肆口所言，冒瀆天聽，乞賜誅責，臣不勝願幸。日曆七月戊子，王庶留身奏事，當即是此劄子也。

後數日，庶又言：

伏思大宋有天下，垂二百年矣。祖功宗德，重熙累洽，雖漢唐未易可擬③。偶崇、觀之後，太平日久，上倦萬幾，委政宰輔，姦人弄權，横生邊事。强敵因之，虔劉兩河，板蕩中原。凶焰酷烈，痛不忍聞，宗社幾致中絶。賴天道好還，人心思漢，戎馬之間，陛下出繼大統。天下翕然改圖，以謂喪君有君，恃此不恐，殆天意也。爾後匹馬渡江，扁舟航海，以至苗、劉之變，艱難百端，終無所傷。天之相陛下，可謂厚矣至矣。今雖未能復兩河，取鞏、洛，定山東，舉關右，而大將互列，官軍雲屯，比之前日，可謂小康矣。又據長江以自衛，萬全計也。何苦不念父母之讎，不思宗廟之恥，不痛宫闈之辱，不恤百姓之冤，含糊澒涊，姑從謬悠，不能終始，以墜大業，非特逆天，其所以辜人望者，未可以一二數也。伏願陛下反覆前後，鑒觀天人，勉思良圖，以冀善後，天下之福也，社稷之福也，陛下之福也。

庶又言：

金人之謀，不過有二，一則爲我，一則爲己，捨此非狂則愚也。所謂爲己者，不過乎彼内訌外叛，互相猜貳，擁兵角立，莫敢先動，故預設此謀，以待平定，徐爲後圖，此爲己之計也。所謂爲我者，必以爲金幣已足，不須多積；土地已廣，不須多占。又陛下事之至謹，心懷仁恕，懇之至切，哀憫悔禍，欲立盟好，永爲鄰壤，此爲我之謀也。陛下試深思之，若敵爲己謀，臣固慮之熟矣。若爲我謀，臣不敢信，惟陛下留念毋忽。中興聖政：「上宣諭曰：『朕歷覽前古治道，三五恐未易及，如漢文景、唐太宗，當力行之，或可庶幾④。』輔臣奏：『陛下聖學高妙，兼睿斷如此，天下安得不治？』臣留正等曰：『矜虛名者罕成功，務實用者享殊效。夫惟高談邃古，遠慕鴻荒，思欲超然遐舉於三五之上者，其名非不甚美，然責之成效，終莫能致也。漢文帝曰：「卑之無甚高論，令今可行也。」崔實曰：「當今不必純法八代，體堯蹈舜。」其言雖若淺陋，而實用存焉。太上皇帝天縱神聖，備道全德，固已登三咸五，視古無前，而曰「三五恐未易及」，至漢文景、唐太宗所優爲也，則曰「當力行之」，豈非斥虛名而務實用之謂耶？易曰：「有大而能謙必豫。」臣於太上皇帝見之矣。』」

5 己丑，故武功大夫、貴州刺史狄流特贈拱衛大夫、貴州防禦使，官其家五人。流，青孫也。靖康間爲并、代、雲中等路廉訪使者，太原之陷死焉。其家訴於朝，乃有是命。

6 庚寅，御史中丞常同充顯謨閣直學士，知潮州。中書舍人潘良貴充集英殿修撰，提舉江州太平觀，免謝辭。先是，趙鼎奏：「向子諲無罪當留，同與潘良貴亦所以爲子諲⑤，蓋外議猶以子諲久對爲非，良貴實出於愛君也。」二人既出，給事中張致遠謂不應以一向子諲出二佳士。上怒作色，顧鼎曰：「固知致遠必繳。」凡再言之。鼎曰：「陛下何以知之？」上曰：「與諸人善。」趙鼎事實曰：「時蓋有先入之言，上聞鼎奏，由是不樂。後數日，右相秦檜留身奏事甚久，既退，鼎叩之曰：『上無以前日之言有語否？』檜曰：『上無他，但患相公不樂耳。』鼎乃信而不疑。」

徽猷閣直學士王倫言：「兵部侍郎司馬朴見在軍前，守節不屈。乞優恤其家，以爲忠義之勸。」許之。僞豫之廢也，金人欲以朴爲汴京行臺尚書右丞，朴力辭而免，金重其節。上因倫行，錫以黃金茶藥焉。賜朴黃金等事，以附傳修入。

7 辛卯，尚書户部侍郎向子諲充徽猷閣直學士，知平江府。子諲請致仕，疏三上，乃命出守。子諲入辭，備録榻前奏對之語已見六月癸未。及所以稍久之故，且言：「潘良貴初不聞所論何事，輒有糾彈，陛下猶與臣畢其説而後退，竊見良貴待罪之章，乃謂臣以無益之言久煩聖聽。欲乞將上件事迹宣付記注，庶幾不累聖德。」從之。子諲此章，以八月庚申付出，今併附此。

右正言李誼試右諫議大夫。

8 癸巳，秘書省校書郎孫道夫知懷安軍。先是，席益爲四川大帥，奏以湖南軍屯於成都。益既以憂去，道夫見輔臣論：「自漢、唐以來，據蜀如公孫述與孟知祥輩，皆非蜀人。成都無警，益乃移軍屯之，昨幾有竊發之變。願還之舊處，以減糧餉。又比年使蜀，冠蓋相望。如劉子羽方出，而范直方又行，往來之費，公私騷然，未聞有能宣德意者。願且止之，以息浮費。」

9 丙申，直秘閣、都大主管成都等路茶馬監牧公事張源爲四川轉運副使、兼權茶馬監牧公事。

直徽猷閣、川陝宣撫使司主管機宜文字高士瑰爲四川轉運判官，自成都移司利州。士瑰未至官，丁憂，詔起復。士瑰以十月九日起復，此以本司題名增入，日曆無之。

左從事郎、新漳州州學教授李經特改左宣義郎。經，綱弟也。嘗除太學博士，未上而省，至是召對，遂以爲秘書省校書郎。經除校書在是月壬子。

10 丁酉，金國人使烏陵思謀入辭。上每及梓宮事必掩泣，羣臣無不感動。思謀爲右副元帥宗弼所信，動靜皆咨之，後遷沁南軍節度使、知懷州。

進士及第黄公度爲左承事郎、簽書平海軍節度判官廳公事。禮部言：「祖宗故事，不策試，則榜首補兩使職官。」上特命授京官，自是以爲例。

11 戊戌，王倫辭行。倫至都堂，禀所授使指二十餘事。一，議和後禮數。趙鼎答以：「上登極既久，四見上帝。君臣之分已定，豈可更議禮數？」二，割地遠近。鼎答以：「大河爲界，乃淵聖舊約，非出今日。宜以舊河爲大河，若近者新河即清河，非大河也。二事最切，或不從，即此議當絶。」倫受之而去。此據趙鼎事實。

12 庚子，中書舍人勾龍如淵入對。上曰：「朕本用卿直學士院，而趙鼎薦吕本中。他日本中罷，則用卿矣。」上又曰：「卿與樓炤皆朕親擢。中書事，有當論即奏來。如張致遠、吕本中皆作附麗計者，人誰不由宰相進？致遠亦太甚。」上久之曰：「李授之進易解，朝廷議與一職名。本中毅然欲繳，既而知授之乃趙鼎爲諸生時教授也，遂已，殊可怪。」上又曰：「近日常同、潘良貴事如何？」如淵曰：「良貴不爲無失。然素忠直，望陛下優容之。」上色不平。如淵曰：「天下事，未有不起於微者。比因此三人之出，朝臣中有不能安者，臣恐朋黨之議由此起。」上曰：「朋黨之説，果已有之。數日前，趙鼎言聞朕要用周秘爲中丞，陳公輔爲諫議。朕何嘗有此意？」如淵曰：「聞李誼亦嘗有章劾良貴，今陛下擢誼爲諫議，臣乃知陛下罪同者在其論事前後相戾，而不在良貴也。」上唯唯。此據如淵退朝録。

13 丁未，右武大夫、開州團練使劉錡充樞密院都統制，依舊鎮江府駐劄。

14 辛亥，詔：「殿前司策選鋒軍統制吴錫還行在，令本司別遣一軍往廬州，權聽帥臣張宗顔節制。」先是，宗顏乞令錫更戍。上曰：「錫有膽勇心計，然不可獨用。可趣歸，令楊沂中別遣軍代之。」趙鼎曰：「沂中已嘗有此請矣。」鼎等退而語，咸服上知人善將將之明焉。

15 癸丑，左從事郎、秘書省正字、兼史館校勘范如圭特改左宣義郎。制曰：「紹聖、元符之間，姦人得志，首陳紹述之說，以脅持上下。次爲廢立之議，以誣謗宣仁，傷泰陵孝治之風，失神祖勵精之意。凡是羣邪之舉措，皆非當日之本心。貽患至今，餘風未殄。載觀舊史，實駭予聞。爰命儒臣，復加筆削。以爾如圭，承外家之學，懷疾邪之心。維此一代之書，遂爲不刊之典。改秩之寵，厥有故常。尚悉所聞，以究而事。」如圭，胡安國姊子也。

近制，三衙管軍更日内宿。事見建炎元年十月。至是，殿前都虞候楊沂中已免直，今年四月癸未。惟權馬軍司公事解潛與殿、步二司統制官互輪。潛又言：「今來無事，乞依東京舊例。」乃詔潛權免，只分輪統制官。右諫議大夫李誼聞之，引晉、唐故事奏，且言：「今萬騎時巡，宮闕非曩之壯大，禁衛非曩之衆多，内外之患，可備非一，而管軍夜居於外，是潛等之寢則安，爲宗社之慮則未安也。望令沂中與潛依舊輪宿，上嚴宸極。」從之。尋命帶御器械韓世良權主管侍衛步軍司公事。世良權步司，日曆不見。勾龍如淵退朝録載今年十二月取國書事，三衙内有世良名，未知以何日除，今因内宿事附見。

是月，四川制置使胡世將至遂寧府，遂會川陝宣撫副使吳玠於利州。時軍闕見糧，玠頗以家財給之。玠行至大安軍，婦人小兒饑餓者千百擁馬首而噪。玠大怒，謂曰：「吾當先斬勾光祖，然後自劾，以諭汝輩。」光祖時以直秘閣爲利州路轉運副使故也。異時宣撫副使皆文臣，而玠起行伍，不十年爲大帥，故不肯相下，誠意不通。及是，世將開懷與語，玠懽甚，語人曰：「宿見胡公，開懷曉事，使我憂懣豁然。」世將行之明日，玠乃械諸路漕司吏，斬於市，餘怒尚如此。先是，水運泝江千餘里，半年始達，陸運則率以七十五斗而致一斛。世將與玠反覆共論，玠亦曉然知利害所在。世將又以恩義開諭，且貸閬州守將孫渥回易米數萬石給之。諸路漕臣相繼集利州，各有所餉饋，軍賴以給。乃復前大帥席益轉般摺運之法，糧儲稍充，公私便之。玠欲斬勾光祖事，以費士戣蜀口用兵録增入⑥。或曰：「玠初欲斬四路漕臣，幕客止之曰：『轉運使皆上所命，而宣撫擅斬之，是跋扈也。』玠乃止，猶斬其都史。」

1 八月按是月甲寅朔。乙卯，宗正少卿蕭振試侍御史。

詔右承事郎陳淵，争臣瓘從孫，學術通，達國體，特賜同進士出身。淵時以選人監嶽廟，召對改京秩，遂以爲秘書丞。淵改官在七月丁亥，入館在八月。

2 丙辰，考功員外郎鄭剛中言：「陛下臨御以來，寬仁愛物，於古有光。而臣下持法之心，頗與古異。大率有司皆不肯以身任怨。縣有罪，郡守不敢劾，留以俟監司。郡有罪，監司不敢按，留以俟臺諫。某事於法不可行也，郡猶問於監司，監司問六部，六部問朝廷，作聖旨罷之。某事於法不可得也，郡猶請於監司，監司請六部，六部請朝旨，作聖旨奪之。積日累月，罷之奪之，皆自一人出，而百官有司，無一拂戾人情者。苛察之怨，日歸於上；姑息之恩，各歸諸己，此豈善風俗持久之道乎？臣願陛下戒敕臣吏，各使持職奉法。凡予奪之際，自有成書。無大疑惑者，不得互相推避。其失職廢法，全身避怨者咸按之。」上納其言，令學士院降詔，布告中外。

3 戊午，詔曰：「日者復遣使人報聘鄰國，申問諱日，期還梓宮。尚虞疆場之臣，未諭朝廷之意，遂弛邊備，以疑衆心。忽於遠圖，安於無事。所以遏奔衝爲守備者或至闕略，練甲兵訓士卒者因廢講求，保圉乏善後之謀，臨敵無決勝之策。方秋多警，實軫予衷。爾其嚴飭屬城，明告部曲。臨事必戒，無忘捍禦之方；持志愈堅，更念久長之計。以永無窮之聞，以成不拔之基。凡爾有官，咸體朕意。」

太常謚故追復龍圖閣學士錢勰曰文肅，用其子徽猷閣待制伯言請也。勰，吳越王宏倧曾孫，元祐翰林學士，黨籍從官第十一人。

4 己未，進士徐士龍上書論事，詔倍賜束帛。

5 庚申，上與趙鼎語及瑤華誣謗，因言：「有一內侍，頗能道當時事。所謂雷公式者，止是一漆木盤子，如今日發課看命盤子之類，厭魅之端，實起於昭慈之妹六夫人者。一日，福慶公主病，六夫人取道家符水以入。昭慈問所從來，取符焚之，自是禁中相傳有厭勝之事。及公主疾甚，忽於簾間得紙錢，昭慈見而惡之。或謂自婕妤所持來，自是頗有疑心。」上曰：「以此數事觀之，既有疑似，故姦人得以進誣罔之說，此哲宗聖聽所以惑也。」鼎曰：「借使實有之，止是婦人求媚之事，與前世巫蠱咒詛不同，何足深罪？」上曰：「然。」

端明殿學士、提舉臨安府洞霄宮韓肖胄知常州。

殿中侍御史張絢試宗正少卿。絢感疾不能朝，力丐奉祠，故有是命。

左從事郎、新建康府府學教授高布特改左宣義郎，以薦對也。俄召試，除秘書省正字。布除正字在九月。

6 辛酉，輔臣進呈，左朝散大夫吴説曾與苗傅輩欵密，屢爲言事之臣彈劾，十年不得調。上因語宰執曰：「説累赦不得自新，非朕用人之意。可諭言官，負釁被廢之人，或已嘗行遣，勿復再有論列。」

7 壬戌，端明殿學士、提舉亳州明道宫章誼卒。詔以留守建康之勞，賜其家銀帛二百匹兩。後謚忠恪。

8 甲子，趙鼎等奏，親衛大夫、利州觀察使馬擴將到奉使録，記海上之盟，約金人夾攻事。上以爲：「人君不當有此心，臣下不當進此説。外國之與中國，如陰陽消長，豈能偏廢？若可剿除，漢、唐之君行之久矣。」時北使已去，復命擴以沿海制置副使屯鎮江，故執政及之。

9 乙丑，試尚書禮部侍郎曾開兼侍讀，權尚書禮部侍郎張九成兼侍講。

龍圖閣直學士、新知婺州范沖提舉江州太平觀，以病自請也。

徽猷閣待制、江淮荆浙等路經制發運使程邁入見，言：「劉晏爲九使，財賦悉歸於一。國朝始分爲二，而三司使居中，發運使居外，相爲表裏。今租庸分於轉運司，常平分於提舉司，鹽鐵分於茶鹽司，鼓鑄則有坑冶司，平準則有市易司，總之以户部，而發運使徒有其名。臣恐未及施爲而議論蜂起，上溷聖聽。」上乃督邁，使亟行，且諭以：「置場和糴，毋甚賤傷農。」邁曰：「臣敢不遵聖意！」於是降本錢四百萬緡，令於六路豐熟之地，置場和糴焉。降本錢事，日曆不載。今以十一月十七日户部供到狀修入。

10 丙寅，詔：「侍讀曾開讀三朝寶訓，侍講吴表臣講孟子，張九成講春秋，吕本中講左氏傳，崇政殿説書尹焞講尚書。」既而本中辭兼局，乃命中書舍人勾龍如淵兼侍講。如淵兼侍講，在是月庚辰。九成在經筵，一日論日食，奏曰：「日食之變，本於惡氣。惡氣之萌，本於惡念。不芟夷藴崇之，絶其根本，將奔騰四達。上觸乎天，則日月薄蝕⑦，五星失序。下觸乎地，則菑及五穀，怪妖迭見。中觸乎人，則爲兵爲火，札瘥備至。則惡念之起，可不應時撲滅乎？」上聳然曰：「誠在朕念慮間，當爲卿戒之。」九成進講畢，上嘗論王道曰：「易牛微事耳，孟子遽謂是心足以王，朕竊疑之⑧。」九成曰：「陛下不必疑，疑則心與道二。不忍一牛，仁心著見，此則王道之端倪。推此心以往，則華夏蠻貊，根荄鱗介，舉天下萬物⑨，皆在陛下仁政中，豈非王道乎？」他日，上謂近臣曰：「朕於張九成所得甚多。」九成行述云「上語侍講陳淵」云云。按淵紹興十年二月始兼崇政殿説書，今併附此，但削其名爾。

11 丁卯，集英殿修撰知瀘州何慤、集英殿修撰知臨安府張澄並陞徽猷閣待制。時臨安守臣任同京邑，而澄有治劇之才，甚得時譽。中書言：「慤自除權侍郎已滿再歲。」故並陟之。中興聖政：是日，進擬柳州、南雄州知州，上曰：「廣南去朝廷遠，守臣尤當遴擇。前日連南夫奏廣南盜賊殺戮過多，要降詔。朕以謂盜賊固當殺戮，只恐害及平人，有傷和氣。若得守令平日存撫，使不爲盜，乃上策也。如江西州縣長吏，或昏繆不職，或貪贓害民，豈可不問？」臣留正等曰：「太上皇帝聖明照四海，故於江西、二廣之遠，無一日不軫聖慮焉。按舉之吏爲遠而重其權也，檢察之使爲遠而專其選也，決獄之官爲遠而勤其行也。周利見將漕廣南，上因臨遣諭之曰：『廣南去朝廷遠，監司耳目之寄。卿到所部，爲朕悉意愛民，若貪贓害民之人，卿須按劾。有體國愛民者，便須薦舉。』則按舉之權重矣。又嘗諭宰執曰：『朕夜來思慮，江西盜賊未息，使平民不得安居，州縣不能存撫，致百姓失業，不得已而爲盜。可差監察御史一員，前去檢察，并降詔榜曉諭。』則檢察之選專矣。又嘗因大理寺奏二廣結滯獄，欲就委鄰路選官。上曰：『二廣去朝廷遠，民間冤滯，無所赴訴，尤當欽恤。正須本寺守前去，如江、浙近地，苟有冤抑，不患不聞，止令帥司選官。』則決獄之行勤矣。至於是，又以州縣長吏爲念。蓋聖心之不忘遠類如此。」

12 戊辰，監察御史張戒守殿中侍御史。前二日，上命戒入對，遂有是命。

左迪功郎、德安府節度推官張節夫以招諭劉永壽之勞，特改左承務郎。劉永壽事已見正月辛丑。

13 甲戌，中書舍人、兼直學士院呂本中兼史館修撰，秘書省正字常明兼史館校勘。本中奏：「曾祖公著、祖希哲皆係元祐黨籍，若記録當時舊事，實有妨嫌，且使後來生事之人，得以藉口。」不從。

右朝奉郎、新知滁州王安道罷。時左迪功郎袁煥章以特奏名賜第，乞爲諸州教授，許之。中書舍人呂本中極論士不知義，求利無厭之弊，請寢煥章除命。又言：「故事，凡中都官自太學博士改官，乞去者皆除諸州簽判，當時已號優寵。館職、太常博士、監丞正，隨資序深淺，大抵多得通判，亦少有得郡去者。」因論：「安道等三人，資序尚淺，未有顯功。」故皆寢之。

14 丙子，監察御史黄鍰爲江南西路提點刑獄公事，以病自請也。

15 丁丑，徽宗皇帝實録開院，用故事，賜史館官茶酒。監修官趙鼎奏曰：「先帝以仁厚之德，涵養天下幾三十年。其間法令有未盡善者，皆出於羣臣貪功冒賞之私，而有司壅於上聞，非先帝本意。劉大中宣和初知如皐縣，時有旨，即隱者徐神翁所居建爲觀，而基包士民墓甚衆。大中顧有司不能決，乃具圖申省，且束裝待罪。洎取旨，先帝愕然曰：『豈可發民墳墓？』即詔移之別地。則知當時有不便於民者，使先帝悉知，未有不改之者。此羣臣之罪，而蔡京爲之首也。」上深然之，以至泣下。鼎又曰：「崇、觀之失，不歸之蔡京，使何人任責？今士大夫力主京者，皆厚私恩而薄祖宗之人也，願陛下深察之。」

16 戊寅，秘書省著作郎、史館校勘何掄爲秘書少監。先是，李彌正、高閌既除郎，今年三月。而掄與張嵲皆未遷。樞密副使王庶疑之，以問趙鼎，曰：「少需，處之要職。」至是，乃有此授。

秘書省正字凌景夏爲著作佐郎。

右承務郎丁駿落致仕。駿爲上元簿，年五十餘掛冠去。至是，資政殿大學士張守言：「駿學行吏事皆有可觀，恬静安貧，初無疾恙。」故復令出仕。

17 己卯，左通奉大夫馮躬厚卒⑩。

18 庚辰，監察御史李寀爲江西宣諭。先是，上以虔、吉等州盜賊未息，議令殿前司遣兵往捕，又慮州縣不能撫恤，致其不得已爲盜，欲先遣御史，持黄榜招諭，使之改過歸業，俟其不悛，然後戮之。前三日，以諭宰相，至是舉行焉。

19 辛巳，宰執奏：「禁塗金、鋪翠、鹿胎等首飾。」上曰：「宫中禁之甚急，民俗久當自化，不必過爲刑禁也。」

20 壬午，秘書省著作郎何掄罷。掄既遷少監，而殿中侍御史張戒言：「張浚入蜀，掄爲之鷹犬。去歲浚獨相，自以黄潛善乃王黼之黨，每持邪説，以司馬光爲非，以王安石爲是。至再修神宗實録，掄攘臂其間，略無所忌。浚敗，乃焚燬籤貼。國家大典，豈宜屢易，以徇權臣之私意？」右諫議大夫李誼亦言：「陛下命羣儒訂正舊史，以明國論。前宰相張浚，狃於習尚，遽欲取其書而竄易之。是時，掄實贊其事。以掄之議論如此，今復使之參預史書，已爲非宜，而況進處中秘之長，爲東觀諸儒之冠？欲其扶持正道，不亦難乎？」侍御史蕭振亦言：「掄性姿佻浮，本無操守。奴事張浚川陝十年，官爲正郎。浚作相，掄遂入館，其後攝左史。浚兄滉賜出身，公議不以爲然。中書舍人張燾、樓炤皆相繼繳還詞頭，掄當行詞，既重違浚，又恐得罪於公議，遂操兩可之説，搢紳鄙之。方浚之專政也，欲竄易舊史，掄首附其意旨。凡所籤貼，自云改字舛訛，然頗主異議。浚罷，掄不自安，遂撤去前日籤貼焚之。掄之趨操議論不端如此，何足以服多士？」乃出掄知邳州⑪。日曆，掄自左宣教郎入館，而振劾疏稱官爲正郎，蓋入館時猶未换給也。

詔右宣義郎李良輔已差主管台州崇道觀指揮勿行。良輔，河南人，大觀間爲零陵簿，以告訐胡安國薦范純仁之客，由是改官。至是來臨安，得宮觀。而中書舍人呂本中論其宿負，以爲邪正之間，有傷事體，伏望特行貶竄，故復奪之。王明清揮麈後録：「李良輔者，憸人也。元符末，在永州⑫，主岐陽簿，有教授李師聃祖道，蜀中老儒，黄太史魯直之姻家，善士也。范忠宣遷是郡，祖道作詩慶其生，初有『江邊閑艤濟川舟』之句。良輔與之有隙，遂上其本，祖道坐此削籍流九江。良輔用賞改秩，寖至郡守。建炎初，呂元直當軸，良輔造朝求差遣。元直舊知其事，詢所以然，良輔猶以爲績效，歷歷具陳之。元直笑曰：『初未知本末之詳，正欲公自言之爾。』即命直省吏拘於客次，奏於上，除其名，人皆快之。」明清所云良輔除名事，日曆不書，當求他書附本年月。以胡安國行狀考之，永州守貳教官，乃以安國舉遺逸王繪、鄧璋之故連坐，且是時范純仁之薨已久，明清亦小誤也。

21 癸未，詔故贈觀文殿學士李若水特與致仕遺表恩澤。若水之死節也，上命官其家五人。至是，其母張氏援陳亨伯例有請。兵部兼權吏部尚書張燾言：「若水忠義顯著，又非亨伯之比。望特從所乞，以爲天下臣子之勸。」故有是旨焉。

是月，御筆：「和州防禦使璩除節鉞，封國公。」執政聚議，樞密副使王庶大言曰：「並后匹嫡，古以爲戒，此豈可行？」左僕射趙鼎謂右僕射秦檜曰：「鼎前負曖昧之謗，今不敢奏，須公開陳。」檜無語。翌日進呈，鼎奏曰：「今建國在上，名雖未正，恩數宜小異。」又曰：「建國名雖未正，天下之人皆知陛下有子矣。以前後恩數並同皇子，又昨幸平江及謁太廟，兩令建國扈蹕，國人見者，咨嗟太息。此社稷大計，蒼生之福也。至於外間稱呼之語，豈不聞之？臣身爲上相，義當竭忠以報陛下。在今日禮數，不得不異。蓋以繫人心，不使之二三而惑也。」後數日，參知政事劉大中奏事，亦以爲言，命遂寢。此據趙鼎事實。事實又云：「執政聚議之日，秦檜曰：『陳去非在政府時，已有此意，但未及行，不知公之意如何？』鼎再叩其可否，而竟無一言，却問鼎意如何。鼎謂已有其一，名雖未正，意亦可知，不當更使一人參之。翌日進呈，檜不復措辭，鼎奏云云。後數日，劉大中參式假，亦以此開陳，秦檜亦嘗留身，不知所説何事。後十餘日，鼎請問，再言之，退謂檜曰：『朝廷惟患所見不同，所以不能成事。議論既一，雖天意可回。同寅協恭，其效如此。吾輩不可不勉。』初不疑中有異論者。及鼎上章解機務，上曰：『前日所議璩建節事，如何？』鼎又如前所陳。是時若能雷同相徇，即留而不去矣。鼎既去，明年正月，遂建榮國公。乃知檜所稟者不然也。」方疇稽山録曰：「時左相趙鼎語右相秦檜曰：『公嘗説丙辰罷相之後，議論鼎者，專以資善堂藉口。鼎今日當避嫌，公專面納此御筆，如何？』檜曰：『公爲首相，檜豈敢專？公欲納之，檜當同敷奏也。』鼎約檜與劉大中各將劄子至，唯檜無之。鼎遽參酌，只作一劄子。明日，鼎又語檜：『同進呈尤好。』檜復曰：『公爲首相，檜不敢專。』明日進呈，鼎奏曰：『祖宗受天命，當傳萬世。陛下仁孝，子孫千億，未可謂無也。但宗子某已封建國，只是小國，今某封吴國公，却是全吴。臣欲且與建節，或封一等小國。』上曰：『都是小孩兒，且與放行。』鼎執奏再三，且曰：『兄弟之序不可亂。』上意難之，遂留御筆曰：『待三五箇月，别商量。』既下殿，樞密王庶西人氣直，謂鼎曰：『公錯了也。』檜曰：『檜明日留身敷奏。』明日，檜留身。又明日，鼎留身，奏曰：『昨所納御筆，不知檜與大中有何奏？』上曰：『大中與卿一爾。』」疇所云，與鼎事實小異，今並存之。璩明年三月建節封公。

權禮部侍郎、兼侍講張九成兼權刑部侍郎。先是，刑部吏斷天下死囚不以情，自九成涖職，有情輕免死甚衆。一日，法寺以成案上大辟，九成閲始末，得其情，因請覆實，囚果誣服者也，奏黜之。時法官抵罰，而朝論欲以平反爲賞。九成辭曰：「職在詳刑，而賣衆以邀賞，可乎？」此以九成行述修入。刑部題名，九成權侍郎在此年而無其月，然已繫兼侍講銜。九成兼經筵在八月丙寅，故且附月末，俟考。

川陝宣撫副使吴玠以護國軍承宣使、知利州、權節制利州屯駐諸將軍馬田晟知興元府。注，利州知州題名，八月九日改除。興元知府題名，九月到任。

校勘記

① 使真宗無撻覽之捷　「撻覽」，原作「達蘭」，據金人地名考證回改。

② 再詢得烏陵思謀在宣政間　「烏陵」，原作「烏凌阿」，據金人地名考證回改。下同。

③ 雖漢唐未易可擬　「漢」，原闕，據叢書本補。

④ 或可庶幾　「庶」，原闕，據叢書本補。

⑤ 此句語意未明。按皇朝中興紀事本末卷四五録趙鼎此奏，「潘良貴」下有「誠有罪，不宜因子諲顯黜之。俟少定，令外補，不惟爲同、良貴」數句，則文通意明，此處蓋脱漏。

⑥ 以費士戣蜀口用兵録增入　「戣」，原作「戴」，據本書卷四二改。

⑦ 則日月薄蝕 「薄蝕」，原作「蝕薄」，據皇朝中興繫年要録節要卷九乙正。

⑧ 朕竊疑之 「竊」，皇朝中興繫年要録節要作「切」。

⑨ 舉天下萬物 「舉」，原作「與」，據皇朝中興繫年要録節要改。

⑩ 左通奉大夫馮躬厚卒 「躬」，原作「射」，叢書本同。本書卷九載「左通奉大夫秘閣修撰提舉西京嵩山崇福宫馮躬厚」事，因據改。時人翟汝文忠惠集、程俱北山集均作「躬」。

⑪ 乃出掄知邳州 「邳州」，叢書本同，宋史全文卷二〇中作「邛州」。

⑫ 在永州 「在」，原作「任」，據揮麈後録卷七改。

建炎以來繫年要録卷一百二十二

1 紹興八年九月按是月甲申朔。丁亥，侍御史蕭振言：「近除發運使，令糴米以待闕用。其價雖隨時低昂，當使官價高於民間，仍不加耗，及即時支錢，則有以助國寬民。」詔從之。振又言：「古之賢將，皆協力以成功。今陛下舉付之諸將，使分屯近甸，此係社稷之安危，攻之與守，全在諸將協力。昔何充所謂將賢則中原可定，勢弱則社稷同憂。蓋事同者忌功，功同者忌賞，自古有之。望明詔諸將，俾首尾相應，脣齒相依，庶幾人人協謀，大功克舉也。」是日，振又劾參知政事劉大中身爲大臣，而不以孝聞於中外，乞賜罷斥。疏留中不下。振本趙鼎所薦，後以秦檜引入臺，其劾大中，蓋以摇鼎也。趙鼎事實云：「初，監察御史蕭振力求外補，且托其鄉人吴表臣、薛徽言爲請甚切。鼎從之，遂除郡而去。及秦檜拜相，一召即來。始振以親年七十求去，至是不復以親爲辭。尋除南康，是必有薦爲鷹犬者也。未踰月，論劉大中至三章不已。鼎謂：『意不在大中，行且及臣矣。』」振去年十二月除浙西憲，此云除郡，小誤。

2 戊子，尚書禮部員外郎方庭實、考功員外郎鄭剛中並爲監察御史。

3 己丑，起復親衛大夫、利州觀察使、沿海制置副使馬擴罷爲荆湖南路馬步軍副總管。時和議將成，大臣忌言兵事。擴逡巡求退，許之。徐夢莘北盟會編載擴此除在明年三月，恐誤。

4 庚寅，給事中兼史館修撰勾濤充徽猷閣待制，知池州。殿中侍御史張戒論：「濤陰附張浚，四川監司守倅多出其門。及浚敗事，又顯立同異，反覆無耻。如何掄不端，宰執畏輿言，初不敢擬，而濤攘臂自任，欲引躋禁從。若不逐去，則濤之植黨，不特一掄而已。」疏留中不出。濤聞求去，章四上，乃有是命。上遣内侍諭令入對，奏事踰八刻，濤言：「戒擊臣，趙鼎意也。」因力詆鼎結臺諫與諸將，上頗以爲然。成都丁記：「景山遷給事中，繳駁不避權貴。王庶除樞密，胡世將制置四川，皆濤所引。一日，太上親書『金閨清溪』四大字以賜，又面諭當以卿爲相，王庶仍佐卿西府。因爲時宰所忌，屬言路彈擊。」景山，濤字也。今附此，仍當以他書參考。

太常少卿蘇符守起居郎，仍兼資善堂贊讀。

中書門下省檢正諸房公事薛徽言守起居舍人。

直顯謨閣、知常州劉一止試秘書少監①。

直龍圖閣、知撫州石公揆罷。時江西提點刑獄公事趙渙至部半年，而移獄四十餘處。殿中侍御史張戒論：「公揆病廢，全不任事。渙銳意按察，而不能安詳，過猶不及。乞委宣諭官李寀究實，乃黜陟之。」後寀奏公揆貪殘，而渙偏見自任。詔渙奉祠，而公揆奪職。十一月癸未，公揆落職。庚子，渙主管台州崇道觀，理作自陳。

潮州進士夏侯旻上書，論海陽令柯權自醫學入官，其不法凡十二事。詔憲臣究實以聞。

5 甲午，史館上續修哲宗實録。

左迪功郎樊光遠爲秘書省正字。

6 丙申，詔知桐城縣魏持已降轉官指揮勿行。以御史張戒論其營田殃民也。持本張宗元所薦，至是，代還入對，故戒諭之。事初在去年八月丙申②。

7 己亥，尚書兵部員外郎王次翁遷吏部員外郎。太常丞王居修爲駕部員外郎。大理寺丞丁則爲工部員外郎。

秘書著作郎兼史館校勘張嵲、左朝奉郎林叔豹並爲福建路轉運判官。何掄既以簽貼神録得罪，嵲不自安，亦求去，故有是命。

尚書禮部員外郎李良臣知簡州。張浚既得罪，蜀士相繼外補，惟勾龍如淵、施庭堅擢用。

秘書著作佐郎胡珵爲著作郎。時左奉議郎喻樗免喪，趙鼎奏以著作郎召。給事中張致遠獨袖堂劄還之。除著佐③，又還之。除正字，復還之，乃已。鼎忿曰：「差除簿當送後省耳。」此以張戒默記修入。秘書省題名，樗紹興六年七月以正字丁憂，當是十月一日從吉。今因著作有闕，權附此，當考。

左奉議郎楊椿爲秘書省校書郎。椿，彭山人，舉進士禮部第一。累官州縣，用趙鼎薦召對。椿勸上行仁義，建學校，收人材，擇將帥，去贓吏，恤民力，凡二十餘事，遂有是除。

8 庚子，武經大夫、閤門宣贊舍人、知襄陽府武糾進秩一等，用岳飛請也。

9 辛丑，輔臣奏以武功大夫王默知均州，武功大夫、康州刺史邢舜舉知光州。上曰：「今日邊壘，内則撫綏，外則斥堠。二大事未易得人，宜精擇之。」

10 壬寅，左迪功郎、温州州學教授葉絣上書，請興太學。其説以爲：「今駐蹕東南，百司備具，何獨於太學而遲疑？且養士五百人，不過費一觀察使之月俸。」又言：「漢光武起於河朔，五年而興太學。晉元帝興於江左，一年而興太學。皆未嘗以恢復爲辭，以饋餉爲解。誠以國家之大體在此，雖甚倥偬，不可緩也。」事下禮部。既而右諫議大夫李誼言：「今若盡如元豐養士之數，則軍食方急，固所未暇。若止以十分之一二爲率，則規模削弱，又非天子建學之體。況宗廟社稷俱未營建，而遽議三雍之事，豈不失先後之序？望俟回蹕汴京，或定都他所，然後推行。」從之。

11 乙巳，上諭大臣曰：「近張戒有章疏，論備邊當以和爲表，以備爲裏，以戰爲不得已。此極至之論也。」趙鼎等言：「當力守此議。」此據日曆。蓋戒本鼎客，故主守。日曆又言：「王庶與趙鼎等亦以此説爲然，當力守此議。」按庶所奏，每病趙鼎、劉大中持兩端，不應自叛其説。臣嘗細考日曆，紹興七年八月所載和議本末，凡遣使議論，悉是趙鼎所奏：七年十二月丙子，上曰：「金人能從朕所求，其餘一切非所校。」鼎曰：「仰見陛下孝心焦勞。」檜以屈辱爲憤。八年六月己酉，上曰：「館待之禮宜稍優厚。」鼎曰：「若用兵，不知所費多少。」八年六月戊辰，范同申金使已到常州：「臣見人主卑屈，懷憤憤之心，此人臣之忠也。」十二月戊午，秦檜劄子：「乞遣官往前路，與金使計議，使名未正，當改江南爲宋，詔諭爲國信。」據此，則屈己之事，皆鼎贊成之，檜實無預。天下後世，果可欺哉？臣詳考其故，蓋紹興十二年以前日曆皆成於檜子熺之手，張孝祥嘗乞改之。如言王庶當力守此議，恐亦近誣。今削庶名，庶不失實。

徽猷閣待制、提舉江州太平觀趙開落職。初，開被召未行，乃録進舊所爲軍務機密三事。其一，謂蜀與荆渚爲根本之地，朝廷措置，在所當先。其二謂兵視國勢爲彊弱，蜀之民未蘇，其勢未可輕動。乞速止蜀關大將牽制之謀，以除根本之禍，復近關梁、洋、階、成、鳳五郡之稅賦，使其民皆歸業，無殺傷秦、鞏僞地之民，使民有徯后之心，則國勢强而兵自强。其三謂招懷歸業之民，當罷官營田，專用張全義治河南故事，其效可見於期月。會張浚得罪，開亦乞奉祠。今年二月。至是，殿中侍御史張戒論遠方壅蔽之患，且言：「臣頃在蜀中，事皆目覩。大抵張浚欲之，而趙開與之。張浚惡之，而趙開和之。二人罪惡，四川疾苦，朝廷不盡知也。壅蔽之害，一至於此。開之罪狀，陛下既已灼知，自浚敗以來，開獨未嘗被責，端居自若，至今爲待制。伏望聖慈，特加貶竄，少謝蜀民。」故有是命。

12 丁未，左金紫光禄大夫、尚書左僕射同中書門下平章事、監修國史趙鼎遷特進，以哲宗實録成書也。中書舍人兼直學士院吕本中草制，有曰：「謂合晉楚之成，不若尊王而賤霸；謂散牛李之黨，未如明是而去非。惟爾一心，與予同德。」右僕射秦檜深恨之。

左朝奉大夫段拂知大宗正丞。拂，江寧人也。

13 戊申，宰執言：「自時多艱，朝廷思屈羣策以濟庶務，緣此法度，多有改易。」上因曰：「經久之制，不可輕議。古者利不百不變法，卿等宜以蕭規曹隨爲心，何憂不治？」

14 壬子，上諭輔臣曰：「昨日浙東漕梁澤民奏今秋糴買事，朕嘗諭以錢給之於民，宜戒減尅；穀輸之於倉，無取羨餘。則公私兩便，糴數雖多，亦恐無害。」時已命發運使程邁專掌和糴，故上訓及之。

15 癸丑，復置皮剥所④，以掌鬻官私倒斃牛馬之事，其可爲軍器之用者，撥赴本所，餘入内藏，歲爲錢二千四百餘緡。

是秋，金人徙知許州李成知冀州，徙知拱州酈瓊知博州。悉起京畿、陝右係官金銀錢穀，轉易北去，蓋將有割地之意也。劉豫之未廢也，僞麟府路經略使折可求因事至雲中，左監軍撒離喝密諭以廢豫立可求之意⑤。及是，左副元帥、魯王昌有割地歸朝廷之議，撒離喝恐可求失望生變，因其來見，置酒酖之，可求歸卒於路。此據張匯節要及兩國編年修入。熊克小曆附折可求之死於去年十一月，恐太早。

1 冬十月按是月甲寅朔。丙辰，尚書右僕射、提舉詳定一司敕令秦檜上紹興重修祿秩敕令格及申明看詳八百十卷。

右朝奉大夫、主管襲慶府仙源縣太極觀邵博賜同進士出身，除秘書省校書郎。博奉祠居犍爲，以趙鼎薦，得召對。上諭曰：「知卿能文，大臣亦多言卿能文者。」明日顧二相曰：「邵博不止劄子好，語言皆成文⑥。」乃詔：「博祖父雍，道德學術，爲萬世師。父伯温經明行潔。博趣操文詞，不忝祖父。」故有是命。此指揮以會要修入，日曆無之。時博病新起，上又命近臣往問，賜以禁中金嬰神丹。何麟撰博墓誌，稱上顧二相，除校書郎，可不試。按此時校書郎亦多不試，非但博一人也。

2 丁巳，參知政事劉大中充資政殿學士，知處州。初，侍御史蕭振劾：「大中與父不睦，人所共知。平日分爨而食，異屋而居。頃自官所歸，單騎省父，相值於門，不交一語而去。及爲執政，乃建議民間生男女，官支錢五貫，欲邀一時姑息之譽，而不恤國用如此。去年其父病危，棺櫬已具，其家遺書報之，大中久不答，蓋待除命爾。大中取異姓之子爲長子，不與婚宦，其子積憤所致，遂失心，一日，欲剚刃於大中，賴羣卒解救而止。大中所以治家者如此，何以爲國？所以事父者如此，何以事君？伏望明正典刑，以厚風俗。」又論：「大中選調改官，本因童貫。詭秘刻薄，衆所指目。」疏三上，大中乃求去，遂有是命。朱勝非秀水閒居録云：「劉大中素不養父，未嘗同居。與父久别，或責其不省，勉强一詣，見於門首，再拜，立談頃刻而退。大中爲趙鼎黨魁，驟遷禮部尚書，鼎許以參政。父居處州，家信至，報其父病不知人，已具棺斂。大中匿其書，鼎力薦，果參大政。已而父病間，亦不問也。其子不平，操刀逐大中，欲殺之，衆救獲免。事頗喧傳，因罷政。天下聞而惡之。」按勝非所云，即振章疏中語。然大中在朝中，其父歷官州縣，故當不同居。劾疏所言，未必一一皆實，更須參考。

左宣教郎朱翌爲秘書省正字。

3 戊午，左朝奉郎、提點洪州玉隆觀林季仲知婺州。

4 辛酉，湖北京西宣撫使岳飛言：「續收到僞知鎮淮軍胡清等官兵千一百八人。」詔歸正官並補正。

5 甲子，詔自今從官上殿，令次臺諫，在面對官之上。

6 乙丑，中書舍人兼侍講勾龍如淵兼直學士院。

7 丁卯，侍御史蕭振言：「朝廷支降見緡，令經制司糴米，而發運使程邁一例抛與諸州，則諸州不免抛下諸縣，科之百姓，即非創司寬民之本意。宜令官自置糴場。」從之。

右諫議大夫李誼嘗言：「祖宗時發運所領，乃轉輸東南之粟，以實中都。又制茶鹽香礬百貨之利，今皆所不及。惟是給以本錢，使之糴買。然復興一司，豈專爲此哉？如營田經理之制，市易懋遷之法，又州縣錢物之陷無所拘，賦斂之横無所考。監司廢格詔條，漫不加省，宜有稽考。臣願俾總六路而調其盈虛，内與户部相爲表裏，則劉晏之策可展，而不爲虚文。不然，則糴買一事，自可責之諸路漕臣，何必創此司哉？望下臣之説於三省，講而行之。」

8 辛未，上諭大臣曰：「江西盜賊，在朝廷可治者三：一擇帥憲以厭服其心，二任守令以勸課其業，三蠲科役以優給其力。如此，尚或爲盜，朕未之聞也。」於是右諫議大夫李誼言：「漢光武時，盜賊羣起，則慎擇人材，以臨千里。如潁川，則七年以寇恂爲守，九年以郭伋爲守，故卒能掃清，以知其所本故也。今盜賊之處在江西，則虔、吉、筠、南安，在廣東則潮、梅、循、惠、南雄，在閩則汀，在湖則郴，此數郡之守，未有能設方略息盜賊以安民者。迂儒不才，往往皆是。願詔三省，科條其人，如不任職，即選强明之吏以代之。庶以分陛下南顧之憂焉。」

9 壬申，皇叔登州防禦使、知西外宗正事士㒟同知大宗正事。

10 甲戌，特進、尚書左僕射同中書門下平章事兼樞密使趙鼎罷爲檢校少傅、奉國軍節度使、兩浙東路安撫制置大使兼知紹興府。初，侍御史蕭振既擊劉大中，謂人曰：「如趙丞相不必論。」蓋欲其自爲去就也。時傳語紛紛，今日曰趙丞相乞去矣，明日曰趙丞相般上船矣。蓋秦檜之黨以此撼之，鼎猶未深覺，其客敕令所删定官方疇以書勸之曰：「見幾而作，大易格言。當斷不斷，古人深戒。」鼎乃引疾乞免。殿中侍御史張戒上疏，乞留鼎，不則置之經筵。戒奏疏全文，見十一月己丑。時檜力勸上屈己議和，鼎持不可，繇是卒罷。林泉野記云：「王倫自金還，敵復遣人來議和。右相秦檜請遂成之，鼎争不從，乞罷，乃以檢校少傅、奉國軍節度使知紹興府。」徐夢莘北盟會編云：「金人許和，上與二相議之，趙鼎執不可。一日奏事退，秦檜留身，奏以講和爲便。上曰：『講和之議，臣僚之説皆不同，各持兩端，畏首畏尾。』檜曰：『此不足與斷大事。若陛下決欲講和，乞陛下英斷，獨與臣議其事，不許羣臣干預，其事乃可成，不然，無益也。』上曰：『朕獨與卿議。』檜曰：『臣恐未便，望陛下精加思慮三日，然後別見奏稟。』又三日，檜復留身奏事，知上意欲和甚堅，猶以爲未也，乃曰：『臣恐復有未便，望陛下更思慮三日，容臣別奏。』又三日，檜復奏事，知上意堅確不移，乃出文字，乞決和議，不許臣下干預。上欣納，鼎遂罷相。」鼎事實云：「鼎上章乞解機務。上曰：『前日所議璩建節事如何？』鼎又如前所陳。是時，若能雷同相徇，即留而不去矣。」此段詳見今年八月末并注。鼎入辭，從容奏曰：「臣昨罷相半年，蒙恩召還，已見乎宸衷所向，與鄉來稍異。臣今再辭之後，人必有以孝悌之説脅制陛下矣。臣謂凡人中無所主而聽易惑，故進言者得乘其隙而惑之。陛下聖質英邁，洞見天下是非善惡，謂宜議論一定，不復二三。然臣甫去國，已稍更改。如修史本出聖意，非羣臣敢建言。而未幾復修，此爲可惜。臣竊觀陛下，未嘗容心，特既命爲相，不復重違其意，故議論取舍之間，有不得已而從者如此，乃宰相政事，非陛下政事也。」鼎行，檜奏乞同執政往餞。樞密副使王庶謂鼎曰：「公欲去，早爲庶言。」鼎曰：「去就在樞密，鼎豈敢與？」檜至，鼎一揖而去。自是，檜益憾之。徐夢莘北盟會編云：「鼎首塗之日，檜奏乞備禮餞鼎之行，乃就津亭排列別筵，率執政以待。鼎相揖罷，即登舟。檜曰：『已得旨餞送相公，何不少留？』鼎曰：『議論已不協，何留之有？』遂登舟，叱篙師離岸。檜亦叱從人收筵會而歸，且顧鼎言曰：『檜是好意。』舟已開矣。自是檜有憾鼎之意。」

徽猷閣待制、提舉江州太平觀傅崧卿、黎確皆卒，詔贈官推恩如故事。兵部侍郎兼權吏部尚書張燾言：「確平昔高談忠義，號爲正人。一臨變故，遂失臣節。北面邦昌之庭，又請邦昌修德以應天。察其姦心，欲置吾宋宗社何地哉？諸路帥臣領勤王之師，將次京城，邦昌求奉使以上軍者，確慨然請行，遂奉邦昌手書，持僞告，擁黄旗以往，其罪抑可知矣。陛下龍飛，嘗加黜責，而范宗尹當國，力挽僞黨，布列朝廷，故若確輩，亦參法從。忠義之士，憤疾久矣。今又曲加贈恤，使賞延於後，何以示天下後世亂臣賊子之戒乎？爲國之道，所先政刑。政刑不明，何以立國？」詔：「確追奪徽猷閣待制，其贈官恩澤依條施行。」按確此時階官左中大夫，依條仍得致仕遺表恩澤二資。

11 乙亥，龍圖閣學士、知紹興府孫近爲翰林學士承旨。

端明殿學士、知洪州李光試吏部尚書。前二日，上召中書舍人兼直學士院勾龍如淵草趙鼎免制。如淵奏：「陛下既罷鼎相，則用人材，振紀綱，必令有以聳動四方。如君子當速召，小人當顯黜。」上曰：「君子謂誰？」曰：「孫近、李光。」曰：「近必召。如光，則趙鼎、劉大中之去皆薦之，朕若召，則是用此兩人之薦，須朕他日自用之。」如淵曰：「此鼎、大中姦計也。兩人在位時，何不薦光？及罷去而後薦之，意謂陛下采公言，必用光，故以示恩耳。」上又曰：「小人謂誰？」曰：「吕本中。」上頷之。如淵因奏：「臣向聞陛下言本中與張致遠蓋專爲附離計者。今觀本中真小人也，致遠似不然。如近日喻樗除著作佐郎，臣親見其與宰相辨久之。樗，鼎腹心士也。臣恐陛下過聽，以致遠與本中同科，則實不然，願陛下察之。」張戒默記曰：「趙鼎再相，除喻樗爲著作。給事中張致遠獨袖堂劄還之，除著佐又還之⑦，除正字復還之，遂致趙鼎曰：『差除簿當送後省耳。』然致遠猶以朋附趙鼎罷去。」

直徽猷閣、主管萬壽觀、兼崇政殿説書尹焞試太常少卿，兼職如故。焞再辭，不許。

自渡江以來，惟天地宗廟之祭用牲牢，他悉酒脯而已。至是，右諫議大夫李誼言：「社稷尚稽血食，乞命禮官參酌舊制裁定。」從之。

12 丁丑，京東淮東宣撫處置使韓世忠乞赴行在奏事。先是，徽猷閣直學士王倫與烏陵思謀至金庭⑧，金主亶復遣簽書宣徽院事蕭哲等爲江南詔諭使，使來計事。世忠聞之，上疏曰：「金人遣使前來，有詔諭之名。事勢頗大，深恐賊情繼發，重兵壓境，逼脅陛下，別致禮數。今當熟計，不可輕易許諾。其終不過舉兵決戰，但以兵勢最重去處，臣請當之。」因乞赴行在奏事，馳驛以聞。上不許。按史，此年張通古爲使，蕭哲副之。而明年王倫答金主乃云：「簽宣蕭哲持國書，許歸地。」或者通古乃元帥撻懶輩就行臺所遣⑨，亦未可知。故先書金主遣哲，後乃書通古。

13 戊寅，樞密副使王庶言：

間者金使之來，大臣僉議，或和或戰，所主不同。臣忠憤所激，輒爾妄發，不量彼己之勢，不察時事之宜，屢奏封章，力請謝絶，專圖恢復。謂敵情不可以仁恩馴服，王倫之往，必致稽滯。今聞奏報，已還近境，和議可決。臣謀不逮遠，知昧通方，伏望速賜降黜。或以適此執政闕員，未便斥去，即乞特降處分，遇有和議文字，許免簽書，庶逃前後反覆，有失立朝之節。

書奏，己卯，詔不許。庶復上言：

人各有能有不能，臣生於陝西，其風漸氣染，耳目所聞見者，莫非兵事。禍亂以來，嘗欲以氣吞强敵，則所謂講和者，非臣之所能也。强使之，則恐誤國家之大計。故臣願陛下，惟責臣以修戎兵，不以講和之事命臣，則緩急之際，可以枝梧。縱使金人知陛下專命臣以此，則姦謀不得肆，而和好易成。雖曰治戎兵，其實促使和也。又況臣賦性愚魯，嘗言金人不可和。今若預此，是臣身爲大臣，自爲二三，何可使也？唐渾瑊、馬燧、李晟，將之忠賢，古所未有。德宗能用之，吐蕃君臣大懼，尚結贊謀曰：「唐之名將，特此三人。不去之，必爲吾患。」於是甘辭厚幣，以申懃懇，朝廷然之，會盟於平涼。李晟以言不可信罷，渾瑊以被劫罷，馬燧以爲所賣罷，果如其計，而無一人留者。願陛下察臣孤忠，特留聖念。

又言：

臣前次所上章疏，及與王倫議論，實有嫌妨，陛下亦當洞照底裏。今若不自陳稟，又如趙鼎、劉大中輩首鼠兩端，於陛下國事何益？兼臣備數樞庭，自合辭職，不合辭事。乞除臣一近邊州郡，願效尺寸。

不許。魏掞之戊午讜議，以庶此疏爲第六，第七劄之在烏陵思謀至都堂前，誤也。按此疏言王倫還及近境，又言趙鼎、劉大中首鼠兩端，當在二人罷政之後，與王倫未至行在之前。庶劄子云：「今月二十六日奉御筆不許辭免。」己卯，十月二十六日也。故附於此。

14 辛巳，秦檜奏：「北使約仲冬上旬至泗州。」上曰：「所議殊未可解，但可和即和，不可和則否，兵備不容少弛。可徧諭諸將，以爲之備。」

中書舍人兼史館修撰兼直學士院呂本中罷。侍御史蕭振言：「本中外示樸野，中藏險巇。父好問受張邦昌僞命，本中有詩云：『受禪碑中無姓名。』其意蓋欲證父自明爾。趙鼎以解易薦李授之除秘閣，本中初不知授之鼎所薦，遂怒形於色，欲繳還詞頭。已而知出於鼎，乃更爲授之命美詞。其朋比大臣，無所守如此。望罷本中，以清朝列。」詔本中提舉江州太平觀。

15 壬午，故武翼郎吴近贈宣州觀察使，以才人之父，特優之也。

校勘記

①直顯謨閣知常州劉一止試秘書少監　「常」，原作「掌」，據叢書本改。

②事初在去年八月丙申　「初」，原作「祖」，據叢書本改。

③除著佐　「佐」，原作「作」。按：皇朝中興紀事本末卷四六引默記作「佐」，是，故據改。

④復置皮剥所　「置」，原作「制」，據叢書本改。

⑤左監軍撒離喝密諭以廢豫立可求之意　「撒離喝」，原作「撒里罕」，據金人地名考證改。下同。

⑥語言皆成文　「語」，原作「詔」，據叢書本改。

⑦除著佐又還之　「佐」，原作「作」。據皇朝中興紀事本末卷四六改。

⑧徽猷閣直學士王倫與烏陵思謀至金庭　「烏陵」，原作「烏淩阿」，據金人地名考證回改。下同。

⑨或者通古乃元帥撻懶輩就行臺所遣　「撻懶」，原作「達蘭」，據金人地名考證回改。

建炎以來繫年要録卷一百二十三

1 紹興八年十有一月癸未朔，資政殿學士、新知處州劉大中提舉臨安府洞霄宮。大中既罷，侍御史蕭振復言：「陛下既已斥逐大中，而章疏留之三省，臣恐去位之臣飾詞惑衆，天下之人疑爲中傷，非所以公示好惡於天下。乞報行論列大中章疏，自今臣僚被論，便應以所言之事議罰，不得旋請宫祠，假善去之名以蓋愆惡。」故有是命。

右諫議大夫李誼言：「陛下臨御，於今一紀。所用相凡十人，執政三十三人，然皆不久而去，規模數易。士知其不久，則肆爲同異，而亡忌憚。吏知其不久，則專爲苟簡，以幸蔽欺。陛下夙夜憂勤，而治不加進，殆必由此。今左相虚位，參政闕員，乃擇賢之時。望考以聖心，參以公論。儻選而得天下之才，則責之專，任之久，可無數易之弊。臣備位言責，不敢復避形迹，惟陛下察焉。」誼此疏不得其日，以疏中有參政闕員之語，故且附孫近除命之前，俟考。

2 甲申，左宣奉大夫、尚書右僕射秦檜還左光禄大夫①，以禄秩成書也。

翰林學士承旨孫近參知政事。

殿中侍御史張戒面對，言：「臣昨奏疏十二事，陛下雖甚嘉納，朝廷未嘗施行。示弱招侮，理在必然。王倫遽回，金使遂有江南詔諭使及明威將軍之號，不云國而且云江南，是以我太祖待李氏晚年之禮也，曾不得爲孫權乎？一則詔諭，一則明威，此二者何意？金云詔諭，臣不知所諭何事。金若果欲和，則當以議和之名而來，何詔諭之有？臣觀今日金使之來，與前日大異，禮不可屈，事必難從。臣爲朝廷計，上策莫若遜詞却之，其次且勿令遽渡江，先問其官名何意，詔諭何事，禮節事目議定，得其實而後進退之，則尚可少折。」又曰：「臣自乙卯歲論戰必敗，去秋凡三年而後驗。臣今又謂和必無成，豈惟無成，終必招侮，亦願陛下姑記之。」戒又言：「臣逆料其事，只有四川及江北地，捨此復何詔諭之有？」又曰：「臣謂爲國只當自勉，不可僥倖偷安。果得偷安猶可，但恐屈辱已甚，而偷安亦不得耳。講和而是則可以息兵，非則亦可以招侮。」疏入，秦檜怒，愈有逐戒之意矣。

3 乙酉，中書舍人兼直學士院勾龍如淵言：「昔福建、四川、廣東西凡八路，以其去朝廷之遠，士艱於往來，而以銓法付在漕司。自車駕南幸，而二廣、福建則舉而歸之吏部矣。惟四川漕司，差注之法獨在，是以蜀之人，凡安貧守分，無知己在朝廷者，仕宦止於通判，而奔競勢要之人，今日改官，明日得倅，又明日得守。望參酌祖宗之制，凡四川守倅，如何等闕合還堂選，立爲定格，毋相侵紊。」詔吏部措置。

詔犯私鹽人，除流配依本法外，徒以下並令衆五日。其後湖北提舉司言：「本路係省茶地分，緣茶鹽事屬一體，乞犯茶人依此指揮。」從之。日曆無此，今以紹興十三年十月十八日湖北提舉司所申修入。

徽猷閣待制江常以母憂免，至是卒於泉州。

4 丙戌，秦檜監修國史。

權尚書禮部侍郎、兼侍講張九成罷。初，趙鼎之未去也，九成謂鼎曰：「金失信數矣，盟墨未乾，以無名之師掩我不備。今實厭兵，而張虛聲以撼中國。彼誠能從吾所言十事，則與之和，當使權在朝廷可也。」鼎既免，秦檜謂九成曰：「且同檜成此事，如何？」九成曰：「事宜所可，九成胡爲異議？特不可輕易以苟安耳。」他日與吕本中同見檜，檜曰：「大抵立朝，須優游委曲，乃能有濟。」九成曰：「未有枉己而能正人。」檜爲之變色。九成從容言於帝曰：「敵情多詐，議者不究異日之害，而欲姑息以求安，不可不察。」會檜聞九成在經筵講書，因及西漢災異事，大惡之。九成入見，面奏曰：「外議以臣爲趙鼎之黨，雖臣亦疑之。」上問其故，九成曰：「臣每造鼎，見其議論無滯，不覺坐久，則人言臣爲鼎黨，無足怪也。」既而九成再章求去，上命以次對出守。檜必欲廢置之，奏除秘閣修撰，提舉江州太平觀，免謝辭。

詔：「建州鄉貢進士劉勉之，令中書後省召試策一道。」勉之初以張致遠、吕本中薦其學行，召赴都堂，乃有是命。勉之引疾而歸。勉之初見今年四月。

5 丁亥，詔左武大夫、榮州防禦使、知閤門事藍公佐接伴大金人使過界，竢接伴官右司員外郎范同等到日交割。

是日，京東淮東宣撫處置使韓世忠復言：「恐金人詔諭之後，遣使往來不絕。其如禮物，以至供饋賜予，蠹耗國用，財計闕乏，贍軍不給，則經所謂不戰而屈人之兵。望宣諭大臣，委曲講議，貴在得中，以全國體。」

詔諸路帥司，各選委强明官一員，將本路見禁一年已上公事，專一催趣結勘，仍逐旋具已勘結名件申省。以大理寺言諸路多滯獄故也。

6 戊子，司農少卿徐林直顯謨閣，爲荆湖南路轉運副使，從所請也。

殿中侍御史張戒爲司農少卿。

兵部員外郎吕用中上疏辯父好問受僞命之謗。且言：「金人僞立邦昌，好問陰募遣使臣李進冒重圍，齎帛書往河北，求今上所在。若使事少敗露，則必闔家盡遭屠戮。與夫自經溝瀆，身享美名，子孫獲厚禄，校量利害，孰重孰輕？乞録送史館。」從之。

7 己丑，詔張戒爲耳目之官，附下罔上，可與外任。坐前奏疏乞留趙鼎也。戒疏曰：

臣本貫河東絳州，趙鼎本貫陝西解州，鄉里相近，士大夫通號曰西人。臣被召除館職，除郎官，實自聖恩，然人亦或云鼎進擬，是非臣不得而知也。今趙鼎求去，議者皆以爲未可。臣欲言則形迹如此，欲不言則大臣進退，國家安危所係，陛下他日必悔之。臣初不知鼎負陛下者何事，鼎與同列忿争者何語，鼎不敢自安者何意。臣竊料陛下與鼎君臣之間，嫌疑已久，同列之際，猜間已深，鼎不自安，已非一日。假使勉强少留，終非可否相濟。聖意已决，臣不復言。但鼎去之後，秦檜先悔，而陛下後悔，理在不疑，此爲可慮爾。鼎去之後，陛下必不獨任，能忍事如鼎者絶少，争權者多，後來者不三數月，即與檜争必矣，此所謂秦檜先悔也。陛下即位十二年，而命相凡九人，前後拜罷以三十數。已試未試，人材可知。

使後來者皆大過人，雖去鼎可也。若但斥逐異己，而遷除附己者，徒爲紛紛，則與鼎何異？萬一緩急之際，又將復用之，使鼎何顔復見士大夫哉？此所謂陛下後悔也。

臣今爲陛下計有三：其上，可留之。鼎若有負於陛下者，面誡敕之。鼎若與同列不協，則面責以先國家後私讎之義。其次，必不可，則姑留之行在。祖宗故事，宰執罷政，多留京師，非特示恩禮，亦以備顧問。近時前宰執遂無復敢留行在，乃薄俗可歎，非祖宗意也。未罷相，則如五日一到朝堂之類，罷相，則置之講筵，少俟期月之間，朝政修明，邊事寧謐，然後聽其遠去，亦未爲晚。進退之間，猶爲有禮。不然，去歲召之如彼其急，今日去之如此其遽。時有緩急，事有大小，臣恐天下不無竊議。鼎尚不敢自保，餘人何足道哉？臣之區區所慮者，國家之安危，所惜者，陛下之舉措。陛下若以爲公論，則願聖心更加審處。若以爲迹涉朋附，則罪何所逃？亦惟陛下察之而已。臣今爲言事官，進退皆出宸衷，非鼎所敢與。鼎若去位，則臣事陛下，無復嫌疑，迹愈安矣。在臣計，則幸鼎之去爲便，在陛下計，則衆論以爲未便也。常同初除中丞，以臣姓名薦於陛下。鼎聞之，縮頸吐舌摇手，人傳以爲笑，蓋鼎畏臣如此。

後旬日，乃以戒知泉州。朱勝非秀水閑居録云：「趙鼎復相，植黨亦急。凡凶險刻薄之士，無不收用，使造虚譽而排善類，張戒其一也。趙薦常同爲中司，同即以鼎所喜，奏爲臺屬。戒知其決去，即露章請留，以邀後福。其言狂躁愚弄，鼎既罷，猶知泉州，蓋由其黨與維持之力也。」紹興正論云：「戒以入文字論秦檜十事、救胡銓等罷。」論秦檜十事，他書不見。胡銓事，則不在此時。正論蓋誤。

初，少師劉光世罷軍政，上命賜第一區。至是，中書舍人勾龍如淵駁之。上曰：「今營繕實難，但光世罷兵柄，奉朝請，若恩禮稍加於舊，則諸將知後福之有終，皆效力矣。」卒賜第。

8 庚寅，尚書户部員外郎霍蠡守司農少卿。

樞密院編修官陳康伯爲屯田員外郎。

諸王宫大小學教授趙雍充樞密院編修官。

是日，上謂大臣曰：「王倫使回，金人頗有善意。朕即位十年，以敵禍未平，兵革饋餉，重困民力，曾無惠澤及於天下。若上天悔禍，敵肯革心，休兵之後，一切從節省，雖常賦亦蠲減，以寬百姓。」

樞密副使王庶言：

日者王倫再以和議出使，臣嘗以爲倫必不返，議決不成。今倫既報歸，是臣愚暗，不達事理，幾敗陛下之事。陛下雖以臣爲可赦，臣亦何顔以見陛下？伏望聖慈，以晉武帝并賞張華、賈充，唐憲宗相裴度，罷李逢吉得失爲鑒，許臣自免，退服田畝。

不許。庶又言：

自昔禦敵，雖時有不同，大略唯和與戰一言而已。今天下遭金人荼毒虔劉者，十過八九。天子駐蹕，南北屯兵，阻險自固，不敢渡淮以窺長安，其衰弱可謂極矣。陛下過自貶損，屈辱稱臣，遣使進幣，項背相望。或拘或囚，嫚書惡聲，無所不至，其困辱可謂至矣。兵家至論，不過曰知己知彼。今彼如是之强，我如是之弱，雖三尺之童皆知之。王倫之來，反謂和好已成，盡還侵地。驗於古則不合，審於今則無謂，察其情則包藏不細，觀其勢則蹤迹可見。獨陛下斷以不疑而行之，此殆天意未欲悔禍，致使陛下篤於孝思，弗虞此姦謀也。臣試更爲陛下陳之。議和之説，正緣彼外訌内叛，上下携貳，假我使命，以安反側，以幸寧息。遠不出一二載，近或朞月，必别生事。此固不論，且以目前所損言之，使人疲於奔命，財賦竭於資送。將士軍卒，挫其勇鋭，民庶困於將迎，歲月廢於無益。事勢至此，非特敵人一旦敗盟，無以支持，又恐諸將師老財匱，有弗戢之災，禍可既乎？此臣所以仰天椎心而泣血也。

臣前所謂朝廷自作不靖者，正謂此爾。且敵人雖無知，豈不戒吴、越之事乎？寧肯付我土地，與我兵馬，使復不戴天之讎耶？臣不敢飾非，以質前説。若復關、陝，則臣歸骨有地，宗族有相見之期，松楸有展省之日，豈臣所不欲哉？第萬萬無此，上誤聖明，下誤生靈，宴安酖毒，必至噬臍矣。昔楚懷王惑於張儀之口，卒爲秦所拘，使其子孫銜涕忍耻，以事仇讎之國，終至覆亡。今王倫語言反覆，蹤跡詭秘，終恐養成厲階，滋蔓難圖，悔何可及？願陛下深念前事，勉思今圖。不遠而復，尚可救藥。苟或不然，其患豈可深言耶？

9 辛卯，京東淮東宣撫處置使韓世忠言：

臣得泗州申，詔諭使先遣到銀牌郎君，言須要接伴跪膝階墀，州縣官拜詔，若不如此，定復回。接伴不肯，本州取接伴官歸州。臣切詳金人自要講和，本非實情。今使人方欲過界，便要接伴跪膝階墀，州縣拜詔，如此即是使人經過一道，郡縣聽伏命令，與臣前奏事理，頗相符合。兼既立此題目，意在難從，收拾釁端，故要生事。敢爾恣横，決有重兵在後，專意脅持。若到行朝，必要陛下卑屈，禮數更重，萬一俯從，外則四方解體，内則恐失人心，定須别有難從須索，如何應付，事體至大。伏望以國體爲重，深加計慮，熟賜講究，貴在詳審，免貽後患。

召端明殿學士、知常州韓肖胄赴行在，將遣報聘也。

10 壬辰，召檢校少傅、慶遠軍節度使、提舉江州太平觀郭仲荀赴行在，將使守河南也。

是日，京東淮東宣撫處置使韓世忠言：

臣今續體探得銀牌郎君言，到臨安府日，要陛下易衣拜僞詔，及詔諭使要賓客相見，如劉豫相待禮數。及稱今來詔諭，所行禮數，並是大金闕下定到。臣切詳上件事理，使人非久到行朝，未審陛下何以應之？想已宣付大臣，預行講究，非臣所知。臣自聞此事，曉夕實不遑安。

以臣愚見，萬一陛下輕賜俯從，即是金人以詔諭爲名，暗致陛下拜順之義。此若果有實心，欲修和好，必須禮意相順，闊略細故，各存大體。今使人所來行徑，皆是難從之事。灼見姦謀，欲生釁端。臣雖聞欲還陛下關、陝諸路，誠見詭詐。且如實欲交割，若却要山東、河北等路軍民歸業，豈可遣發？此聲一出，人心摇動，復難安固。今雖國勢稍弱，然兵民事力，尚可枝梧。況諸軍將士訓習之久，覩此窘辱，少加激勵，豈無鬬心？若隨從稍有失當，舉國士大夫盡爲陪臣，深慮人心離散，士氣凋沮，日後臨敵，如何賈勇？若四方傳聞陛下以有拜順之禮，其軍民定須思鄉，自然散去。散易聚難，悔將何及？今若待其重兵逼脅，束手聽命，坐受屈辱，不若乘此事力，申嚴將士，爲必戰之計，以伐其謀，免貽後患。臣邊遠庸材，荷國厚恩，無以補報。今正當主辱臣死之時，臣願效死節，激昂士卒，率先迎敵，期於必戰，以決成敗。臣若不克，事勢難立，至是陛下委曲聽從，事亦未晚。竊詳金人欲要陛下如劉豫相待禮數，且劉豫係金人僞立，而陛下聖子神孫，應天順人，繼登大寶，豈可相同？顯見故爲無禮，全失去就，玷辱陛下。伏望特回聖念。

時上親劄付世忠，令差人防護北使往回，不得少有踈虞。仍嚴戒將佐及所差人，不得分毫生事。

11 癸巳，世忠復言：

傳聞金人欲還陛下陝西五路，未必實情。設若果肯交割，萬一却要山東、河北等路軍民歸業，陛下如何遣發？縱未如此，且先要歸朝及北來投附之人，其數已衆，散布中外，諒陛下亦難依從。大概金人姦謀，凡所施設，巧僞甘言，以相啜賺，盡欲陛下先失天下人心，繼爲大舉。臣曉夜痛心疾首，惟恐陛下輕易許從，自速後患。

疏入，上優詔答之。

徽猷閣待制、知臨安府張澄言：「臨安古都會，引江爲河，支流於城之内外交錯而相通，舟檝往來，爲利甚博。歲久堙塞，民頗病之。頃由陛對，嘗冒天聽，乞因農隙，略加濬治。議者恐其勞民也，至於今未克行之。今駐蹕之地，公私所載，資於舟船者百倍。前日所計特最關利害者，兩河爾，非盡開城中之河也。臣再行講究，更不調夫興工，乞刷那兩浙諸州壯民及廂兵共千人，赴本府量度緊慢開濬，以工程計之，半年之外，河流無壅塞矣。」從之。

初，新知筠州葉擬請：「福建鹽半給小鈔，與官賣兼行，庶幾課息增羨。」事下提刑、提舉司，委通判福州趙壽相度。壽言：「初行鈔法時，官鹽本每斤六錢，客人鈔錢三十二錢有半。今薪米益貴，鹽本錢斤爲十有七，比舊至三倍，而建、汀、南劍州、邵武軍遣衙前運鹽貨賣，每斤百錢，自水脚縻費之餘，所贏無幾。若以其半行小鈔，則每斤又增上供九錢，通舊爲六十。如此，則民間食貴鹽，而州縣失省計，不可行。」至是，兩司以聞，詔從壽議。

12 甲午，京東淮東宣撫處置使韓世忠言：

切詳金人與本朝結怨至深，又金人事力熾盛。賊情窺伺②，已踰十年，朝夕謀畫，意在吞并。今遣使講和，及傳聞許還關、陝諸路，謂是懼我兵威，謂復是曾遭毒殺，事不得已，故來講和。臣深思熟慮，但恐以交割諸路爲名，先要山東、河北等路軍民，或先要應北來歸朝投附女真、契丹、渤海、漢兒簽軍等，出此聲勢，摇動人心。或假此講和割地，或以兵勢逼脅，有無厭難從須索，蠹耗國用，使陛下先失天下人心，坐致困弊，方爲大舉。今國家避地東南，目前軍勢，賊尚隄防，雖謀吞并，未敢輕易深入，故用此謀，詐許交還陝西，意望移兵就據，分我兵勢。其賊必別有謀畫，志在一舉，決要傾危，絶彼後患。況陝西諸路，出兵産馬，用武根本之地，豈肯真實交割，資助我用？顯是巧僞甘言③，以相誑賺。切恐使人暗贏陛下禮數，輕賜許諾，傳播四方，人心離散，士氣凋沮。事繫安危，在此一決，委非細事。望許臣輕騎星夜暫赴行朝，面禀聖訓，以盡曲折。

13 丙申，徽猷閣直學士、提舉醴泉觀王倫至行在。倫引疾，乞在外宫觀。不許。仍令日下赴内殿奏事。

起居郎、兼資善堂贊讀蘇符爲中書舍人，免召試，陞翊善，將俾副王倫也。

14 戊戌，監察御史鄭剛中遷殿中侍御史。

召直秘閣、新知筠州高公繪赴行在，將使介聘也。

是日，太常卿、兼崇政殿説書尹焞稱疾在告，遂卧家不出。

15 己亥，王倫充國信計議使，蘇符充副使，並日下出門。符稱疾不受。

給事中、兼侍講張致遠充顯謨閣待制、知廣州，從所請也。

寶文閣學士、知廣州連南夫依所乞，提舉江州太平觀。

16 庚子，參知政事孫近兼權同知樞密院事，以樞密副使王庶累章求去故也。庶之奏曰：

臣切詳王倫之歸，以爲和好可成，故地可復，皇族可歸。上自一人，下逮百執事，皆有喜色。獨臣愚闇，不達事機。早夜以思，揣本齊末，未見其可。臣復有强聒之請，别無他腸，止知愛君，和之與否，臣不復論。且以目今金人利害言之，講和爲上，遣使次之，用兵爲下。何以言之？

金人自破大遼，及長驅中原，幾三十年矣。所得土地，數倍漢、唐。所得珠玉子女，莫知紀極。地廣而無法以經理，財豐而恃勢以相圖。又老師宿將，死亡殆盡。主幼權分，有患失之慮。此所以講和爲上也。金人滅大遼，蕩中原，信使往來，曾無虚日，得志兩國，專用此道。矧自廢豫之後，醜迹敗露④，杌隉不安。故重報使人，以安反側，兼可以察我之虚實，耗我之資糧，離我之心腹，怠我之兵勢，彼何憚而不爲？此所以遣使爲次也。金人之兵，内有牽制，外多疑忌。所用之人非若昔日之勇鋭，所簽之軍非若昔日之强悍。前出後空，有覆巢之虞。率衆深入，不無倒戈之慮。又淮上荒虚，地無所掠。大江浩渺，未易可渡。諸將兵勢，不同曩時。所以用兵爲下也。今彼所行，皆上策，至爲得計。吾方信之不疑，墮其術中，惟恐不如所欲。

臣不敢效子胥出不祥之言，殺身以立後世之名，於國何補？唯陛下深思之，速斷之，無使後之視今，猶今之視昔，天下幸甚。臣蒙陛下過聽，擢置樞庭，言雖忠而不適於時，慮雖深而不明乎變。愚魯自信，滯固不移。臣亦自厭其遲鈍，況他人乎？兼自今冬以來，疾疹交作，精神昏耗，脚膝重腿，若猶貪冒寵榮，不知退避，罪戾之來，所不可逭，陛下雖欲保全，有所不能。伏望矜臣衰憊，保臣始終，俾解職事，除臣一在外宫觀差遣，以便醫藥。

上乃許之。

左朝奉郎張擴爲秘書省著作佐郎⑤。廣，德興人，知廣德軍，以薦者得召見，論：「當今之法其未便者有二，皆前日言利之臣，不究本末，急近效而昧遠圖，所謂營田、贍軍酒庫是也。今營田悉籍於官還定之，民執空契，坐視故土而不得復。户部轉運司闇失賦税，號爲逃閣者，不知每歲幾何，其視營田，誰得誰失？此營田之未便者也。諸州承認大軍月樁之費，常若不繼。朝廷置贍軍酒庫，本以佐之，今但許取撥一分而已，積日既久，利源侵奪，此贍軍酒庫之未便者也。若謂未可遽罷，則莫若許歸業之民，漸認故土，而取榷酤所入之贏，盡以佐諸州月樁之數，則得矣。」事下户、工部，後不行。廣疏以是月甲申行下。

江南西路轉運副使逢汝霖直秘閣，以宣諭官李寀言其勞績也。

17 辛丑，詔：「大金遣使至境，朕以梓宫未還，母后在遠，陵寢宫闕久稽泛掃，兄弟宗族未得聚會，南北軍民十餘年間不得休息，欲屈己求和。在庭侍從臺諫之臣，其詳思所宜，條奏來上，限一日進入。」先是，禮部侍郎兼侍讀曾開上疏言：

女真和議，稽諸前古爲可憂，考之今事爲難信。而朝廷不思有以伐其謀，方且忘大辱，甘臣服，貶稱號，捐金帛，以難得之時，爲無益之事，可不爲痛哭流涕哉？夫敵人叵測不可保也。自用兵以來，信使方至，兵輒隨之，皆已然甚明之驗，不待考諸古而可知。況今敵人之在京師者，方建鎮南之號，增屯戍之守，閲戰艦，備糗糧，簡雙丁，無非爲南下之計。而我乃日夕冀望和議之成，豈不惑哉？恭惟陛下仁孝誠至，哀慕深切，則迎奉梓宫之使，不得不遣。今既再往矣，梓宫之來，杳然無期，而託以和議，虚費時月。使彼果有休兵息民之意，則梓宫自當即還，和議一言可決，何必紛紛爲他説乎？竊聞敵使方責我以招降之事，是求瑕釁耳，非講和也。本以迎梓宫而遣使，今乃反致釁隙，豈非自取哉？

伏望陛下，以越爲心，以楚爲戒，無忘大耻，無惑和議，堅心定志，一於自治，使政事修於内，兵將强於外，則將不求而自和矣。臣竊謂敵使之來，所係甚大。内外臣寮章疏劄子，論及此事者，願陛下悉以降付三省、樞密院，使輔弼大臣，集侍從官，預加熟議，使應酬之間不至失誤，庶無後悔。

兵部侍郎兼權吏部尚書張燾亦請詢可否於衆，檜乃白上，下此詔焉。胡銓封事稱秦檜建白，令侍從臺諫參議可否，恐即此詔耶？

寶文閣直學士、知台州梁汝嘉試尚書户部侍郎。

中書舍人樓炤試給事中。

太常少卿兼崇政殿説書尹焞權禮部侍郎兼侍講，焞固辭不拜。

宗正少卿張詢爲太常少卿。日曆無此，本寺題名在十一月，故因尹焞改除遂書之。當求本日。

京東淮東宣撫處置使韓世忠言：「臣伏讀宸翰，鄰邦許和。臣愚思之，若王倫、藍公佐所議講和割地，休兵息民，事蹟有實，别無符合外國誑賺本朝之意。二人之功，雖國家以王爵處之，未爲過當。欲望聖慈，各令逐人先次供具委無反覆文狀於朝，以爲後証。如臣前後累具，已見冒犯天威，日後事成虚文，亦乞將臣重置典憲，以爲狂妄之戒。」先是，世忠數上疏，論不當議和。上賜以手劄曰：「朕勉從人欲，嗣有大器，而梓宫未還，母后在遠，陵寢宫禁尚爾隔絶，兄弟宗族未遂會聚。十餘年間，兵民不得休息。早夜念之，何以爲心？所宜屈己和戎⑥，以圖所欲。賴卿同心，其克有濟。卿其保護來使，無致疎虞。」世忠既受詔，乃復上此奏，詞意剴切，由是秦檜惡之。

18 壬寅，兵部侍郎兼權吏部尚書張燾言：

臣竊惟敵使之來，欲議和好，將歸我梓宮，歸我淵聖，歸我母后，歸我宗族，歸我土地人民，其意甚美，其言甚甘。廟堂以爲信然，而羣臣未敢以爲信然，國人未敢以爲信然。竊考其説，蓋以謂彼非畏我兵甲之盛也，非憚我土地形勢之强也，而遽有此議。狼子野心⑦，未易測也。論者謂中原之地，彼自知決不能有也，故有此議。又謂彼因廢豫，人心遂疑，懼我乘間恢復土地，故有此議。又謂契丹林牙漸有興復之勢，彼既與我爲深讎，非施大恩於我，無以結無窮之援也，故有此議。又謂彼國上下厭兵，爲日久矣，姑務休息，故有此議。又謂敵帥屢死，新帥之立，懼不敢當，推避再四，與國人約必盡歸我父母宗族，國人許之，然後敢立，故有此議。凡是數者，言皆有理。使敵計果出於此，可謂善自爲謀矣。陛下所以必信無疑，遂欲屈而聽之也。然茲事體大，振古所無，豈敵能爲？實關天意。臣請一爲陛下推原之。

傳曰：「天將興之，誰能廢之？」臣請考人事以驗天意。陛下飛龍濟州，天所命也。敵騎屢犯行闕⑧，卒以無虞，天所保也。歲在甲寅，一戰而敗敵師，天所贊也。歲在丙辰，再戰而却劉豫，亦天所贊也。歲在丁巳，酈瓊雖叛，乃爲僞齊廢滅之資，亦天所贊也。是蓋陛下躬履艱難，側身修行，布德立政，上當天意而天祐之之所致也。臣以是知上天悔禍蓋有日矣，中興之期亦不遠矣。伏願陛下姑少忍之，益務自修，益務自治，益務自强，以享天心，以聽天命，以俟天時。時之既至，吉無不利，何戰不勝？何攻不克？何爲不成？何功不立？梓宮何患乎不還？淵聖何患乎不返？母后何患乎不歸？宗族何患乎不復？宗廟陵寢何患乎不能繕修？南北之民何患乎不能混一？

今此和議，姑爲聽之，而無必信可也。彼使既已及境，勢難固拒，使其果有願和之意，如前所陳，如我所欲，是必天誘其衷，使之悔罪，必不復强我以難行之禮，而在我者，將以已行之禮待之，則事亦何患乎不成？如其初無此心，二三其説，責我以必不可行之禮，而要我以必不可從之事，其包藏何所不有？安知非上天堅我復讎之志乎？便當責以大義，杜絶其來，修政事，謹邊防，厲將士，俟天休命，起而應之。此臣區區之愚見也。其他利害，羣臣類能言之，臣不復陳。伏願陛下，斷自淵衷，毋取必於敵，而取必於天而已。若乃略國家之大耻，置宗社之深讎，躬率臣民，屈膝夷狄⑨，北面而臣事之，以是而覬和議之必成，非臣所敢知也。

上覽奏，愀然變色，曰：「卿言可謂盡忠，然朕必不至爲敵人所紿。方且熟議，必非詐僞，然後可從。如其不然，當再遣使，審問虛實，而拘留其使人。」燾頓首謝。

吏部侍郎晏敦復言：

自古夷狄爲中國患⑩，世皆有之，然未有若今日之甚者。自古夷狄與中國通和，亦世皆有之，然未有非中國强盛，力足以制之，而自肯與中國和好者也。大金兩次遣使，直許講和，非畏我而然也。又且幣重而言甘，烏知非誘我耶？此不可不疑也。陛下以梓宮未還，母后在遠，陵寢宮闕，久稽洒掃，兄弟宗族，未得會聚，南北軍民，不得休息，意欲屈己就和，此誠聖人之用心也。然所謂屈己者，當思有益於事，則小屈可爲也。儻於大事非徒無益，又且因而別致禍患，則可不深思熟慮之乎？一事既屈，則又以他事來屈我矣。小事既屈，則必有大事來屈我矣。

且以目前可見者言之。今所遣使，以詔諭爲名，儻欲陛下易服而拜受，還可從乎？又欲與陛下分庭而抗禮，還可從乎？設或如此等事，從其一二，則與彼上下之分已大定矣。自此之後，可以號令我矣。彼或又行詔令，授陛下一兩鎮節鉞，封陛下一王號，還可從乎？又或下令將本朝大臣諸將，盡行封拜，還可從乎？又或下令，用彼年號正朔，還可從乎？又或下令，盡遣西北人歸鄉里，還可從乎？姑略舉此數事，則過此以往，可推而知之。儻謂今日許和，出彼誠意，或別有道理。今日小屈之後，更無他事可慮，則臣所不能知。萬一有如臣所言，則自今以往，一事有不順從者，彼便可以違命之罪加我矣，尚何梓宫可保必得乎？皇族可保必歸乎？地界可保必守乎？如此，則休息之期當益遠矣。且我之所急者梓宫也，宗族也，而敵獨先以地界來議，則事之可疑者亦多矣。何則？以河爲界，敵亦謂我未必能守，一也。使我捨江、淮之險而趨平地，二也。西北之人懷土者，皆使散走，三也。如此，梓宫宗族牽制我矣，小有違異，即釁端也。審如是，則社稷之存亡，在敵掌握爾。

陛下必欲屈己就和，願陛下周思而熟慮之，謹擇而善處之。若已屈之後，必不致有如臣前所陳之禍患，陛下小屈以就大事可也。臣又竊料，專以和議爲是者，必謂和議既成，則兵可不用而得休息，是大不然。臣竊謂和議與用兵，二者不可偏廢。若和議既成之後，敵之詔令，必有不可從者，不免違異，而敵以逆命來，則兵可不用乎？然則屈己之事，誠不可不審而後行也。使敵知我不憚用兵，則和或有可議之理。然則屈己之事，似未輕易許也。願陛下加聖心焉。

權吏部侍郎魏矼言：

臣素不熟敵情，不知使人所須者何禮，陛下所謂屈己者何事。聞諸道路之言，謂金人頃立僞齊，使之屈膝受令，北面之禮，靡所不至；歲時之貢，靡所不取。今需於我，未必盡然。以事料之，其間必有不可從者。如屈膝受令，則大不可從者也。賊豫本匹夫爾，既爲金人所立，恩莫大焉。北面拜舞，禮亦宜之。陛下承一祖七宗基業，海内愛戴，一紀於兹。天命有歸，何藉於金國乎？傳聞奉使之歸，謂金人悉從我所欲，不復有所須，其誠然耶？必無難行之禮以重困我，陛下何用過爲卑辱，以取輕侮乎？如或爲不可從之事，先有所要，則其詭詐之情，固可見矣。儻或輕從之，屈膝受令，他時反爲所制，號令廢置，將出其手，一有不從，便生兵隙。予奪在彼，失信在我，非計之得也。雖使還我空地，如之何而可保？雖欲寢兵，如之何而可寢？雖欲息民，如之何而可息？

楚人衷甲，吐蕃劫盟，前史載之詳矣，庸可不慮乎？且禮經復讎之義，臣未暇論也，姑以人主之孝論之。孔子稱明王之以孝治天下，則曰天下和平，災害不生，禍亂不作。故以一人有慶，兆民賴之，爲天子之孝。方今宗廟社稷，惟陛下是依。天下生靈，惟陛下是賴。陛下既欲爲親少屈，更願審思宗社安危之機，與夫天下治亂之所繫。考之古誼，酌之羣情，擇其經久可行者行之，其不可從者，以國人之意拒之。庶幾軍民之心，不至懷憤，且無噬臍之悔也。宗社安而國家可保，此非天子之孝乎？

紹興三年，敵使遽至，朝廷數遣官報聘。明年，使人方且交馳，而胡騎侵淮甸矣⑪。天啓陛下之心，六師鱗次江上，力爲戰守之具。其冬，魏良臣等以使事回，敵人約再遣使，爲恐迫之語。陛下悟其姦計，不復再遣，敵遂引去。陛下因敵使之來，博詢在廷。抑聞孟子有云：「左右皆曰不可，勿聽。諸大夫皆曰不可，勿聽。國人皆曰不可，然後察之，見不可焉，然後去之。如此，然後可以爲民父母。」所謂國人者，不過萬民三軍爾。搢紳與萬民一體，大將與三軍一體。今陛下詢於搢紳，民情大可見矣。惟三軍之心，未知所向。和議國之大事，豈可不訪之兵將乎？欲望聖慈，速召大將，各帶所部近上統制官數人同來，以屈己事目，廣加訪問，以塞他日意外之憂。彼或以爲不可，亦能鼓作其氣，益堅守禦之備。

時諸將韓世忠、岳飛皆以議和爲非計，故矼有是言。既而矼以憂去。

19 癸卯，秘書少監劉一止試起居郎。

徽猷閣直學士、右朝議大夫、知平江府向子諲轉一官致仕。時金人所遣詔諭使將入境，子諲不肯拜敵詔，乃上章乞致仕，秦檜許之。此以徐夢莘北盟會編修入。十一月初十日，韓世忠劄子：「今續體探得銀牌郎君立候詔諭過界，接伴於界首，望北拜奏聖躬萬福，再五拜訖，只在位立候。詔諭使馬過，然後上馬隨後行。至館中，詔諭使面南列坐畢，令接伴使於階下展狀躬身，稱喏了，上廳跪勸詔諭使酒，及所過州縣，官吏迎詔拜詔送詔，如詔諭使入境。一州不依前約禮數，即打一州。其館伴依接伴禮數。」按，此時金使未入境，但子諲聞其説耳。夢莘稱張通古入境，子諲不拜而請致仕，蓋小誤。今修潤書之。

20 甲辰，樞密副使王庶充資政殿學士，知潭州。庶論金不可和，於道上疏者七，見帝言者六。秦檜方挾金自重以爲功，絀其説。庶語檜曰：「公不思東都抗節存趙時，而忘此敵耶？」檜大恨。庶又抗章求去，乃有是命。

是日，檜進呈，上因言：「近日士大夫好作不靖，胥動浮言，以無爲有。風俗如此，罪在朕躬，卿等大臣，亦與有罪。蓋在上者，未有以表率之故也。」檜曰：「風俗如此，臣等實任其責。」孫近曰：「陛下聖德躬行，多士狃於習俗，未能鄉化。他時疆事稍定⑫，當須明政刑，以示勸懲，庶幾丕變。」中興聖政：臣留正等曰：「事有係乎天下國家之舉者，利害參而未明，取舍同而未審，凡議論所到，亦何怪於紛紛乎？善斷者本理以論成事，則紛紛者將自定矣，此盤庚所以教民也。紹興初，大臣主和議，而衆志之未孚，甚於盤庚之遷也。浮言動衆，上之所患。風勵表率，所責於大臣者何事？而大臣乃欲明政刑以示勸懲，果何心哉？自是，士大夫曾駁和議不合風旨者，皆以怨訐抵刑譴，其丕變之言，將爲必酬平日之言以示威也，豈不深負太上皇帝責望之意哉？大臣誤國甚矣。」

中書舍人兼侍講兼學士院勾龍如淵試御史中丞。時秦檜方主議和，力贊屈己之説，以爲此事當斷自宸衷，不必謀之在廷。上將從其請，而外論羣起，計雖定而未敢畢行。如淵言於檜曰：「相公爲天下大計，而羣説横起，何不擇人爲臺官，使盡擊去？則相公之事遂矣。」檜大悟，遂擢如淵中司，人皆駭愕。此並據晏敦復墓誌修入。

給事中樓炤兼直學士院。日曆無此，今以本院題名修入。

侍御史蕭振權尚書工部侍郎。振乞留王庶，故有是命。

兵部侍郎、兼權吏部尚書張燾兼史館修撰。

尚書吏部員外郎王次翁試秘書少監。

左朝奉大夫魏良臣行尚書吏部員外郎。朱勝非秀水閑居録云：「撻懶統兵犯淮甸，朝廷遣魏良臣奉使，數問秦檜，仍稱其賢。乃知檜初相時所陳二策，出於金意也。逮其再相，力薦良臣入爲都司，繼除從官，欲弭其言耳。」

國子監丞王利用爲秘書郎。

21 乙巳，端明殿學士韓肖胄提舉萬壽觀。肖胄自常州入對，遂有是命。

22 丙午，王庶入辭，命坐賜茶。庶奏：「臣異議罔功，必致人言，乞改除宫觀。」上不許，復温言諭遣之。遂召徽猷閣直學士、知潭州仇悆赴行在。

23 丁未，左朝奉大夫、主管台州崇道觀王綰復直秘閣，知常州。

龍圖閣直學士、提舉江州太平觀汪藻上所編集元符庚辰至宣和乙巳詔旨終篇，凡六百六十有五卷，拜藻顯謨閣學士。其屬官右朝散郎鮑延祖、左宣義郎孟處義各又進一官。

是日，樞密院編修官胡銓上疏曰：

臣謹按王倫本一狎邪小人，市井無賴。頃緣宰相無識，遂舉以使虜[13]。專務詐誕，欺罔天聽，驟得美官，天下之人，切齒唾駡。今者無故誘致敵使，以詔諭江南爲名，是欲臣妾我也，是欲劉豫我也。劉豫臣事金國，南面稱王，自以爲子孫帝王萬世不拔之業。一旦金人改慮，捽而縛之，父子爲虜[14]。商鑒不遠[15]，而倫又欲陛下效之。夫天下者，祖宗之天下也。陛下所居之位，祖宗之位也。奈何以祖宗之天下，爲金人之天下，以祖宗之位，爲金國藩臣之位？陛下一屈膝，則祖宗廟社之靈，盡污夷狄[16]。祖宗數百年之赤子，盡爲左衽[17]。朝廷宰執，盡爲陪臣。天下士大夫，皆當裂冠毁冕，變爲胡服[18]。異時無厭之求，安知不加我以無禮如劉豫也哉？夫三尺童子，至無知也，指仇敵而使之拜，則怫然怒。今堂堂大朝，相率而拜仇敵，曾無童稚之羞，而陛下忍爲之邪？

倫之議乃曰：「我一屈膝，則梓宫可還，太后可復，淵聖可歸，中原可得。」嗚呼！自變故以來，主和議者，誰不以此説啗陛下哉？然而卒無一驗，則敵之情僞，已可知矣。陛下尚不覺悟，竭民膏血而不恤，忘國大讎而不報，含垢忍耻，舉天下而臣之甘心焉。就令敵決可和，盡如倫議，天下後世，謂陛下何如主也？況敵人變詐百出，而倫又以姦邪濟之，則梓宫決不可還，太后決不可復，淵聖決不可歸，中原決不可得，而此膝一屈，不可復伸，國勢陵夷，不可復振，可爲痛哭流涕長太息者矣。向者陛下間關海道，危如累卵，當時尚不忍北面臣敵，況今國勢稍張，諸將盡鋭，士卒思奮。只如頃者敵勢陸梁，僞豫入寇，固嘗敗之於襄陽，敗之於淮上，敗之於渦口，敗之於淮陰，較之前日蹈海之危，已萬萬矣。儻不得已而至於用兵，則我豈遽出敵人下哉？今無故而反臣之，欲屈萬乘之尊，下穹廬之拜，三軍之士，不戰而氣已索，此魯仲連所以義不帝秦，非惜夫帝秦之虛名，惜夫天下大勢有所不可也。

今內而百官，外而軍民，萬口一談，皆欲食倫之肉，謗議洶洶，陛下不聞，正恐一旦變作，禍且不測。臣竊謂不斬王倫，國之存亡未可知也。雖然，倫不足道也。秦檜以心腹大臣而亦然。陛下有堯舜之資，檜不能致陛下如唐虞，而欲導陛下爲石晉。近者禮部侍郎曾開等引古誼以折之，檜乃厲聲責曰[19]：「侍郎知故事，我獨不知？」則檜之遂非狠愎，已自可見。而乃建白，令臺諫侍臣簽議可否，是蓋畏天下議己，而令臺諫侍臣共分謗耳。有識之士，皆以爲朝廷無人，吁，可惜哉！孔子曰：「微管仲，吾其被髮左衽矣。」夫管仲，霸者之佐耳，尚能變左衽之區而爲衣裳之會。秦檜大國之相也，反驅衣冠之俗，而歸左衽之鄉。檜也不唯陛下之罪人，實管仲之罪人矣[20]。孫近傅會檜議，遂得參知政事。天下望治，有如饑渴，而近伴食中書，漫不敢可否一事。檜曰虜可講和[21]，近亦曰可和。檜曰天子當拜，近亦曰當拜。臣嘗至政事堂，三發問而近不答，但曰：「已令臺諫侍從議之矣。」嗚呼！參贊大政徒取充位如此，有如敵騎長驅，尚能折衝禦侮邪？臣竊謂秦檜、孫近亦可斬也。臣備員樞屬，義不與檜等共戴天。區區之心，願斷三人頭，竿之藁街，然後羈留虜使[22]，責以無禮，徐興問罪之師，則三軍之士，不戰而氣自倍。不然，臣有赴東海而死，寧能處小朝廷求活耶？

書奏，市井喧騰，數日不定。秦檜上表待罪。有詔：「檜無罪可待。」乃復治事。銓遂罷。

24 戊申，接伴使范同奏：「金使遣人議過界。」上曰：「若使百姓免於兵革之苦，得安其生，朕亦何愛一己之屈？」時上下洶洶，上手劄付同：「塗中稍生事，當議編置。」勾龍如淵退朝録云：「時金國遣二使携書來，書中蓋以河南之地盡歸於我者，唯是使人入界，索禮過當。號其書曰詔書，指吾國曰江南，見吾伴使，必欲居堂中，而坐使人於一隅。所歷州縣，必欲使官吏具禮迎其書，如吾中國迎天子詔書之禮。且言敵書到行在，必欲上再拜親受之。上下洶洶，不知所爲。上親劄付館伴范同：『途中稍生事，當議編置。』」既而敵使蕭哲與其右司侍郎張通古入境，同北向再拜，問金主起居，軍民見者，往往流涕。此據張燾率從官所上疏修入。疏云：「此故事也。」則李永壽、烏陵思謀之來，蓋嘗行此禮矣。當時外議，皆謂蕭哲、張通古入境，范同再拜爲失體，俟再考。

禮部侍郎、兼侍讀曾開言：

臣訪聞敵使在路，語接伴范同云：「本國主相及軍前，並無遣使之意。江南令王倫來唤我，倫百拜懇告，不得已而來，不知有何事商量。」又以排辦頓次，行有里數，數怒濡滯，出語不遜。范同具因依申朝廷，不知既聞此語，嘗有以答之乎？又聞隨行三節人從在路，恣其出入，並無檢察。有下節女真，常先半程肆意而行，將至之日，夜半押馬過臨平，逮曉已至江漲。下節一名，酈瓊將官，旁觀者多識之。此皆朝廷所當譏察，不可忽者也。陛下初遣使，本爲奉迎梓宫，而王倫之還，創生和議，疑其不可信，故諭倫云：「若金國果有欲和之意，當自遣使來商議。」執陛下聖意，遂至哀告求請，敵使得以藉口，謂本無來意，因倫拜告而來。陛下觀此意，豈非盛氣而陵我乎？

臣竊聞王倫前此回日，所得敵書，已有「早遣使人，以圖休息」之辭，則今敵使豈可謂我呼之而來？自當諭館伴官，以此語折之也。敵帥拒我禮物而不受書，意責我以招降，而使者自入我境，已有傲慢侵陵之語。就館之後，言語禮貌，必無遜順。願陛下堅前日之説，察其情僞，勿輕見之。或止令執政與之商議，最爲得體。所有敵使隨行三節人從，乞嚴行約束，勿放出館。夫朝廷之事，固有當密，如行軍用間，已成之謀，一或漏泄，爲害非輕。今日之事，特未定也。正當大詢於國，兼衆智而用之，豈可但憑一市井駔儈之説，而大臣不肯身任，侍從不容與聞者乎？臣願陛下以輔臣留身所論使事，明賜宣諭，以臣僚所論使事，悉賜降出。使大臣集兩省侍從官，公共熟議，取其是者，斷而行之。無爲含糊囁嚅之論，以招後悔。開此疏不得本日，因范同奏事附見。徐夢莘北盟會編又有開一疏，其詞淺俗，而魏掞之讜議無之，今不取。

是日，資政殿大學士、新江南西路安撫制置大使兼知洪州張守入辭，命坐賜茶。守與顯謨閣待制、新知廣州張致遠，皆乞黄榜以招安南安諸盜。許之。

25 己酉，詔責授寧江軍節度副使莫儔永不收叙。先是，朱勝非當國，許儔便居。儔既還浙西，諫官李誼論其罪，章上不行。後數月，乃有是命。誼以今年五月上章，不知許時何以不行也。

26 庚戌，北使書狀官、行臺尚書省主簿魏千運卒於高郵軍，賜白金六百兩。張通古等還，乃焚其骨而歸。

27 辛亥，秘書省正字范如圭獻書於秦檜曰：

禮經有曰：「父母之讎，不與共戴天。寢苫枕干，誓死以報。」徽宗皇帝、顯肅皇后崩於沙漠，去春凶問既至，主上攀號擗踊，哀動天地，四海之内，若喪考妣。相公身拜元樞，不以此時建白大義，乘六軍痛憤之情，與之縞素，揮戈北向，以治女真反天逆常之罪[23]，顧遣一王倫者，卑辭厚幣，以請梓宮，甚矣謀之顛錯也。

春秋之法，讎不復，賊不討，則不書葬。葬者，臣子之事也。不書葬，以爲無臣子也。天下之痛，莫甚於不得其死而不復讎，不討賊，使神靈銜冤抱恨於地下而不得伸，雖得梓宮而葬之，於臣子之心，能安否乎？古之人有命將出師，誓滅鯨鯢，以迎梓宮者矣。雖其力小勢窮，不能有濟，而名正言順，亦可以無愧於天下後世。未聞發幣遣使，祈哀請命，以求梓宮於寇讎之手者也㉔。女真用是知我無復讎之心，可以肆爲玩侮，乃示欲和之意，使倫歸報，交使往來，至於再至於三，其謀益深，言益甘。我之信彼益篤，禮益恭，墮其計中，不自知覺，雖三尺童子，皆爲朝廷危之。倫之言曰：「女真欲以梓宮、母后、淵聖皇帝、中原境土悉歸於我。」審如是，豈惟足以解吾君終身之憂哉？乃天下臣子之所大願也。然自王者迹熄，五伯而下，鮮不以詐力相傾。今乃欲以誠信之道，望於讎敵，寧有此理？且諱日之報與不報，在彼無毫釐利害，至不難從之事也，我之懇請屢矣，而寂無聞焉。於其至易者，尚不我從，則其他可知。

春秋之法，凡中國諸侯與夷狄盟會者㉕，必謹志而深譏之，其法嚴矣。女真自海上結盟，借助於我，以滅契丹。契丹既滅，遂犯汴都。其不可信一也。既而城下之盟，講解而退矣，曾不旋踵，復圍太原。其不可信二也。自是厥後，和使項背相望，而侵犯之兵無歲不有。其不可信三也。既破京城，乃始斂兵議和，誘我二帝出郊，劫之而去。其不可信四也。劉豫其所立也，事之無所不至，一旦執之，如探囊中物。其不可信五也。彼包藏姦詭，而不可測度如此，何爲一旦與我如此之厚哉？或謂金主初立，黏罕已死，親族離叛，契丹復振，方務自保。畏我加兵，故欲釋憾解仇，以免南顧之患，豈其然乎？自劉豫既廢之後，我益畏縮遠屏，未嘗敢向北方發一矢，彼何憚於我哉？是深謀長計，欲不費一鏃，而坐收混一之功耳。聞其使稱詔諭，挾册命而來，要主上以下拜之禮，果有之乎，其無之也？果可從乎，其不可從也？反面事讎，匹夫猶不肯爲，忍以堂堂之宋，君臣相率而拜不共戴天之人哉？主上哀疚在躬，孝友天至，必曰吾爲梓宫屈，爲皇太后屈，爲淵聖皇帝屈，何不可之有？使子弟之情，獲伸於一日，志願足矣，遑恤其他？相公何不以必然之理，開陳於咫尺之前乎？誠使一旦拜受女真之詔册，則將行女真之命令，頒女真之正朔，普天之下，莫非女真之土，率土之濱，莫非女真之臣。我宋君臣上下，雖欲求措身之所，且不可得。徽宗、顯肅之梓宫，遂無地可葬。母后、淵聖之輦輅，遂無家可歸矣。無乃違主上聖孝之心，失相公大忠之節乎？

昔漢高祖責數項羽，兵不少解，卒免太公於俎上。晉大夫征繕以輔孺子，使惡我者懼，卒能歸惠公於强秦。此古人已試之明驗也。相公不用此策，以慰我主上孝弟之念，奈何欲誤主上，舉祖宗二百年之天下委而棄之哉？今所以委曲順從敵意，不敢少有違忤者，惟恐其不歸梓宫、母后、淵聖而加兵於我耳。曾不知一正君臣之分，則號令生殺，皆出於其手。設若擁梓宫、母后、淵聖於大江之外，下一紙詔，召吾君相以下，來迎於境，我若從之，立有禍變，如其不從，彼將責我曰：「吾歸而父母之喪，歸而親，歸而兄，有大造於而國，乃違我之命，不肯來迎，是不孝於父母，不恭於兄，不忠於我也。」聲罪來問，將何以待之？事至如此，則前日所以順從其意者，非特無分毫之益，適足以致莫大之禍。和好既敗，雖欲兵之不用，其可得乎？

爲和之説者必曰：「今雖講和而邊備實未嘗弛，必無意外之患。」以如圭觀之，朝廷以議和之故，謂謀臣猛將，可以折衝禦侮者，皆無所用，或斥逐而遠之，或併之於驕庸之帥，又將包羞忍恥，甘心屈辱，以沮喪士氣而離其心，殆若歸馬放牛，示天下不復用兵者。而謂之不弛邊備，是内欺其心，上欺人主，下欺億兆之衆也。主上南面而君天下，十有二年矣。其即位也，由天下軍民推戴，所迫不得已而從之。至於今日，天下軍民，豈肯聽吾君北面而爲仇賊之臣哉㉖？主上以思念君父母兄之故，不憚於屈己，天下軍民以愛君之故，不肯聽主上之辱身，用此拒敵，不爲無辭者。若其舉兵而來，適足以激怒吾衆。我以大義明詔天下，率勵瘡痍之餘，共雪父兄之恥，乃不可失之機會也。相公若必欲拂天下之情，贊成主上，受此屈辱，有如姦雄因衆心之憤，擁數十萬之衆，仗大義以問相公之罪，則將何辭以對？宣和、靖康以來，爲女真所屠戮者，非將士之父兄，則其子弟，幸得脱身於鋒鏑，恨不得女真之肉臠而食之。今相公反愛信之如天屬之親，萬口籍籍，扼腕忿怒，莫不歸罪於相公，相公亦知之乎？相公嘗自謂我欲濟國事，死且不恤，寧避謗怨？相公之心則忠矣，使殺身而有益於君，固志士仁人之所願爲也。若犯衆怒，陷吾君於不義，政恐不惟怨謗而已，將喪身及國，毒流天下，遺臭萬世。苟非至愚無知，自暴自棄，天奪其魄，心風發狂者，孰肯爲此？若曰聖意堅確，臣下莫之能回，此非所望於相公也。

檜不答。

是日，樞密院編修官胡銓昭州編管。銓之上書也，都人喧騰，數日不定。上語秦檜曰：「朕本無黄屋心，今横議若此，據朕本心，惟應養母耳。」此據秦檜奏疏所載上言。於是檜與參知政事孫近言：「臣等比以金使及境，各進愚計，務欲接納適中，可以經久。朝廷之體，貴在慎密，不敢漏言。聞銓上章歷詆，蓋緣臣等識淺望輕，無以取信於人。伏望睿斷，早賜誅責，以孚衆聽。」詔答曰：「卿等所陳，初無過論。朕志固定，擇其可行。中外或致於憂疑，道路未詳其本末，至彼小吏，輕詆柄臣。久將自明，何罪之有？」至是，乃議責銓。檜批旨曰：「北使及境，朝廷夙夜講究，務欲上下安帖，貴得和好久遠。胡銓身爲樞屬，既有所見，自合就使長建白，乃狂妄上書，語言凶悖。仍多散副本，意在鼓衆，刼持朝廷。可追毁出身以來文字，除名勒停，送昭州編管，永不收叙。令臨安府差使臣兵級，押發前去。候到，具月日聞奏。仍令學士院降詔，布告中外，深知朕安民和衆之意。」時銓妾孕臨月，遂寓湖上僧舍，欲少遲行，而臨安已遣人械送貶所。秘書省正字范如圭與敕令所删定官方疇見吏部侍郎晏敦復，爲銓求援。敦復曰：「頃嘗言秦檜之姦，諸公不以爲然。今方專國，便敢如此。趙元鎮雖無狀，不至是也。此人得君，何所不爲？」敦復即往見守臣徽猷閣待制張澄，語之曰：「銓論宰相，天下共知。祖宗朝，言事官被謫，開封府必不如是。」澄愧謝曰：「即追還矣。」

28 壬子，左通直郎胡銓送吏部，與廣南監當。銓既竄斥，秦檜、孫近又奏：「銓所上封章，言及臣等，若重加竄斥，於臣等分義，有所不安。欲望聖慈更加寬宥。」臺諫勾龍如淵、李誼、鄭剛中亦共救解之，乃以銓監昭州鹽倉。銓之行也，監登聞鼓院陳剛中以啓送之曰：「屈膝請和，知廟堂禦侮之無策；張膽論事，喜樞庭謀遠之有人。身爲南海之行，名若泰山之重。」又曰：「知無不言，願請上方之劍；不遇故去，聊乘下澤之車。」秦檜大恨之，尋貶剛中令安遠，死焉㉗。此據銓自跋戒諭詔書及紹興正論參修。銓稱秦檜、孫近、鄭剛中、李誼、勾龍如淵夜半同上殿引救，上稍霽威，特免昭州之徙。而日曆及他書皆不見臺諫文字。銓自記必審，但謂如淵爲給事中，則誤耳。正論云陳剛中任寺丞，而銓所記以爲鼓院，二書不同。考之日曆，六年四月丙午，左宣教郎陳剛中除太府寺丞，替王師心成資闕。而今太府寺題名皆無二人姓名，蓋中間有旨，待次者皆省罷故也。鼓院題名，起於紹興十六年，亦無剛中姓名。今且從銓所記，俟考。剛中紹興十年八月壬申行遣。

是月，資政殿學士、提舉臨安府洞霄宮陳與義薨於湖州。

校勘記

① 左宣奉大夫尚書右僕射秦檜遷左光禄大夫　「右」，原爲「左」，叢書本同，俱誤，按：秦檜自尚書右僕射遷左僕射，在紹興十一年六月，本年正在右僕射任上。故逕改。

② 賊情窺伺　「賊」，原作「敵」，據叢書本改。本段後二「賊」同。

③ 顯是巧僞甘言　「僞」，原作「賜」，據叢書本改。

④ 醜迹敗露　「醜」，原作「蹤」，據叢書本改。

⑤ 左朝奉郎張擴爲秘書省著作佐郎　「擴」，原作「廣」，乃宋人避寧宗趙擴名諱改。下同。

⑥ 屈己和戎　「和戎」，原作「議和」，據叢書本改。

⑦ 狼子野心　「狼子野心」，原作「深謀密計」，據叢書本改。

⑧敵騎屢犯行闕　「犯」，原作「侵」，據叢書本改。

⑨屈膝夷狄　「夷狄」，原作「外國」，據叢書本改。

⑩自古夷狄爲中國患　「夷狄」，原作「外國」，據叢書本改。下文「夷狄」同。

⑪而胡騎侵淮甸矣　「胡」，原作「敵」，據叢書本改。

⑫他時疆事稍定　「他」，原闕，據叢書本補。

⑬遂舉以使虜　「虜」，原作「敵」，據皇朝中興繫年要録節要卷九改。

⑭父子爲虜　「虜」，原作「擄」，據叢書本改。

⑮商鑒不遠　「商」，原作「殷」，按：宋人避太祖父趙弘殷諱，行文皆改爲「商」。宋史全文卷二〇、歷代名臣奏議卷三四八引銓疏皆作「商」。

⑯盡污夷狄　「污夷狄」，原作「被污辱」，據叢書本改。

⑰盡爲左衽　「左衽」，原作「敵有」，據叢書本改。

⑱皆當裂冠毁冕變爲胡服　「裂冠毁冕變爲胡服」，原作「屈體事人變亂倒置」，據叢書本改。

⑲檜乃厲聲責曰　「曰」，原作「下」，據叢書本改。

⑳自「吁可惜哉」至此共七十二字，皆據叢書本改補。底本作：「豈不惜哉？夫石晉之事契丹也，桑維翰主之，其初意亦以契丹强大可藉其力，以保其割據之地，而卒無救於敗亡，況我朝爲天下共主，與敵有君父之仇，而敵之詭譎，甚於契丹，如之何可行耶？」相較二本差異，當以叢書本爲優。蓋底本以爲原文大段皆犯忌諱，無法改竄，故僞編文字，竄亂原疏。作者

李心傳原據三朝北盟會編卷一八六所載胡銓上疏編入，叢書本尚存原貌，今改從之。

㉑ 檜曰虜可講和　「虜」，原作「敵」，據皇朝中興繫年要録節要改。

㉒ 然後羈留虜使　「虜」，原作「敵」，據皇朝中興繫年要録節要改。

㉓ 以治女真反天逆常之罪　「反天逆常之罪」，原作「不共戴天之仇」，據叢書本改。

㉔ 以求梓宫於寇讎之手者也　「寇」，原作「仇」，據叢書本改。

㉕ 凡中國諸侯與夷狄盟會者　「夷狄」，原作「外國」，據叢書本改。

㉖ 豈肯聽吾君北面而爲仇賊之臣哉　「賊」，原作「敵」，據叢書本改。

㉗ 尋貶剛中令安遠死焉　此數字原闕，據宋史全文卷二〇中補。

建炎以來繫年要録卷一百二十四

1 紹興八年十有二月按是月癸丑朔。甲寅，檢校少傅、奉國軍節度使、知紹興府趙鼎充醴泉觀使，免奉朝請，從所請也。

中衛大夫、貴州防禦使、京東淮東宣撫處置使司右軍統制杜琳降横行遥郡二官。琳擅遣士卒過淮採薪，爲敵人掩執以去。韓世忠劾之，故有是命。

2 乙卯，左朝奉大夫、主管洪州玉隆觀馮檝守宗正少卿，假徽猷閣待制，爲國信計議副使。檝既罷歸，行至鎮江，復召。檝入對，奏疏曰：

臣嘗謂天下之事，有經有權，顧所遇如何耳。遇經事而可以守常，則何以權爲？遭變事而蘄於有濟，烏可捨權而不用焉？國家自靖康以來，敵人南侵，二聖北狩。族屬臣民，隨寓沙漠。宗廟陵寢，遥居僞境。繼而太上皇帝訃至，梓宫未還，豈獨陛下羹牆之念，造次不忘，凡百臣子，孰不痛憤？昨緣朝廷遣使，請上皇梓宫，使還，道敵人講和之言，從而應之，往返通好。竊聞比有許還地歸梓宫之報，然索禮太高，朝廷未有所處，使人躊躇境上，而稽於過界。道途之議，皆云士大夫有不可屈之言，諸大將有君辱則臣辱之説，咸欲奉兵以示威。臣恐此聲若出，萬一有妨和議，則機會何時可復得耶？使金人無還地歸梓宫之意，固不敢自屈以奉彼。如或有之，是陛下之屈，乃爲父母兄弟、宗廟陵寢、祖宗境土、族屬臣民而屈耳。爲父母兄弟、宗廟陵寢，是屈而行孝弟也。爲祖宗境土、族屬臣民，是屈而施仁慈也。陛下少降其禮，而能返父母兄弟族屬臣民於舊都，還祖宗境土於版籍，復宗廟陵寢於邦内，一舉而兼備孝弟仁慈之四德，自古帝王之用心，何以加於此乎？

然所謂屈者，豈真我辱哉？循斯須之權耳，乃伸之階也。會稽之役，勾踐屈於吴王，卒能破吴。鴻門之會，高祖屈於項羽，卒能興漢。然則兹屈也，非所以爲伸歟？假如諸大將不許陛下降禮以就之，自非同心協謀，一戎衣可以空敵庭，然後上皇梓宫可還，太母、淵聖鑾輿可復，族屬臣民可返，宗廟陵寢可安。臣恐敵廷未易遽空也；借能空之，兩國又須交兵，殘害億萬生靈之性命而後底定。豈若不血一刃，而遂如所欲乎？

臣願陛下毋惑士大夫之言，毋徇諸將之議，斷自淵衷，度利多害少則行之。儻陛下俄頃少降萬乘之尊，果得金人革心，歸上皇之梓宫，還太母、淵聖之鑾駕，返我族屬臣民，復我故疆境土，則是陛下於十有餘年渺茫懷想之中，一日之間，母子兄弟復得相見，宗廟陵寢復得奉祀，族屬臣民復得綏睦，臣謂累世南面之樂，未有如陛下今日之樂也。臣所以不避忌諱，而妄爲陛下陳之。雖然，自古和不能獨成，有威然後能成其和。和而有威，其和乃固。如專任和而廢威，使彼以信來，夫復何疑？其或繼之以詐，將何以待之哉？臣願陛下，諭使人篤於講和，敕將帥嚴於修備，責效於使人，歸功於將帥，降禮以成和議，嚴備以固和好。如是，則有萬全之功，無不測之患矣。

上覽疏，即日除檝故官，與王倫偕見使人議事。

3 丙辰，詔曰：「朕以眇躬，撫兹艱運。越自初載，痛二帝之蒙塵；故兹累年，每卑辭而遣使。不難屈己，徒以爲親。雖悉意於經營，終未得其要領。昨者驚傳諱問，恭請梓宫。彼方以講好而來，此固當度宜而應。朕念陵寢在遠，梓宫未還。傷宗族之流離，哀軍民之重困。深惟所處，務適厥中。既朝慮而夕思，又廣詢而博訪。言或同異，正在兼收。事有從來，固非創議。樞密院編修官胡銓，職在樞機之屬，分乖廉陛之儀。遽上封章，肆爲凶悖。初投匭而未出，已謄藁而四傳。導倡陵犯之風，陰懷劫持之計。儻誠心於體國，但合輸忠；惟專意於取名，故兹眩衆。閔其淺慮，告爾多方，勿惑胥動之浮言，庶圖可久之大計。」時秦檜恐言者不已，故白上下此詔以戒諭之。

檢校少傅、慶遠軍節度使郭仲荀提舉醴泉觀。仲荀既入見，遂有是命。

尚書户部員外郎錢觀復罷。殿中侍御史鄭剛中言：「觀復性資陰狠，臺章頃數論其短，執政庇而留之。劉大中喪子，觀復隨其柩宿於城外，廉耻不立。」故絀之。

4 丁巳，太府少卿耿自求直顯謨閣，知常州。

軍器監丞李若虚守尚書户部員外郎。

直徽猷閣、提舉華州雲臺觀汪召嗣知撫州。

5 戊午，秦檜奏：「大金使名未正，乞令人與計議，改江南爲宋，詔諭爲國信。如不受封册，不遣泛使，皆當先事言之。」上曰：「朕受祖宗二百年基業，爲臣民推戴，已踰十年，豈肯受其封册？兼畫疆之後，兩國各自守境，每事不相關涉。惟正旦、生辰遣使之外，非時不許往來。朕計已定。」

觀文殿大學士、提舉臨安府洞霄宫李綱言：

臣竊見朝廷遣王倫使金國，奉迎梓宫，往返屢矣。今倫之歸，與金使偕，乃以江南詔諭爲名，不著國號而曰江南，不云通問而曰詔諭，此何禮也？臣請試爲陛下言之。金人毁宗社，逼二聖，而陛下應天順人，光復舊業。自我視彼，則仇讎也。自彼視我，則腹心之疾也。豈復有可和之理？然而朝廷遣使通問，冠蓋相望於道，卑辭厚幣，無所愛惜者，正以二聖在其域中，爲親屈己，不得已而然，猶有説也。至去年春，兩宫凶問既至，遣使以迎梓宫，亟往遄返，初不得其要約。今倫使事，初以奉迎梓宫爲指，而金使之來，乃以江南詔諭爲名。責實已自乖戾，則其所以罔朝廷而生後患者，不待語而可知。

臣在遠方，雖不足以知其曲折，然以愚意料之，敵爲此名以遣使，其邀求大略有五：必降詔書，欲陛下屈體降禮以聽受，一也。必有赦文，欲朝廷宣布，班示郡縣，二也。必有約束，欲陛下奉藩稱臣，禀其號令，三也。必求歲賂，廣其數目，使我坐困，四也。必求割地，以江南爲界，淮南、荆襄、四川，盡欲得之，五也。此五者，朝廷從其一，則大事去矣。金人變詐不測，貪婪無厭。縱使聽其詔令，奉藩稱臣，其志猶未已也。必繼有號召，或使親迎梓宫，或使單車入覲，或使移易將相，或使改革政事，或竭取賦税，或朘削土宇。從之則無有紀極，一不從則前功盡廢，反爲兵端。以謂權時之宜，聽其邀求，可以無後悔者，非愚則誣也。使國家之勢單弱，果不足以自振，不得已而爲此，亦無可奈何。今土宇之廣，猶半天下，臣民之心，戴宋不忘，與有識者謀之，尚足以有爲，豈可忘祖宗之大業，生靈之屬望，弗慮弗圖，遽自屈服，祈哀乞憐，冀延旦暮之命哉？臣願陛下特留聖意，且勿輕許。詔羣臣講明利害，可以久長之策，擇其善者而從之。

試尚書禮部侍郎曾開充寶文閣待制，知婺州。先是，秦檜嘗因語和議事曰：「此事大係安危。」開於坐中抗聲曰：「丞相今日不當説安危，止合論存亡爾。」檜矍然驚其言而罷，遂命出守。開辭，改提舉江州太平觀。

左奉議郎林待聘試太府少卿。

進士顔師與特補右迪功郎。師與，卓兄也。上以真卿故，官卓等三人。卓尚死，故改命焉。

故左中大夫李回再復資政殿學士，以其妻郭氏訟劉大中挾情報怨也。兵部侍郎、兼權吏部尚書張燾言：「回嘗受張邦昌僞命爲執政，今來恩命，竊恐公議紛然不允。」詔劉大中所劾無實，盡還職名，依條與恩澤。其從僞一節，竢與范宗尹、謝克家别取旨。秦檜恨二人不已，故因事及之。

6 己未，吏部尚書李光參知政事。秦檜與光初不相知，特以和議初成，將揭榜，欲藉光名以鎮壓耳。上意亦不欲用光，檜言：「光有人望，若同押榜，浮議自息。」上乃許之。

御史中丞勾龍如淵上疏，以振紀綱、辨邪正、明賞罰、謹名器、審用度、厚風俗、去文具七事爲獻。詔三省樞密院常切遵守。先是，有詔觀文殿學士孟庾提舉萬壽觀，赴行在。如淵入對，論庾已試罔功，難以更加器使。上曰：「朕蓋欲遣庾奉使。」上又厲聲曰：「在朝莫更有小人。」如淵曰：「如趙鼎爲相，隳盡紀綱，乃竊賢相之名而去。王庶在樞府，使盡姦計，乃以和議不合，賣直而去。劉大中以不孝得罪，亦竊朝廷美職善罷去。」上曰：「卿如何不論？」如淵曰：「今士論見孟庾之召，王庶之去，已有一解不如一解之語。願陛下不惜庾一人，以正今日公論。其他一一容臣爲陛下別白之。」上色稍解。翌日，以庾知嚴州。孟庾初召及除，日曆全不見，據如淵退朝録云爾。今因如淵上殿附書之，以事考之，必在劉大中未落職之前。大中落職在癸亥，去此四日，事亦相近也。

7 癸亥，秦檜奏：「呂本中行趙鼎修哲宗史成遷特進詞云，謂『合奉晉楚之成，不若尊王而賤霸』。鼎爲首相，於議和通使，未嘗不僉同議論。今命詞如此，皆鼎風旨，欲窺伺和議之不成，爲脱身之計。」上因諭：「己酉年金人南騖之時①，鼎爲臺臣，尚欲與金人畫江爲界。當時傳言金國遣使來，遂留鼎於四明接伴。既而盧仲等自軍中竄來，非金使也。鼎追見朕於章安鎮，當時豈以議和爲非？此事張守備見。今守赴江西大帥去，尚未還，卿可遣書問之。」檜曰：「便可録此聖語付史館。」按日曆又云：「臣檜等退，竊歎上明智，照臨洞見臣下反覆之態，豈欺我哉？」

資政殿學士、提舉臨安府洞霄宮劉大中落職，以御史中丞勾龍如淵再論其不孝也。制曰：「含齒之類，共知篤於愛親；垂髫之童，莫不羞稱不孝。豈有居儀刑之重任，爲名教之罪人？民罔具瞻，朕有逸罰。大中頃由過聽，擢在要津。猥以小才，遂當大用。忘所生之天屬，視厥父如路人。爨煙不同，寢疾弗問。事皆有狀，聞者寒心。人誰無親？咸所切齒。」其詞，起居郎權中書舍人劉一止所作也。

尚書駕部員外郎王居修罷殿中侍御史。鄭剛中論居修緣大臣姻故，遽叨郎選，故黜之。

布衣姚舉上書，詔賜束帛。

8 甲子，詔太府寺丞莫將所上封事，通曉世務，議論可采，令閤門引見上殿。將之書曰：

臣竊見近者金使求聘，且許交河南地界，還梓宫，歸東朝，淵聖皇族，議者雜然，益以爲詐。已而見行人過索禮儀，又肆臆度之説。何衆人之難曉，一至是乎？且夙夜以思，天之所以純佑陛下，無過此舉。深慮臆度之説，少眩聖意。陛下惜一日之屈，而隳其初心。臣聞夷狄亂華②，無甚於晉。方十六國之長，雄於中原，其相吞滅者，皆夷狄耳③。苻堅一舉而敗於合肥，李靖謂非謝元之善④，乃苻堅之不善，蓋時爲慕容垂所陷也。由是言之，紛紛者之論，謂養吾兵威，一舉而足以滅敵者，亦不通乎古今之説也。孟子曰：「太王事獯鬻，勾踐事吴，畏天者也。」陛下以太王之心，行勾踐之策，達孝於父母，致恭於兄弟，敦睦於九族，一舉而悉如吾志，此天相陛下之明驗也。

臣聞興師十萬，則不得操事者七十萬家，此危道也。今日之議，成雖未可以去兵，而亦可以少休兵矣。夫國虚則民貧，民貧則上下不親。敵攻其外，民盜其内，是謂必潰。此今日四川之事，大可慮也。今日之議，成則兵之戍於外者可以移於近，兵之冗於食者可以汰而減。興農桑而省饋餉，俾四方萬里，舉無科抑怵惕之勞，顧不可乎？今關市重斂，商賈不通，財貨彫虚，錢寶空乏。公私掃地，赤立之際也。

今日之議成，費可漸積，商可漸通，錢可漸增。變警擾之習爲阜民，歸遷徙之勞爲永業。俾城郭郊野，舉有還定之安，顧不可乎？是四事者，至易曉也。而紛紛之説，猶不喻焉，蓋亦未之思耳。或者又曰：「無約而請和者，謀也。卑辭而益幣者，進也。」臣應之曰：「陛下遣使以和請，敵以和應，非無約而請也。使人之來，徜徉境上，舉止甚高，言辭頗倨，非卑辭也。敵以和應，出於實矣，在我所以自治而待之者何如耳。非譎奇無以息寇，非陰謀無以成功。」臣於此，多有説焉。使獲奉清閑之燕，以畢其説，非特臣之幸，實天下之幸。

9 乙丑，詔紹興府南班不帶遥郡宗室十八員，歲撥上供米五百斛，令同判大宗正事士㒟均給之。以士㒟言「宗室俸薄者，不足於糴」故也。

徽猷閣待制、提舉江州太平觀錢伯言卒於嚴州。

10 丙寅，資政殿學士、新知潭州王庶落職，提舉臨安府洞霄宮。時御史中丞勾龍如淵論庶之罪，以爲：「薦用非人，屢遭繳駁而歸罪後省。驕蹇自恣，不下堂廡而倨見從官。傾耳側足，惟幸王倫不還，和議不成。使人及境，而色大沮，於是始有求去之請也。庶本趙鼎所薦，方劉大中之去，庶已不安。鼎之將去，庶愈不安。變詐百出，營救萬方。謂鼎不逐朝臣，爲不成宰相手段。交結張戒，一日曰：『此子不了得一事。』及其去也，乃敢冒言，以和議不合，賣直而去。伏望重行竄削，以明庶欺君罔上，愚弄天下之罪。」制曰：「庶大言以惑衆，小智以飾姦。既陳立異之辭，旋有壞成之意。倘謂和戎之非策，則雖執義以何慚？乃因知己之莫由，遂欲脱身而邀譽。第務死黨，寧知有君？」其詞亦劉一止所作也。

尚書考功員外郎李彌正、禮部員外郎高閌並罷。御史論：「彌正、閌與修神宗實録，元豐之法，元祐之政，固二事也。范沖以元祐史臣之後，而膺論撰之職，則雖曰盡公，終亦致疑。此趙鼎之失也。厥書既成，閱日已久。縱有得失，後之作史者，尚得而去取之。必建重修之議，此張浚之過也。彌正舊校勘官，閌爲史官，本非所長者也。至趙鼎再相，彌正乃以前日之罷爲不易逢之機，閌以前日之舉爲不得已之事。誕謾反覆，以儒濟姦。伏望特行罷黜，以戒在位。」故二人並罷。日曆直作臣寮上言，而有「謹按」字，恐是鄭剛中疏。

樞密院編修官趙雍上書曰：

臣伏見金使到闕，朝見之禮，彌旬未決。宰執臺諫，定長久之策，未得其中意者。陛下以梓宫未還，母兄在遠，急於迎見，或欲少抑禮節，以全大倫。此宜羣臣庶民，仰體聖意，克贊孝心，何苦立爲異論？然中外定分，誠不可亂其禮。且金人之禍，十五年矣。始者我不習兵，望風犇潰。其後民心銜痛，願雪國耻。淮上屢勝，金有懼我死戰之師。是以去春哭我以上皇之喪，今歲示我以豫賊之廢。使我遭國凶訃，見宅憂而弛征伐⑤；喜廢豫賊，則釋怨而望和好。皆彼淺近陋隘之術，而大臣不能洞照其姦，猥相與從事於遣使。彼得以怠我之事，我無以乘彼之隙。王倫一行，使旨屢變，反令邀求，將見名位紊亂，冠履易置。天傾地覆，莫甚於此。名號一屈，尚可望號令海縣，責備臣節，休息盜賊，固結人心哉？況金人肆禍，亘古無比。我乃憑一介之使，忘千百年無窮之耻，更欲自屈，不知其可也。

周赧王時，秦强楚弱，楚願和，秦約之武關。比其至也，閉關奪之，使效藩臣之禮。居三年，懷王發病卒。秦歸其喪，太子畏秦，復娶秦女以和。先臣司馬光曰：「秦之不道也，殺其父而劫其子。楚之不競也，忍其父而昏其讎。」彼之紿我以渺茫之梓宫，劫我以難從之稱號。母兄未見，乃先事讎。均之二策，孰爲得失乎？天子之孝，與臣庶不同。報難報之恨，雪難雪之耻，精變天地，誠動金石。震國威，立法制，爲匹夫匹婦復讎，而朝四夷於明堂，此陛下之職，而羣公所當盡心也。若膝一屈，則禮經掃地，拜戎不暇⑥。一歲遣使，再歲遣使，三歲遣使，國力大弊，所議無期。費歲月，殫財計，失人心。我之九廟，盡在臣妾。當是之時，陛下雖欲長侍母兄，度可如意乎？爲今日之計，當以講和爲中國一事，不必張皇，委宰相平見使者，遣使臣再議，直俟梓宫已還，母兄相見，然後徐議稱號。折中典禮，南北兄弟，自有故事。願陛下少抑一身孝愛之情，俯循天下至正之論，臣不勝甚幸。雍所上疏，未得本月日，且附此。或移附金使入關之前。

11 丁卯，左宣教郎王揚英爲太常博士。揚英，丹陽人，獻所著黼扆箴十二篇，上召對而有是命。

12 戊辰，國信計議使王倫言：「金使作詔諭江南四字，名目不正。」秦檜曰：「須是見得國書，恐封册事非便。」上曰：「朕嗣守太祖、太宗基業，豈可受金人封册？」日曆：「大臣秦檜奏曰：『陛下堅守此兩句。』臣謹按，不受封册，上兩嘗宣諭，豈待檜言之？」日曆成於秦熺之手，其意欲逃責於後世，而妄爲此説爾。今不取。倫又言：「胡銓上書，首欲誅臣。乞正鼎鑊之罪，以弭煩言。」詔倫無罪可待。

13 己巳，王倫、馮檝同班入對。

湖北京西宣撫使岳飛乞差胡邦用知靖州。上曰：「郡守牧民之官，亦藩屏所寄，當自朝廷選差。若皆由將帥辟置，非臂指之勢也。」

14 庚午，御史中丞勾龍如淵入對。先是，主管殿前司公事楊沂中、權主管馬軍司公事解潛、權主管步軍司公事韓世良至都堂，見秦檜曰：「以主上受金書，欲行屈己之禮，萬一軍民洶洶，將若之何？」退至御史臺，以其副上如淵，且言：「今三大將在外，他日見責，以爾等爲宿衛之臣，乃令上行此禮，不知何詞以對。」如淵告以：「諸公不須爾，他日第令計議，使取國書納入禁中，必不行其他禮數。」沂中等以手加額曰：「若得如此，天下萬幸。」如淵具以其言入奏。且言：「今日和議，實陛下以徽宗、顯肅皇后梓宮與母兄之重在人國中，宸心朝夕不遑寧處，遂遣王倫奉使請和。今日金人既遣報使賫書而來，儻若不受，必至歸曲於我。一日興師，彼則有辭。此和議固不可壞，而禮文之間，動輒過當。若不度利害，勉而從之，則堂堂中國，一旦遂爲敵人屈己。如臣管見，必遣王倫與使人反復商議，取得敵書，納入禁中，則禮不行而事定矣。」上曰：「果如此，即無以加。俟以此而付之。」並據如淵退朝録修入。如淵所記又曰：「如淵請對，條取敵書之策曰：『昨日三衙楊沂中、韓世良、解潛來見臣云：「某等昨詣都堂，覆宰執說，聞官家受敵書，必欲行屈己之禮。萬一軍民洶洶，即某等彈壓不得。有一劄子，今將副本來呈中丞。此亦非某等生事，蓋緣有大底三箇在外，他日問某等云：爾等爲宿衛之臣，如何却使官家行此禮數？不知使某等如何辭對。」』其所說大底三箇，蓋謂韓世忠、張浚、岳飛也⑦。此言雖似挾持，然亦此事涉大利害，誠不可輕議。臣告以諸公不須如此，他日只是令王倫取敵書納入禁中，必不行其他禮數。三人者以手加額曰：『若得如此，天下萬幸。』臣所見，惟是令倫早開諭使人，取得敵書納入，最爲良策。」

殿中侍御史鄭剛中言：「今日之勢，尤急於邊郡。如楚、泗、通、泰、滁、濠、江、鄂，以至荆、襄、關、陝之地⑧，不過二十餘郡⑨。願詔大臣，精選二十餘輩，分而布之，使其招徠牧養，朝廷又時遣使按行，無狀者易之。處處得人，則須以持久，增秩賜金之事可行矣⑩。」從之。熊克小曆繫之庚午，蓋付出之日也。

15 辛未，參知政事李光言：「諸路月樁，最爲民間重害，而江東西爲甚。元降指揮，許取撥應干上供封樁諸司并州縣等，不以有無拘礙上供、經制、酒税、課利，及漕司移用等錢樁辦，如此州縣尚自應辦不足。今江南路漕司，往往將移用等錢，於逐州主管司，專委通判拘收，不許取撥，致民不堪命。欲下諸路，應月樁錢，許將諸色錢樁辦，如有餘，方許漕司拘收。庶幾壠畝之民，不致失業。」光又奏：「今日急務，莫切於理財之政。有避其名而因失其實者，有無其實而徒存其名者，未易概舉。姑論其大者二事。常平之法，本出於漢耿壽昌，今州縣錢穀，有屬常平司者，名色非一，悉總於户部右曹。今乃以王安石之故而廢之，既使香鹽司兼領，又別差主管官一員，有司莫知適從，錢穀因致失陷。發運使本以總六路財計，以漕輓中都，饋餉爲職。兵興以來，既無輪轉，今乃以糴買事委之，其本錢無慮五六百萬緡，皆從朝廷給降，此國用所以益窘也。望罷常平主管官，依舊令香鹽司兼領。罷發運司，其糴買經制等事，令户部侍郎專領，庶幾名正而事成，官省而職舉。」秦檜進呈，上曰：「月樁事，朕數爲趙鼎言之，鼎不以爲意。常平司當復置，三省可條具取旨。」

16 癸酉，秘書省著作郎胡珵、尚書司勳員外郎兼史館校勘朱松、秘書省著作佐郎張擴、凌景夏、秘書省正字兼史館校勘常明、范如圭上書曰：

臣聞主憂臣辱，主辱臣死。前者上皇訃聞，陛下方宅大憂，天下受其辱矣。今者聞諸道路，口語籍籍。審如此，是將辱在陛下之身，臣等得其死爲有名之時也。人誰無死？爲君父死之，爲有宋宗社死之，爲古今臣子忠孝大訓死之，豈爲無名乎？或難臣者曰：「彼將歸我淵聖皇帝，歸我天枝之族屬，歸我中原之故地，重質以要我，大義以動我，是國人顒顒望之十年而未致者，曾無亡矢遺鏃之費，一朝而獲，雖使主上爲是一稽顙屈膝焉，宜無所愛也。豈與夫新垣衍帝秦倉猝之謀，張儀捭闔之論同日道哉？」臣曰：「固也。昔者劉、項相持滎陽、成皋之間，嘗置太公俎上，約高祖降矣。爲高祖者，信其詐謀而遽屈，則分羹之語不敢出諸口，而天下亦非劉氏有矣。唯高祖不信不屈，日夜思所以圖楚者，而上下戮力焉。故至於漢有天下大半，諸侯皆附，楚兵疲食盡，而割鴻溝東西之約自至，太公、吕后自歸。故敵不至於窮蹙敗亡之迫，而與我連和者，古無有也。」

臣聞四太子者，方據汴都，晏然撫有中原之民。關、輔、淮、楚之備，未始一日徹，而戍卒各不下數萬，未有可圖之釁。彼亦何憂何恐，而一旦無故與我連和，幡然若是，何爲也哉？顧易曉爾。彼狃夫薦食之威，動則得志，而我甚易恐，故喜爲和之説以侮我。又慮我訓兵積粟，蓄鋭俟時，而事有不可測知者，故不得不爲和之説以撓我。中國民力，日就困竭，而虜使之至無已時[11]，蓋坐弊敵國，疲於奔命，無出此計者。不憚一費，而獲永寧，猶之可也。今年秋如是矣，冬又如是矣，明年又如是，子産之言曰：「用幣必百兩，百兩必千人。』幾千人而國不亡，臣所不忍聞也。殫竭膏血，以養驕惰之兵。屯戍不用，鬱其憤憾，緩急則曰講和講和，使此輩一旦藉口而召亂，將何以弭其變哉？故臣嘗謂秦之衡人，金之和使，兵家用一勝百之術也。六國不悟衡人割地之無饜，故至於社稷不血食，國家不悟敵使講和之得策，其禍亦可勝道哉？

而況夷狄無義⑫，所從來久。狼子野心，嗚鏑於父子之親⑬。而乃嗜其甘言，信之不惑，其料事亦疎矣。彼以和之一字，得志於我，十有二年矣。以覆我王室，以弛我邊備，以竭我國力，以解體我將帥，以懈緩我不共戴天之讎，以絶望我中國謳吟思漢之赤子，奈何至今而猶未悟也？陛下躬曾、閔之行，受夷狄之侮，不過曰：「使獲伸東朝一日之養於天下，是亦足矣，遑恤其他？」信如道路之言，則敵人之要我，至不遜也，至無稽也，是坐而約降我也。艱難以來，彼茍可以毒我者，無遺力矣，獨欠約降一事爾。今不慮而從之，且梓宮何在，在境已乎？母后何在，淵聖皇帝何在，皆在行已乎？中原故地，版圖何在，在使者所已乎？陛下奈何不顧祖宗社稷二百年付託之重，將不慮而從之，以萬乘之尊，冒險而僥倖。彼敵人者，茍或濟其不遜無稽之謀，而蹂躪以逞，將焉避之哉？劉豫之監，甚未遠也。當是時，累百王倫，何補救敗之際？而倫之在金爲功臣矣，可得而追戮哉？子思曰：「人主自臧，則衆謀不進。事是而臧之，猶却衆謀。況未必臧乎？」故曰：「聖人甚禍無故之利。不可不察也。」臣等疎遠小臣，然於行在，與備一官司之列，坐縻廩粟，無以報大賜。情迫理極，義不愛身。冒干雷霆，甘俟斧鉞。臣等無任惶懼激切屏營之至。

如圭又言：

臣竊謂徽宗、顯肅之靈，母后、淵聖之意，所以眷眷焉庶幾得歸者，以陛下身爲皇帝，有國有家故也。陛下不顧安危，輕身以從讎，則我國家將爲讎敵所有。陛下雖欲求措身之所且不可得，梓宮輦輅，其將安歸？女真自以於陛下爲不共戴天之讎，雖陛下未能即日報復，寧不慮陛下他日終爲之害乎？其所以揚言欲以梓宮、母后、淵聖悉歸於我者，豈誠然哉？是欲以計取陛下而除己之害爾。陛下縱不愛身，奈宗廟何？奈梓宮、皇太后何？奈淵聖何？今女真之使，以詔諭江南爲名，要陛下以稽首之禮。自公卿大夫以至六軍萬姓，莫不扼腕忿怒，豈有聽陛下北面而爲仇賊之臣哉⑭？萬一陛下拂天下之情，屈身於敵，意外之患，有不可勝言者矣。陛下勿謂屈一己便可以得女真之懽心。彼其無厭之求，寧有窮已？設若擁梓宮而南，邀六飛奉迎於境，或强吾母后、淵聖爲手書以召陛下，會於大河之北，或欲易吾之將相，去其所惡而用其所愛，又欲使其腹心之臣來預吾之政事，如監於方伯之國者，又欲使吾散遣戍卒之兵，平治險隘，以利其戎車，能從之乎？凡此數者，一有不從，忿怒之兵，必不旋踵而至。豈如今日痛憤肝膽之際，明諭敵使而謝遣之。然後詔在廷之臣，與守邊之將，講明戰守之策，日夜飭厲，常若臨敵。表裏江、淮，必足以防侵軼之患矣。願陛下枕戈嘗膽，深思此策而力圖之，則梓宮終有山陵之期，母后終有東朝之養，淵聖終免鴒原之難，陛下終得遂孝悌之心，而天下臣子，亦得伸眉吐氣，食息世間，俯仰無所愧怍。

與夫忍耻事讎，榮辱禍福，相去萬萬矣。

時士大夫皆以和爲不可，而如圭與王庶、曾開、户部侍郎李彌遜、監察御史方庭實言之尤力。彌遜、庭實奏疏未得本，當訪求增入之。

17 甲戌，端明殿學士、提舉萬壽觀韓肖胄以舊職簽書樞密院事。

18 乙亥，以韓肖胄爲大金奉表報謝使，光山軍承宣使、樞密副都承旨錢愐副之。

武功大夫、和州防禦使、江南西路馬步軍副總管兼統制本路屯駐軍馬賈和仲罷，以參知政事李光劾其輕佻妄作也。

19 丙子，金國詔諭使尚書右司侍郎張通古、明威將軍簽書宣徽院事蕭哲至行在，言：「先歸河南地，徐議餘事。」以左僕射府館之。

監察御史施庭臣爲侍御史。庭臣抗章力贊和議，故有是除。胡元質成都丁記：「施庭臣除侍御史，入謝自陳，在朝無援，不自意蒙親擢至此。太上曰：『卿勾濤所薦，弗以相語耶？』」此與張燾劾疏所云全不同，今不取。命下，中外駭愕。

詔：「左朝奉大夫沈該、選人陳懋上書可採。懋改合入官，該令閤門引見上殿。」以該獻書言和議也。

兵部侍郎權吏部尚書張燾言：「陛下信王倫之虚詞，發自聖斷，不復謀議，便欲行禮。羣臣震懼，跼蹐罔措。仰惟聖孝，通於神明，固可使異類革心[15]，惟我之聽。然必已得梓宫，已得母后，已得宗族，乃始可議彼此通好經久之禮。今彼特以通好爲説，意謂割地講和而已，凡陛下之所願欲而加於聖心者，當是時也，在廷之臣莫能正救，曾魯仲連之不如，豈不獲罪於天下萬世乎？爲臣如此，何以生爲？臣是以不避鈇鉞之誅，再干天聽。伏望陛下，俯詢輿情，稍寬聖慮，毋務欲速，緩以圖之，天下幸甚。」

御史中丞勾龍如淵、右諫議大夫李誼、殿中侍御史鄭剛中請至都堂，與宰執議事。初，如淵既見上，陳取敵書之策。後數日，但聞朝論決欲行屈己之禮，軍民時出不平之語，聞之有可駭者。上自大臣，下至百執事，朝夕惴惴，恐此禮一行，或生意外之變。闔城百姓，有終夕不能寐者。而近甸常、潤、會稽之間，民悉不安。於是入奏，同誼請對。又呼臺吏，問：「朝廷有大議論，在法，許臺諫見宰執商議否？」曰有。如淵取法視之，果然。乃入奏。即日有旨，並許之。此據如淵退朝録修入。徐夢莘北盟會編云：「張通古來時，上與秦檜已議定，而朝臣猶未僉諧。通古要與人主抗禮，又欲上面拜金國之詔。議未定，故通古在館多日，未得引見。」

20 丁丑，詔：「大金遣使前來，止爲盡割陝西、河南故地，與我講和，許還梓宮、母兄、親族，餘無須索。慮士民不知，妄扇惑，令尚書省榜諭。」

起居郎劉一止試中書舍人。

司農寺丞莫將賜同進士出身，除起居郎。將入對，遂有是命。

都省翻黃下吏部。試兵部侍郎兼權吏部尚書張燾、試吏部侍郎晏敦復言：

仰惟陛下聖孝天至，痛梓宮之未還，念兩宮之未復，不憚屈己，與虜議和⑯。夙夜焦勞，誠心懇切。孜孜汲汲，惟恐後時。特以衆論未同，故未敢輕屈爾。幸而日者上自朝廷，下逮百執之臣，小大一心，無復異議。朝夕進退，從容獻納，庶幾天聽可回，卒不致屈，此宗社之福也。彼施廷臣乃務迎合，輒敢抗章，力贊此議，姑爲一身進取之資，不恤君父屈辱之耻，覈實定罪，殆不容誅，乃由察官超擢柱史。夫御史府，朝廷綱紀之地，而陛下耳目之司也。前日勾龍如淵以附會此議而得中丞，衆論固已嗤鄙之矣。今廷臣又以此而躋横榻，一臺之中，長貳皆然，既同鄉曲，又同腹心，惟相阿附，變亂是非，豈不紊國家之綱紀，蔽陛下之耳目乎？衆論沸騰，方且切齒。而莫將者，又以此議，由寺丞而擢右史。如淵、廷臣，庸人也，初無所長，但知觀望，而將則姦人也。考其平昔，奚所不爲？陛下奈何遽與此輩斷國論乎？詩曰：「憂心悄悄，愠於羣小。」孔子曰：「小人成羣，斯可愠也。」今如淵、廷臣、將輩漸已成羣，豈國家之福哉？伏望睿斷，幡然而改，特加斥逐，庶幾少杜羣枉之門，天下幸甚。

至於議和，則王倫實爲謀主。彼往來敵中，至再四矣。陛下所倚以爲腹心，而信之如蓍龜者也。今其爲言，自已二三事之端倪，蓋亦可見。更爲陛下，仰念祖宗付託之重，俯念億兆愛戴之誠，貴愛此身，毋輕自屈。但務雪耻，以思復讎。加禮其使，厚資遣發，諭以必得事實之意，告其國人皆曰不可之狀。使彼悔禍，果出誠心，惟我所欲，盡歸於我。然後徐議所以報之之禮，似未晚也。如其變詐，將復誘我以虚辭，則是包藏，終不可測。便當勵將士保疆埸，自治自强，以聽天命，以俟天時。天時既至，何爲不成？何求不得？伏願陛下少忍而已。所謂自强之策，豈有甚高難行之論？特患陛下不爲而已。君臣上下協力一心，定爲規模，一新庶政，安往而不得哉？矧我將士，浸皆可用。比之往年，氣已數倍。萬一未能進取，以之自守，蓋有餘矣。釋此不爲，甘心卑辱之事，臣竊惑之。仰惟陛下脱身艱難苦厄之中，保有國祚，一紀於兹，其所恃者，不在人心乎？自朝廷有屈己之議，上下皆已解體。儻遂成屈己之事，則上下必至離心。人心既離，何以立國？伏願陛下戒之重之。臣世受國恩，身參法從，不敢自同衆人，是用輒敢盡言。夫言而犯雷霆之怒，罪固當死，不敢救正，而使陛下受屈辱之耻，罪亦當死。所有施庭臣、莫將除命，更合取自聖旨指揮。

一止亦言：「將丞九列，驟綴從班，人以爲將上書附和議而得之。臣之誤恩，與將同制。臣若不言，人必以臣自爲地而不忠，乞併臣罷之。」於是將、庭臣皆不敢拜。時燾既力詆拜詔之議，秦檜患之，燾亦自知言切，恐得罪，遂托疾在告。檜使給事中兼權直學士院樓炤諭之曰：「北扉闕人，上欲以公爲直院，然亦使途耳。公疾平，宜早出。」燾大駭曰：「果有是言，愈不敢出矣。」燾乃不主和議者，若使草國書，豈能曲徇意指哉？燾嘗思之，不過一去。今日之事，其去在我。一受遷官，他日以罪去，則事由人矣。」檜不能奪，遂止。按張燾行述所載，執奏施庭臣等除命事，與晏敦復行狀全同，而魏掞之讜議以此奏爲燾所作。是時燾以兵侍兼權吏書，而敦復爲左選侍郎。以事考之，則二人同上也。

是日，臺諫官勾龍如淵等再詣都堂，議國書事。秦檜曰：「若王倫商量不聽，則如之何？」如淵曰：「正恐倫未能辦此，亦嘗率易入文字，請相公、參政親見使人與議，庶國事早濟。」李光曰：「此固不可憚，第一至館中，遂有如許禮數。」如淵曰：「事固如此，然視人主之屈，則有間矣。」光默然。遂召國信計議使王倫、副使馮檝至都堂。如淵語倫曰：「公爲使人，通兩國之好，凡事當於敵中反覆論定，安有同敵使到此而後議者？」倫泣且曰：「倫涉萬死一生，往來敵中者數四，今日中丞乃責倫如此。」檜等共解之曰：「中丞無他，亦激公使了取書事耳。」倫曰：「此則不敢不勉。」

21 戊寅，如淵與李誼入對。上曰：「士大夫但爲身謀，向使在明州時，朕雖百拜，亦不復問矣。」上辭色俱厲。如淵曰：「今日事勢與在明州時不同。」誼曰：「此事莫須召三大將來，與之商議，取其穩當乃可。」上不答，久之曰：「王倫本奉使至此，亦持兩端。秦檜素主此議，今亦來求去，去則無害，他日金人只來求朕，豈來求秦檜？」

22 二十七日己卯，上召倫入對，責以取書事。是晚，倫見使人商議，以一二策動之，使人惶恐，遂許明日上詔宰執就館見使人，受國書納入，人情始安。或曰：「時欲行此禮，宰臣秦檜未有以處。因問給事中炤，炤舉書『諒陰三年不言』之句以對。檜悟，於是上不出，而檜攝冢宰，即館中受書以歸，敵使始知朝廷有人。」此聞之王師愈。此並據如淵退朝録修入。

如淵又言：「講和之事，繫國利害。禮文之間，所當商榷。其如大議，蓋已素定，初不待道塗之言而決也。沈該輕儇俗子，素無循行。近因上書，亦蒙召對。深慮希進之人，迎合聖意，自此安有陳獻，乘時獵取官職，有紊紀綱，爲害不細，望賜寢罷。」先是，張燾、晏敦復因論施庭臣、莫將除命，亦言該贓吏，不當由冗散召對，至是遂寢。

尚書右司員外郎范同直寶文閣，提點兩浙東路刑獄公事，從所請也。

23 己卯，吏部侍郎晏敦復、户部侍郎李彌遜、梁汝嘉、兵部侍郎兼史館修撰兼權吏部尚書張燾、給事中兼直學士院樓炤、中書舍人兼資善堂翊善蘇符、權工部侍郎蕭振、起居舍人薛徽言同班入對，按此時兵部侍郎吴表臣館伴，新除中書舍人劉一止、權禮部侍郎尹焞、起居郎莫將未上，故從官止此。上奏曰：

臣聞聖人與衆同欲，是以濟事。自古人君，施設注措，未有不以從衆而成，違衆而敗者。伏見今日屈己之事，陛下以爲可，士大夫不以爲可，民庶不以爲可，軍士不以爲可。如是而求成，臣等竊惑之。仰惟陛下獨以爲可者，謂梓宫可歸也，淵聖可還也，母后可復也，宗族土地可得也。國人不以爲可者，謂敵人素多變詐，今持虚文以來，而梓宫未歸，淵聖未還，母后未復，宗族土地未得，何可遽爲卑辱之事？此公論也。以陛下聖孝，固無所不盡，然天下公論，又不可不從。使天誘其衷，敵果悔禍，惟我之從，而梓宫已歸，淵聖已還，母后已復，宗室土地皆已得之，則兩國通好經久之禮，尚有可議，豈有但信其虚辭，一未有所得，而遂欲屈膝以從之乎？一屈之後，將舉國以聽之。臣等恐彼之所許，未必可得，而我之爲國，日朘月削，遂至不可復支矣。

臣等竊聞，敵使入境，伴使北向再拜，問敵帥起居，此故事也。然軍民見者，或至流涕。夫人心戴宋如此，雖使者一屈，猶爲之不平，況肯使陛下不顧羣議，斷而行之？萬一衆情不勝其忿，而王雲、劉晏之事或見於今日，陛下始有追悔之心，恐已晚矣。傳曰：「衆怒難犯，專欲難成。」合二難以安國，危之道也。臣等職在論思，竊聞輿議，不敢緘默。伏望聖慈，俯同衆情，毋遂致屈而緩圖之，不勝幸甚。

上覽奏，愀然變色曰：「卿言可謂納忠，朕甚喜。士大夫盡忠如此，然朕必不至爲敵所紿。方且熟議，若決非詐僞，然後可從。如不然，當拘留其人，再遣使審問虚實。」燾等頓首謝。奏，燾所草也。

新除權禮部侍郎兼侍讀尹焞言：

臣伏見本朝戎狄之禍⑰，亘古未聞。我國無人，致以猾亂⑱。昨者城下之戰，詭詐百出，二帝北狩，皇族播遷，宗社之危，已絶而續。陛下即位以來，十有二年，雖中原未復，仇敵未殄，然而賴祖宗德澤之厚，陛下勤撫之至，所以億兆之心，無有離異，遠近愛戴，國勢可保。設若人心輕摇，豈至今日？前年徽宗皇帝、寧德皇后崩問遽來，莫究不豫之狀。天下之人，痛心疾首，而陛下亦且屈意降志，以迎奉梓宮、請問諱日爲事，遂使敵意益驕，謂我無人，乃再啓和議於今日。意欲潛圖混一，臣妾中國。陛下必爲此議，則人心自去，祖宗積累之業，陛下十二年勤撫之功，當決於此矣。不識陛下亦嘗深謀而熟慮乎？抑在廷之臣不以告也？

臣觀陛下所以不顧衆説，力求和好者，不過謂梓宮未還，母兄宗族在人掌握。不知敵人之情，專尚姦詐。敵人之求，無有紀極。坐竭帑藏，斂及百姓。感動人心，沮喪士氣。異時悔之，固無及已。《禮》曰：「父母之讎，不與共戴天。兄弟之讎，不反兵。」今陛下方將信仇敵之譎詐，而覬其肯和，以舒目前之急，豈不失不共戴天、不反兵之義乎？又況使人之來，以詔諭爲名，以割地爲要，欲與陛下抗禮於庭，復使陛下北面其君，則是降也，非和也。今以不戴天之讎與之和，且猶不可，況實降乎？臣竊爲陛下痛惜之。或以爲金國内亂，懼我襲己，故爲甘言，以緩王師。儻或果然，尤當訓飭號令，申嚴賞罰，鼓士卒之心，雪社稷之耻，尚何和之爲務？

時近臣皆入，焞以疾固辭新命，乃上此疏。及移書秦檜言：

今敵使在廷，天下憂憤。若和議一成，彼日益强，我日益怠，則中國號令，皆從敵出。國事廢置，皆從敵命。侵尋朘削，天下有被髮左衽之憂⑲；讒間疑貳，將帥有誅戮奪權之害。姦宄生心，大勢奈何？將見敵人，坐收成功，相公被天下之責，無所歸咎。願相公從容榻前，力陳大計，以謂敵人與我有不戴天之讎，靖康以來，屢墮其術。今若一屈，使爲口實，賈怨誨兵，自困自斃，豈真忍爲此議？比者竊聞主上以父兄未返，降志辱身於九重之中有年矣，然亦自是未聞敵人悔過，還二帝於沙漠，繼之梓宫崩問不詳，天下之人，痛恨切骨，則敵人貪噬之性，不言可見。天下方將以此望於相公，覬有以革其已然，豈意爲之已甚乎？今之上策，莫如自治。自治之要，内則進君子而遠小人，外則賞當功而罰當罪。使主上之孝悌通於神明，主上之道德成於安强⑳，勿以小智孑義而圖大功，不勝幸甚。

檜得其書已不樂，讀至「小智孑義」之語，乃大怒之。

24 庚辰，尚書右僕射秦檜見金國人使於其館，受國書以歸。前一日，從官既對，上召王倫，責其取書事。倫見北使張通古，以一二策動之，通古亦恐，遂請明日。此據勾龍如淵退朝録。或曰：時欲行此禮，檜未有以處。因問給事中、直學士院樓炤，炤舉書高宗「諒陰三年不言」之句以對。檜悟，於是上不出，而檜攝冢宰受書。此據熊克小曆。按以上二條，前三日丁丑，勾龍如淵議國書時已約略載入。此處又爲記通古允授國書緣起，故複及之。通古猶索百官備禮迎其書，檜乃命三省樞密院使，朝服乘馬導從。趙甡之遺史云：「金人遣張通古來要上北面拜詔，朝廷議未定。或請列祖宗御容，而置金人詔書於其中拜之，至於紛紛不定者累日。通古索備玉輅迎詔書，百官導從。至是猶未決，秦檜獨主其事，坐於待漏院中，置玉輅於殿門之外，命三省吏服銀緋服緑，樞密院吏服紫㉑，腰金魚，赴館，候使人出，則或導或從，使人以爲百官也。日高，通古等始出館，馳馬入殿門。有親事官一人拽馬覊，敵使藤杖擊其首傷，竟不肯放。通古所持詔，其詞不遜，上皆容忍之，錫賚通古等極厚。」時上特以皇太后故，俯從敵約，而檜必欲屈己，天下咎之。紹興講和録載金人國書，略云：「向者建立大齊，本以休兵，欲期四方寧謐。奈何八年之間，未能安定，有失從來援立之意，於是已行廢黜。況興滅國，繼絶世，聖人所尚。可以河南之地，俾爲主」云云。今略掇取附見，或削去亦可。

中興聖政、何俌龜鑑：「彼秦檜何人也？再入相位，投置張浚而不之救，摇撼趙鼎而不知恤。同己和議者用，背己言戰者斥。戊午集議，問之廷臣，廷臣以爲不可。問之將臣，將臣以爲不可。上自宰執，下至侍從臺諫，内而卿監郎官，外而監司郡守，皆以爲不可。王倫妄誘金使，移書悖慢，且以詔諭江南爲名，是欲臣妾我也。而吾國含垢茹耻，略不知校。澹庵胡公，至欲揭檜首於藁街。而新州之行，志士飲氣。他日韓世忠有伏兵洪澤，劫金使以壞和之謀，晏敦復不以身計誤國，有到老愈辣之性，竟亦不能以沮成説也。范如圭有曰：檜不病狂，奈何爲此？檜盍亦知所反矣。夫以盈庭分議，竟不能奪一檜之議者，其爲説亦有二焉：其一則倡孝悌之説，足以動人主之聽。其二則立三日思慮之言，有以堅人主之心。嗟夫！秦檜倡和議而藉口於孝悌，是以蔡京欲行紹述，而借繼志述事之説無異也。秦檜欲議之不摇，而要君以三日思慮，是與安石欲行新法，而要君以講學術之説無異也。然而天聽俯順，羣議莫移，蓋亦有説云耳。彼諸公之疏，謂梓宫不可還，而梓宫之還有日矣。太后不可復，而太后之復有期矣。陝西、河南之地不可得㉒，今可得矣。謂敵不足信，今可信矣。此檜所肆行而無忌憚也。孰知黏罕、撻懶之姦計哉？彼以陝西歸我，正所以分吾川蜀之兵力也。以河南歸我㉓，正所以弊我東南之事力也。我以艱難理之，彼遲以數年而收拾之，猶外府也，何其不慮及此耶？」

呂中大事記：「建炎之初，内有綱外有澤，此可爲之一機也，而汪、黄以主和失之。紹興之間，内有鼎，外有浚，此又有爲之一機也，而秦檜以主和失之。失此二機，天地之大義不立，使我高宗抱終天之痛，可勝惜哉！蓋嘗論大臣任事者㉔，張、趙、朱、吕數人，惟浚在外，鼎在内，至公血誠，相與扶持此義。然浚終始主戰，鼎始主戰，終主守，則鼎之規模，已與浚少異。若頤浩、勝非，雖内有平賊之功，而外但爲避敵之謀，則皆不知此義者也。大將用命者，張、劉、韓、岳數人，張浚謂諸大將惟飛、世忠可倚大事，而二人必欲掃强敵，壞和議，則真知此義。若光世之沉酣酒色，不喜恢復，每每退屯。而俊不受行府之命，不與劉錡共功，不與世忠同謀，但與沂中爲腹心，以附秦檜之和議而已，則皆不知此義者也。是則諸臣之不知義者多矣。而南渡百年，公論獨切齒於一檜者，何也？蓋汪、黄壞之於事勢未定之時，而檜壞之於事機垂成之日，爲可恨也。諸公之言和者，依違於其間，而檜獨斷然爲南自南、北自北之説也。他相或一年，或二年，或不數月，而檜獨相二十年之久也。方其入相之初，朝士皆動色相賀，惟晏敦復目之爲姦人。然向子忞於紹興之初，與胡安國論曰：『與檜同時被執軍前，鮮有生者。獨檜盡室而歸，非大姦能如是乎？』當時安國猶以爲忠，其子寅猶以子忞之言爲過，則檜之奸，可以欺賢人君子也如此。方檜之初主和，曰：『我有二策，可以聳動天下，今無相不可行。』及再主和，曰：『臣恐亦有未便，欲望更思慮三日。』又三日曰：『臣恐别有未便。』知上意堅確不移，乃乞決和議，不許臣下干預。則檜之奸，足以欺聖主也如此。檜雖以和議斷自聖衷，而人心公議，終不可遏。争之者，臺諫則張戒、常同、方庭實、辛次膺，侍從則梁汝嘉、蘇符、樓炤、張九成、曾開、張燾㉕、晏敦復、魏矼、李彌遜，郎官則胡珵、朱松、張擴、凌景夏㉖，宰執則趙鼎、劉大中、王庶，舊宰執則李綱、張浚，其他如林季仲、范如圭、常明、許訢、潘良貴、薛徽言、尹焞、趙雍、王時行、連南夫、汪應辰、樊光遠交言其不可，大將岳飛、世忠亦深言其非計。而胡銓乞斬王倫、秦檜、孫近二疏，都人喧騰，數日不定，人心亦可知矣。諸公之議，憤激懇切，而終不足以折檜者，則有説矣。謂梓宫不可還，今還矣。謂太后不可復，今復矣。謂陝西、河南之地不可得，今可得矣。謂敵不可信，今可信矣。此檜之所以能排衆議也。然不能復讎雪恥，而使吾君抱終天之痛，以爲孝悌。不能自復土宇，而乃乞丐於仇讎，以立國家。此如圭所謂相臣以爲忠，而不知身陷於大不忠，主上以爲孝，而不知身陷於大不孝。樊光遠所謂金人詭詐不足憂，而信實深可懼。其可信愈甚，則其可懼愈甚。皆至論也。一人之私，不能以勝千萬人之公，雖檜亦未如之何也。」

25 辛巳，御史中丞勾龍如淵言：「今和議已定，將遣某使，又將遣某使，自時厥後，歲必再三，而使者冠蓋益相望於途矣。欲望特詔有司，檢照近年體例，參酌中制，將所得恩例，凡使者在館及至界首者，比舊減三分之二。汴京或燕中者減半，直至金國者全破，庶幾久而可行。」詔三省樞密院照會。

是月，尚書吏部員外郎王次翁試秘書少監。日曆無此，今以本省題名附入。

虛恨蠻王歷階犯嘉州忠鎮寨，執寨將茹大猷以歸。虛恨乃烏蠻之別種，所居高山之後，夷人以高爲虛，以後爲恨，故名焉。其地東接馬湖，南抵邛部川，北接中鎮，地方三百里，墟落數十。天禧以前，朝廷歲以酒食犒勞，嘉祐間始入寇，遂徙寨於陽山江北以避之。紹聖間，乞於嘉州博易，不許。至是遣其徒來忠鎮寨，爲漢人所殺，蠻益讎恨。有判官田二三，本新津縣吏也，亡命蠻中，常惎歷階爲邊患，遂舉族入寇，轉掠忠鎮十二村民殆盡。

鄜延既陷，第六將李世輔爲金右副元帥宗弼所喜，累遷知同州。及敵廢僞齊，世輔乃與其徒王世忠、領遇等潛謀，遣使臣白彦忠等持書抵川陝宣撫副使吴玠，使出兵爲外應。是冬，左監軍撒離喝自大同之陝西，見左都監拔束議割地事。撒離喝每過都邑，必須使將吏妻女侍飲，世輔忿之。比過同州，世輔乃僞稱足疾，伏兵州廨，因犒其從者，醉而悉殺之。遂縛撒離喝上馬，欲以南歸。虜騎追及之[27]，世輔與親校崔皐、拓跋忠等數十人決圍而出[28]，且戰且前，至五交原，追騎益衆。世輔謂曰：「迫我急，即急殺之矣。」故敵騎尾而不迫。世輔度衆寡不敵，乃解撒離喝縛，折箭爲誓，縱之使去。時洛水溢，世輔無舟不得渡，虜人又會兵斷其歸路[29]。

世輔遂奔夏州。其父同州觀察使永奇及其家百餘人，皆爲敵所族。世輔，清澗人也。徐夢莘北盟會編云：「世輔與知華州王世忠謀歸朝，爲其下告變於折合孛堇，世忠被殺。金人西元帥撒離喝來同州謀殺世輔，世輔伏兵州廨，執撒離喝，率兵走。半塗，撒離喝説世輔曰：『欲執我何往也？』世輔曰：『往江南歸大宋耳。』撒離喝曰：『若往江南，江南與大金和議，大金以河南之地許歸江南，江南喜於得地講和，必送我歸本國，汝則被害矣。』世輔曰：『何以爲信？』撒離喝乃於近體褚衣中取出一文字，即金國主密發來退地之文。世輔信之，遂暫放撒離喝令去。世輔出奔，爲金人所追，且行且戰，其下皆盡。金人遂殺世輔一家親屬。」此所云與諸書差不同。但夢莘繫今年五月，恐太早。熊克小曆繫之今秋。今從張滙節要，附今年冬，更須參考。世輔行述稱撒離喝召公計事，公疑不利於己，移疾不往。撒離喝怒，領兵數百人，欲以掩公。以張滙節要考之，撒離喝是行，因見拔束計事，非掩世輔而出，蓋行述容有潤色也。行述又稱世輔與撒離喝折三箭爲誓，令翼二聖，還疆土，及毋殺同州之民。今不盡載。

是歲，四川制置使胡世將即成都、潼川府、資、普州、廣安軍創清酒務，歲收息錢四十五萬緡。舊成都都酒務許人户買撲，分認歲課，爲錢四萬八千餘緡。建炎三年額。趙開行隔槽法，所增至十四萬六千餘緡。紹興元年額。及世將改爲官監，所入又倍。自後累益增加至五十四萬八千餘緡。紹興二十五年數。而外邑及民户坊塲，又爲三十九萬餘緡。淳熙二年數。於是，隔槽之法已壞，諸郡漸變爲官監，而民户坊塲，率以三年一榜賣，公私俱困矣。

校勘記

① 己酉年金人南鶩之時　「鶩」，原作「下」，據叢書本改。

② 臣聞夷狄亂華　「夷狄亂華」，原作「中原擾攘」，據叢書本改。

③皆夷狄耳　「夷狄」，原作「其族」，據叢書本改。
④李靖謂非謝元之善　「元」，當作「玄」，避宋諱所改，姑仍舊不改。
⑤見宅憂而弛征伐　「見」，原作「則」，據叢書本改。
⑥拜戎不暇　「戎」，原作「恩」，據叢書本改。
⑦蓋謂韓世忠張浚岳飛也　「張浚」，是「張俊」之誤。張浚於紹興七年九月罷相歸里，此時尚未復官，不應預於此列。
⑧以至荆襄關陝之地　「陝」，原作「峽」，據叢書本改。
⑨不過二十餘郡　「十」，原作「千」，據叢書本改。
⑩增秩賜金之事可行矣　「秩」，原作「敕」，據叢書本改。皇朝中興紀事本末卷四六、宋史全文卷二〇中亦作「秩」。
⑪而虜使之至無已時　「虜」，原作「敵」，據叢書本改。
⑫而況夷狄無義　「夷狄無義」，原作「敵人虞詐」，據叢書本改。下「夷狄」同。
⑬狼子野心鳴鏑於父子之親　此句原作「時時備禦猶懼或不免也」，據叢書本改。
⑭豈有聽陛下北面而爲仇賊之臣哉　「賊」，原作「敵」，據叢書本改。
⑮固可使異類革心　「異類」，原作「仇敵」，據叢書本改。
⑯與虜議和　「虜」，原作「敵」，據叢書本改。
⑰臣伏見本朝戎狄之禍　「戎狄」，原作「兵革」，據叢書本改。
⑱致以猾亂　「猾」，原作「擾」，據叢書本改。

⑲天下有被髮左衽之憂　「被髮左衽」，原作「生靈塗炭」，據叢書本改。

⑳主上之道德成於安强　「主上之」，原闕，據叢書本補。

㉑命三省吏服銀緋服緑樞密院吏服紫　二「吏」字原作「使」，叢書本同。以意逆之，二「使」字皆應作「吏」，故逕改。三朝北盟會編卷一八九引即皆作「吏」。

㉒陝西河南之地不可得　「南」，原作「北」，按金人所歸爲河南，非河北，故逕改。

㉓以河南歸我　「河南」，原作「河東」。按河東謂河北東路，金人所還者河南耳，故逕改。

㉔蓋嘗論大臣任事者　「論」，原闕，據叢書本補。

㉕曾開張燾　「曾」、「張」，原作「曹」、「李」，據叢書本改。

㉖郎官則胡珵朱松張擴凌景夏　「珵」，原作「埕」，據叢書本改。

㉗虜騎追及之　「虜」，原作「敵」，據皇朝中興繫年要録節要卷九改。

㉘世輔與親校崔皐拓跋忠等數十人決圍而出　「拓跋忠」，原作「托卜忠」。據叢書本、名臣碑傳琬琰之集下卷二四李顯忠行狀改。

㉙虜人又會兵斷其歸路　「虜」，原作「敵」，據皇朝中興繫年要録節要改。

建炎以來繫年要録卷一百二十五

1 紹興九年歲次己未。金熙宗亶天眷二年。時已定都臨安，故自此歲首不書上所在。春正月壬午朔，詔：「大金已遣使通和，割還故地，應官司行移文字，務存兩國大體，不得輒加詆斥。布告中外，各令知悉。」

2 癸未，新除起居郎莫將試司農卿，充伴送使。侍御史施庭臣守起居郎①。庭臣之制有云：「爾抗忠不回，見義能勇。」此時蘇符、劉一止並爲舍人，未知何人所行也。

詔英州羈管人傅雱許自便。以雱建炎初首請出使故也。雱坐孔彦舟故，流竄者凡七年。

3 乙酉，左通直郎、新監昭州鹽倉胡銓簽書威武軍節度判官廳公事。宰相秦檜、參知政事孫近言：「銓昨上書，思慮有所不及，言語過當，不足深責。兼書中專詆臣等，若不陳乞稍加甄叙，則是臣等身爲輔弼，區區與小官校曲直，失大臣體。」故有是命。

4 丙戌，以金人來和，大赦天下。赦文曰：「乃上穹開悔禍之期，而大金報許和之約。割河南之境土，歸我輿圖；戢宇内之干戈，用全民命。」給事中、直學士院樓炤所草也。「應河南新復路分見任文武官，各安職守，並不易置。山寨土豪等，優與推恩。應陝西掌兵官，昨緣撫御失宜，致有離散，非其本心。今來既已歸還，各仰安職。應進士諸科，曾因劉豫僞命得解者，並與理爲舉數。應新復州縣，放免苗税三年，差徭五年。應兩淮、荆襄、川陝新舊宣撫使及三衙管軍，並特取旨，優異第賞，統兵官等第推恩。内外諸軍，並與犒設。張邦昌、劉豫僭號背國，原其本心，實非得已。其子孫親屬，並令依舊參注，無官者仍許應舉。軍興以來，州縣失守，投降之人，不以存亡，並與叙復，子孫依無過人例。靖康圍城僞命，及因苗傅、劉正彦名在罪籍，見今拘管編置者，並放逐便，未經叙用者，與收叙。紹興八年特奏名進士試入第五等人，並特依下州文學恩例。江、浙諸路，今年和預買紬絹每匹特免一貫文。江西、湖、廣等路，見有盜賊嘯聚去處，並許自新，前罪一切不問。」日曆全不載此赦書條件，今以紹興請和録修入。

端明殿學士、提舉臨安府洞霄宫徐俯上表賀曰：「禍福倚伏，情僞多端。恐未盡於事幾，當復勞於聖慮。」

湖北京西宣撫使岳飛表曰：「救暫急而解倒垂，猶之可也；欲長慮而尊中國，豈其然乎？」又曰：「謂無事而請和者謀，恐卑辭而益幣者進。願定謀於全勝，期收地於兩河。唾手燕雲，終欲復讎而報國；誓心天地，尚令稽首以稱藩。」飛幕客左承務郎張節夫之文也。秦檜讀之大怒。

行營右護軍都統制吴璘時兼知熙州，其幕客擬爲表以賀。璘愀然曰：「在朝廷休兵息民，誠天下慶。璘等叨竊，不能宣國威靈，亦可愧矣。但當待罪稱謝則可。」客謝不及。

責授秘書少監張浚在永州，見議和詔書，移書參知政事孫近，大略曰：「魯仲連不肯尊秦爲帝，且云：『連寧有蹈東海而死。』蓋知帝秦之禍，發遲而大。况我至讎深隙，乃欲修好而倖目前少安乎？異時歲幣求增而不已，使命絡繹以來臨，以至更立妃后，變置大臣，起罷兵之議，建入覲之謀，皆或有之矣。浚是以伏讀詔書，不覺戰汗，幸公深思，密以啓沃。」又以書抵參知政事李光論之。

龍圖閣學士、提舉醴泉觀王倫賜同進士出身，除端明殿學士、同簽書樞密院事，充迎奉梓宮奉還兩宮交割地界使。榮州防禦使、知閤門事藍公佐爲宣州觀察使，副之。許歲貢銀絹共五十萬匹兩。此據明年五月丁酉詔書附入。倫、公佐及報謝使、副韓肖胄、錢愐各官其家二人，賜裝錢有差。王倫等與恩澤裝錢，在是月庚寅。

戊子，上謂大臣曰：「祖宗陵寢，久淪異域。今故地既歸，便當遣宗室使相與近臣偕往修奉。」遂命光山軍節度使、開府儀同三司、判大宗正事士㒟與兵部侍郎張燾俱行。先是，秘書省正字范如圭轉對，言：「兩京版圖既入，則九廟八陵，相望咫尺，而朝修之使未遣，何以仰慰神靈，下遂民志？」上悽然曰：「非卿不聞此言。」遂命遣使。秦檜以如圭不先白己，始怒之。熊克小曆稱校書郎范如圭，蓋誤。如圭明年二月方遷校書，士㒟等受命在庚寅，克於丁亥書之，亦誤。

寶文閣學士、知廣州連南夫上封事曰：

臣竊惟大金素行欺侮，比年以來，兩國皆墮其術中。大概彼以和議成之，此以和議失之。今陛下果推赤心信之，以其割河南之地遂恩之乎？臣知陛下知幾，有不信也。何以言之？丙午之禍，父兄母弟、六宮九族，咸被驅擄，逮今十四年，辱莫大焉。使太上聖躬無恙，隨所割地，全而歸之，十四年羈縻隔絕之恨，念之猶且心折，得梓宮猶不足爲恩，得土地顧何足以爲恩乎？況陛下於太上有終天之別，於大金有不戴天之讎。方且許還河南之地，許還梓宮，許還淵聖、六宮，彼其計，實老子所謂「將欲取之，必姑與之」，兵法所謂「不戰而屈人兵」之術也。誰不怒髮衝冠，握拳嚼齒而痛憤哉？借使盡得所許，彼何加損？漢王語吕后曰：「使趙王有天下，顧少乃女乎？」臣竊恐陛下天性孝弟，方感其恩，遂無赫怒整旅之志。蓋用心不剛，則四肢委靡。將士雖欲斷髮請戰，有不可得，誰爲陛下守四方者？是陛下十有餘年，寵將養兵，殫財曲意之計，一旦積於空虚不用之地，倒持太阿，交手而付之矣。

昔太祖皇帝之南征也，李煜遣其臣徐鉉朝於京師，鉉曰：「煜以小事大，如子事父，未有過失，奈何見伐？」太祖曰：「爾謂父子爲兩家可乎？」安知大金之計，不出於此乎？豈吾太祖行之，而陛下不悟者乎？伏讀正月五日赦文曰：「戢宇内之干戈。」又奉聖旨，不得詆斥大金。如此，直墮其術中，使忠義之士結舌而不得伸，忠良之將縮手而不爲用。范增之語項王曰：「天下大定矣，君王自圖之。」可不鑒哉？臣聞張良爲漢王借前箸以籌撓楚權之謀，爲漢王不能制項王死命，遽欲效武王休馬息牛，具陳天下游士，各歸事其主，陛下誰與取天下？審如詔旨，臣恐將士解體，魚潰獸散，如張良所謂誰與取天下者。然則計將安出？或謂彼國新主厭兵，乃有此議。臣謂使其果有厭兵之心，正當乘其懈而擊之。如其不然，先發制人，後發制於人，陛下必知所決擇矣。臣聞陛下方遣侍從宗臣，祗謁宫廟陵寢，將親見宫室之禾黍，陵寢之盜掘，此正詩人彷徨不忍去之憂也。恐有扶老携幼，感泣而聽語者。少者之哭，哭其父與兄也。老者之哭，哭其子也。陛下追悼其因，是誰之過歟？還地之恩，孰少孰多？而河南之民何啻百萬，昔日樂生，今日效死。因民之欲，北嚮爲百姓請命，而以王師甲兵之衆隨之，河北之人，必有簞食壺漿，以迎王師者。此臣所以願陛下因而圖之也。南夫封事，當在今年二月士㒟、張燾行之後，今因降旨附見。南夫又爲表賀曰：「雖虞舜之十二州，昔皆吾有；然商於之六百里，當念爾欺。」秦檜大惡之。

宗正少卿馮檝權尚書禮部侍郎，以國信計議之勞也。

殿中侍御史鄭剛中試宗正少卿。

詔故追復宣州觀察使曲端，貼還合得恩澤。

6 己丑，詔以黄金一千兩附北使張通古，進納兩宫。時通古與報謝使韓肖胄先行，而京東淮東宣撫處置使韓世忠伏兵洪澤鎮，詐令爲紅巾，俟通古過則劫之，以壞和議。肖胄至揚州，世忠將郝抃密以告直秘閣淮東轉運副使胡紡，紡白之肖胄，故通古自真、和由淮西以去。世忠怒，追抃欲殺之，抃棄家依岳飛軍中。世忠奏知鄂州范漴縱之，漴坐奪官，編管汀州，仍命鄂州拘漴，俟獲抃訖，赴貶所。日曆無此，今以紹興十一年五月二十九日世忠乞放范漴狀修入。通古性聰敏，秦檜以胡銓封事示之，通古一覽即能誦。

7 庚寅，以金人歸河南地，命官奏告天地宗廟社稷。

少師、萬壽觀使、榮國公劉光世賜號和衆輔國功臣，進封雍國公。

揚武翊運功臣、少保、京東淮東宣撫處置使韓世忠遷少師。

少保、淮西宣撫使張俊賜號安民静難功臣，遷少傅。自劉光世以下，其所領三鎮節鉞皆如舊，用講和恩也。

資政殿學士、提舉臨安府洞霄宫汪伯彦復觀文殿學士。

責授左朝奉大夫、秘書少監、永州居住張浚復左宣奉大夫，提舉臨安府洞霄宮。浚上疏言：

燕雲之舉，其鑒不遠。敵自宣和以來，挾詐反覆，傾我國家。蓋非可結以恩信，事以仁義者。今日事之虚實，姑置未論。借令敵中有故，上下紛雜，天屬盡歸，河南遂復，我必德其厚賜，謹守信誓。數年之後，人情益懈，士氣漸消。彼或内變既平，指瑕造隙，肆無厭之欲，發難從之請，其將何詞以對？顧事理可憂，又有甚於此者。陛下積意兵政，將士漸孚。一旦北面事敵，聽其號令，比肩遣使，接武求盟。大小將帥，孰不解體？陛下方將經理河南而有之，臣知其無與赴功而共守者也。蓋自堯舜以來，人主奄有天下，非兵無以立國，未聞委質外國，可以削平禍難。遠而石晉，近而叛豫，著人耳目，歷歷可想。戰國之時，楚懷王入覲於秦，一往不返，逮今千載之下，爲之痛心，由辨之不早也。漢高知項羽之寡恩少義，其和不可恃，故雖再敗固陵，甘心不悔。兹二事者，足以爲今之戒矣。臣日夜思念，此國之大事也。陛下宜深慮之，熟謀之。

今從約之早，肆赦之速，用世儒之常説，以答敵人之詭秘。措置失序，臣不勝寒心。輒不自量，爲陛下再計。嗣今以往，使之遷延生事，姑緩一時，謝絶使人可也。明告以利害，詳諭以曲直可也。萬一有如太公、吕后之歸，便當博詢諸帥，奬勵將士，以圖恢復之實。逼之以大勢，使其人心終至於乖離。示之以威武，使其内釁不能以遽息，國家猶可立也。

左中大夫劉大中、左通議大夫王庶並復端明殿學士，依舊提舉臨安府洞霄宮。

新除左通直郎、權尚書禮部侍郎、兼侍講尹焞爲徽猷閣待制，提舉萬壽觀兼侍講。焞以和議不合，力辭新命。章十上，乃有是旨。焞五辭不拜。

太府少卿林待聘守尚書右司員外郎。

左朝請大夫施垌爲太府少卿。

静江軍承宣使、提舉江州太平觀劉錫知鼎州。

故事，置四川都轉運使，以掌軍儲，而四路漕司，各領經費，都漕司蓋不得與。其後，起復直秘閣高士瑰爲四川轉運判官，乃以糴軍糧爲詞，請下四路漕司，不拘司分名色，盡行剗刷應副。許之。至是，御史中丞勾龍如淵言：「如此，是於歲約軍需之外，暗侵諸路漕司歲計，勢必及民。凋瘵之餘，何以堪此？」詔制置司措置。成都記：「士瑰以二月初三日到任。」此時已畫旨而未行也。

8 壬辰，太尉武勝定國軍節度使湖北京西宣撫使岳飛、保平静難軍節度使川陝宣撫副使吴玠，並開府儀同三司。殿前都虞候、保成軍節度主管殿前司公事楊沂中爲太尉、殿前副都指揮使，主管都指揮使公事。飛以議和非計，累表辭所進官，不從。

太常少卿張絢直龍圖閣，提點江南東路刑獄公事。絢不肯議敵使朝見禮儀，以病告，而有是命。此以紹興正論修入。

秘閣修撰、知饒州曾統守太常少卿。

寶文閣待制、提舉江州太平觀曾開知徽州。

9 癸巳，詔建皇太后宮室於大內，以舊承慶院爲之。

龍神衛四廂都指揮使、江州觀察使、權主管侍衛馬軍司公事解潛以論事不合求去，罷爲建寧軍承宣使、福建路馬步軍副都總管。王明清揮麈後録云：「紹興壬戌，罷三帥兵柄，韓王世忠爲樞密，請馬帥解潛曰：『雖云講和，敵性難測。不若姑留大軍之半於江之北，觀其釁，公其爲我草奏以陳此事。』解用其指爲劄子，韓上之。已而付出，秦會之語韓云：『何以不素告我而遽爲是耶？』韓覺秦詞色有異，倉卒皇恐，即云：『世忠不識字，此乃解潛爲之，使某上耳。』秦大怒。翌日，貶潛單州團練副使，南安軍安置，竟死嶺外。張子韶云。」按潛以此年罷馬帥，世忠時在淮東，十一年四月乃罷三帥兵，十四年三月，潛坐鼎客責嶺外。皆與此不合。按七年十二月，檜奏令世忠自楚州移屯鎮江，世忠言敵情難測，乞留此軍遮蔽江、淮，上從之。時趙鼎當國，明清誤記也。熊克小曆載潛罷軍職在今年四月，亦誤。

起居舍人薛徽言卒。徽言雅爲趙鼎所知，會秦檜於上前論和議事，徽言直前，引義固争，反復數刻，遂中寒疾而卒。上念之，賜其家百縑。

10 甲午，金人所命知宿州趙榮以城來歸。榮不俟割地，首先納欵，由是金人怒之。

11 乙未，右迪功郎、監明州比較務楊煒獻書於參知政事李光，論和議事，大略以謂：

屬者敵人求和，乃遣招諭使，至以無禮臣我，舉國諠譁，議論不一。閣下召來造朝，遽復合爲一黨，寂然無聲。有識者謂閣下非不知利害之曉然，所以然者，賣諂取執政爾。自靖康國破，主上南狩，無厭之敵，既襲廣陵，又襲吴中，其意固宜重有所在也。所幸神靈庇護，社稷有主。比年以來，敵人知我不可以兵取也，又恐我國勢或至於遂强也，汲汲然萬里遣使，見報以太上之喪，以探朝廷意。謂我若遣使而有請，則唱爲議和，空我之國，困我之師。今復割之中原，爲一大餌，以釣江南。且向竭中原，舉天下，實一燕、薊，猶不三年而遂弊。況今欲竭江南偏左一方，求實中原，不知空空之地，孱老孤寡，既不可賦，所謂按月所支，一切調度，何從出乎？東南數十州，所有幾何？頻年以來，换度牒，鬻官爵，出賣户帖，預借和買，頭會箕斂，衰世掊尅之法，略已盡行，剥膚椎髓，無所不至。膏血無餘，不知何從出乎？加之供奉禮物，動計百萬。異時以有限之財，充無厭之欲，是以江海實漏巵爾。日者乃始揭榜都城，有曰：「敵人並無須求。」煒所不識也。諸公蒙蔽天聽，是何異掩耳竊鐘也哉？倘或梓宫可還，真僞未辨。如爲所欺，彼且恃爲大恩，百索累至，江南無立錐矣，尚何有於中原哉？

自古連和結好，講鄰國之歡，以求偃兵息民者，固多有之。若乃我小而彼大，我弱而彼强，我衰而彼盛，乃欲請和，以幸旦暮之存，擒縱在彼，是速滅亡而已。我太祖、太宗之肇造也，其割據諸國，亦嘗告和於本朝矣，未嘗不納之和也。及其機可乘，則命將出師，破而滅之，如取諸其寄耳，曾何害於和哉？南唐李煜，嘗自貶尊稱，降損省府，取媚本朝，以乞須臾之命，然卒亦無效，此蓋强弱盛衰之理使然，固不可以取媚存也。

今國家兵籍，非不甚衆，諸將非不無人，但當謹謀謨於帷幄，收斂幣以賞將士，期之歲月，何患中原之不復，梓宫之不還，太后、淵聖之不歸？乃求臣事於敵人，豈不哀哉！設若主上睿謀獨斷，未悟敵機，閣下固當身先百辟，抗議廷諍，雖鼎鑊在前，當無顧避，此誠越國之男子也。丞相秦公，方且含垢忍耻，專爲誤國之謀，傾心敵人，猶盧杞以百口保朱泚，李林甫以盛美稱禄山，非煒疎遠之言能入也。參政孫公，煒之舅子，平生齷齪謹畏，天下初不以此責之。今日之可任春秋之責者，惟閣下耳。願閣下盡發敵人之詐，歷告吾君，罷絶使命，收還金幣，正天子之尊號，薄敵人之聘禮，飭諸將之兵備，揚問罪之先聲。傳檄中原，各保境土，人自爲戰，以待王師，一切改轍而圖之。如閣下姑欲愛惜名位，隨羣而入，逐隊而趨，亦以謂敵必可信，和必可講，則請直以此書上之天子，寘以典憲，煒所不辭。

書凡數千言，其大略如此。煒，山陰人也。

12 丙申，右承事郎、主管台州崇道觀王銍特遷一官。銍以國朝建隆至元符，信史屢更，書多重複，乃以七朝國史，自帝紀志傳外，益以宰執宗室世表、公卿百官年表。常同爲中執法，言於朝，詔銍奉祠，中視史官之秩，尚方給劄奏御。至是，銍以元祐八年補録及七朝史上之，故有是命。然銍所修，未及半也。其後爲秦檜所沮，不克成。

是日，金右副元帥、瀋王宗弼始以割地詔下宿州。金主亶詔河南吏民，略曰：「頃立齊豫，以守南夏，累年於兹。天其意者，不忍遽泯宋氏社稷，猶留康邸在江之南，以安吾南北之赤子也。倘能偃兵息民，我國家豈貪尺寸之地，而不爲惠安元元之計乎？所以去冬，特廢劉豫，今自河之南，復以賜宋氏。爾等處爾舊土，還爾世主，我國家之恩，亦已洪矣。爾能各安其心，無忘吾上國之大惠，雖有巨河之隔，猶吾民也。其官吏等，已有誓約，不許輒行廢置。各守厥官，以事爾主，無貽悔吝。」此書紹興講和録有之，略載其語，以見金人亦知天意人心之所在也。又命官吏軍民，願歸山東、河北者聽。行臺尚書省榜：「會驗近準尚書省降到契丹字詔書，今翻寫抄白在前，兼會到朝廷，已遣人使於江南，撫諭去訖，及省會職官，百姓軍民事件，若是守等江南人使前來交割封界，方行曉示，實慮至時難以陳告，須合預先開示：一應據見在河南諸職官中，已據人數外，其餘職官、百姓、使效、軍民等，至有不同，元係河南人，如願歸山東、河北者並聽。仍仰所在官司，各具所就事宜，先次告陳，須至指揮。右下宿州，可照驗即日詔書内事理，宜就便開坐指揮所轄處，分明曉諭大小職官、軍民、僧道、耆老，別令一一仔細省會，各不離本鄉及父母丘墳，依舊安業住坐，永致義信，實爲大事，不得致違誤錯失。付宿州準此。天眷二年正月十五日。」金中雜書云：「撻懶元帥同四太子提重兵來廢劉豫，未敢明言割地事，尚稱欲自有之。任張孝純爲行臺丞相，放赦寬恤，以鼓惑聾盲。先次計置般運帑藏，盡數過河。次遣張通古、蕭哲來，皆是元議定事。初約俟蕭、張奉使回，見得可否，方於河南出示割界文字。忽於今年正月間，陝西帥司申報，夏國大軍壓境，并密封夏國榜來。時四太子方在東京，慮腹背受敵，幾於失措大急，先發割界文字，前往陝西，方解其事。」此事他書皆無之，疑與李世輔相關，姑附此俟考。

13 丁酉，手詔：「淵聖皇帝宮殿，令臨安府計度修建。」時胡寅丁父喪居衡州，以書抵張浚曰[2]：「聞敵人果欲以河南地授我，則應接當謹。始十餘年間，凡有詔令，必以恢復中原爲言，所以係百姓心也。今乃於臨安增修母后、淵聖宮殿，是不爲北遷之計也。然則居杭者乃實情，而恢復者乃空言耳。一未是也。既下赦令，免三年租税，五年徭役，軍兵依元來營分招收，不知何處運物支給？及官吏所請，應有從出，若取於民，則赦令所言，是罔新附之民也。不取於民，何以給之？二未是也。中原之地，一是敵人强暴，所向憑陵，二是世間人不知有三綱，動則投拜，甚則僭叛。號令之初，要當申明大義，以示勸戒，而張楚、劉齊並以本非獲已處之，自今而後，誰不利此？三未是也。不知公以爲何如？」寅此書，必在二月已後，今因降旨建淵聖宮殿附書之。

太常少卿曾統爲殿中侍御史。

詔發運經制司去發運二字，以户部長貳一員兼領。初，參知政事李光請罷發運司，事下三省。事見去年十二月辛未。至是，三省請：「別置副使或判官一員，不時巡按諸路，以檢察内外官司失陷錢物，舉催未到綱運，措置糴買，及總領常平爲職。」

左宣教郎、江南西路提點刑獄公事黄鍰罷。鍰，范沖所引也。御史中丞勾龍如淵劾諸路監司守貳之不職者九人，論鍰反覆姦佞，苛刻擾民，故並罷。

檢校少傅、奉國軍節度使、醴泉觀使趙鼎，引富弼、王安石例，再乞納節。不許。

14 戊戌，端明殿學士、同簽書樞密院事王倫爲東京留守，兼權開封尹。檢校少傅、慶遠軍節度使、提舉醴泉觀郭仲荀爲太尉，東京副留守兼節制軍馬。

召汴京行臺尚書左丞相張孝純赴行在所。孝純自慙，乃白右副元帥、瀋王宗弼，以儀同三司致仕，歸徐州滕縣。熊克小曆云：「孝純致仕而卒。」按十一年宗弼所上書云：「今張既請老，而杜亦物故。」則孝純未死也。

尚書户部侍郎梁汝嘉兼江湖荆浙閩廣路經制使。司農少卿霍蠡直徽猷閣、權發遣經制判官。徽猷閣待制、江淮等路經制發運使程邁知鎮江府。

右諫議大夫李誼言：「丙戌赦書，一切甄叙，恐忠邪不分，功罪不別。臣謂左右賣國，虧損名教之人，宜不在甄收之列。其餘名存白簡，重者未及二年，輕者未及半年，並未許收叙。」詔令三省銓量取旨。

15 己亥，少師、護國鎮安保静軍節度使、萬壽觀使、雍國公劉光世爲陝西宣撫使。熊克小曆書胡世將除陝西宣撫副使。按諸書，世將除川陝宣撫在今年九月六日癸未。

保平静難軍節度使、開府儀同三司、川陝宣撫副使吴玠爲四川宣撫使。内陝西路階、成等州，聽玠節制如舊。命内侍賫告以賜。上因光世除命，諭輔臣曰：「河南新復境土，所命守臣，專在拊循遺民，勸課農桑。各使因其地以食，因其人以守，不可移東南之財力，虚内以事外也。」

御史中丞勾龍如淵言：「丙戌赦書，劉大中、王庶並復職。大中之罪在不孝，庶之罪在欺君，落職未及一月，例蒙甄叙，蓋朝廷不肯任怨耳。臣在言責，亦復避之，則凡賞刑失當，誰爲陛下言哉？」秦檜進呈，二人之命遂寢。趙甡之遺史云：「秦檜令言者論庶、大中之罪，遂再奪職。」

東京留守充交割地界等使王倫、副使藍公佐辭行。

秘書省正字汪應辰上疏言：

和議既諧，則因循無備之可畏。異議既息，則上下相蒙之可畏。臣聞前日王倫之行，未嘗一詣敵庭，此必有深謀至計，而畏吾使者之或能覘之也，是豈能洞然無疑於我哉？臣又聞敵之遷而北也，竭取財物，盡驅其丁壯而往，下至雞豚狗彘，靡有遺者，豈是能有愛於我而不取哉？是豈誠有悔過效順之本意哉？敵使既去，所宜深詔執事，交修庶政，申戒邊吏，以敵人雖通和，疆埸之上，宜各戒嚴，以備他盜。今方且肆赦中外，厚賚士卒，褒寵諸帥，以爲息兵休民，自此始矣。縱一朝遂忘積年之耻，獨不思異時意外之患乎？此臣所以言因循無備之可畏也。

方朝廷力排羣議時，大則竄逐，小則罷黜，雖舉世非之而不顧，至有以一言迎合，則不次擢用。今者事既少定，陛下必以出於獨斷，益輕天下之士矣。夫事是而臧之，猶却衆謀，況其非乎？是以小人窺見間隙，輕躁者阿諛以希寵，畏懦者循默以備位，淺謀者遂謂無事，而忠臣正士，乃無以自立於羣小之間，此臣所以言上下相蒙之可畏也。臣願陛下痛心嘗膽，以圖中興。勿謂和好之可以無虞，而思患預防，常若敵人之至也。何至以中國之大，而下爲讎人役哉？

16 辛丑，詔：「故景福殿使、湖州觀察使、内侍省副都知藍安石已贈保寧軍節度使，可特與賜謚。」於是禮官定謚曰良恪。渡江後，宦者之有謚，蓋自此始。

17 癸卯，四川宣撫司統制官王俊、張從儀、田晟以修興元府、洋州堤堰，溉田增税，各遷一官，仍賜宣撫使吴玠詔書獎諭。

18 丙午，徽宗皇帝大祥。上衰服詣几筵殿，易白羅袍，行祭奠之禮，前後不視事十日。宰臣率百官進名奉慰。監察御史、江西宣諭李寀言：「盗賊未息，其弊有五。一曰盗賊招安之後，不離鄉土，良民畏懼，未嘗易業。二曰賊徒受招，初無悛改，隨復作過，比所捕賊徒，腰間已有受招安公據至五六道者。三曰縣官蔽縱，不以實聞。四曰税户交通，苟免禍害。五曰公吏受賂，多從脱免。五弊不去，盗賊無時而息。乞下帥臣監司守令，協心施行。」從之。

19 庚戌，尚書户部侍郎李彌遜充徽猷閣直學士，知漳州。彌遜再章求去，乃有是命。

右諫議大夫李誼言：「河南初復，江上未可撤屯，望密諭三京帥臣，凡東南逃歸軍校，毋得接納。庶幾長江守備不至寡少。」詔密付諸帥。

是月，名建康府晉司空卞壼廟曰忠烈。

僞熙河經略使慕容洧叛。洧在熙河十餘年，驍勇得衆，屢爲邊患。及金人歸陝西地，洧慨然曰：「吾何面目見朝廷？」棄熙河去，居西夏、青唐兩界之間，有衆數千。洧又寇環州，經略使趙彬追及與戰，涇原經略使張中彦率兵援之，洧敗走，其衆多降。

初，僞齊知同州李世輔既奔夏州，其家悉爲金人所害。夏國主乾順僞降制書，以李世輔爲静難軍承宣使、鄜延岐雍等路經略安撫使。時夏國承宣使除書如朝廷之内制，而御史中丞、知制誥亦皆繫階三省，自令僕以下，多闕而不除，書名者十才一二而已。僞制今在利州大軍庫。

校勘記

① 侍御史施庭臣守起居郎　「史」，原作「使」，據叢書本改。

② 以書抵張浚曰　「浚」，原作「俊」，叢書本同。按：胡寅作書抵張俊，此甚可疑。據斐然集卷一八寄張相書，乃張浚也，故改。

建炎以來繫年要録卷一百二十六

1 紹興九年二月按是月壬子朔。癸丑，京城副留守郭仲荀乞兵與糧。上曰：「朕今日和議，蓋欲消兵，使百姓安業。留司豈用多兵？但得二三千人彈壓内寇足矣。至如錢糧，亦只據所入課利養贍官兵。他日置榷場，不患無錢，豈可虚内而事外邪？朕見前朝開邊，如陝西、燕山，曾不得尺帛斗粟，而府藏已耗竭矣，此可爲戒。」遂命淮西宣撫司遣統領官右武大夫文州防禦使鄭諶、武略大夫唐抃以本部兵千人，從仲荀之任。日曆二月壬戌勘會，已降指揮，差鄭諶、唐抃將帶本軍軍馬，隨郭仲荀前去東京。不知元降指揮在何日也。

給事中、直學士院樓炤爲翰林學士。張通古之在館也，書詔填委，多出於炤之筆，至是真拜。

中書舍人蘇符試給事中，仍兼資善堂翊善。

大理少卿周聿充徽猷閣待制、陝西宣諭使。

召少保醴泉觀使呂頤浩①、龍圖閣直學士陳規、徽猷閣直學士仇悆赴行在。時陝西、河南方謀帥，故並召之。御史中丞勾龍如淵見上曰：「如數故相，論其相業，固有短長，若以一路付之，豈不賢於悆、規輩？」方言及頤浩，上曰：「頤浩若不去，趙鼎河東人，亦可去。」上獨不及張浚。如淵曰：「張浚勳在社稷，陛下亦豈能終忘之？」上曰：「亦須付之一路，特不可去陝西耳。」既而新除陝西宣撫使劉光世之弟帶御器械光遠，疏光世之短於言路。如淵再論光世不可遣，乃罷其行，遂趣召頤浩焉。勾龍如淵所言，並據如淵退朝録修入。但云「朝廷以帥材難得，遂搜至陳規、仇悆輩。如淵奏」云云。後旬日，有旨，除劉光世陝西宣撫使。朝廷似欲以此遏呂頤浩之行。按光世除宣撫在正月十一日壬辰，而規、悆趣召在二月二日癸丑，與如淵所記小差。然去年十一月王庶除潭州時，悆已有召命，今此當是趣召也。林泉野記云：「秦檜以宿憾，除頤浩西京，欲置之危地。」又與如淵所云欲遏頤浩之行不同。如淵所云，恐非其實，今不取。

直秘閣、兩浙東路提點刑獄公事謝祖信試太常少卿。

新除左通直郎尹焞固辭待制、侍講之命，且言：「臣職在勸講，蔑有發明。期月之間，病告相繼，坐竊厚禄，無補聖聰。先聖有言：『陳力就列，不能者止。』此臣義當去者一也。臣起自草萊，誤膺召用。守道之語，形於訓詞，而臣貪戀寵榮，遂移素守。使朝廷非常不次之舉，獲懷利苟得之人，非特上累聖知，將復貽辱師友。此臣義當去者二也。比嘗不量分職，輒及國事，識見迂陋，已驗於今。迹其庸愚，豈堪時用？此臣義當去者三也。臣自擢春官，未嘗供職，以病乞去，更獲超遷，有何功實，得以祇受？此臣義當去者四也。臣聞國朝典故，揆之禮經，年至七十，皆當致仕。今臣年齒已及，加之衰病，血氣既衰，戒之在得，先聖遺訓，其理甚微。此臣義當去者五也。臣聞聖君有從欲之仁，匹夫有莫奪之志。今臣有五可去之義，無一可留之理，伏望檢會累奏，放歸田里。」詔焞日下供職。秦檜讀焞奏，見「時用」二字，深銜之。

2 乙卯，遣監察御史方廷實往三京、淮北宣諭，日下赴都堂商議職事。熊克小曆載廷實出使在正月丙戌，蓋誤。今從日曆。

秘書郎王利用守監察御史。

權禮部侍郎馮檝言：「和議既成，所當措置，以善其後。一曰謹守盟誓，望敕諸將，不得見小利而動，以啓釁端。二曰還闕之計當徐圖，雖建康亦未可輕徙。三曰諸將並令居舊地，屯田以贍軍。四曰蜀兵可分往諸州就糧，以省漕運。五曰川茶自來運過陝西秦鳳博馬，前此吴玠軍截留，以自貿易，既復五路，當令茶馬司並遵舊法。六曰前來汴京等處，養兵之費，全仰屯田，用頗給足，因而行之，自見其功，創新措置，恐難得效。七曰陝西諸將，以畏罪逃去，今雖得歸，恐不能無疑心，當求腹心之人安慰之，使無難調之患。八曰河東北不屬割還地分，萬一兩路人民逃歸，受之則爲失信，要須先爲措置，免致生事。」詔三省樞密院相度行之。

3 丙辰，直秘閣、知筠州高公繪復爲武經大夫、達州刺史，兼閤門宣贊舍人，坐奉使無狀也。初，召公繪副王倫出使，公繪不行，故有是命。

4 丁巳，檢校少傅、慶遠軍節度使、充東京副留守、兼節制軍馬郭仲荀遷太尉，充東京同留守。

徽猷閣待制劉岑試尚書刑部侍郎。

大理寺少卿周聿權尚書刑部侍郎，仍充陝西宣諭使。

5 戊午，殿中侍御史曾統試左諫議大夫。

新除太常少卿謝祖信復爲殿中侍御史。前一日，上諭秦檜曰：「朕欲用祖信爲臺官，恐祖信不知朝廷今日事機，卿等可召赴都堂，與之議論。」檜奏：「臺諫乃天子耳目，朝政闕失，所當論列。恐呼召至朝堂，然後除授，不能無嫌。」上曰：「大臣朕股肱，臺諫朕耳目，本是一體。若使臺諫譏察大臣，豈朕責任之意耶？」然檜卒不召。翌日，遂有是除。

彰武軍承宣使、知金州郭浩爲陝西路宣撫判官。時已命内侍陳成之往陝西撫諭，仍先至吴玠軍，次之逐路。於是右諫議大夫李誼言：「成之素不與諸將相識，情未易通。訪聞浩父成舊爲邊將，張中孚、中彦皆出其門，慕容洧之父亦成部曲，而趙彬貧時又嘗依浩，實與諸將有契。望詔成之與浩同去，所冀衆心早得以定。」上納其言，乃命浩與宣諭使周聿偕往。

直顯謨閣、兩浙轉運副使吴革陞直龍圖閣，充京畿都轉運使兼開封少尹。

翊衛大夫、利州觀察使辛永宗陞安德軍承宣使②，尚書刑部員外郎張柄直秘閣，並爲京畿路提點刑獄公事。永宗兼提舉招置弓箭手，柄兼提舉大内。革、柄不行，降授左朝請大夫、提舉江州太平觀。

趙開復右文殿修撰、都大主管川陝茶馬。

6 己未，尚書右僕射秦檜上徽宗皇帝陵名曰永固。詔恭依。右宣義郎、主管台州崇道觀王銍言：「後周叱奴皇后陵實以爲名，不可犯。且叱奴皇后夷狄也，尤當避③。」檜大怒。此以王明清揮麈録修入。但明清誤以後周爲北齊耳。熊克小曆，正月戊戌，名徽宗陵名曰永固。按日曆，戊戌止是命秦檜撰陵名，克小差也。

觀文殿大學士、提舉臨安府洞霄宮李綱知潭州。

觀文殿大學士、提舉臨安府洞霄宮朱勝非知湖州。

觀文殿學士、提舉臨安府洞霄宮汪伯彦知宣州。

宣奉大夫、提舉臨安府洞霄宫張浚知福州。時浚未聞命，又上疏言：

竊惟今日事勢，處古今之至難。一言以斷之，在陛下勉彊圖事而已。陛下進而有爲，則其權在我，且順天下之心，間雖齟齬，終有莫大之福。陛下退而不爲，則其權在敵，且佛天下之心，今雖幸安，後將有莫大之憂。夫在彼者情不可保，在我者心不可失。外徇敵國，内罹實害，智者所不爲也。

居旬日，又具劄子曰：

自陛下回駐臨安，甫閲時歲。聖心之所經營，朝論之所商榷，專意和議，庶幾休息，莫不幸其將成矣。臣嘗不寐以思，屈指而計，敵人與我讎釁之深，設心措意，果欲存吾之國乎？抑願其委靡而遂亡也？臣意力弱未暇，姑借和以怠我之心；勢盛有餘，將求故以乘吾之隙。理既甚明，事又易見，則紛紛異議，可端拱而決矣。料虜上策④，還梓宫，復母后，輿地來歸，不失前約，結懽篤好，以怠我師。遲遲數年，兵無戰意，然後遣一介之使，持意外之詔，假如變置大臣，更立后妃，將何以塞請？虜出中策，則必重邀求，責微禮，失約爽信，近在期年，中原之地，將有所付，如梁武之立北魏王顥者，尚庶幾於前。虜出下策，怒而興師，直臨江表，勢似可愕，而天下之亂，或從此而定矣。

左承事郎陳最言：「河南之民，自金人蹂踐以來，習於戰鬭。且懲前日之殺戮，欲保鄉井，全骨肉，至如依險山寨之民，其備禦之計，可謂詳矣。適丁此時，因其部分，申以府兵之法，使自爲守，民必樂從。」詔東京同留守郭仲荀措置。仲荀請以近城閑田，募弓箭手。從之。

新除徽猷閣待制、提舉萬壽觀兼侍講尹焞固辭新命，且言：「臣前所陳述，乃事君之大義，人臣之常分，盡出誠實，非爲矯僞。」上察其誠，以焞提舉江州太平觀。既而焞請免謝辭，許之。又請追還職名，不許。焞乞免謝辭在是月壬戌，乞追職名在丙寅，今聯書之。熊克小曆今年八月末始書焞疾甚，不能朝，遂奉祠而去。蓋誤矣。又云：「焞前爲禮部侍郎，已病。」按史，焞未嘗供職也。

建寧軍承宣使、新福建路馬步軍副都總管解潛知邵州。

7 庚申，秘書少監王次翁守起居舍人。

直秘閣、荆湖南路提點刑獄公事周葵試太常少卿。

監察御史、三京淮北宣諭方庭實試秘書少監。前一日，秦檜因擬庭實除命，爲上言：「臣進擬差除，未嘗敢分朋黨。頃席益爲中書舍人，緣諫官論列，行赦文不工。當時令出守臨安，又移衢州及平江，皆佳郡也。益因此怏怏。其後呂頤浩爲都督，過平江，益離間同列，卒成黨與之禍。」上曰：「士大夫豈有不由宰相進擬者？卿等能平心用人，甚善。」熊克小曆，監察御史方庭實奉使回，奏邊事不合。己未，改秘書少監。按庭實此時未行。今月十一日壬戌有旨，方庭實不候受告，日下赴都堂稟議。起發在改除後三日，克實誤也。庭實請修謁寢廟，下罪己之詔，訪民疾苦，收拔遺才，招安盜賊，慰撫官吏。又乞空名告身，補授土豪之保守山寨者。皆許之。仍聽以所施行事，報陝西宣諭使周聿。右諫議大夫李誼亦言：「中原淪陷，久隔照臨。必有潔身之士，高蹈於山林者，望乞命聿等蒐訪以聞。」從之。

右武大夫、忠州防禦使楊應誠落致仕，提舉京城四壁節制軍馬司參議官，用郭仲荀奏也。

8 壬戌，右諫議大夫李誼試中書舍人，兼直學士院，兼侍講。

左宣奉大夫、新知福州張浚復資政殿大學士，充福建路安撫大使，兼知福州。

新除秘書少監方庭實與宗正少卿鄭剛中兩易，避家諱也。

右武大夫、開州團練使劉錡落階官，爲龍神衛四廂都指揮使。錡統所部自鎮江還朝，遂代解潛，權主管侍衛馬軍司公事。

9 癸亥，御史中丞勾龍如淵、起居郎施庭臣並罷。如淵與庭臣因私忿交爭，奏庭臣嘗有指斥語。上惡其告訐，前一日，謂秦檜曰：「以朕觀之，庭臣之罪小，如淵之罪大。朕不欲付有司，以傷風教。卿等可召庭臣詰問，徐議黜責。」至是，檜奏請斥庭臣而徙如淵，竢其待罪求去，然後補外。上曰：「不然，好惡須明。」乃詔：「庭臣語言狂率，責監廣州都鹽倉。如淵失風憲體，可罷中丞，提舉江州太平觀，日下出門。」其後，檜擬如淵知瑞寧府。上曰：「此人用心不端。」遂已。

詔賜士㒟、郭仲荀銀帛各三百匹兩，張燾、周聿各二百匹兩，方庭實百五十匹兩。以士㒟等將出使也。

10 甲子，秦檜等進呈：「江、湖、兩浙每月樁發大軍錢，各有窠名，但多爲漕司占留，遂不免斂及百姓。乞將逐州軍均定，不得偏重。」上曰：「若所發窠名不足，自合從朝廷給降，不得一毫及民。朕欲養兵，全藉民力。若百姓失業，則流爲盜賊矣。」檜退而批旨，第命諸路漕司以州縣大小，重別斟量均定，務令適中，仍俟月樁錢足，方許應副他用而已。

寶文閣直學士、知西外宗正事趙子湆爲京畿都轉運使，代吳革也。

三省言：「河南新復州軍赦書，當付王倫行，不應一面遞發。」詔監都進奏院羅萬、楊適並降一官。

武翼郎、閤門宣贊舍人郭及之特換右通直郎，添差簽書昭化軍節度判官廳公事。及之，仲荀子也。

11 丙寅，右中散大夫宋煇復秘閣修撰，充京西路轉運副使，權京畿都轉運使職事，與郭仲荀偕行。

12 己巳，詔韓世忠、張俊、岳飛所部統制、統領將官八百十三員，各進秩一等。淮東統制十一，統領十三，正副準備將一百八十九。淮西統制十，統領十四，正副準備將二百九十七。京湖統制二十二，統領五，正副準備將二百五十二。用講和赦書推恩也。其四川宣撫司將佐，令本司具名給降付身。

翰林學士樓炤兼侍讀。權尚書工部侍郎蕭振、中書舍人劉一止兼侍講。

命入內內侍省押班藍珪提點皇太后殿一行事務。

彰武軍承宣使、新除陝西路宣撫判官郭浩爲龍神衛四廂都指揮使、陝西宣諭使，許量帶親兵以行，事畢赴行在。費士戣蜀口用兵録：「九年六月，吳公玠薨。初，吳公病劇，除金州安撫使郭浩四川宣撫判官。未行，改除浩陝西宣諭使。」按日曆，浩以今年二月七日除陝西宣判，後十三日改命爲宣諭，皆令與周聿偕行，未嘗除四川宣判。又浩初除，去玠薨頗遠，朝廷不應已知玠病劇。不知士戣何以云然，當考。

右朝奉郎王安道知泗州。時安道總戰艦，在通州之料角。詔安道便道之官，仍令統領官張宗率舟師還鎮江府。

是日，光山軍節度使開府儀同三司判大宗正事士㒟、兵部侍郎張燾辭，往西京朝謁陵寢。上命士㒟修奉諸陵，令京西湖北宣撫使岳飛濟其工費。士㒟遂自武昌、信陽由蔡、潁以往。

13 辛未，詔選人林長儒上書可採，特循一資。

14 壬申，檢校少傅、奉國軍節度使、醴泉觀使趙鼎知泉州。鼎寓居會稽，秦檜猶忌其逼，乃以遠郡處之。

15 癸酉，監察御史李寀罷爲廣南西路提點刑獄公事。初，命寀招撫江南羣盜，而寀專意督戰，巡尉多死。中書劾其罪，且謂：「寀於元奏畫一之外，欲移易别路，及行在官吏，顯見招權妄作。」故罷寀，以其事付制置大使張守。

16 乙亥，常州宜興縣進士吴師古送袁州編管，永不得應舉。師古嘗得胡銓封事，鋟木而傳之。秦檜命守臣直秘閣王縉究實，至是抵罪。

17 丙子，左宣教郎楊愿爲秘書郎。既而中書言：「愿未終滿外任。」後旬日，以愿通判明州。愿改命在三月丁亥。

18 己卯，臨安府火。

19 庚辰，詔户部長貳歲舉本屬各四人充京官，如係獨員，權令通舉。通舉之旨在七月乙酉，今併書。

是月，日中見黑子，月餘乃没。

吉州免解進士周南仲上書言：

臣於去年奏陳十事，陛下既赦其狂，又賜召命，而免終身文解，又取十事而行其一二矣。臣不避斧鉞，採取天下輿論，有五不可、三急務，以爲今日獻。所謂五不可者：欲雪前羞，不可主和議；欲務萬全，不可失機會；欲復中原，不可居東南；欲馭諸軍，不可不將將；欲得賢才，不可廢公論。所謂三急務者：一曰重國柄，二曰蓄邊略，三曰擇守令。

陛下即位十有三年，卑辭重幣，甘心屈辱者，爲父兄故也。徽宗北征而不復，用是痛心疾首，舉六師而並進可也，何事蠹耗財用，區區爲梓宮之求哉？臣聞我有三可勝，金人有五可敗。何者？漢戰而有天下，歷世猶四百年。唐戰而有天下，歷世猶三百年。藝祖不戰而有天下，歷世宜過於漢、唐，此爲一可勝。桀、紂虐則失天下，秦、隋虐則失天下，陛下仁聖孝悌之至，必不失天下，此爲二可勝。昔也兵民或叛，今中原之民，懷祖宗之德，日望王師之來，此爲三可勝。若金人反恩則敗，背盟則敗，樂殺則敗，擅廢立則敗，據中原則敗。大抵機會之來，間不容髮。親征之初，可進不進，一失也。凶訃來聞，可進不進，再失也。萬一遲之又久，使兩河姦雄競起，東南可安枕而卧乎？臣恐社稷實不血食，悔之已無及矣。陛下復幸浙西，臣知陛下甘心於東南。東南之地，其土脆，其民怯，風俗薄而不厚，非帝王必争之地。陛下若選形勝，進居上流，且攻且守，一舉而前，兩河傳檄而定矣。今之諸軍，相視若冰炭，相疾如仇讎。假使一軍深入，其誰爲繼？一軍陷失，其誰爲援？劉光世竊琳館之清名，張俊負跋扈之大惡。岳飛、吴玠、韓世忠之流，裹糧坐甲，首鼠兩端，所以然者，無主帥故也。太祖馭將之方，章聖親征之行，成憲具在，陛下何憚而不爲乎？

陛下親賢急於堯舜，艱難以來，無一人卓然有見於世者，以三弊之未除也。人弊於黨與，士弊於時學，官弊於資格。何者？昔趙鼎、張浚之交攻，浚在則鼎去，鼎之門人亦去；鼎入則浚去，浚之門人亦去。豈鼎之黨今皆可用，而浚之黨今皆不賢？此其弊一也。宣和之學弊於王氏，紹興病於伊川，大臣唱之，學者嚮應。陛下用尹焞，召劉勉之，厚風俗可也。若曰得人如寇準，如富弼，臣未知其可。此二弊也。今之仕進無非科舉之流，招來無非高蹈之士。英豪奇特，可用以取天下者，困於選調，困於草萊，困於庸伍，困於祠廟。此三弊也。大臣擅權，陛下不斷。御史章疏每上，陛下收視穆清，依奏而已。又諸將握重兵，子弟典禁衛，倒持太阿，授人以柄。此重國柄，臣所以爲陛下謀也。祖宗時，天下常費有三，曰郊禮，曰黄河，曰北敵，而養兵不與焉。何者？西北分屯，且耕且守，賞賚有節，衣糧有準，而歲之入，亦嘗有餘。今日天下既失其半，又四川財賦不歸朝廷。計朝廷歲用數千萬，皆取於東南，刻骨槌髓，民不聊生。養兵之外，又有奉使無益之費。不識國家何所辦哉？此蓄邊備，臣所以爲陛下謀也。今日州縣之弊極矣，且以臣桑梓親所聞見者，條其一二。安福令陳庭，廉而愛民之吏也。前年因民艱食，以坑冶事緩於奉行，當路劾之，遂至奪官，以無援故也。廬陵令王昌，贓而虐民之吏也。交結虔寇，專事貪殘。百姓訴之，有司解之，蓋秦檜之親黨故也。臣恭讀去年明堂赦書，有禁止虔、吉教訟，以脅持州縣爲慮。臣意廟堂之上，有黨護虔、吉贓吏者，故以此請爲張本也。州縣賢明，頑民畏之，良民愛之，何訟之有？若其贓污，則吏長其惡，民受其毒，不訴於有司，何以伸不平之氣哉？此擇守令，臣所以爲陛下謀也。

書凡數千言，其大指如此。

江西統制官李貴以其軍歸於殿前副都指揮使楊沂中。

校勘記

①召少保醴泉觀使吕頤浩　「觀」，原作「館」，據叢書本改。

②翊衛大夫利州觀察使辛永宗陞安德軍承宣使　「軍」，原闕。本書卷一三二有「翊衛大夫安德軍承宣使京畿路提點刑獄公事辛永宗落階官」之記事，故據補。

③不可犯且叱奴皇后夷狄也尤　以上原闕，據宋史全文卷二〇下補。

④料虜上策　「虜」，原作「敵」，據皇朝中興繫年要録節要改。下「虜」同。

建炎以來繫年要録卷一百二十七

1 紹興九年三月按是月辛巳朔。　壬午，集英殿修撰、提舉江州太平觀李璆爲徽猷閣待制。　右朝請大夫、提舉江州太平觀張宗元、柳約並復秘閣修撰。　趙鼎之當國也，璆兩經檢舉，不報。　至是，與秦檜連姻，特除之。

2 丙申，徽猷閣直學士、知漳州廖剛試御史中丞。　剛在漳州，嘗應詔上封事，乞早以建國公正皇子之號，大略謂：「惟誠足以動天地，感人心。　今意雖有屬，而名未之正，恐未足以慰幽顯之望。」至是，以年將七十，謂宜謝事。　會已有召旨，詔書趣行，至則有中司之拜。　剛首奏：「臣職在搏擊姦邪，當思大體。　若乃捃摭細故，矜一得於狐兔之微，則非本心。」他日入對，又言：「今經費不支，賊盜不息，事功不立，命令不孚，及兵驕官冗之弊蓋不一，其原則在於一人之身，若意誠心正，以照臨百官，則是非不紊，姦邪洞見，天下之弊可次第革矣。」

中書言：「昨修執政拜罷録，詳略失中，本末差舛。」詔史官重行編修。　秦檜之初免相也，上以御劄斥其罪，而一時制詔，拜罷録具焉。　檜欲滅其迹，故有是請。　於是史官言：「罷免後事迹，乞更不編載。」奏可。　其後書不克成。此以王明清揮麈後録及日曆、會要參修。　但後録以爲丁卯毀拜罷録，恐誤。　按會要，九年三月六日，有旨重修。　二十一年，又用秘書少監林機言，再行編修。　其後不克成。　史官乞不載拜罷後事迹，在十月辛未。

顯謨閣直學士知湖州常同、徽猷閣待制王居正並提舉江州太平觀，從所請也。

3 丁亥，和州防禦使璩爲保大軍節度使，封崇國公。

4 戊子，尚書吏部侍郎晏敦復、户部侍郎梁汝嘉皆進權本部尚書，汝嘉仍兼江淮等路經制使。侍從過宰執閣，相見既退，宰相須送出數步。時敦復見秦檜，未嘗送出，每曰：「人必自侮，然後人侮之。」舊六部胥史①，罪無大小，皆送大理。有罪而必送，則頗煩擾；不送，則無以懲戒，常以爲患。敦復之爲尚書也，奏請置門頭杖，外可以省頻送之勞，内可以示必懲之威。是以胥吏知畏，而不敢爲過，至今使之。

尚書兵部侍郎兼侍講兼資善堂翊善吴表臣移禮部侍郎。權工部侍郎兼侍講蕭振移兵部侍郎。

徽猷閣待制、知臨安府張澄試工部侍郎。直寶文閣、淮南東路轉運副使蔣璨陞秘閣修撰，權知臨安府。既而澄辭，乃遷澄徽猷閣直學士，而璨爲浙西轉運副使。

顯謨閣待制、提舉江州太平觀趙霈復徽猷閣直學士，左通奉大夫、提舉江州太平觀劉洪道復徽猷閣待制，皆以赦敘也。

左朝奉郎、提舉江州太平觀吕本中更竢一赦取旨。

殿中侍御史謝祖信言：「和預買爲今日民間之病，有司從而變爲折帛錢，又其所甚病者。今日固未能去，若處之使得其所，猶可以少紓民力。其説無他，惟均而已矣。近者知徽州吴偉明，乞用税錢均敷，此徽及江東所宜耳，諸路未必可用。欲乞下諸路轉運司，各令條具所敷之宜，或以税錢，或以畝頃，使户無高下，人無貧富，凡有田産者，以丈尺爲率，等而上之，合零就整，依夏税法。如此姦民猾吏，詭名析産，無所容其倖，而所出均矣。」詔户部措置。自承平時，官預俵買本，一縑千錢。時縑帛價廉，得錢於春，而輸縑於夏，所以優民也。軍興以來，官中無本可俵，名爲預買，其實白著。其後户部又令折錢，每匹爲十千或八千，比歲絹直稍平，而折錢不減，江、浙之民，深以爲患，故祖信論之。

5 己丑，尚書左司員外郎閭丘昕爲中書門下省檢正諸房公事。

右司員外郎陳橐試左司員外郎。樞密院檢詳諸房文字范璿試右司員外郎。

吏部員外郎王鈇爲樞密院檢詳諸房文字。

右朝散大夫宇文師瑗行尚書度支員外郎。

秘書省著作郎胡珵守禮部員外郎，兵部員外郎呂用中守祠部員外郎。既而言者以珵、用中爲趙鼎之黨，乃以珵知嚴州，用中知建州。二人補郡在是月甲午。

6 甲午，命參知政事孫近撰皇太后册文，參知政事李光書册兼篆寶，寶用金，册以珉石。

詔崇國公璩赴資善堂聽讀，禄賜如建國公例。

右朝散大夫吴説爲福建路轉運判官。此以終去年八月辛酉上諭大臣事。

7 乙未，少保、鎮南軍節度使、醴泉觀使、成國公呂頤浩乞歸台州養疾。許之。初，上欲得元臣調護陝西諸將，乃命中使陳永肩將醫宣押頤浩赴行在。頤浩以老病力辭，上賜手札曰：「朕以陝西重寄，非卿夙德素望，不能任此。出自朕意，欲煩卿行。可即日就道，俟到面議當處畫事。卿宜深體至意，毋更執謙。」頤浩乃條具陝西利害，大略言：「金人無故歸地，其必有意。臣計五路，元係張中孚、中彦、慕容洧之徒爲帥，今必仍舊。然皆久據一方，敵亦難令。當諭以德意，許之久任，庶不致疑。」又言：「陝西利害，今日所繫甚重。若一觸事機，必貽後悔。如張中孚等，未見向背。趙彬又係曲端門客，本一書生，其人尤桀黠。伏望曲留聖慮。」詔趣頤浩赴闕。既而頤浩至行在，上命國醫王繼先視其疾，頤浩留七日，不能入見，上乃聽其辭。及將歸，復言：「秦爲天下脊，今宜於長安、興元、襄陽各置宣撫司，而重兵屯襄陽。且建行臺，仍即五路，選精騎三萬赴行在，請上親提萬騎，不時勞軍，使敵人不知六飛所在，以伐其謀。庶敵不敢窺江、淮，而中興之業，由兹起矣。」上既許頤浩台州養疾，乃以其子直秘閣抗爲直徽猷閣，添差提舉浙東茶鹽公事，以便其歸。

江淮等路經制判官霍蠡言：

臣聞自三司之法壞，而户部雖掌經費，不復稽財用之出入久矣。軍興以來，上自朝廷，下至州縣，案籍焚毁，綱目散亡。老胥猾吏，出没其間，而掌邦計者[2]但以調度不足爲憂，苛刻隱欺之患，不暇復省。故一有調度，舉以其數責之漕司[3]，漕責之州，州責之縣，縣責之民。民不勝其求，不得不爲巧避之術。於是詭名寄産，分户匿税之弊，百端紛起。今將檢察其實，固非督其逋負，收其羨餘，以爲刻剥之務。亦將計其所取於民者幾何，有當取有不當取者，從而是正之。覈其上供於朝廷，供億於大軍，及諸司之所支撥，州縣之所當用者各幾何，有當用有不當用者，亦從而是正之。使其所取有常，所用有數，復於朝廷，達於萬民，皆可通知，以爲經久之制。尚慮不知者謂今設官之意，檢察之名，徒爲聚斂之政。願詔諸路監司州縣，使明知陛下設官理財，將爲足國安民之計，悉力而奉行之。詔下諸路監司照會。

8 丙申，東京留守王倫始交地界。先是，趙榮既納欵，知壽州王威者，亦以城來歸。趙雄撰韓世忠碑云：「兀朮既陷三京，又犯漣水。王遂率背嵬軍走破兀朮，僞守趙榮以宿州降，李世輔以亳州降。」按榮之降，在未割地之前，不應附於明年五月。而世輔自陝西入夏國，後乃來歸，亦不從亳州路，碑蓋誤也。及倫至東京，見金右副元帥瀋王宗弼，首問榮、威，且責赦文載割河南事，不歸德於金。倫一面改定，謂元降赦文非真，乃已。接伴使烏陵思謀至館，亦以榮、威爲問，必欲得之。至是，倫始交地界畢，京城父老官吏送宗弼至北郊。宗弼坐壇上，酌酒爲別。應交割州軍官物，十分留二分，餘八分赴河北送納。宗弼由沙店渡河之祁州。金遂移行臺於大名。初，金以葛王褎爲三路都統，知歸德府。褎秋毫無擾，甚得人心。及割地而歸，褎悉遣其吏士先行，最後乃出，即下釣橋，極爲肅靜。

9 丁酉，徽宗皇帝禫祭，上詣別殿行禮。

10 己亥，以久雨，放臨安府内外公私僦舍錢三日。自是雨雪則如之。

詔分河南爲三路。京畿路治東京，河南府路治西京，應天府路治南京，以帥臣兼留守。三路各置漕臣一員，兼提刑。

初，河南鎮撫使翟興既死，其將李興降於劉豫，豫用爲鄜延路兵馬鈐轄，移河南。至是，以興爲武翼大夫、閤門宣贊舍人，職如故。豫之僭也，有郁臻者，以吏職出身，獻屯田之議。豫大喜，行其策，且謂人曰：

「前朝以虚譽用人，惟尚科舉。至宣、靖間誤國者，皆進士及第之人也。我則不然，惟才是用，不問門閥。」乃以臻爲秉義郎、閤門祗候，充白波輦運。及敵還河南，召臻赴行在，秦檜見而不之禮。既而曰：「劉豫國祚不永者，蓋由任此輩而不用士人也。」臻恨之。

秘書省正字樊光遠言：

臣竊觀今日士大夫之論，莫不憂金人之詭詐。臣獨曰：「詭詐不足憂，而信實深可懼也。」通和之使，項背相望，吾既空府庫以奉之矣。河南之地，賦租悉蠲，吾又將竭江左民力以給之矣。府庫已空，民力已竭，士氣已墮。一言不酬，金人改慮。此臣之所以私憂過計，而爲陛下深懼也。夫有無故之福，則必有無故之禍。往者燕山六州二十四縣，金人以兵取之，來歸於我。當時竭天下之力以償之，所得止數空城而已。朝廷動色相賀，而天下甕頞相弔。一旦改慮，席卷而南，如寄諸鄰而取之，此陛下所親見也。願陛下勿以得地爲喜，而常以爲耻。勿以甘言爲悦，而常以爲憂。勿罪忠讜，以養敢言之氣。勿喜迎合，以開濫進之門。勿盡民力，以固根本。勿沮士氣，以備緩急。亦庶乎其可也。此疏不得月日，今附見交地界之後。

詔增補殿前司鈞容直樂工，以二百人爲額。舊鈞容直四百人，至是，存者七十餘人。既而上聞其召募擾民，第命據見管人數存留而已。後旨在四月庚午。

左朝奉大夫、知吉州陶愷行尚書金部員外郎。

11 庚子，金人所命環慶路經略安撫使趙彬上奏待罪。詔以彬爲左正議大夫，充徽猷閣直學士，知慶陽府。

12 辛丑，翰林學士兼侍讀樓炤爲端明殿學士，簽書樞密院事。

詔殿前司諸軍統制、統領將官二百十二人，用講和赦書，各進秩一等。統制十三，統領二十一，正副準備將一百七十八。其後，摧鋒軍統制、左武大夫、華州觀察使韓京等十五人亦如之。摧鋒軍統制、統領各一，正副將十三，今年五月己巳轉官。

13 壬寅，尚書右僕射、監修國史秦檜兼提舉史館實録院，以史館見修徽宗實録故也。

左諫議大夫曾統言：「自今命令，事干軍期不可緩者，乞依舊報行。其餘除授，須俟拜命，方許視職。至若晝黄未下，敕命未成，即依舊制，更不報行。」從之。

秘閣修撰、新京西路轉運副使宋輝改充應天府路轉運副使，兼提點刑獄公事。

14 癸卯，試尚書禮部侍郎兼資善堂翊善吴表臣兼侍讀，權禮部侍郎馮檝兼侍講。

陞衡州茶陵縣爲軍，以知縣兼軍使。縣當江西、湖南境上，其地方二千餘里，皆深山大澤，在唐嘗爲雲州。至是，湖南諸司言：「比年寇盜多，民不安業，請建爲軍。」故有是命。仍以將兵三百隸之。

15 甲辰，主管殿前都指揮使公事楊沂中乞以本司酒庫五處歸户部。詔嘉奬，仍令本部歲給錢十萬緡爲軍費。

是日，僞資政殿學士、知開封府鄭億年上表待罪。億年嘗爲僞尚書右丞，任事甚久。朱勝非秀水閒居録稱億年爲僞齊吏部侍郎，遷户部尚書、尚書右丞。而僞齊録當豫廢時，億年實爲吏部兼户部侍郎。二書不同。按僞豫傳，豫所命右丞初是張柬，辛亥年，東罷，范恭權。迄豫廢，恭尚爲此官，亦與勝非所云不合。陳淵劾疏又稱，資政隆名，乃豫所竊，以與億年。或者豫廢後，億年嘗爲行臺右丞，亦未可知。第資政乃豫所除，則爲右丞，又在其前耳。今且云嘗爲右丞，更須參考。

16 乙巳，後宮韓氏爲紅霞帔。十三年六月封才人。

17 丙午，祠部員外郎劉昉、秘書省校書郎邵博並兼實録院檢討官④。上因諭大臣曰：「宰相進退百官，凡士大夫，孰有不由宰相進者？然宰相賢則所引皆賢，豈當一概以朋黨疑之也？」秦檜曰：「陛下推誠任下如此，爲大臣者，豈忍懷姦以欺聖聽？」

18 丁未，詔：「歸德府復爲應天府，平涼府復舊州名。陳、許、潁、壽、曹、延慶州復舊府名。順州、臨汝、鎮汝、潁順軍復舊縣名，皆僞齊所改也。」先是，僞齊建雙廟於應天，以祠陳東、歐陽澈，王倫命毁之。此據趙甡之遺史附入。

尚書刑部侍郎劉岑移吏部侍郎。

左朝奉郎、新幹辦行在諸司糧料院李利用爲河南府路轉運判官，兼提點刑獄公事。上諭秦檜曰：「河南新復州郡，當擇愷悌慈祥之人，庶能爲朕撫養凋瘵，使不失職。」

殿中侍御史謝祖信言：「東南之財，盡於養兵。民既困窮，國亦虚竭。然此所費，止於養兵一事而已。今梓宮既還，有陵寢遷奉之費，皇太后之歸，有宮室迎衛之費，皆前此所無。而前此養兵之費，又不可闕。伏望睿明，取遠慮見幾之義，皆留聖心。其陵寢遷奉，願預戒節約，以遵先帝恭儉之仁。宮室迎衛，願一從省素，以成聖孝養志之美。罷不急之務，減冗長之費，然後經中原以固根本，則中興之業可以成矣。」從之。

武翼大夫、閤門宣贊舍人王才爲建康府兵馬鈐轄，以江東制置大使葉夢得言其知淮南利害也。

是春，夏人乘折可求之喪陷府州。可求子彥文挈家依金左副元帥魯國王昌於大同府，後金人命彥文知代州。熊克小曆附此事於八年春末⑤，蓋差一年。

1 夏四月庚戌朔，上率百官，遥拜淵聖皇帝於行宫北門外，循舊禮也。

少保、鎮南軍節度使、醴泉觀使、成忠穆公呂頤浩薨，年六十九。

2 辛亥，詔簽書樞密院事樓炤暫往陝西，宣諭德意。先是，呂頤浩既辭行，遂罷置宣撫使，而命炤往制置移屯等事，仍帶衛卒千人，自汴京往。

四川宣撫使吴玠言：「舊川陝宣撫使，歲用激犒錢一百八十萬緡，今改爲四川宣撫使⑥，各守疆界，别無招納，望減其半。」從之。

僞武經大夫濰州團練使知亳州王彥先、武功郎閤門宣贊舍人兼丹州兼管内安撫司公事傅師禹，皆上表稱賀。詔彥先依舊知亳州，師禹知丹州。仍令彥先以出身以來文字繳申尚書省换給。

3 壬子，金人所命鄜延經略使、知延州關師古上表待罪。詔以師古爲雄武軍承宣使，知延安府。

4 癸丑，詔河南新復州軍民間利病，許監司守臣條陳，餘官及士民上書，所在州繳奏。

檢校少傅、奉國軍節度使、知泉州趙鼎落節鉞，依舊特進知泉州。時右諫議大夫曾統、殿中侍御史謝祖信共論鼎罪。統奏：「鼎叨位宰司，怙權植黨。近既丐閑，安於近輔，望亟加譴謫。」祖信奏：

鼎罪惡滔天，不可殫紀。在靖康末，嘗受張邦昌僞命，爲京畿提刑。其後得志，力引王時雍愛婿熊彥詩於朝，以報其德。平居每及圍城之事，則心競力爭，形於詞氣。鼎與張浚同秉國政，浚貪功喜兵，一意進取。鼎位上宰，實主其謀。不恤民力，不顧國用。欲將士之悦，則出給曆之令，而啓溪壑無厭之求；快一己之私，則託專任之辭，而杜臺諫敢言之氣。發兵遣戍，中外騷然。財用不足，始售户帖。户帖不足，復鬻官告。官告不足，遂換度牒。誅求刻剥，民不聊生。既專大政，威福在己。内則潛與姻家陰結密援，以謀固其根株；外則力引死黨，分布要地，以共成其羽翼；下則厚餌游士，談説游揚，以助發其氣焰。竊陛下之名器以爲己用，擅國家之財利以市私恩，使天下之人，惟知有鼎，不知有陛下。其初罷相也，詞命之臣，欺主以保交，乞不爲貶責之制。其再罷相也，耳目之官，附下而罔上，有陛下必悔之言。鼎能使其黨出死力如此，寧負陛下，不敢負鼎，使復得志，將何所不至哉？

鼎初爲相，即與張浚合謀用兵。後因私隙，意遂以異。及淮南之警，浚方督師出戰，鼎懼其成功，從中撓敗，果代浚，遂盡以用兵之罪而加之。前日王倫再行，鼎實與遣。講和之議，不聞其輒異也。及金使再至，鼎適去國，又以不主和議，鼓惑衆論。夫和戰二者，國之大議，鼎爲元輔，實任其責。當戰則戰，豈容中止？可和即和，貴在合宜。而陰拱默睨，每持兩端。殊無徇國之忠，動作謀身之計。此其罪之大者也。伏望特加流竄，正國典刑。

章五上，乃有是命。

權吏部尚書晏敦復充寶文閣直學士，知衢州，從所請也。

龍圖閣直學士、提舉江州太平觀陳規知順昌府。時順昌闕守，而僞朝奉大夫陳道夫以通判權府事兼管内安撫司公事，上表稱賀，乃詔道夫通判如舊，而命規守之。

環慶經略使趙彬言：「已殺叛將慕容洧，其部曲多降。」秦檜言：「陝西遂已無事，實爲慶幸。」然洧實不死。按紹興十一年四月，洧尚寇邊，宣撫副使胡世將遺之書，蓋彬所言非實也。

5 甲寅，詔温、福州祖宗諸殿神御，令湖州相度可以奉安處，申尚書省。十月甲寅行下⑦。

殿中侍御史謝祖信權尚書吏部侍郎。制曰：「粤自簡知，再爲御史。極純誠而不貳，嫉姦惡以如仇。朕用嘉之，擢登法從。」蓋賞其言也。

金人所命陝西諸路節制使兼兵馬都督、權京兆府張中孚爲檢校少保、寧國軍節度使，知永興軍，節制陝西諸路軍馬。先是，赦書與金人割地詔皆至長安，而中孚匿赦書不宣，獨拜金詔。其間有斥廟諱及御名者，軍民皆怒。至是，中孚上表待罪。上優容之，乃有是命。張中孚事，以胡世將所奏修入。

詔：「諸州縣有隱寄財産，及假借户名，或立詭名挾户之人，限一年内自陳，併歸一户。今日以前人户冒占官産，令諸路漕司，每三縣選有風力官一員，逐一體究括責，比倣鄰近田舍，立定租課，令依舊佃賃。仍限一月自首，限滿不首，並許諸色人告陳，將所寄隱財産，依見行條法給賞。其冒占官産之人，斷罪追賞外，仍追理以前租課。」皆用中書請也。

僞武功大夫、知宿州景祥上表賀，即以祥知宿州。

6 乙卯，資政殿學士、知衢州富直柔提舉臨安府洞霄宮，從所請也。

承奉郎、僞東京路轉運副使李俅乞歸田里，詔放罪。俅仕僞庭爲殿中侍御史。

7 丙辰，景靈宮孟夏朝獻，上詣行禮殿行禮。翌日亦如之。自是，四孟皆用此例。

8 戊午，秘書少監鄭剛中充樞密行府參謀官。

是日，東京同留守郭仲荀入京城。

9 己未，觀文殿大學士、新荆湖南路安撫大使李綱提舉臨安府洞霄宮。初，綱奏辭新命，上不許，命中書舍人兼直學士院李誼草詔行下。至是，綱再章求免，有曰：「當日白簡，公肆詆誣。」而誼爲諫官，嘗論綱罪，乃引嫌自列，乞改命詞臣，遂詔中書舍人劉一止撰述。會綱又上疏言：「臣迂疎，無周身之術，動致煩言。數年之間，亟奮亟躓，上累陛下知人任使之明，實有繫於國體。」故有是命。

10 壬戌，詔卜永固陵於西京。

右武大夫、榮州防禦使致仕王繼先特遷華州觀察使。餘人毋得援例。

詔陞胙城縣爲軍。以東京留守王倫言「縣與北界滑州相連，乞陞名額，以便文移」故也。

左朝請郎、直秘閣劉彦適知徐州。

朝奉大夫僞東京副留守申賜、承奉郎僞東京路轉運副使劉繼之乞歸田里，詔放罪，令赴行在所奏事。賜，建炎中嘗爲少府監。

右迪功郎王棠特改合入官，仍舊充東京留守司幹辦公事。棠從王倫使北，故召對而命之⑧。

11 癸亥，御史中丞廖剛言：「今先帝已終，而朔望遥拜淵聖皇帝之禮如故，此盛德也。然禮有隆殺，方兄爲君則君事之，及己爲君則兄之而已。欲望勉抑聖心，自此寢罷，歲時自行家人禮於内庭可也。若遠在萬里之外，每尊之爲君，比其返也則不然，政恐天下有以議我也。況此拳拳之意，於淵聖何補？萬一歸未有期，尤非所以示遠人。」事下禮部太常寺，侍郎吴表臣、馮檝、少卿周葵等，請遇朔望日，皇帝用家人禮遥拜於禁中，羣臣遥拜於北宫門外。從之。

12 甲子，秘書丞陳淵、宗正丞陳確並守監察御史。

觀文殿學士孟庾爲河南府路安撫使，兼知河南府，充西京留守。資政殿學士致仕路允迪爲應天府路安撫使，兼知應天府，充南京留守。

僞直秘閣知單州蔡如葵、僞武德大夫知臨汝軍馮侄上表賀，詔即因所稱官而命之。

13 丙寅，感德軍節度使、萬壽觀使高世則開府儀同三司。初，上念世則帥府舊僚，欲以爲使相。趙鼎曰：「今一年之間，三除使相，韋淵、錢忱、士㒟也。天下事殊未濟，而戚里相繼作使相，公議謂何？請少待之。」上善其説，遲回者踰歲，始有是命。

端明殿學士、提舉臨安府洞霄宫折彦質落職，以諫官曾統言「故相趙鼎，用彦質爲耳目，以去不附己者。淮西之警，遽議斂兵，幾敗國事」故也。

金人所命彰武軍承宣使、秦鳳路經略安撫使、權知平涼府張中彦上表待罪，以中彦爲清遠軍承宣使，知渭州。

14 丁卯，簽書樞密院事樓炤辭行，命坐賜茶。

詔祠部員外郎劉昉條上廣南利害。以御史中丞廖剛言嶺南凋弊之甚。昉本貫潮州，備知民間疾苦故也。

15 戊辰，上謂大臣曰：「韓世忠欲獻一駿馬，朕令留以備用。」世忠曰：「今和議已定，豈復有戰陳事？」朕曰：「不然。虜雖講和⑨，戰守之備，何可必弛？朕方復置茶馬司，若更得西馬數萬疋，分撥諸將，乘此閒暇，廣武備以戒不虞，足以待强敵矣。和議豈足深恃乎？」

左宣教郎、通判臨安府朱敦儒爲秘書郎。

直秘閣、江南東路轉運副使俞俟知揚州。

集英殿修撰、提舉江州太平觀潘良貴知明州。

16 庚午，上諭秦檜曰：「陝西諸將，既叛復來，緩急金人敗盟，難以責任。朕謂中原尚可從容圖治，至如陝西五路，勁兵良將所出，他時當用腹心之臣可也。」

實録院奏修徽宗實録畫一：「一，今來所書歲月甚近，尤防漏泄。雖有斷罪指揮，今欲優立賞格，許人陳告。一，今所修書，欲從簡約，略去細務。一，所書先朝政事因革，有當時權臣專恣所爲者，欲倣册府元龜例，辨析於後，庶見之即明邪正。羣臣私記，皆偏見自私，言多失實，今並不取。一，今所修實録，卷帙不少，欲用景德中修兩朝正史例，每編一二年，先具草卷進呈，卷末仍書史臣姓名。」時秦檜領史院，諱避者多，故實録成書疎略。

17 壬申，禮部奏：「皇太后從物名色，其間有純金爲之者。」先是，上諭大臣：「以太后歸，略備一行從物，務從簡樸。其間器皿等，塗金可也。朕自即位，服食器未嘗妄費，卿等所知。」上語在二月丙寅。至是，秦檜言：「所用甚微。」上再三不從，曰：「太后儉素，第須塗金。」檜曰：「敢不仰承聖意！」

尚書吏部侍郎劉岑充徽猷閣直學士，知潭州。

詔壽春府移歸淮北舊治。

時守臣武翼大夫、閤門宣贊舍人孫暉入見，後三日，以暉領忠州刺史遣還。

僞武功大夫、閤門宣贊舍人、知綏德軍劉議奏嘗汙僞命，乞放還田里。秦檜擬依舊職任。上曰：「新復州郡，他時悉選用文臣。武臣不曉三尺，不可與郡。」

僞奉直大夫開封府少尹李景模等乞削籍放歸田里⑩。詔令赴行在，與合入差遣。

18 癸酉，秦檜進呈宗正少卿、三京宣諭方廷實私書言：「金人方欲固兩河人心，其所邀求五事，非甚難行，不可不從，以示大信。」上曰：「廷實在臺時，不以和議爲是。今至京城，目覩利害，乃能深合今日事機，以此見士大夫皆是信不及耳。」此與熊克所書廷實奏邊事不合不同，當考。日曆又云：「方敵使在館，論和議者章疏盈篋，何獨廷實哉？上虚心聽納，狂瞽之言，不獨寬貸，又能察其用心，豈復有壅蔽隔絶之患哉？」

徽猷閣直學士、提舉江州太平觀趙霈知平江府。霈，趙鼎所斥也。

19 甲戌，僞奉義郎、知鄭州劉全咨上表賀，復命全咨知鄭州。

前資政殿大學士席益未免喪，薨於温州。

20 乙亥，詔京東淮東宣撫處置使韓世忠、淮西宣撫使張俊及隨行將佐，並賜燕臨安府治。上以世忠持身廉，特賜建康永豐圩田千頃，世忠辭不受。

司農卿莫將論財用五説：「由冗官濫費、榷法虚文、名色輕隱、錢帛輕荒、儲積不固。願專委主計之臣一二人，與臣窮究本源，灼見利病，然後斷而行之，必有明效。」詔權户部尚書梁汝嘉與將同措置。

21 丙子，左朝奉郎賀允中爲尚書倉部員外郎。

校勘記

① 舊六部胥史　「史」，叢書本作「吏」。胥史猶胥吏。

② 而掌邦計者　「計」，原作「記」，叢書本同，當誤，逕改。

③ 舉以其數責之漕司　「漕司」，原作「司漕」，據叢書本乙正。

④秘書省校書郎邵博並兼實録院檢討官　「博」，原作「溥」，據本書卷一二二「右朝奉大夫主管襲慶府仙源縣太極觀邵博賜同進士出身，除秘書省校書郎」之記事改。南宋館閣録卷八校書郎紹興以後：「邵博字公濟，河南人，八年十月因上殿賜同進士出身。是年十月除。」

⑤熊克小曆附此事於八年春末　「小」，原作「日」，據叢書本改。

⑥今改爲四川宣撫使　「使」，原作「司」，據叢書本改。

⑦十月甲寅行下　「行下」，原作「不行」，據叢書本改。

⑧故召對而命之　「命」，原作「問」，據叢書本改。

⑨虜雖講和　「虜」，原作「敵」，據皇朝中興繫年要録節要卷一〇改。

⑩僞奉直大夫開封府少尹李景模等乞削籍放歸田里　「封」字原闕，據叢書本補。

建炎以來繫年要録卷一百二十八

1 紹興九年五月庚辰朔，亳州民陳達等請輸税以助國用。上不許。

中書門下省檢正諸房公事閭丘昕權尚書吏部侍郎。

左司員外郎陳橐權刑部侍郎。

起居舍人王次翁試中書舍人。

右司員外郎林待聘試起居郎。

左司員外郎程克俊試起居舍人。

中書舍人劉一止轉對，言：「神宗復隋唐之舊，始置義倉，然而推行之意有未盡合於古者。今置倉入粟，止在州郡，歲饑散給，僻遠之民罕霑其利。臣謂當於本縣鄉村多置倉窖，自始入粟以及散斂，悉在其間。大縣七八處，小縣三四處。遠近分布，俾適厥中。如未有倉窖，則寄寺觀，或大姓之家，縣令總其凡，以時檢校。遇饑饉則丞簿尉等分行鄉村，計口支散，庶幾僻遠之民，不復棄家，流轉道路，此大利也。」疏奏不行。嘉泰四年五月諸縣置倉。

右諫議大夫曾統言：「今縣官歲入，僅足以支出，國計可謂急矣。有司既不知養財之術，又不知節制之度，豈不殆哉！且以去冬及春以來遣使之費言之，命韓肖胄報聘金國，又命王倫交割地界，遣方廷實宣諭三京、河南，命郭仲荀留守東都，遣周聿、郭浩宣諭陝西，遣士㒟、張燾祗謁陵寢，又命樓炤至永興等路宣布德意。凡此七使，所携官吏兵民，不知其浩費當幾何。竊聞熙寧命宰相韓絳宣諭陝西，才費十八萬緡，時論沸騰，以爲大咎。今一使之出，已數倍於昔，合而計之，不知其幾何矣。雖事有出於不得已者，而援引體例，皆非舊比。臣願檢照國朝舊遣使命則例，裁定其要，使前有所稽，後爲可繼，庶幾可以及遠。」從之。

資政殿大學士、新知福州張浚辭免新命，上不許。中書舍人、兼直學士院李誼復言：「頃爲諫官，累論浚過失。」不肯草詔。乃命舍人劉一止撰述，用金書遞趣行。

2 癸未，直龍圖閣、知明州周綱爲中書門下省檢正諸房公事。

尚書右司員外郎范璿、樞密院檢詳諸房文字王鉌並爲左司員外郎。

吏部員外郎魏良臣、大理少卿潘特竦並爲右司員外郎。

吏部員外郎晁謙之爲樞密院檢詳諸房文字。

秘書省校書郎兼實録院檢討官邵博知果州①。時上屬意史官，所以顧博甚寵，嘗賜御府法書、黄金器、錦綺、珍劑，而言者論其過，乃命出守。

3 甲申，太常少卿周葵守殿中侍御史。趙鼎之始相也，葵在臺中，嘗連章極論趙子湜不可用，語侵鼎，坐是不得其言而去。逮秦檜獨相，意葵必憾鼎，再引入臺。葵行狀云：「公語人曰：『元鎮已貶，某固不言。雖門下客亦不及也。』」

按葵論董弁所稱權臣即是指鼎，今不取。一日，内降差除四人。葵言：「願陛下以仁祖爲法，大臣以杜衍爲法。」檜始不樂。

秘書郎何鑄爲監察御史。

4 乙酉，宗正少卿、三京宣諭方庭實言：「永安、永昌陵制度極爲簡古，將來徽宗山陵，乞明詔有司，務從簡儉。」上納之。

5 丙戌，名顯肅皇后神御殿曰承順。時原廟未立，承元、承順殿皆寓行宫天章閣之西。

武經大夫、濰州團練使、知亳州王彦先應詔言利害，賜敕書奬諭。

6 丁亥，龍圖閣直學士、提舉江州太平觀李迨爲京畿都轉運使。初，命吴革爲畿漕，又用趙子潪。子潪入見，不果行，乃命迨往。

少師、京東淮東等路宣撫處置使韓世忠請倚閣俸給之半，以助軍用。不許。

7 戊子，大理少卿周三畏爲大理卿。

左朝奉大夫趙令衿提點福建路刑獄公事。

是日，判大宗正事士㒞、兵部侍郎張燾朝謁永安諸陵。前二日，士㒞等至河南，民夾道懽迎，皆言：「久隔王化，不圖今日復得爲宋民。」有感泣者。士㒞等入柏城，披荆履蘗，隨宜葺治，成禮而還。陵下石澗水，自兵興以來久涸，二使到，水即日大至。父老驚歎，以爲中興之祥。士㒞等既朝陵，留一日，遂自鄭州歷汴、宋、宿、泗、淮南以歸行在。中興聖政：臣留正等曰：「山川草木之所好惡，與人情不相遠也。以山川草木爲無知，欺孰甚焉！周公廟在岐山西北，所謂潤德泉者，世亂則竭，此皆物理之常然者。」

8 庚寅，奉迎欽先孝思殿祖宗御容赴行在。先是，劉豫入東京，毀天章閣，遷御容於啓聖院。至是，王倫遣官辨認以聞，故有是旨。

詔環慶經略使趙彬免兼權陝西諸路都轉運使。從所請也。

9 壬辰，東京留守王倫言：「自至京師，民李興等獻銀帛芻粟以贍軍。」詔奬之，還其獻。

秘閣修撰、四川宣撫司參議官陳遠猷復爲四川轉運副使，俟吳玠辟到參議官日令赴任。本司題名，陳遠猷紹興七年三月初六日到任，十年閏六月十六日致仕。與此不同。未知遠猷去而復回，題名脱漏，或以宣司便宜之命，未嘗解去也。當考。

10 癸巳，河南諸州進天申節銀帛。上曰：「新復州郡，財用無餘，此寧免於擾民，其勿受。如取於民者，令散還之。」時宿州諸縣以迎兩宮爲名，沿路蓋屋。上曰：「新民豈可重困？」乃罷縣令，仍詰守臣縱而不舉之罪。

先是，左宣議郎王之道嘗遺左諫議大夫曾統書，大略言：

金人自宣和、靖康以來，愚弄朝廷，有同兒戲。而朝廷之上，乃獨斷然以爲非姦非詐，惟恐奉承之不暇。前日劉豫之擒未遠，又況包藏禍心，未易窺測。且事固有未見其利而先見其害。淮西兵火之餘，遺民百無一二，重以奉迎兩宮之故，竊嘗以一邑計其費，不下五七萬緡。使金人誠還兩宮，斯民正復竭膏血，鬻妻子，以應所須，猶將欣然。不爾，雖食王倫之肉，何能謝哉？

愚謂今日之事，殆古人所謂可弔不可賀者。請以五事備吾君之採擇。其一，淵聖南來，俟其渡河，即請下手疏以自訟。其二，梓宮及淵聖到日，自天子以下，素服郊次而哭。仍密諭河南所過州縣，一切準此。而其供張之類，純用布素。其三，竊聞梓宮以下，神櫬無慮十百，請委西京守臣豫修陵寢，繼遣一二大臣莅葬，取神櫬之最下者，斲而視之，然後奉安。且令諸道飭武備以戒不虞。其四，兩宮宿食供頓，所經或無屋宇，乞依南郊青城故事，預辦數千匹之青布，臨時張設，以庇風雨。而明詔諸路，勿造宮殿，勿飾器用，以重費民力。其五，梓宮之還，天子宜哭泣衰絰，以從未葬之禮。

統不能用也。時東京留守王倫，亦請：「梓宮所過州縣，舉哀致祭。」上從之。王之道上曾統書在此月，今因行遣宿州事附見。王倫奏請在此月丙戌。

徽猷閣直學士仇悆陞寶文閣直學士，充陝西路都轉運使。

左朝奉大夫、知徽州吴偉明直秘閣、應天府路提點刑獄公事。

11 甲午，尚書都官員外郎丁則知道州，秘書省正字汪應辰通判建州，樞密院編修官趙雍通判瀘州，並免辭謝。三人皆以論事忤秦檜，故出之。雍嘗有書，亦論不當議和事。

降授左朝奉大夫、直秘閣宇文彬送吏部，與合入差遣。彬守果州，坐獻嘉禾圖降罷。至是，上書訟土居士大夫十餘人之罪，中書言理合懲戒，故有是命。

12 乙未，尚書祠部員外郎劉昉爲禮部員外郎。

著作佐郎張擴爲祠部員外郎②。

秘書郎朱敦儒爲都官員外郎。

左朝奉大夫、新知簡州蒲贊爲荆湖北路轉運判官。

樞密院計議官曾緯提舉淮南東路茶鹽公事，填復置闕。緯，肇子也。自兩淮復置監司，而鹽事以漕臣兼領，議者以爲，今鹽課歲入一千三百餘萬緡，而淮東爲七百七十餘萬緡，且新復州軍多仰淮東鹽貨般販，利入最多，故復置官提舉。

武義大夫、忠州刺史、主管萬壽觀公事邢孝揚落階官，爲成州團練使。

13 丙申，上謂輔臣曰：「鋪翠銷金之飾，屢詔禁止。宮中雖無敢犯，而有司奉行不虔，市肆公然爲之。權貴之家，至有銷金爲舞衫者，可重立告，賞在必行。」秦檜退而批旨，第令廣南監司督責，緝捕採販翡翠而已。

權刑部侍郎陳槖請：「申飭諸路，大辟具獄，非有可憫之實，不得附會遷就論奏。如稍違戾，即寘之典憲。」詔本部檢察。槖又請：「立限下新復州軍，具文武官未經真命員數，申朝廷换給。」事下吏部，後不行。

14 戊戌，尚書省勘會，國家經費惟仰二税，間有陳乞蠲免之人，理宜禁絶。詔户部遵守執奏，如有已經施行者，並改正。此似爲張俊設，當考。

徽猷閣待制、新知瀘州劉觀罷。以御史中丞廖剛論「觀在僞楚時，嘗有指斥淵聖皇帝之語」故也。

資政殿學士、左光禄大夫、提舉鳳翔府上清太平宫宇文粹中薨，贈少保。

青田縣童子梅元眉，七歲喪其祖，抱棺而寢，守墓不去。夜有羣鵲喜噪，祥光照冢上。守臣以聞。庚子，詔賜粟帛。

15 壬寅，詔自今百官並久任，如有僥冒陳乞之人，取旨黜責。時殿中侍御史周葵論：「自頃大臣市恩而不任怨，爵賞輕而人有奔競之心，刑罰弛而下無畏服之意。風俗不靖，職此之由。甚者布衣獻書，敢納宰執③，州縣官有請誅大臣者，此風豈可長哉？願詔大臣，悉心奉法，漸矯前日之弊。」故有是旨。布衣薦宰執，恐是指周南仲，已見七年八月末，未知即此否？或又别有上書者，當考。

16 癸卯，起居舍人程克俊言：「河南故地，復歸版圖。父老苦劉豫煩苛久矣，賦斂及於絮縷，割剥至於蔬菓，宿債未償，欠牘具在。欲望明詔新疆州縣，取劉豫重斂之法，焚於通衢。」詔如所請。豫之僭也，凡民間蔬圃之田，皆令三季輸税。又令民間供贍射士。宣諭官方庭實嘗言其不便，事下諸路漕臣措置，故克俊及之。上因言：「太祖皇帝混一天下，當時彊藩悍鎮與方命之臣，既歸在朝廷，皆加容貸。今中原官吏，復還本朝，朕方以天下爲度，凡舊染之污，一切務在兼容。」上又曰：「今恢復新疆，正是求治之初。士大夫在外者輒辭難避事，在内者多循私立異。卿等當分别明示賞罰。」方庭實奏請在是月癸巳，今併書之。

詔兩浙轉運司措置明州廣德湖利害，申尚書省。湖在州西十里外，周回五十餘里，灌民田近二千頃，畝收穀六七斛。自政和末始廢爲田，得租米萬九千餘斛。近歲仇悆爲守，又倍增之。然民失水利，所損穀入，不可勝計。至是，中書門下省檢正諸房公事周綱自明州召歸④，請復廢田爲湖，故有是旨焉。

左迪功郎張行成獻芻蕘書二十篇，其首曰定謀，大略謂：關中、汴洛之地，我無故得之，然敵情未可測。意我得關中，必以蜀兵實之；得汴洛，必以吴兵鎮之。留梓宫以多索賄賂，我必竭吴、蜀之財以奉之。兵移則守解，賂重則財困，然後求我之釁，正彼之名，舉兵以來，乃得志矣。自古講和多矣，未有終久不變。則審處慎行，乃今日有常之謀，不可勝之術也。

次曰審勢，大略謂：天下形勢，不過乎三，曰彊，曰弱，曰彊弱之中。故或戰而圖之，或和而圖之，或守而圖之，及其成功一也。國家南渡，遠在江左，誠弱矣。然昔日之敗，本由人不知兵，故望風奔潰，遂成孺子之名。頃年以來，人材日經事，兵將日練習，天下之心稍怒，忠義之氣漸振，咸思效死於敵。故金人三敗於蜀，再敗於吴，一敗於楚。況項羽以會稽，高祖以漢中，皆取天下，則其弱亦不必憂。今日和議，恐未堅也。戰守二事，必居其一矣。倘審勢慎守，不與敵遽絶，陽交而陰圖之，俟我之力既全，敵之志已殆，一舉而滅之，則亦何遠之有？

次曰議都三篇，大略謂：當今地之可都者，莫如金陵。自過江以來，十餘年矣。廟堂之上，未有發斯議者。其弊有二，一曰苟且不任事，二曰誇誕不務實。且今河南既還，返汴洛，還關中，臣知必不敢也。莫若勵志竭力，以建金陵之都，猶不失晉元帝也。或曰：「曷若稍徙荆楚，以爲進取之資？」臣應之曰：「方城之山，推車可上。

漢江之水，褰裳可涉。此之謂險阻淺，一不便也。江南之師，遇漲則隔。吴越之衆，泝流則遲。此之謂應援難，二不便也。前耕襄許，寇難實逼，後視湖湘，膏腴復鮮。此之謂地利薄，三不便也。荆楚雖未可都，亦不可輕。可順流而東，形勢便利，此之謂撫吴之背；斷三峽之口，則蜀雖勁兵，亦莫能前，此之謂扼蜀之吭。若夫用荆州之衆，涉漢水，踰方城，不十日間汝、洛震動，此之謂擣敵之胸，故勢不得不重。若建爲留都，示人以漸，命宰相爲留守，出御史於留臺，如今八路銓選，遠方類試，攬此二者，萃於留都，亦足以振接天下之勢，維絡遠人之心矣。」

次曰議地三篇，大略謂：「今河南之地，欲奄而有之，即力所未能。若貪而信之，恐害必遄至。若因而利之，據其可據，割其當割，最爲得策。如秦、隴之上，附之於蜀。淮、漢之内，附之吴、楚。有其地土，有其人民，此據其可據也。秦、隴之下，淮、漢之外，或擇豪傑，或因舊將，裂而藩鎮之，此割其當割也。」

次曰議蜀二篇，大略謂：「農以田，商以貨，二者蜀民所以生。自新法行，增和買，免役二年，復有對糴之米，激賞之絹，募兵贍家之錢，比昔時之税，不知幾倍。茶鹽酒法，一變官收九分之息，下無毫末之利。今關中虚竭，方賴蜀以供給，征斂未可遽輕。若改紀其政，大爲措畫，使冗兵可消，冗官可減，冗費可節，如是則民力蘇矣。臣竊謂爲蜀之計者，當固邊而息民。固邊莫若專任，息民莫若省事。今取熙、秦二路，附之於蜀，而於山南置秦、蜀宣撫，外則分之，一付於人，此專任也。內則併之，一付於法，此省事也。

次曰立志，大略謂：

志不可以卑弱，亦不可荒唐。江左自併蜀地，抗衡中原垂三百年。今河南新復之地，雖未盡獲，其用亦可假以爲藩籬。苟有立志焉，事何患其不濟？

次曰遣使，大略謂：

梓宫親屬，悠悠未返，若迫而求之，則要我益堅。若遂賂之，彼雖先歸梓宫，而母兄弟未必歸也。苟若緩而圖之，卑辭可以屈己，厚幣不可傷國。數年之後，積財訓兵，我彊敵畏，而使者得如侯公、養卒，有辭藉口，以張其説，則梓宫親屬何患其不歸耶？

次曰任相，大略謂：

古之人君定大難濟大功者，必擇宰相與之終身，未有中道輒易者。故雖有嫌疑弗信，雖有過失弗問，要其終之成功而已。方今多難，擇相而任之，願以太祖爲法。

次曰蓄力，大略謂：

自古竊據中原，未有三十年不變亂者。若能痛自刻厲，積粟訓兵，求材練將，俟時至而赴之，會稽之耻可雪矣。

次曰建親，大略謂：

本朝宗室親近者，雖有爵號而無土宇權柄，故靖康之難，拱手偕行。賴陛下適總兵在外，不然何所顧藉，以繼此配天之業？今宜搜訪天下宗室，稍分之以權，任之以事。數年之後，安知無挺挺著見者？

次曰搜奇，大略謂：

國朝以詩賦取士，又有免舉推恩之法。如賢良之試六論，皆注疏之學，豪傑之士，豈肯俛首作此？方今外有巨敵，正急人材之秋。如謀任帷幄，武堪將帥，辯可奉使，若此等類，宜使在位，各舉所知。闊略細故，務得奇才。如是而英雄豪傑，庶無在下之歎。

次曰省官，大略謂：

欲節財用，以專軍須，莫若併州縣，省官吏。若謂親老家貧，或仰禄以爲養，假令任子之未及年，進士之未登科，固必有術以生，亦豈仰禄而食？今若恐英豪失志，則宜開自薦之路。如州縣之殘破者，願自效而安輯，壤地之荒蕪者，願自效而營墾。或備驅使於劇邊，或充奉使於絶域。材有堪此，咸許自陳。則英豪之士，當自穎脱。餘子雖羣譏聚謗，安能南北奔走哉？

次曰惜穀，大略謂：

天下之穀，半縻於酒。今若爲令，非歲時不許造釀，豈惟可惜穀，而人樂於供上，所得將愈於榷酤矣。

次曰實内二篇，大略謂：

孫皓之守吴，惟恃江險，不修内備，故杜預以破竹策之。劉禪之守蜀也，亦恃山險，自姜維漢中之外，惟有羅憲屯白帝以備吴，霍戈屯夜郎以備蠻，其餘郡縣，罕有精兵强卒。及鍾會以重兵扼姜維，鄧艾由江油道入，諸葛瞻一敗⑤，後主遂降。今吴、蜀之地兵素弱，若用以備敵，則吴沿江一帶，蜀隨山數處，宜有宿將總兵鎮扼之。至於内郡，莫若鄉兵。漢之材官騎士，可用爲法。若因保甲之舊，精擇而教之，置材武上中下三等之科事藝，進者遞遷，退者黜責，階至五百人，長得副尉，千人得比校尉，人知此途可以進身，將樂然爲之矣。

行成又獻七引一篇，其意謂今日之勢，未可一戰復中原也，故託晉元帝以寄意焉。行成，臨邛人也。

校勘記

① 秘書省校書郎兼實録院檢討官邵博知果州 「博」，原作「溥」，叢書本同。南宋館閣録卷八校書郎紹興以後：「邵博字公濟，河南人，八年十月因上殿賜同進士出身。是年十月除，九年五月知果州。」因據改。下同。

② 著作佐郎張擴爲祠部員外郎 「擴」，原作「廣」，前文已改正，故逕改。以下同。

③ 敢納宰執 「納」，叢書本作「薦」。

④ 中書門下省檢正諸房公事周綱自明州召歸 「綱」，原作「剛」，據叢書本改。按：本卷已載「癸未直龍圖閣知明州周綱爲中書門下省檢正諸房公事」。

⑤ 諸葛瞻一敗 「諸」字原脱，據叢書本補。

建炎以來繫年要録卷一百二十九

1 紹興九年六月己酉朔，簽書樞密院事樓炤與東京留守王倫同檢視修内司，趨入大慶殿，過齋明殿，轉而東入左銀臺門。屏去從者，入内東門，過會通門，由垂拱殿後稍南至玉虚殿，乃徽宗奉老子之所。殿後有景命殿，復出至福寧殿，即至尊寢所。簡質不華，上有白華石，廣一席地。祖宗時，每旦北面拜殿下，遇雨則南面拜石上。稍北至坤寧殿，屏畫墨竹蘆雁之屬，然無全本矣。他殿畫皆類此。自福寧至欽先、孝思二殿。欽先奉諸帝，孝思奉諸后，帳座供具猶在。出肅雍門，至玉春堂，規模宏壯，非他位比，劉豫嘗對僞臣於此。左竹徑之上，有迎曦軒，對軒有月屏。始至修内司，謂元是寶繪堂。復由延春閣下，稍東即今太母之舊閣。過小門曰錦莊，無文飾。入睿思殿門，登殿，左曰玉鑾，右曰清徽，後曰宣和，殿庭下皆修竹。自此列石爲山，分左右斜廊爲複道平臺，臺上過玉華殿，殿後有軒曰稽古，西廡下曰尚書内省。西出後苑，至太清樓下，壁間有御書千文。登瑶津亭，亭在水間，四面樓閣相對。遂趨出拱辰門。時京城外不復有民舍，自保康門至太學道，才數家。太學廊廡皆敗，屋中惟「敦化堂」榜尚在，軍人雜處其上，而牧彘於堂下。惟國子監以養士，略如學舍。都亭驛棟牌，猶是僞齊年號。瓊林苑，敵嘗以爲營，至今作小城圍之。金明池斷棟頹壁，望之蕭然也。

2 庚戌，皇后邢氏崩於五國城，年三十四。

3 辛亥，西京留守孟庾辭行，命坐賜茶。

陝西宣諭使周聿乞以赦書所免苗稅，分爲十年均減。朝論以已行難追改，乃命樓炤相度陝西合用錢關子茶鹽利害，及見收酒稅錢，措置贍軍。仍選可爲漕臣者以聞。時新疆皆復三年租，州縣無所入，故聿請之。

湖北京西宣撫使岳飛言：「已復河南故地，其兩路並是腹心州縣，所有知通已下官屬，今後欲望朝廷差注。」奏可。仍賜詔獎諭。

武經大夫、濰州團練使、知亳州王彦先爲福建路馬步軍副總管。

4 乙卯，上謂秦檜曰：「山陵事務從儉約，金玉之物，斷不以一毫置其中。前世厚葬之害，可以鑒矣。」檜曰：「此非陛下博覽古今，灼見利害之實，孰敢輕議？聖諭所及，足爲後世法。」

尚書金部員外郎陶愷爲司農少卿。

5 丙辰，帶御器械鄭藻爲隴州防禦使，用祔廟推恩也。先是，上因邢孝揚除命，諭大臣曰：「朕忽思顯肅皇后家未曾推恩，今先及孝揚，恐失先後之序。」三省檢會顯肅訃聞日已推恩。上曰：「今與藻落階官足矣。」

故保義郎盛修己特贈武翼郎、閤門宣贊舍人，令宿州封表其墓，以樓炤言修己建炎間死節也。事見建炎三年十月。

宗正少卿、三京宣諭方庭實言：「將仕郎趙沂性剛直，曉吏事，登封縣令雙虔爲縣豈弟，潁昌府進士范埍風度夷粹，論事慷慨，流離顛沛，志不忘君。欲望量才任使。」詔西京留守司津遣赴行在。埍，鎮元孫也①。沂新調鄭縣簿，虔以白身攝令，故庭實薦之。

是日，簽書樞密院事樓炤至永安軍，先謁昭、厚二陵及會聖宮。昭陵因平岡種柏成道，道旁不垣而周以枳橘，四面闕角，所存者半。神門内石羊馬馳象之類皆在，神臺三層高二丈，俱植柏。最下約廣十五丈，爲水道者五。大門外石人對立，其號下宫者，乃酌獻之地，今無屋而遺基歷歷可見。餘陵規模皆如此。諸陵前控洛水，左少室，右嵩高，山川佳氣不改，而室屋皆爲僞守竇玠所毁。宫牆内草深不見遺址。舊分水南水北，今水北有二千户②，水南墟矣。

6 丁巳，新除寶文閣直學士、陝西都轉運使仇悆先次落職，令聽旨。悆上疏辭行，有曰：「孤危之迹，恐無還期。儻使得罪於臨時，莫若自明於先事。」既奪職，悆又固辭。上曰：「悆爲侍從，乃避事辭難。」遂責少府少監，分司西京，全州居住。悆責官在是月癸酉。

7 戊午，詔新復州軍同知州，並改爲通判。用金人所命承奉郎、同知順州陳楚請也。楚申明狀云：「天眷元年十二月十二日，準僞敕，改承奉郎，就差同知順州。」天眷元年即紹興八年，時劉豫已廢，蓋金人所命也。

8 己未，執政進呈殿中侍御史周葵論國用、軍政、士風三事。上曰：「國用當藏之於民，但百姓給足，國用非所患。」

9 辛酉，權吏部侍郎謝祖信充徽猷閣待制，知潭州。祖信既歷論趙鼎落節，於是章氏諸孫咸集闕下，再謀理訴，并及史事。上偶知之，謂執政曰：「聞章惇家有人欲陳訴，以趙鼎去，便謂事有變更。此事乃出朕意，趙鼎何預？聞有從官爲之主議者。」執政奏：「謝祖信，章氏子婿也。」上曰：「亦知之。」遂命出守。此據趙鼎事實。

時武岡洞首陽三天叛，勢摇荆湖。祖信謀於副總管馬擴，擴薦武臣張球可用，祖信奏球知武岡軍，遂擒三天，破其巢穴。

辛巳，秦檜乞以上所賜御書真草孝經刻之金石，以傳示後世。上曰：「十八章世人以爲童蒙之書，不知聖人精微之學，不出乎此也。朕宫中無事，因學草聖，遂以賜卿，豈足傳後？」檜請再三，乃從之③。中興聖政：臣留正等曰：「人君萬幾之暇，寓意翰墨，若宋武帝、唐太宗者，蓋已鮮矣。至於留神經典，親灑宸翰，游息於先王之道者，未有聞焉。太上皇帝奎畫之妙，夐絶前古。五經、語、孟之籍，既已筆而刊諸石，三年大比，又取六經修身治心之要學，別書以寵多士。至於左氏春秋傳、司馬遷史與趙充國、羊祜等傳，分頒臣下。若孝經之賜者，不可概舉。一札一畫，豈徒在於翰墨之間哉？蓋將以道德忠孝化成天下，而追帝王之極治者也。聖子神孫，仰法乎此，則近習佞倖，雖欲殖貨財，盛鷹馬，乘閒暇以畋獵聲色，蠱惑聖志，如仇士良者，安所施其智巧哉？」

壬戌，詔：「大金割還河南故地，信義甚著。尚慮新復官吏，妄分彼我，懷不自安，令學士院降詔開諭。」

觀文殿學士、左正議大夫、新知宣州汪伯彦爲檢校少傅、保信軍節度使。初，伯彦將至國門，上謂秦檜曰：「伯彦相見，便令之官，庶免紛紛。」且曰：「伯彦潛藩舊僚，去國十年。漢高、光未忘豐、沛、南陽故舊，皆人情之常。」既至入見，命坐甚寵。伯彦上所著中興日曆五卷。後三日，遂有是命。又詔伯彦元帥府舊臣，特依見任執政給俸。於是給事中劉一止曰：「節度使俸借減尚不薄，況郡有供給圭田之厚，以郡守而依執政，殆與異時非待制而視待制，非兩府而視兩府者類矣。」乃詔罷之。伯彦留旬日，燕見者三，錫賚無虚日，加賜寶鞍、名馬、笏帶、茶藥等甚厚。

左奉議郎王慥知拱州。慥通判南平軍，剛正不苟合。勾濤爲給事中，薦於上，得召對。秦檜惡之，故有是除。

11 甲子，寶文閣學士、提舉江州太平觀胡交修試兵部尚書，兼翰林學士。中興後，學士三入者自此始。

12 丙寅，秦檜奏：「選人鮮于參乃王庶所薦，人材似可取，乞令上殿。臣被位宰司，人材苟有可用，不敢輒分黨與。」上曰：「朕豈能盡知天下人材？但付之宰相，宰相賢則賢人皆聚於朝矣。」參既對，遂命改京官。參改官在七月甲午。

詔直徽猷閣史愿賜同進士出身。

殿中侍御史周葵論福建轉運判官黄積厚、江東提舉茶鹽公事方滋、直秘閣新知處州詹至、右朝散大夫新知台州吴説、直顯謨閣新知常州耿自求之罪，並罷之。

13 丁卯，詔：「崇國公瑗讀孟子終篇，翊善已下，並進一官。」

故承節郎詹標特贈修武郎、閤門祗候，用御史中丞廖剛奏也。時責授昭信軍節度副使徐秉哲已死，剛言：「近年賞罰，間有未當於人心者。如標親獲苗傅，厥功可謂大矣，反得罪以死，遂破其家。秉哲大索宗室，係累以獻於金人，厥罪可謂大矣，乃得死於牖下。謂當録標子孫，籍秉哲家，奪其子孫官，以快天下之憤。」詔秉哲別作行遣，餘從之。秦檜之官州縣也，吴幵爲翰林學士，薦諸朝，召爲太學正，由是擢用，檜甚德之。故李誼、廖剛連擊徐秉哲、莫儔，而幵無一言累及。

14 己巳，光山軍節度使開府儀同三司判大宗正事士㒟、兵部侍郎張燾自西京朝陵還，入見。燾奏疏言：

「靖康之禍，上及山陵。瞻望柏城，至於慟哭。雖誅討殄滅之，未足以雪此恥而復此讎也。恭惟陛下聖孝天立，豈勝痛憤之情？顧以梓宮兩宮之故，方且與和，未可遽言兵也。然祖宗在天之靈，震怒既久，豈容但已！異時躬行天討，得無望於陛下乎？矧自古戡定禍亂，非武不可。伏望益修武備，夙興夜寐，念茲在茲，以俟釁隙起而應之。電掃風驅，雲徹席卷，盡俘醜類，告功諸陵，使天下誦之，萬世美之。如是然後盡天子之孝，而爲人子孫之責塞矣。」上問諸陵寢如何，燾不對，唯言：「萬世不可忘此仇。」上默然。

何俌龜鑑：「痛哉，張燾之謁陵寢也。上問如何，燾不對，唯言：『萬世不可忘此仇。』石澗水至之祥，父老驚歎，而西京遺民夾道懽迎，皆言『久隔王化，不圖今日復得爲宋民』者，乘此機也，撫定遺民，泛掃舊物，修車備器以侈，宣王東都之會，庶幾可也。夫何敵去而舞，上恬下愉，惟曰韓肖胄等充報謝使而已，秦檜加少保、加國公而已，大赦天下，誇示奇功，而長安咫尺，王曰遄歸，故老含泣而望絕，黃河嗚咽以流悲。檜之肉其可食乎？此紹興八年九年之間，虛老歲月，坐失機會，此秦檜主和之議沮之也。」

燾因請：「永固陵不用金玉珍寶，聚而藏之，固已動人耳目。又其爲物，自當流布於世，豈容終瘞伏於地下？雖千萬年，理必發露，無足怪者。」上覽疏，謂秦檜曰：「前世厚葬之禍，如循一軌。朕斷不用金玉，庶先帝神靈，有萬世之安。」燾又言：「頃劉豫初廢，人情洶洶，而我斥堠不明，坐失機會。今又聞敵於淮陽作筏，及造繩索甚多，不知安用？此事我豈容不知？諸將以朝廷嘗有不得遣間探指揮，各務省事，遂不復遣。敵人姦猾，廣置耳目，我之動息，彼無不知。敵之情狀，我則漠然不聞。臣切惑之。臣又見黃河船盡拘北岸，悉爲敵用，往來自若，比無一人敢北渡者，豈有是理哉？願飭戒邊吏，謹封疆，嚴守禦，廣耳目，明斥堠，先事而預防之，庶無後悔。」又言：「鄜瓊部伍，皆西陲勁兵。今在河南，尚可收用。新疆賦租已蠲，而使命絡繹，推恩支費，猶用兵興時例，願加裁損，非甚不得已勿遣使，以寬民力。」又論：「陝西諸帥，皆不相下，動輒喧争。請置一大帥，使之節制，庶首尾相應，緩急可恃。」燾所言皆切中時務，而秦檜方主議和，惟恐少忤敵意，故事皆不行。其所施行者，薄葬之議與簡省使命，以蘇新復州縣，及裁損諸使官吏給賞而已。三章並是月辛未施行，今併書之。

是日，保平静難軍節度使、開府儀同三司、四川宣撫使吴玠薨於仙人關治所，年四十七。訃聞，詔輟朝二日，贈少師，賻帛千匹。玠御下嚴而有恩，故士樂爲之死。其後，制置使胡世將問玠所以勝於其弟右護軍都統制璘，璘曰：「虜令酷而下必死[4]，每戰非累日不決。然其弓矢不若中國之勁利。吾嘗以長技洞重甲於數百步外[5]，又據其形便，争出鋭卒，與之爲無窮，以沮其堅忍之勢。至於決機兩陣之間，則璘有不能言。」然玠晚節嗜色，多蓄子女，餌金石，以故得咯血疾而死。後謚武安。初，富平既失律，蜀口屢危。金人必欲以全取勝，獨賴玠以爲固，由是蜀人至今思之。玠淳熙中追封涪王。

15 辛未，簽書樞密院事、大金報謝使韓肖胄自金國還至東京。肖胄初入北境，迓者謂當稱謝恩使，肖胄以使名敕授，不敢輒易。論難三四，金人卒不能奪。

16 壬申，宗正少卿方庭實宣諭三京還。庭實請：「於河陽、延津、胙城、興仁、徐州、淮陽等處，與北人計議，各置榷場，以通有無。仍禁止南北人不得擅越榷場，以止姦盜。」詔東京留守司措置，未及行。庭實又言：「劉豫深文密網，濫及無辜。忠臣義士，多被殺戮。或因貶竄，流落失所。望委新復路分提刑，多方採訪，并取索罪案看詳，其忠烈顯著之人，具名取旨褒録，應犯罪未經除雪之人，特與改正，以慰中原人心。」庭實又言：「大金割還河南舊地，以通和好。兩國生靈，遂獲休息，恩德甚厚。陛下明守信義，堅如金石，臣不復有言。竊恐沿邊州縣，未能上體德意，或招納叛亡，或渡河侵擾。初緣細故，寖摇大事。伏望明詔官吏兵民，各守封疆，務相輯睦。」疏奏，悉從之。據此疏，與熊克所云使還奏邊事不合，指全不同。

是日，簽書樞密院事樓炤至長安，留十餘日。初，夏國主乾順所遣鄜延岐雍經略安撫使李世輔，欲從乾順借兵，伐延安以復仇。因説乾順發兵，可以取陝西五路，乾順信之。時有酋豪號青面夜叉者，恃衆擾邊，乃屬世輔先圖之。世輔請精兵三千，晝夜疾馳，掩至其地，擒之以歸。乾順大悦，將妻以女，世輔辭以父喪。乾順即益以兵衆，命招撫使王樞隨之，鼓行而東，至延安，延安城守。世輔曰：「吾之此來，止求告捕害吾親者，延安之人何憾焉？」已而兵馬都監薛昭縋城見世輔曰：「始告捕者蘇常、柳仲二人耳。」俄有捕其人以獻者，世輔詰之遽服，因剖心以祭。時金國已還河南地，昭出本朝赦書以示世輔。世輔未之信，有耿焕者多識，與世輔有舊，爲言真詔也。世輔即率所部，南望拜赦，因遂説夏人南歸。夏人多懷土，獨與願從者二千人來，而王樞者反説世輔還夏，世輔遂擒樞。才入境，即望闕遥拜言：「本國主喜甚，再三感聖恩，將遣使入貢。」炤聞之，因與宣諭使周聿皆以書招世輔歸朝，且命行府準備差遣王晞韓護樞赴行在。此以李顯忠行述、熊克小曆、費士戣蜀口用兵録參修。但克稱世輔家屬悉爲僞鄜延帥台宗雋所害。按此時延帥乃關師古，非宗雋也。或是師古入朝，而宗雋暫權，亦未可知。今姑闕之。顯忠行述全文云：「公鄉里鄰於夏境，夏人服其家世久矣。公至，夏主甚喜。遣翰林學士楊其姓者郊勞，禮意良厚。楊推誠，公亦無隱，自茲無彼我之見。楊因暇日語及：『金人自得志於中原，恃其强盛，每見侵陵，亦有并吞之意，知公雄傑，故深相結納，將倚爲用。』有間者從延安來，報自公之西，金人五路兵分捕公之家屬一百口，無少長悉遇害。公抱終天之痛，每念之切齒裂肝，恨不即死以復仇。大雪，公中夜自挈壺酒過楊舍，延之卧内，相與對酌。因愬父兄遇害甚慘，泣數行下，屬楊借兵，將以復仇。楊惻然。翌日，爲公請夏主曰：『彼能爲吾立功，固不靳借兵。』時有酋豪號青面夜叉者，有射騎數萬，恃勇桀人，要索無厭。擾邊十餘年矣，夏主患之，顧國中無能制之者，是以屬公。公欣然自任，問須兵幾何，公曰：『當以計取，得精鋭數百足矣。』夏主曰：『此未易輕圖。』與騎三千。公命裹糧捲甲，晝夜疾驅。既逼其境，遇行者則俘以自隨。掩至其穴，乃伏騎於旁岡阜間，譟其三面，倉卒惶駭。夜叉者，金冠鐵面，似夜叉鬼物，故號夜叉。少選，夜叉持大刀，跨馬名赤驄，指呼布陣。公謂之曰：『汝徒恃犬羊衆，實不勇，能與我挑戰乎？』夜叉問公爲誰，公曰：『因汝不臣其主，汝主有請大國，命我伐汝。無多言，速出戰。』夜叉怒，揮刃躍馬而前。公豫戒兵騎，俟我與之交馳，從傍過之。及鋒未接，一騎出焉，夜叉顧視間，公伺隙投鎗，徒手捽其背。夜叉身偃，公挾以歸。其徒窘蹙散遁，伏騎乘之，餘衆悉降。獻俘之日，夏主大悦，將妻以女，公辭以父喪。即日出兵十萬授公，乃鼓行而東。先是，金人既族其家，度公必爲復讎之舉。兼自丙午歲用兵，至是幾及一紀，彼既厭兵，且爲王師敗於兩淮，思欲息肩，割三京講和。公知之，在夏未嘗一日忘東向也。公軍所至，無不望風迎降，獨延安閉門拒守。公謂之曰：『吾之此來，止求告捕害吾親者。若得其人，吾於延安之人何憾焉？』已而監軍薛昭者縋城見公，云：『始告捕者蘇常、柳仲二人耳。』俄有捕其人以獻者，公詰之遽服，因剖心以祭。時金人既還侵地，國家肆赦安集。薛因出詔示公，公未悉真僞。有耿焕者多識，與公有舊，爲公言真詔也。公即率所部南望拜赦，郡人安堵。公流離僑寄於三國間十有餘年，備歷巇險，還朝之志，萬折不回⑥，顧勢未可，姑待效見，歸報朝廷。及三京既還，無所用力，因説夏人俱南。夏人往往懷土，公度不可强，但取願從者，得二千餘人。公鄜延舊部曲數萬衆，皆願隨公。蓋公在長安被詔，止許量帶軍馬前來赴闕，又於内揀選三千人。時夏國招撫使王樞見公，説夏人歸南，反説公歸夏。公大怒，隨與王樞同時領衆歸朝。」行狀所云，蓋多緣飾，今參取諸書而折衷之。

趙甡之遺史云：「初，李世輔奔夏國，乃説夏國發兵，可以取陝西五路。夏國主信之，發兵五萬，別差都統，與世輔共總兵政，以宰相王樞監其軍，長驅至延安府三十里下寨。世輔以二千騎至城下，問延安府守者姓名，曰趙惟清。世輔曰：『金人不道，殺戮我滿家良賤，今提夏國精兵，爲亡者雪冤。』呼惟清開門，惟清曰：『太尉自與金人爲仇讎，何與於大宋，而欲攻大宋之州府？』世輔問：『延安府今爲誰守？』惟清曰：『大金已割河南三京地界還之大宋，已行赦書到府，官吏軍民拜恩畢，今爲大宋守也。』世輔驚，請罪，遂求手詔，惟清以真本示世輔。世輔曰：『然則世輔以左右數十人入議事。』惟清從之。門啓，世輔入城，見市井間百姓懽笑之聲，乃知割地事審，約以單騎回軍中，併殺夏國頭領，南歸朝廷。即復以心腹數十人回軍中，聲言生執到延安府官屬。是夜，王樞具飲於帳中，夏國都統與世輔皆在坐，夏國軍馬悉全裝被甲，列寨下，酒三行，世輔命執到延安府官屬入。於是世輔腹心人僞擁數人至帳下，世輔即起掣刀⑦，一手執王樞，一手殺夏國都統。帳下大喧，諸軍皆不知其因，聞風而潰，墮坑填谷死者莫知其數。天曉，世輔招諭得馬二萬餘匹，遂往延安，謀欲歸朝廷。或謂世輔曰：『太尉威聲著於大金與夏國矣，於大宋則未有大功。當今之計，莫若就馬聚兵，長驅直渡河，乘勢取河北、河東獻於朝廷，則歸之爲有名矣。』世輔心猶豫，聞樓炤宣諭陝西，將及近境。有勸世輔見炤，陳叙歸朝之意者。或者曰：『不可，大丈夫不就功名則已，如欲就功名，則一見樓炤宣諭，雖欲渡河，不可得已。』亦會炤以書與世輔，遂見炤，炤具揚天子德意，勉世輔速歸朝廷。世輔遂與王樞偕行，留馬在陝西。後欲起綱至行在，而金人敗盟，皆爲金人所有。」

按，甡之所云，失於太誇。嘗以諸書互考之，顯忠説夏國之詞，當以甡之所云爲正。若行狀，第以爲借兵復仇，則蕞爾小國，空引絃之衆，以資降將之私，必無此理，固不可信也。費士戣用兵録稱王樞止是夏人遣來關中，訪尋金人所掠生口。而甡之以爲顯忠監軍。以事考之，必是樞與顯忠偕來。蓋西人尚疑顯忠，固宜以其臣監之也，但非宰相耳。行狀稱出兵十萬，遺史稱發兵五萬。按夏國褊小，而顯忠之行倉卒，恐不能發兵如此之多。今但云益以兵衆，庶不牴牾。

17 癸酉，澧州軍事推官韓紃除名勒停，送循州編管，坐傾險懷姦，動摇國計也。時紃上書論議和非計，故竄之。此以紹興正論增修。

新除京畿都轉運使李迨入見，固辭新命。上批限三日起發，且諭迨以「速行，不然，必重作行遣。雖與朕有潛藩之舊，不得而私也」。迨皇恐就道。

18 乙亥，同簽書樞密院事王倫自京城赴金國議事。初，右副元帥、瀋王宗弼既還祁州，密言於金主亶曰：「河南之地，本撻懶、宗磐主謀，割與南宋，二人必陰結彼國。今使已至汴京，未可令過界。」倫有雲中舊吏，隸宗弼帳下，密來謁倫，告以宗弼謀誅撻懶。倫具言於朝，乞早爲之備。而秦檜但奏趣倫過界。會西京留守孟庾至京師，倫始解留鑰，將使指北行。時宗磐等謀爲變，遂命中山府拘倫，且會本路簽軍，以復取河南爲名，將作亂。

初，南平王李乾德既卒，其庶子智之奔大理，更姓趙，號平王。聞其兄陽煥死，與天祚争國，大理以兵三千助之。諜報智之欲入貢廣西，帥臣奏其事，詔婉順約回，毋得招納生事。范成大桂海虞衡志：「李陽煥死，乾德有遺腹子，屬之占城，占城奉而立之。或云：『有黎年者，乾德妻黨也，嘗子於李氏，與遺腹子争，殺之。』」與日曆所書不同，或成大誤以大理爲占城也。餘見紹興七年九月乙酉并注。

19 丙子，兵部侍郎兼史館修撰張燾兼權吏部尚書。

20 丁丑，御史中丞廖剛奏殿前司彊刺百姓充軍。且言：「幸此講和，上下且得休息。惟此一事，甚爲民害。」詔諸軍嚴行約束。

初，撫州兵馬鈐轄伍俊既殺山賊雷進以降，遷延不之官，而貪暴爲閭里患。且據舊地，將復叛，澧、辰、沅、靖有通其謀者。詔湖北諸司圖之。提點刑獄公事万俟卨嘗檄俊詣司，俊疑不往。卨語安撫使薛弼曰：

「俊不除，將生肘腋之變。可辟置麾下，徐制之可也。」於是弼許俊不遺，委三州令自擇。俊語其徒曰：「我得州據以叛，勝桃源遠矣。」戊寅，趨府謝，以卒二百自隨。弼執諸座，詰反狀，誅之，因收其積粟以贍軍。始，禼意弼自有其功，而弼奏謂與禼共謀，禼以此故德之。

臨安府、秀州旱。

初，文林郎李喆既陷僞齊，終不肯仕。劉麟聞其賢，命張中孚以禮招致，喆力拒之。是月，卒於原州。後贈喆奉議郎，官其家一人。九月癸未贈官。

夏國主乾順薨。

是夏，金以知代州李鄴爲翰林學士承旨[8]，行臺户部尚書馮長寧爲東京户部使。自大名至其東京，凡五千里，命下日，各易服赴任[9]。熊克小曆載此事於去年冬，今增入在此。

是時，金人置司河間、真定、平陽、太原、顯州、春州曰錢帛，燕京曰三司，大同曰轉運，中京曰度支，上京曰鹽鐵，東京曰户部，皆掌漕計之職。金主亶命司馬朴試舉人於燕京，得中山石琚爲首。范成大攬要録云[10]：「是年出君子，能盡人之情。」金人科舉之制，先於諸州分縣赴試，縣令爲考官，號鄉試。惟雜犯者黜，榜首曰鄉元。次年春分三路類試，自河以北至女真，皆就燕，關西及河東就雲中[11]，河以南就汴，皆取旨選官知舉，號府試。凡二人取一，榜首曰府元。至秋，盡集諸路舉人於燕，號會試，凡六人取一，榜首曰狀元，分三甲，上甲皆賜緋，雖下甲率十三年而轉奉直大夫。所試分詞賦、經義二科，仍兼律義，親戚不回避。有私者決，沙汰其官[12]，又有明經、明法、童子等科，然不擢用，止於簿尉。後復置御試於上京，士人苦之，多不往，則就燕徑官之，御試之制遂絶。此據洪皓松漠紀聞附見，又與張棣所紀差不同，今略删潤。建炎三年秋末、紹興二十三年春末所書可參考。

校勘記

①墀鎮元孫也　「元」，原應作「玄」，宋人避諱所改。
②今水北有二千户　「二」，鄭剛中北山集卷一三西征道里記作「三」。「千」，北山集同，叢書本作「十」。
③「宰臣秦檜」至此原在「中興聖政」之後，爲小注。按宋史全文作正文，是，今亦改。
④虜令酷而下必死　「虜」，原作「敵」，據皇朝中興繫年要録節要卷一〇改。
⑤吾嘗以長技洞重甲於數百步外　「嘗」，皇朝中興繫年要録節要作「常」。
⑥萬折不回　「不回」，叢書本、名臣碑傳琬琰之集下卷二四李顯忠行狀、宋名臣言行録別集下卷一一俱作「必東」。
⑦世輔即起掣刀　「即」，叢書本作「急」。
⑧金以知代州李鄴爲翰林學士承旨　「知代州」，原闕，據叢書本補。
⑨各易服赴任　「易服」，叢書本作「削髮左衽」。
⑩范成大攬要録云　「要」，叢書本同，似當作「轡」。范成大傳世著作有攬轡録，未見有作「攬要録」者。
⑪關西及河東就雲中　「關西」下原衍「河」字，叢書本同，據松漠紀聞删。
⑫沙汰其官　「汰」，原作「袋」，據叢書本改。

建炎以來繫年要録卷一百三十

1 紹興九年秋七月己卯朔，金主亶執其太師領三省事宋國王宗磐、太保領三省事兖國王宗雋、滕王宗英、虞王宗偉。先是，郎君胡矢者謀反①，下大理獄，事連宗磐等。會宗磐等以朔日入見，亶伏兵執之。辛巳，皆坐誅。亶下詔，略曰：「周行管叔之誅，漢致燕王之辟。刑茲無赦，古不爲非。不圖骨肉之間，有懷蜂蠆之毒。」又曰：「宗磐族連諸父，位冠三師。胡爲失圖，以底不類？謂爲先帝之元子，常蓄無君之禍心。信任宵人，煽爲姦黨。坐圖問鼎，行將弄兵。」洪邁容齋三筆云：「宗雋等逞躁欲以無厭，助逆謀之妄作。欲申三宥，公議豈容？不煩一兵，羣兇悉殄。已各伏辜，并除屬籍。」其文知制誥劉昉所草也。洪邁容齋三筆曰：「紹熙癸丑，金主誅其叔鄭王，詔曰：『朕早以嫡孫，欽承先緒。皇叔定武軍節度使鄭王允蹈，屬處諸父，任當重藩。潛引兇徒，共爲反計。自以元妃之長子，異於他母之諸王。冀幸國災，窺伺神器。其妹澤國公主長樂牽同産之愛，駙馬都尉唐括蒲剌覩狃連姻之私②，預聞其謀，相濟以惡。欲寬燕邸之戮，姑致郭鄰之囚。詢諸羣言，用是大戒。允蹈及其妻卞玉、男按春、阿辛并公主③，皆賜自盡，令有司依禮收葬。仍爲輟朝。』二事甚相類，蓋其視宗族至親與塗之人無異也。是年冬，倪正父奉使④，館於中山⑤，正其誅戮處。相去一月，猶血腥觸人，枯骨塞井，爲之終夕不安寐云。」初，宗磐自以太宗晟長子，嘗與亶爭位。而左副元帥魯國王昌，實穆宗楊割長子⑥，金主亶大父行也。黏罕以憤悒死，宗戚大臣皆懼禍，故二人有逆謀。宗英、宗偉與宗磐同産，知其情，既被誅，悉除屬籍。右副元帥瀋王宗弼已平内難，遂馳至燕京，囚燕京留守彬王宗孟及其子禀。宗孟，宗磐弟也。宗弼又以金主之命，徙左副元帥魯國王昌爲燕京行臺尚書左丞相，拜簽書行臺尚書省事，杜充爲丞相。昌怒曰：「我開國元臣也，何罪而與降奴爲伍？」遂叛，欲南歸不克，北走沙漠。至儒州望雲甸，追獲之，下祁州元帥府獄。趙甡之遺史云：「初，秦檜在金中，與撻懶相善。檜還朝爲宰相，聞撻懶封魯王，檜欲間撻懶使貳，乃令高益恭齎書與撻懶。益恭者，燕人，與檜通心腹，隨檜歸朝，檜授以承信郎，令齎書賀撻懶封魯王，勸撻懶令就封以治魯地，且以爲南朝宰相可以相應，令劉光世差人送益恭至沂州劉泠莊金人寨，取交收文字。光世令漣水軍山水寨統領官王勛送益恭至金人寨，得回文，到清河，遇祝友據楚州，差人在清河把隘，遂殺勛。光世以承信郎借補勛之子恪。益恭至祁州投書，爲人所告。金人殺撻懶一族良賤八百餘口，而益恭以烹死。」此所云與諸書不同。兼祝友據楚州，在紹興初，去此已久，恐必有誤。李大諒征蒙記云：「天眷元年，四太子到京師，呼四輔諭曰：『都元帥割三京還南宋，何不與吾計議？都元帥必有逆謀，欺罔國朝，恐與南宋別有異圖。爾等四輔，自今都元帥府應有移軍文字，如吾不在府第，無吾手押，不得承受回報。待吾急赴國朝，整會割還土地。』是時父成在中山府，謂大諒曰：『今北人彊橫，非吾所憂。吾慮者，副元帥兀朮性剛，恐還朝有異議。』次年皇統元年，副元帥詔至行府，數撻懶與南宋和好，叛逆甚明，已將全族誅廢。」此所云與諸書大略相同，今併附。

金主封太師、領三省事、秦國王宗幹爲梁宋國王⑦，拜右副元帥、瀋王宗弼爲都元帥，封越國王。以尚書左丞蕭慶爲右丞相，賜左丞相陳王希尹詔書不名，肩輿升殿。始，宗弼之殺諸王也，希尹與其謀。希尹子明威將軍撻撻⑧，有智略，力兼百人。宗雋入見，撻撻自後執其手而殺之，故有是賜。此以張匯節要、洪皓紀聞參修。匯於此年秋書悟室爲左相。按天會十三年秋，悟室已除左相，韓企先除右，相去凡二年。金中雜書云：「宋王撻懶既讎黏罕，又間邇來黏罕之黨，復陰説秦王，謂成皇是秦王親侄，阿骨打嫡孫，黏罕陰謀決策立之，是有翊戴之功，可見黏罕忠於秦王父子也。秦王省納其言，悔爲宋王調誘禍黏罕之黨⑨。秦與宋近緣眦睚之憤，復爲參商。二月間，秦王以舊識召悟室、蕭慶復爲左揆右轄，仍用黏罕子瀉里孛參知政事⑩。」據此，則可知悟室已嘗罷而又相，匯或脱漏也。洪皓記聞有悟室加恩制，在誅宗磐詔書之後，今從之。張棣金國記世系篇：「楊割長子阿骨打生四子：宗幹，亮之父⑪；宗浚，亶之父；宗輔，褒之父；宗弼，即兀朮。楊割次子吴乞買生五子：宗慶、宗信、宗儀，皆爲亶所殺；宗元、宗直爲亮所殺。楊割少子思改亡⑫，生三子：宗本即黏罕，次宗秀，次宗憲。金之譜系盡是焉。餘同姓名，雖親戚，非本宗。」按棣所記，與他書不同。他書散見之，而棣有世譜甚詳，疑若可信。然用金中文字可見者參究之，則爲牴牾。棣以宗慶爲吴乞買長子，而無宗磐。按金中誅宗磐詔云：「謂爲先帝之元子，常蓄無君之禍心。」則宗磐果吴乞買長子也。棣以宗本爲黏罕，又云：「吴乞買侄。」按金中誅蕭裕詔云：「晉王宗本，太宗子。」則宗本非黏罕也。黏罕死於紹興七年，宗本誅於紹興二十年，相去亦遠。以宗儀爲亶所殺，按金中詔本，宗儀、宗本同得罪，乃東昏之時，而非海陵之時，棣亦誤矣。餘見二十年四月末并注。

2 壬午，申嚴州縣接送差兵之令。時言者論：「席益罷四川制帥，輦載寶貨以歸，不知紀極，乃以吴玠步騎數千人護行，用防劫奪。邵博之召，亦妄作聲勢，假卒數百人。趙鼎赴泉州，折彦質罷福州，各千百人隨逐，閩境爲之騷然。願各爲之限制，以裕民力。」故有是旨。

3 癸未，入内内侍省都知黄晃爲山園陵按行使。

4 甲申，詔新疆縣令，自今並差文臣。自建炎間始置武令，劉豫因之。論者以爲「不學而從政，民間被害甚衆」，故復用文臣。

5 乙酉，樞密院檢詳諸房文字晁謙之爲尚書右司員外郎。吏部員外郎陳正同爲樞密院檢詳諸房文字。秘書省校書郎許忻守吏部員外郎。

6 丙戌，東京承平坊耆老寇璋等二百人奉表來賀。上臨軒引見，賜酒食於明慶寺，皆補官，賜袍笏冠帶而遣之。熊克小曆在乙酉，蓋誤。

尚書倉部員外郎賀允中移吏部。

殿中侍御史周葵言：

薦舉之法，自古豈能無弊？而今爲特甚。選人用舉者陞改，立法之意，本欲使監司郡守收擇人物，激揚士行，亦使晚進下寮知所以修身臨政，以赴上之公舉也。今奔競之風大熾，請託之弊公行。監司郡守以權勢高下爲論薦之先後，孤寒之士無所求知，或貨賂以干其私，或諂曲以阿其意，僅而得舉。臣謂宜增修改官法，考任稍增，即聽減舉主一員，或增至若干考任，雖無舉主，并許改官。如此，則恬退之士自有平進之路，不復枉道以干人矣。所有前宰執及監司郡守舉員却乞裁減，仍須具述所舉官實有某事可應舉而不可泛用八字舉詞，庶幾人人安分自修，以副陛下官人求治之意。所有今來降旨以前已有考第之人，若盡改官，却恐太濫，亦乞下有司照應，詳酌施行。

詔吏部措置。後十餘日，葵又言：

恐吏部以在選調之人，皆闒茸之士，例得改官，未肯措置。今若遞增一考，減舉主一員，謂如三任以上十考，舉者三員，十一考舉者二員，四任十二考，雖無舉者，並許改官，則亦不可謂濫矣。選人四任，通待闕計之，非二十餘年不可。大率以二十五歲出官，更歷州縣二十五年，則幾五十矣。如是而無公私過犯，雖其闒茸，亦豈可不謂之安分循理之士哉？改官之人，固應有限制，宜以三歲改官員數，取一歲得中者爲額，每歲奏舉及用考任改官者，各居其半。如不足許通用，有餘即候至次年方許改官。如此，則不致過有冗濫。

詔吏部一就措置。時張燾在吏部，以爲不可行，事遂止。

7 丁亥，秦檜留身論治道。上曰：「御衆以寬，朕於宮中未嘗輕用鞭扑。往者劉豫苛虐，聞此間仁政，即以爲笑。諜者以聞，趙鼎屢勸朕厲威，朕不謂然。今得失之效何如哉？」檜言：「陛下與豫勢異。豫之叛逆，人所不與，非劫以威，不能苟延歲月。陛下上承祖宗之德，惟仁政可以懷遠邇。」上因歷叙古今帝王治迹，專以仁祖爲法。上又言：「真宗時，有宮人犯法當誅，帝令執付有司，陰諭旨，笞而遣之。在内足以警衆，而於外可以市恩。蘇軾元祐中嘗於講筵進讀退，又爲疏以進。軾用心不易得，朕今寶藏之。」

起居郎林待聘試中書舍人。

中書門下省檢正諸房公事周綱權尚書吏部侍郎。

左朝議大夫、直龍圖閣蘇攜守太常少卿。

右中大夫、直秘閣王㬇知泰州。

是日，同簽書樞密院事王倫至中山府，爲金人所拘。

8 辛卯，樓炤至鳳翔府。

9 壬辰，彰武軍承宣使、知金州兼陝西宣諭使郭浩爲鄜延路經略安撫使兼知延安府，同節制陝西諸路軍馬。趣令以所部之任。

武康軍承宣使、利州路經略安撫使、川陝宣撫使都統制、節制成鳳州楊政爲熙河蘭鞏路經略安撫使，兼知熙州。

定國軍承宣使、熙河蘭廓路經略安撫使右護軍都統制、節制階岷文龍州吴璘爲秦鳳路經略安撫使兼知秦州。仍詔郭浩、楊政、吴璘並依舊聽四川宣撫使節制。時陝西新復永興、涇原、環慶三路，僞官張中孚、趙彬、張中彦爲帥，熙河慕容洧叛，鄜延闕師古入朝，秦鳳無帥。樓炤以便宜命浩等分鎮三路。於是炤欲盡移川口諸軍於陝西。璘曰：「敵反覆難信，懼有它變。今我移軍陝右，蜀口空虚。敵若自南山擣蜀，要我陝右軍，則我不戰自屈矣。當且依山爲屯，控守要害。逮敵情見力疲，漸可進據。」繇是，璘、政二軍獨屯内地。時已命張中孚節制陝西諸路軍馬，故以浩副焉。

護國軍承宣使、知興元府田晟爲利州路安撫使，兼知興元府。

右中奉大夫李唐孺、陳古並直徽猷閣。唐孺爲陝西轉運副使，古爲秦鳳等路提點刑獄公事，鳳翔府置司。直秘閣鮮于翰爲永興軍路提點刑獄公事，永興軍置司。翰未見自何階官除。秘閣修撰、四川轉運副使陳遠猷充右文殿修撰，直秘閣、四川轉運副使張深陞直徽猷閣，並爲陝西轉運副使，專管熙、秦兩路。時樓炤會諸路監司於鳳翔，深等皆言：「宣撫司仙人關、河池等處，屯駐大軍之久，坐困四川民力。今幸復得六路，所在粒米狼戾。軍士多關中之人，得還鄉食賤食，人情無不感悦，他日使戰，誰不樂從？川蜀糧運，可次第罷矣。」樞府下其議，以行營右護軍精兵八萬餘人，三萬人分守關隘，五萬人分守陝西。委宣撫司立限，并老小起發諸州就糧。令下之日，諸軍久駐川口，其間有屋舍田産，經營姻親者，則憚於遠戍，有出怨言者。

詔新復州軍，請佃官田，納租外，免輸征税。劉豫之僭也，租税並取之。至是，有舉人上書，請去其一。户部言：「自己之田謂之税，請佃田土謂之租。自來不曾有併納租税指揮。」乃依舊制。

10 甲午，上謂秦檜曰：「朝廷惟要辨君子小人，君子小人既辨，則治道無不成矣。」

尚書兵部侍郎兼史館修撰張燾權吏部尚書。

詔三省催促刑部，將今赦未檢舉人，速具事因，申省取旨。以久旱，用言者請也。祖宗舊制，每赦降後，置看詳編配罪人一司，崇、觀後不復舉行，間有檢舉，皆出於一時用事者之意。建炎以來，未能盡革，言者以爲：「弭旱災而召和氣，莫先於此。」故有是旨焉。

是日，起復右中奉大夫、直秘閣、四川轉運判官高士瑰令持餘服。此據本司題名附見，日曆無之。

11 乙未，申嚴支借移用常平錢物之禁。時諸路常平錢，有降旨令輸行在者。會楚州請以常平錢爲奉迎兩宮之費，論者以爲：「常平儲蓄，所以備水旱，消盜賊，爲國家根本之計。望依舊法令，於所在樁管。」遂寢前命。是月，左諫議大夫曾統上殿。

詔臨汝軍殄寇縣復舊縣名。縣，劉豫所改也。

12丙申，詔置司看詳劉豫僞命官换給。上曰：「朕方以天下爲度，凡僞命者，既已寬貸勿問，使其才可用，亦當技拭用之。」遂命都省察院委官，如賞功司例。

是日，南京留守路允迪入對，命坐賜茶。允迪奏乞申嚴行下應干事件，並遵見行條法。又請本路合置學官處，乞從朝廷選差有學行之人。皆從之。允迪出守新疆，而所建明如此，故具載之。

13丁酉，上爲吴玠薨，輟視朝。時已命四川制置使胡世將兼權主管四川宣撫使司職事。世將權宣司，日曆不見降旨之日，但於此月乙巳書，勘會已降指揮，令胡世將兼權四川宣撫職事。按玠以六月己巳薨，去此二十有九日，朝廷得報，必在輟朝之前。而世將八月二十三日庚午至河池，在勘會指揮之後二十五日，必不如此之速。未知六月十三日，玠以疾篤乞致仕時，已密降此指揮。或樓炤在行府，先次差權，然後降旨。當求他書參考。世將自成都馳赴河池。

14己亥，秦檜言：「陛下齋居蔬食，以祈雨澤。考之典禮，惟當損太官常膳⑬。」上曰：「雖損膳，豈免日殺一羊？天意好生，朕實不忍。」既而雨應。

詔金州依舊隸四川宣撫司，虢州隸京西，商州聽金州節制。自五路初復，而商、虢復隸陝西。至是，陝西宣諭周聿、郭浩言：「五路並在秦川之北，萬一盜賊出没，五路便見隔絶，豈能南來，爲朝廷用？商州舊屬川、陝，自講和之後，還隸陝西，而武關、秦關之險並在其北，何以制禦？況虢州跨河帶山，北臨陝郊，最爲要害之地，今亦屬陝西，非所謂以近致遠也。」故有是旨。

15庚子，上諭秦檜曰：「州郡月樁大軍錢，尚有斂斂於民以充數者，可速行裁減，各量所入樁辨。如有不足，悉從朝廷應副，毋使橫取，以爲民患。」日曆載此，無秦檜奏答之語。後來亦不見施行，當考。

監察御史王利用提點成都府路刑獄公事。

是日，王倫在中山，始聞金國内變，倫以下皆憂。俄傳都元帥越國王宗弼昨夜抵城外，已還祁州矣。少頃，引接者令倫等赴元帥府，趣行甚遽。是晚達祁州。

16 辛丑，言者論：「恤民備災，儲蓄之政，莫如常平、義倉。此二法者，雖始於漢，建於隋、唐，其意則唐虞三代不易之美。國朝循其制，於其盛時，府界諸路所積，幾千五百萬斛。天災代有，民無流離餓殍，由有備也。艱難以來，用度不足，或取以給軍須。至於州縣他費，因以侵用。比年往往銷費殆盡，甚乖祖宗憫人之意。今日經制議者，止謂盡行經畫，以應支遣而已。至於察其豐凶，以謹散斂，勸其貯納，以待賑給，未之聞也。大抵有司務紓目前之責，不思久遠之計，遂致言者無事預言，指爲迂緩。不幸一有二三千里水旱蟲蝗之憂，言又何及？謂宜準舊制，更加修明侵移擅用格奏之令，使祖宗恤民備災之政，不變於聖代。」詔户部申嚴行下。是日，御史中丞廖剛上殿。

特進、知泉州趙鼎言：「昨準告命，落節度使，自惟罪狀昭著，揆之禮法，赤族猶爲輕典。止從貶秩，益不自安。伏望罷知泉州，投之散地，庶幾澡雪淬勵，以副陛下庇護再生之賜。」詔答不許。

臨安府火。

17 癸卯，詔新復州軍遇有合降詔書，令學士院請寶訖，赴三省樞密院給發。

18 乙巳，路允迪辭行。

19 丙午，端明殿學士、提舉臨安府洞霄宫徐俯知信州。徽猷閣待制、知嚴州董弅與宫觀。殿中侍御史周葵論：「弅嘗以珍玩賂權臣，許以從班。弅遲其命，以事挾持之，遂得詞掖。其權禮曹也，言者論主伊川之學，因以罷去。弅何自知伊川哉？今以次對居輔郡，略無憂民閔雨之意。」故弅遂罷。

直秘閣秦梓知太平州。

校勘記

① 郎君胡矢者謀反　「胡矢」，原作「和什」，據金人地名考證改。

② 駙馬都尉唐括蒲剌覩狃連姻之私　「唐括蒲剌覩」，原作「唐古富拉塔」，據金人地名考證改。

③ 男按春阿辛并公主　「按」、「阿辛」，原作「安」、「愛新」，據金人地名考證改。

④ 倪正父奉使　「父」，原作「文」，蓋因形近而誤。按：倪思字正甫，見鶴山集卷八五顯謨閣學士特贈光禄大夫倪公墓誌銘。諸書「甫」或作「父」。考宋史卷三六光宗紀，倪思使金賀正旦在紹熙四年癸丑。其年十二月，金章宗誅其叔鄭王允蹈，上距紹興九年金熙宗誅其叔宗磐等已隔五十四年。洪邁容齋三筆卷五北虜誅宗主條引二者并論，李心傳只引後一事，且與此年誅宗磐事無關，不知何故。然三筆各本則均作倪正父，故據改。

⑤館於中山　「館」，原作「臨」，據容齋三筆卷五改。
⑥實穆宗楊割長子　「楊割」，原作「英格」，據金人地名考證改。
⑦金主封太師領三省事秦國王宗幹爲梁宋國王　「宗幹」，原誤作「宗秀」。按金史卷四熙宗紀謂封梁宋國王者宗幹，非宗秀；宗秀乃勖之子，封廣平郡王。且本書卷九已載宗幹爲金太祖庶長子，卷八四亦載封皇伯宗幹爲秦國王事。因據改。
⑧希尹子明威將軍達勒達　「子」，原作「即」，據叢書本改。「撻撻」，原作「達勒達」，據金人地名考證改。按：原本謂希尹即撻撻者甚誤。希尹即此書中之悟室也。而撻撻，應即金史卷七三希尹傳中之把荅。
⑨悔爲宋王調誘禍黏罕之黨　「爲」，原闕，據叢書本補。
⑩仍用黏罕子瀉里孛參知政事　「瀉里孛」，原作「色格爾」，據金人地名考證改。考證又謂瀉里孛即金史中之斜哥。
⑪亮之父　「亮」前原本有一「亮」字，據叢書本删。
⑫楊割少子思改亡　「思改」，原作「薩拉哈」，據金人地名考證改。
⑬惟當損太官常膳　「太」，原作「大」，據皇朝中興繫年要録節要卷一〇改。

建炎以來繫年要録卷一百三十一

1 紹興九年八月按是月戊申朔。己酉，復淮南諸州學官員。

是日，簽書樞密院事樓炤自鳳翔東歸。趙甡之遺史云：「炤倚秦檜之勢，妄自尊大，輕忽士流，尤鄙武臣。陝西州郡，多武臣爲守，炤悉令庭參而退，反請通判、幕職官接席議事，軍民皆駭之。初，劉豫之時，民有訴事者，執狀告官，無所阻礙。炤所到州，訴事者每一狀非五千不能達，故不能盡得民心。炤貪財賄，所至厭苦之，由是失軍民之心矣。還朝無所建明，奉秦檜之意而已。」

2 庚戌，樓炤言：「陝西諸軍，冬衣已下成都府等路取撥十六萬匹。」上曰：「蜀士頻言調發凋弊已甚，今吴玠一軍既分屯關、陝，餽運十省八九。若更能鐫減冗官，四川民力庶幾其少紓乎？」

詔川陝宣撫司便宜補官，限一年陳乞換給。時言者論名器浸輕之弊，以爲：「三歲大禮蔭補，三年科舉所得之士，共止數百人，而便宜補官，一歲之間，乃倍此數。今罷便宜聖旨已五年，其所換給約萬計，乞限一年，庶息姦弊。」故有是旨。八年三月，李誼爲右正言，嘗奏此事。誼此時爲中書舍人，或即其所上，當考。

3 壬子，起居舍人程克俊爲起居郎。尚書左司員外郎王鈇爲起居舍人。

直寶文閣、兩浙東路提點刑獄公事范同爲中書門下省檢正諸房公事。

4 甲寅，左朝奉郎張宦爲尚書司勳員外郎。

右朝奉大夫、新夔州路提點刑獄公事喻汝礪行駕部員外郎。汝礪始以勾龍如淵薦，故得召。及對，首論：「願革近時文章骫骳之習，以還西京爾雅鴻奥之風，起中興博大混一之氣。」又論：「議者欲駐蹕渚宫，臣愚以爲未可，願俟之，加以數年，地益增治，糧益得歲，然後振旆以臨三楚，清蹕而朝諸侯可也。更復俟之，歷歲滋久，河、潼嚻庶，許、洛昌大，然後復皇輿於舊京，旋故鼎於天邑可也。」又論：「蜀中之力何以屈，非兵屈之，官之冗者屈之也。非官冗屈之，士大夫之濫賞者屈之也。今天塗未夷，國步方梗，加之以師旅，因之以饑饉，即其所深異者觀之，冗賞之濫，濫與冗偕焉。取人之父兄子弟，所以相養活之具，從而潰敗礫犂之，吾國幾何而不屈乎？吾國屈矣，於何而可以伐人之國乎？」上甚嘉納，且面諭曰：「不見卿久矣，英論如昔。」遂下所奏三疏付中書。秦檜使人諭以：「上將用君，君宜與時高下，毋妄言。」汝礪不答。翼日遂有是命。譚篆撰汝礪年譜云：「有旨，欲用公爲中書舍人。公至中書見宰相，宰相曰：『上即欲用公，公宜與時高下，切無妄言。』先是，公方至都，秦丞相使人謂公曰：『鄉在圍城中，公首論不棄地，末論不拜僞楚，皆足以起發某。某之有今日，公與有力焉。且公自是前輩，東南士大夫皆知公之文章矣。此行但少僶正，略相附和，則美官厚禄，何所不爲？』公慨然歎曰：『是欲鉗吾之口，刺吾之舌矣。吾豈要曩日之功於丞相哉？某既謁天子，儻有所見，安得而不言？』於是丞相聞之，遂大忌公。翼日，除駕部郎中。命下，縉紳大失望，公無所怨。居久之，蜀人蘇仲虎給事、馬濟川侍郎、勾龍行父中丞指訪公曰：『比見除目，與先日上旨不同，士論未厭。廟堂意，謂公必有異論，願善處之。』」按汝礪自尚書郎勒停，復起爲郡，今纔召對，便除中書舍人，恐無此理。又勾龍如淵今年二月先已罷中丞，提舉太平觀，此時實不在朝，安得見除目也？況汝礪三札，皆殊不犯時諱，秦檜何爲大忌之？今不取。

5 乙卯，樓炤奏以武臣楊順知保安軍，寇成知環州。上曰：「陝西沿邊控制夏國，最爲要害。當擇久在軍中，諳練邊事，或本土武人，方能保固障塞，民得安業。可劄付炤，令諭諸帥。」翼日，秦檜奏已行下諸帥，如上旨。上曰：「堡塞最沿邊急事，因神宗戒陝西諸帥，悉出手批。然於器械，則稍變古法。新法弓稍短，不能及遠。又放箭拘以法，不能中的。朕自幼年即習騎射，如拽硬射親，各是一法。斗力至石以上，箭落不過三五十步。如此，何以禦敵耶？」熊克小曆云：「上之英武，出於天資。其論射法，雖唐太宗未能過也。」

6 丙辰，右朝請大夫、淮南西路轉運判官李仲孺知廬州。時武信軍承宣使、知廬州張宗顔卒，故以仲孺代之。淮西宣撫使張俊遂命統制官田師中將宗顔之衆八千人歸建康。後贈宗顔保静軍節度使，謚壯敏。

7 戊午，鎮潼軍節度使、開府儀同三司、信安郡王孟忠厚判鎮江府，從所請也。故事，戚里官至使相者，未嘗典州。忠厚與秦檜爲友婿，上亦以昭慈故厚眷之，故有是旨。

徽猷閣待制、知鎮江府程邁陞徽猷閣直學士，知饒州。

是日，金都元帥、越國王宗弼殺魯國王昌於祁州，函其首以獻。昌臨刑，謂宗弼曰：「我死之後，禍必及爾，宜早圖之。」宗弼俛首無言，遂囚昌之子大洩馬①，久之，遇赦得釋。

8 己未，上諭大臣曰：「吴玠軍馬既移屯熙、秦等路，便當以五百人爲一指揮。令諸帥招填，稍足舊額，與弓箭手參用，緩急之際，有足倚仗，庶幾漸復祖宗之舊。金人和議雖堅，安能保其終久無釁？況夏人乍臣乍叛，尤難保恃。今日邊防，尤不可忽。」

9 庚申，中書舍人王次翁試尚書工部侍郎。

起居郎程克俊試中書舍人。

殿中侍御史周葵試起居郎。先是，權户部尚書梁汝嘉爲秦檜所厚，葵將按之。汝嘉聞之，謂中書舍人林待聘曰：「副端論君矣。」葵入對，待聘乘檜未趣朝，亟告之。檜即奏徙葵爲起居郎。葵方待引，檜下殿諭閤門曰：「周葵已得旨除起居郎，隔下。」葵入後省，出其疏以示待聘曰：「梁仲謨何其幸也？」此據熊克小曆，參王明清揮麈録略同，但云：「葵既徙左史，翌日直前愬其事。上以問檜，檜曰：『葵位長言路，碌碌無所建明。且進退百官，臣之職也。儻以臣黜陟不公，願先去位。』上曰：『不須如此。』未幾，葵罷去。」按副端遷左史，非爲降②，葵不應自陳。又其去，乃因李光。明清所聞不審，今不盡取。待聘乃知爲汝嘉所賣。汝嘉不自安，復引疾求去焉。汝嘉是月癸亥奉祠。

10 辛酉，給事中蘇符言：「已分屯吴玠軍馬，乞罷免四川對糴米脚錢等。」上曰：「四川自兵興以來，横斂既多，民不堪命。可令胡世將、張深相度蠲減，以蘇民力。」

吏部員外郎徐度言：「新復州縣，遺民久罹暴虐。如州之僚屬，縣之令佐，其所職業，最爲近民，尤當慎擇。其應格法人，更令長貳銓擇。」上曰：「度所論極當。新疆百姓，久被虐政。若州縣官非其人，朕之德意，何以自達？」秦檜等曰：「守令皆親民官，欲令後縣令，並依守臣到堂。」上曰：「卿等若親加銓量，察其人物，觀其議論，亦可見人才大略也。」

11 壬戌，詔：「東京留守司搜訪郊廟禮器來上③。」時當行大禮，上以渡江後，所作禮器多不合古，故命訪之舊都焉。禮官初議，郊與明堂當間行。秦檜欲集議，上曰：「且依近例，行明堂禮可也。」

12 癸亥，司勳員外郎李公懋言：「昔東晉之在江左也，控扼上流，皆用名臣重望。一時偉人如陶侃、庾亮輩，中間數更危難，卒賴其力。近者朝廷選用羣臣，既享厚禄，即擇善地，如江、浙、福建安閑之處，從官典領，比比相望，危遠險難，即以無聞之人當之。在陛下寵遇，實爲優恩，而羣臣報稱，不無慚色。今者陛下聖德所及，拓大封疆，恢復故宇。大江南北，俱爲内地。上自江陵，下至九江，欲乞朝廷選擇一二從臣，參處其間。」輔臣進呈，上曰：「朕用人才，初無内外之間。士大夫既爲近列，多擇善地，至兩淮、新疆輒復固辭。今後差除，擇其避事辭難之人，重行黜責。」

權户部尚書兼江淮荆浙閩廣等路經制使梁汝嘉充寶文閣直學士，提舉江州太平觀，免謝辭，從所請也。事初見是月庚申④。

尚書右司員外郎晁謙之權户部侍郎。

13 甲子，言者請：「申嚴冠帶之制，俾公卿長吏，毋得以戎服臨民。」詔禮寺討論申省。自軍興，士大夫始衣紫窄衫，上下如一，故論者及之，然迄不能改。二十五年十二月辛卯，二十六年二月復申嚴之。

14 丙寅，京東淮東宣撫制置使韓世忠言：「金人誅戮大臣，其國内擾。淮陽戍卒及屯田兵盡勾回⑤。」世忠意欲乘虚掩襲。上曰：「世忠武人，不識大體。金人方通盟好，若乘亂幸災，異時何以使敵國守信義？」遂不從。

翊衛大夫、貴州團練使范綜知金州。日曆不載綜前銜。按綜，紹興六年七月癸巳以此官再任，知綿州。

協忠大夫、華州觀察使王俊知洋州。日曆亦無俊階銜，此以興元知府題名修入。俊仍兼四川宣撫司中軍同統制。

15 戊辰，故武功大夫、知環州安塞寨田敢特贈正任刺史，官一子，以經略使趙彬上其忠節也。事見紹興元年二月末。

16 己巳，詔：「陝西諸路，自祖宗以來，行使鐵錢。昨緣廢齊毁棄不用，遂致公私交易不便。可依舊，仍與見今錢引相兼行使。」

17 庚午，給事中蘇符充賀大金正旦使，知閤門事王公亮充副使。尋命各官其家一人。九月甲午降旨。

監察御史何鑄爲殿中侍御史。

是日，四川制置使、權主管宣撫司職事胡世將至河池⑥。時簽書樞密院事樓炤既離鳳翔，陝西三僞帥懷不自安，掠取官私財物，爲入覲之計。右護軍都統制吴璘等言於世將曰：

金人大兵屯駐河中府，只隔黄河。大慶橋敵馬日日放牧河南，騎兵疾馳，三五日可到川口。吾軍就糧，散在陝西，緩急不能追集。關隘經年不葺，川路糧運斷絶，此存亡危急之秋也。今朝旨不得輒遣間探，敵中動息不知。璘等家族所不敢顧，國事竟當如何？

世將具奏曰：

臣伏見國家，自景德以來，與契丹通好，而河北之備益謹。治平中，敵人微有争端，稍嚴外備，而重於改作。臣之曾祖先臣宿爲樞密副使，建議以謂，今日之計，莫若外固和親之形，内修守禦之備。當時不失備禦，卒以無事。今朝廷方與金國講和，梓宫將卜於陵寢，兩宫復還於行闕，南北之民各獲休息，實天下大慶。

至於備禦之事，臣願以祖宗爲法，固不害爲百數十年盟好也。大軍屯蜀十有餘年，四路供餉，民力困竭。今恢復陜右，所産穀麥至廣，出兵就食，鎮守重地，誠得其宜。兵雖分而備不可弛，於計實爲兩得。秦地形勝，精卒良馬之所自出，實軍國之根本。然即今諸軍衣食仰給四川，則蜀又爲陜右之根本。況蜀地居吴楚上流，號爲富貴，敵人欲取久矣，特以重兵保險，終不能得志。今日分兵，宜使其勢與蜀相接，不惟保蜀，所以重上游之勢。川蜀非昔日之比。昔時河東爲邊境，與蜀風馬牛不相及。今河中府浮橋之北，便是敵境。陜西收復之初，朝廷固宜昭示大信，至於我之爲備，豈可不講？和好須自治得策，然後可固。若守禦不嚴，敵得輕我，動爲争端，非所以固和好也。今既不遣間探，恐妨和議，敵之動静，一切不知。若又分兵太遠，守禦不密，萬一有虞，敵以精騎馳突，自河中不數日至川口，比至追集軍馬，決不及事。徇諸將之説，則欲坐食四川之糧，免遷戍之勞，人人一辭，固無足信。而士大夫與凡有識者之論，則謂兵不可不出，出不可太遠，此折衷之説。

臣近據秦鳳路兵馬都監賀仔稱，在敵中有撒離喝郎君，與近上心腹人黄職方，三年前爲仔言：「金國王子議論，要得入川不難，將陜西棄下，不覷三五年，南兵決來作主。道路已知子細，一發上去，決取川蜀。」并據宣撫司幹辦官成希靖繳到紹興五年上都督張浚劄子，稱希靖料敵人之謀，以國家阻江據險，彼之騎兵非所長之地，近年屢戰屢北，終不得志。彼必示弱，以致吾之驕；佯北，以誘吾之進。遺我以殘破之地，使吾取之，以分其兵勢。約我以和好之言，俾吾信之，以出其不意。以此詭道，圖我川蜀。一落計中，爲害不細。

臣以謂賀仔之言，雖未足深信，希靖之策，或出於偶然。要之守禦之備，自不可忽。萬一或如其言，則我之爲備，正可以伐謀。朝廷今以楊政帥熙河，吴璘帥秦鳳。政、璘皆吴玠大將，立功既多，威名素著，考之衆論，皆謂得人。臣謂楊政於鞏州及白石，吴璘於鳳翔及寶雞，多屯軍馬，遇有緩急，可以應接川陜。仍乞令政依舊帶川陜宣撫司都統制，璘依舊帶行營右護軍都統制。吴玠所保仙人關，昨金人以本國勁兵及五路全力攻犯，大敗而去。地利如此，規模具在。臣以謂未宜遂廢，欲乞量屯軍馬，將一帶關隘，常加整治。魚關倉見在米斛不多，水運艱苦，卒不能致，欲乞常樁留一二十萬石，以備緩急。世將此疏，係川陜大利害，故全載之。熊克小曆稱世將八月戊申朔，奏除楊政、吴璘事。而費士戣蜀口用兵録乃云：「世將八月二十三日至河池。」蓋差二十餘日，今從士戣所記附此。克又稱，世將爲宣撫副使，亦誤。世將除宣副在九月六日癸未。璘時新除秦鳳經略使，於是止以牙校三隊赴秦州，且飭階、文等山寨備之。

18 辛未，兵部尚書兼權翰林學士胡交修兼侍讀，工部侍郎王次翁兼侍講。

武功大夫、開州團練使杜平知原州。關陜之陷也，平自知原州没於僞地，金人以平知鳳翔府，累遷秦鳳等路提點刑獄公事。至是，樓炤以便宜命平守故郡，許之。平言世受國恩，既喪忠義，無顏復臨吏民，乃以平提舉台州崇道觀。平得祠在九月辛巳。

19 癸酉，户部員外郎孫邦言：「私酤條已免拆屋，茶鹽尚有籍没法，亦乞蠲除。」上曰：「法若果弊，固不可不亟改。若行之已久，無甚大害，且循祖宗之舊可也。」

20 乙亥，雄武軍承宣使關師古爲龍神衛四廂都指揮使、行營中護軍前軍統制。師古自延安入朝，既對，遂有是命。

詔知晉寧軍折可求兼主管本軍沿邊安撫司公事，措置興、復、麟、府州。用樓炤請也。

初，金人欲得王威、趙榮，事見正月丙申。已遣還之。韓世忠遺秦檜書曰：「榮、威不忘本朝，以身歸順。父母妻子悉遭屠滅，相公尚忍遣之，無復中原望耶？」檜慚，且慮世忠沮遏，乃令榮、威自六合趨淮西而去。至是，檜奏：「外間頗有異論。」於是詔以榮、威屢抗官軍，及驅掠兩州之罪，榜諭中外。金越國王宗弼得之⑦，復以榮爲將。

21 丙子，直徽猷閣、江浙等路經制判官霍蠡罷。初，右諫議大夫曾統言：「經制使本户部之職，更置一司無益，乞罷之。」上曰：「經制一司，須經久方見利害。今才半歲，難責以近效。」統三上疏論，上未許。至是，統又言：「經制司所創官吏，種種多費，校其所入，未必能補。如創供給酒庫，亦是陰奪省司之利。夫經制所總之事，户部本職，臣已嘗具陳，不復重言。若以謂監司州縣違法廢令，別建此司，欲以按察，即又不然。夫朝廷置監司所以轄州郡，立省部所以轄監司，祖宗之制也。稅賦失實，當問轉運、常平，錢穀失陷，當問提舉司。

若使經制司能事事檢察，則雖户部版曹之職，亦可廢矣。又自置此司以來，所謂漕司之移用，憲司之贓罰，監司之妄支，固未嘗少革其弊，蠡又擅將官錢三十萬貫借軍中，不顧朝廷大計，欲望其按察諸路監司州縣，革積年之弊，臣竊料其必不能也。若巧作名目以取於民，徒爲國家斂怨基禍，以此爲術，其誰不能？望先次罷黜，遴選能臣，以司邦計。」詔户部措置，蠡與外任。既而蠡乞奉祠，乃以蠡主管台州崇道觀。蠡得祠在十月乙亥。

秘閣修撰、提舉江州太平觀柳約知單州。

詔成州同谷縣税户趙清臣旌表門閭。本州言：「清臣孝友婣睦，著於鄉里。政和末，其母張氏病，清臣割股肉以進，母疾遂安。諸侄請析居，清臣訓諭不從，因閉户不出，號哭者累日，産業皆取其棄餘者。妻邵氏病，其子鄉貢進士廷彦復割胸肉爲羹以進。紹興初，清臣少子惟禮有疾，廷彦使禱於天，乞損己壽以增惟禮，既而廷彦危病，惟禮被髪以禱，亦如之，數人皆尋愈。清臣中子忠訓郎和，亦孝謹。邵氏疾再作，和封股肉啖之。父子兄弟，孝友相尚，萃於一門，宜褒獎。」故有是旨。

命常州津遣通微處士陳得一赴史館，補修奉元曆，以史館修撰張燾等言重修神宗正史曆志備檢閲也。

校勘記

① 遂因昌之子大洩馬　「洩馬」，原作「伊瑪」，據金人地名考證改。

② 非爲降　「降」，原作「降出」，據叢書本删。按應以陞降之降爲是，非旨意降出也。

③ 東京留守司搜訪郊廟禮器來上　「司」，原作「同」，據叢書本改。

④ 事初見是月庚申　「初」，原作「祖」，據叢書本改。

⑤ 淮陽戍卒及屯田兵盡勾回　「陽」，原作「揚」，叢書本同，據皇朝中興紀事本末卷四九改。

⑥ 四川制置使權主管宣撫司職事胡世將至河池　「使」原闕，據叢書本補。

⑦ 金越國王宗弼得之　「金越國王」，原作「金國越王」，據文義逕乙。

建炎以來繫年要録卷一百三十二

1 紹興九年九月戊寅朔，尚書右司員外郎魏良臣爲左司員外郎。

司農少卿陶愷爲右司員外郎。

龍神衛四廂都指揮使、護國軍承宣使李世輔言：「初歸朝日，有父母兄弟之讎，臣曾報復，乞待罪。」詔世輔有功鄜延，特放罪。後四月，引對便殿。上諭曰：「卿忠義歸朝，立功顯著。」乃起復故官，賜名忠輔。除樞密院都統制，俄又賜名顯忠。顯忠換給，日曆不書，或是樓炤行府便宜所命也。按日曆，顯忠待罪及朝見，並不帶持服字。令乃云特與起復，或是因上殿乞解官，當考。

京東淮東宣撫處置使韓世忠乞以顯忠爲本軍統制官，上不許。顯忠行狀云：「公與韓世忠同鄉里，而未嘗少屈於韓。及公歸朝，韓力於上前奏乞公於麾下，上以公才非韓所能服，遂以樞密院都統制處之。」靖康、建炎之間①，世忠已立功爲觀察使，而顯忠尚未官，且年小於世忠二十餘，固非其儕匹也。顯忠既歸朝，繼爲劉光世、楊存中軍中統制，而世忠視存中爲先達，且威名年位又皆過之，存中能服顯忠，世忠胡謂不能服之哉②？蓋自趙鼎再相，朝廷漸欲易置偏裨，秦檜又忌世忠，故不欲驍將畀之耳。行狀緣飾而云，蓋非其實。

2 己卯，光山軍承宣使、樞密副都承旨錢愐爲德慶軍節度使，提點皇城司。愐副簽書樞密院事韓肖冑使金國歸，故有是命。

中書門下省檢正諸房公事范同論私鹽窮究來歷之害，以爲：「州郡徒刑，殆無虚日，深可憫惻。臣嘗詢究利害，而得其詳。蓋比年以來，亭竈煎鹽起止火伏之法盡廢，略無稽察，致亭户私煎，莫知紀極。雖許額外煎到鹽賣納入官，而官價低，小校之私賣，不及三分之一，又場監乞覓減尅，遲緩艱阻，坐罄貲糧，如是則私賣與官鬻孰利？欲望命有司講究，先革私煎之弊，其次斟酌煎鹽實費，立定適中價直。仍關防場監之際，勿令循蹈前轍，庶幾亭户所煎有限，縱有賸數，不歸於私而以輸官爲便，非特法行禁止，因繫漸少，亦使利歸於公上，國計不爲小補。」詔户部措置。

閤門祗候吳益爲武翼郎、閤門宣贊舍人。承信郎吳蓋爲閤門祗候。

3 辛巳，左朝請郎劉化源、左奉議郎米璞、劉長孺並轉兩官，主管台州崇道觀。新鳳翔府府學教授陰暭特改合入官。時簽書樞密院事樓炤言：「璞不污僞命，化源陷金十年不屈，長孺當劉豫僭逆，嘗致書勸豫轉禍爲福，爲豫所囚。臣嘗召至本府，並欲津遣赴行在，而璞苦風痺，右足幾廢。化源、長孺亦皆老病，不任道路。乞並轉官，與宫觀差遣。」璞、化源初見紹興元年三月，長孺初見建炎四年九月。又言：「暭亦是陷隔以來，守節不仕之人，乞更賜褒擢。」故有是命。先是，宣諭使周聿亦上璞、化源忠義於朝，詔赴行在。八月戊辰。會炤出使，遂就進官焉。其後金人復背盟，長孺知華陰縣，不屈而死。化源等除目，以林待聘外制集修入，日曆不如是之詳也。

4 壬午，左朝奉郎鄭億年言：「有收到祖宗諸后御容五十餘軸，今被召入覲，見在舟次，乞令臨安府差人奉迎入内。」從之。億年之過常州也，守臣直秘閣王繙不爲禮，且面詰媿之。既至行在，秦檜復以億年爲顯謨閣直學士提舉醴泉觀，奉朝請，繼欲復億年僞授職名，參知政事李光榻前面折之，乃止。此以朱勝非秀水閑居録修入。

明年正月甲辰，僊年竟復資政殿學士。

5 癸未，樓炤言：「川陝既分屯人馬，已將自軍興以來刱生科敷，悉行蠲免，凡八十餘萬貫石。」上曰：「四川久屯大兵③，不無科須。今故地歸復，兵各分遣，得以減罷，遂可愛養民力矣。」上欣然，喜見於色。

起居郎周葵乞將犯私茶鹽人免根問來歷。上曰：「犯榷貨者不根問經由，此嘉祐著令，仁宗盛德也。舉而行之，則吏不至並緣，獄不至滋蔓，可速令省部相度。」後不果行。熊克小曆載此事在九月丁未，蓋誤。

給事中蘇符試尚書禮部侍郎，仍兼資善堂翊善。

樞密直學士、成都潼川府夔州利州路安撫制置使、知成都府胡世將爲寶文閣學士、川陝宣撫副使，置司河池，諸路並聽節制。世將精神明悟，嫻習吏治，其守成都，甚有政績，至是就用之。世將既除宣副，諸將皆賀。世將語之曰：「世將不能騎射，不知虜情④，不諳邊事，朝廷所以遣來者，襲國朝之故事，以文臣爲制將爾。自今以往，軍中事務，皆不改吳宣撫之規模⑤，世將有所未達，諸公明以指示，或諸公有所未達者，亦當奉聞。各推誠心，勿相疑忌，共濟國事可也。」諸公皆拜謝。

初，資政殿大學士張守帥江西，以郡縣供億，科擾煩重，上疏請蠲積欠，損和買，罷和糴，及裁減軍器物料。上欲行之，時秦檜方損度支爲月進，且曰：「虞四方財用之不至也。」覽疏，怒謂人曰：「張帥何損國如是？」守聞之，歎曰：「彼謂損國，乃益國也。」至是成都闕帥，檜遂擬以守代胡世將。上曰：「張守素弱，豈堪遠道？江西盜賊寧息，人方安之，無庸易也。」檜乃止。此據趙甡之遺史。

履政大夫、萊州防禦使、知河州白常爲涇原路馬步軍總管。

起復武功大夫、博州刺史、熙河路馬步軍副總管、知鞏州兼管内沿邊安撫使魏玠知河州，兼主管洮西沿邊安撫司公事。

翊衛大夫、和州防禦使、熙河路兵馬都鈐轄、行營右護軍右都統制軍馬李師顔兼知鞏州，兼管内沿邊安撫司公事。

武經郎吴濬充環慶路兵馬都監。濬，革子也。在陝西，用樓炤請而命之。

權户部侍郎晁謙之言：「議者謂自古理財之臣，皆無善終，所以近世習而成風，不復以理財爲言。臣以爲不然。聚斂而興利，固非所宜。如經理常賦，以足國裕民，又安可緩？今日官物多陷失，而州縣寢不加省，宜有以救其弊而革之。至於勸農欲墾無遺利，督賦欲輸無逋期，廣儲蓄之計，以備水旱，遵茶鹽之法，以通商賈，凡若此者，宜悉令條畫以聞。」從之。熊克小曆載此疏於紹興十四年。按謙之明年閏十月改工部，十一年九月罷，十四年乃在撫州，不知克何以差誤如此。

6 甲申，左朝散大夫權尚書禮部侍郎兼侍講馮檝、左朝奉郎試中書舍人兼侍講劉一止並試給事中，左通直郎、試中書舍人兼侍講兼直學士院李誼試工部侍郎，兼職並如故。舊制，職事官同日除者，以寄禄官爲序。至是，一止審於朝，乃詔一止係自中書舍人除授，序位在檝之上焉。是月壬辰降旨。

右通直郎張汲添差通判衢州。汲，孝純子，上召對而命之。

7 乙酉，故同州觀察使李永奇特贈鎮西軍節度使，永奇妻令人蒙氏特贈安化郡夫人，以其子顯忠歸正故也。於是顯忠弟左武大夫沂州團練使世壽、武顯大夫博州刺史世延、修武郎世武、侄忠訓郎師道及顯忠之子秉義郎師政各贈五官。永奇，乾道初賜謚忠壯。

8 丙戌，皇叔檢校少師、光山軍節度使、開府儀同三司、判大宗正事士㒟封齊安郡王，以朝陵還，特封之也。日曆無此，今以會要及中興玉堂制草修入。

9 戊子，樓炤言：「永興軍保福院有姓張人，自稱趙王，上皇第五太子，係杜玘璉皇后之子，小名仲山，年十九。本軍已差官祗應，日爲給食。契勘所供年紀稱呼，詐僞不實，已下本軍根勘。」詔趣具案以聞。

直徽猷閣、利州路提點刑獄公事宋萬年爲永興秦鳳等路提刑，兼提點弓箭手，措置營田。又以行營右護軍統領樊彦知洮州，賀景仁知邠州，向洌知鄜州，皆用樓炤請也。上曰：「炤經理關、陝，每有奏陳，頗合事宜，兼爲朝廷得此人材，以濟國事，尤可嘉也。」利路提刑題名，宋萬年八月五日赴樞密行府取稟，差充永興秦鳳等路提刑，在此前已月餘，蓋炤先除而後請也。景仁、洌前銜未見，當考。

秘閣修撰、新知單州柳約知蔡州。

左朝奉郎葉夏卿復直秘閣，知單州。

詔左承奉郎高穎令引對。穎，河南人。宣和末中進士第，金豫之際，隱於民間。樓炤言其忠義，上召見，遂以爲國子監丞。

10 己丑，詔諸軍舊帶大河以北差遣之人，並改帶河南州軍差遣。

行營右護軍後部統制兵馬李永琪知鳳翔府。

秦鳳路兵馬鈐轄孫注知成州。

11 庚寅，罷經制司，其諸路常平事令提刑兼領，始用曾統奏也。常平法起於西漢，歲豐則斂，歉則散，後世講之尤詳，秋成則斂，春饑則散，可以平物價，抑兼并，人有接食，官無折閲⑥，法至良也。熙寧初，王安石修水土之政與筦榷之利，置提舉官，以常平司爲名。當時所行新法，如免役、坊場、河渡、青苗、市易、方田、水利⑦，皆俾提領，遂爲民患。議者不察，但云常平法可廢，建炎初，遂盡罷提舉官。時諸路苗役羡錢各不下百數十萬緡，朝廷草剏，多取諸此。次年，吕頤浩等言，常平法不可廢，其附益之者，如坊場、免役等可行，青苗、市易等可罷。有詔委頤浩等詳議，已成書矣，會南渡，未及行。已而言者槩斥提舉官不可復，前議遂寢。其後或隸提鹽司，或隸發運司，或隸經制司，終無定論。而兵火焚蕩，户部及州縣圖籍皆廢⑧，財賦多失矣。

12 辛卯，樓炤奏以修武郎、閤門祗候、知同州郝抃知陝州。富平之役，抃以慶陽叛，至是用之。上覽奏，問秦檜曰：「陝州合差是何臣僚？」檜曰：「係舊差文臣。」上曰：「武人作郡，往往不曉民事，又多恣横。今日所還州郡，久陷金豫，尤須守臣得人，使之愛養百姓，非武臣之所任也。可自今只差文臣，庶能宣布德澤，亦以收還威柄。」

承議郎蔣汝翼知醴州。汝翼以進士得官，建炎末爲文林郎、知成安縣，陷於金，積遷至是官。河南初復，汝翼赴行在待罪，詔與合入差遣，遂有是命。汝翼放罪在今年五月丁亥。

詔今後諸軍不許代名。事見紹興六年末。以言者論「自都督府隨宜措畫以來，冒名竊禄者，不知其幾，乞加釐革」故也。

涇原路經略安撫使張中孚言：「邊隅無警，望許臣入覲闕庭。」詔俟春煖起發。既而秦鳳等路提點刑獄公事宋萬年遺川陝宣撫副使胡世將書言：「昨頒降新復河南詔書，張中孚等初不曾拜，却將金國詔書宣讀。百姓見詔書上有本朝廟諱、御名，皆不忍聞。萬年昨密問吴璘，萬一兵復渡河，如何措畫？璘謂中孚等重兵在手，爲秦鳳腹脅之患，内外相應，必來擣虚。我軍既守家計，安能遠出接戰？以此見中孚等陰藏姦謀，所繫非輕。」世將即具以聞。且言：「臣昨論奏逐人罪惡，以謂朝廷方守信誓，不欲遽易帥守。然中孚等並已降指揮，許令入覲。欲望因其自請，別與差遣。」於是中孚等皆改命。

13 癸巳，左迪功郎王從一改合入官，依舊太平州州學教授。從一以薦對，故有是命。

14 甲午，名皇太后宫曰慈寧。

直秘閣、主管台州崇道觀王浚明知亳州。

15 乙未，工部侍郎王次翁權資善堂翊善，以蘇符出使故也。

武功大夫、忠州防禦使韓公裔特轉行右武大夫、明州觀察使。上以公裔給事藩邸，及今三十餘年，積勤勞，故有是命。

故成忠郎盧大受特贈修武郎，官一子，以紹興初結集忠義，欲解慶陽之圍，爲劉豫所殺故也。事見紹興元年四月。

川陝宣撫司以便宜增印錢引二百萬道，應副陝西使用。時右護軍之移屯者，當用糴本錢四百三十萬引，而計司乏糴本錢，乃有是請焉。

16 丙申，詔汝州郟城縣故資政殿學士蘇軾墳寺以「旌賢廣惠」爲名。以孫禮部侍郎符援范鎮家賜刹例有請故也。

17 戊戌，張洵知同州。未見前銜。

拱衛大夫、威州防禦使温濟勒停，南劍州編管。濟爲京東淮東宣撫處置使司提舉一行事務，以其徒左武大夫耿著陰事告於朝，語連韓世忠，故有是命。世忠意未快，連上疏，奏濟狂惑犯分，罪惡顯著，乞遣至軍中。詔濟移萬安軍編管。王次翁叙紀云：「濟以世忠陰事來告，上命黜居湖南。世忠連上章，乞遣至軍中，詞甚不遜。」按濟先貶海外，十一年七月乃移潭州，叙紀誤也。移萬安，日曆不載，今以世忠奏狀修入。林待聘外制集：「左武大夫耿著，擿人至死，降五官，軍前自效。」恐即是此事，當求他書參考。

18 己亥，太尉、東京同留守郭仲荀言：「所帶在京人馬，已至鎮江。」先是，上召仲荀赴行在，仲荀因與劉豫之衆五千七百餘人南歸。熊克小曆稱仲荀領劉豫下兵八千以還。而樞密院勘會指揮乃云：「仲荀將帶東京官兵五千七百二十八⑨。」克恐誤。上謂秦檜曰：「仲荀善人也，但馭衆非所長，姑令駐彼，別選人代之。」檜曰：「孰可當者？」上曰：「極難其人。欲於二三大將統制官中選之。」檜等言董先、牛皐才具。上曰：「二人誠驍勇，然先好貨，皐嗜酒，未可馭衆。」時京畿提點刑獄公事辛永宗與仲荀偕來上，亦以其誕謾不可用。檜曰：「外人不知，陛下察其姦狀，乃謂最蒙眷寵。」上曰：「朕何嘗喜之？如道宗，更不循理，亦不可用。」既而檜等請以樞密統制官雷仲代將其兵。從之。奏雷仲管鎮江軍馬，及上稱臯、先未可馭衆，乃十月戊午事，今併書之。

19 庚子，故中大夫、直龍圖閣趙叔近贈集英殿修撰，以御史言叔近有功於杭、秀之民，不幸死於亂兵，望量加褒恤故也。事初在建炎二年⑩。

20 辛丑，詔東京遠來宗室子年及二十者，授承信郎，餘廩給之，俟年及取旨。用魏悼王五世孫慧之等請也。

21 甲辰，權刑部侍郎陝西宣諭使周聿使還入見。聿言：「陝西既歸，得地數千里，得兵十三萬，得馬四萬，有四塞之固，居天下上游，可謂彊盛。然陝西陷僞十有餘年，城池不修，器甲不備，異時四十萬僅支一隅，今纔十三萬，而夏人不敢侵犯者，以金人精兵在内故也。今日金人盡去，土地闊遠，雖有要塞，其實甚虚。欲望陝西凡空閑不耕之地，除元業主識認給付外，依本朝沿邊制度，並招弓箭手，土地肥美，邊人樂耕，不出數年，兵政自成，盡在關中，與唐無異，因謀都邑，以建本根。」又言：「陝西諸路，既命楊政帥熙河，吴璘帥秦鳳，然所屯之衆皆四路忠勇之士，吴玠教習已踰十年，百戰之餘，所向無敵。和好既成，即可往來，舊國舊都，不能無念，統兵之官，皆欲誘致。望訓戒四路帥臣，非元所統，不得招納，如敢違命，必罰無赦。熙、秦兩路，如有散亡，亦當加以不能存撫之罪。」聿又面陳所過州縣，遺民見之，皆懽忻鼓舞，屬户有感泣者。乙巳，宰執奏事，上以語之。秦檜曰：「此祖宗仁恩涵養，而陛下純用德化，故爲夷夏所歸。」上曰：「皇天無親，惟德是輔。

朕嘗笑趙鼎舉劉麟之語曰：『我能嚴刑，故州縣無不畏。聞江南只是尚寬。』鼎因勸朕立威以馭下。是不知爲天下者，豈可不尚德而用刑也？」乃以聿所言，令川陝宣撫司措置。小曆云：「檜等退而竊歎曰：「唐太宗不聽封德彝之法律，而用魏徵之仁義，故能成貞觀之盛。上於聽納，同符太宗矣。」

權刑部侍郎陳橐等言：「右迪功郎李卿諳練刑法，請以爲大理評事。」許之。言者論：「卿以特奏名授官[11]，年踰六十，又非試中刑法之人。」命遂寢。

22 乙巳，左文林郎黃魯子特改合入官，依舊平江府府學教授，以薦對也。

23 丙午，左朝散大夫董濬知興仁府。

左朝散大夫余應求爲福建路轉運副使。

陝西之陷也，武翼郎、涇原路第十將王忠弼没於僞齊，積官權秦鳳經略使。朝廷因命爲龍神衛四廂都指揮使、奉寧軍承宣使、知德順軍，節制涇原路山外諸將軍馬。至是，忠弼繳納僞命，乞放歸田里。詔速令換給，仍賜詔諭之。

右通議大夫、提舉江州太平觀劉阜民卒於湖州。日曆不見贈官，會要本門亦無之，當考。

是秋，太行義士蜂起，威勝、遼州以來，道不通行。時金人法苛賦重，加以饑饉，民不聊生。又下令欠債者以人口折還，及藏亡命而被告者皆死。至是，將相大臣如魯王昌、宋王宗磐之徒皆被誅。二帥久握重兵，植黨滋衆，今則悉爲亡命，保聚山谷，官司不能制。

金人罷諸路酒務，賣於民間，監官月督酒户輸錢於官。初，金人右選入仕之法，自初補閤門祗候至率府率，凡十四階，止許調征榷之任，每月折支十千，全藉移易庫金自贍而已⑫。至禮賓副使，始理親民資序，乃有廪禄。及是罷之，失職者甚衆。

1 冬十月按是月戊申朔。庚戌，尚書司勳員外郎張宦爲監察御史。初，吏部功賞，難於覈實，吏得舞文爲姦。宦因陛對，力陳其弊，以謂：「圖籍散逸，止憑省記。月異而歲不同，無所總括。舍法則用例，引例則破法，姦弊日滋，甚非畫一之政。請自今以例爲據者，悉令上之朝廷，稽其合於三尺者，著爲定制。」人以爲當。宦八月甲寅除勳外，未知何日陛對。日曆十月戊申，張宦面對，當即是此日也。

2 辛亥，詔侍從各薦士二人。時言者請遵祖宗故事，詔：「中外各舉所知，特加親擢。如此，則庶僚無附下之嫌，大臣免招權之謗。」上亦以中原隔絶，遺才必多，故有是命。

秘書省正字朱翌、范如圭並爲校書郎，翌仍兼實録院檢討官，如圭仍兼史館校勘。

是日，同簽書樞密院事王倫始見金主亶於御子林⑬。倫致上命，亶悉無所答，令其翰林待制耶律紹文爲宣勘官，問倫：「還知元帥撻懶罪否？」倫對不知。又問：「無一言及歲幣，却要割地，但知有元帥，豈知有上國邪？」倫曰：「昨者簽宣蕭哲以國書來，許割河南，歸梓宫、太母，天下皆知上國尋海上舊盟，與民休息，使人奉命通好兩國耳。」

3 癸丑，權尚書刑部侍郎周聿改户部侍郎。

太常少卿蘇攜權刑部侍郎。

權吏部尚書兼史館修撰張燾充寶文閣學士，知成都府兼本路安撫使。四川制置司限一月結局。初，成都謀帥，上諭秦檜曰：「張燾可付以便宜，使治成都。第道遠，恐其憚行。」檜退召燾諭旨，燾曰：「君命也，燾其敢辭？」上大喜，遂有是命。上諭檜曰：「燾雖安撫一路，如四川前日無名横斂，不急冗費可令蠲減，以寬民力。」以成都帥臣而得行四川民事，自燾始。

駕部員外郎喻汝礪面對：「漢文帝、光武嗇於用兵，而厚於惜天下之力。所以爲後世計者，至深遠也。自漢以來，屯戍轉輸，歲與敵角者，其費不可勝支。唐之謀臣，日鬭天下之士，以弊方鎮，而唐日以微。今陛下講好結信，以交兩國之懽，寢兵休士，以重萬民之命。固知生事徼功之臣流毒，遂以羸中國，而思有以戒之也。臣之區區，尚願陛下申飭邊吏，毋隱姦，毋顓利，毋徼亂，以仰副陛下睦鄰好、紓吾民嘉惠。」汝礪又言：「臣嘗謂忠義之士，如玉鎮大寶，故爲天下者，雖有高城巨浸以爲之防，粟糧漕庾以爲之備，良士選卒以爲之戰，而微忠義之士以爲之守，是委社稷而輸之敵也。臣竊念之，自靖康、建炎而來，將帥守宰，義夫烈婦，豈無捐軀徇國，犯患觸禍，負傑異之操如古人乎？若不及時早加褒掇，歲月荒老，無所訂正。伏願申詔史臣，採自靖康而來，蒙患死難，暴人耳目，較然不欺者書之爲死節之士。復摭近日樓炤之所蒐訪，周聿之所論薦者書之爲守節之士。庶幾彰國家臨危有仗節之士，勵世有消萌之術。」詔送史館。

4 甲寅，詔温、福州奉迎景靈宫神御，别聽指揮。先是，有詔奉迎神御至吴興，而浙東諸州鑿山拆屋，刱造次舍，言者以爲擾，故暫罷之。

是日，樞密行府準備差遣王晞韓以夏國招撫使王樞至行在。樓炤言：「陝西新復，正與夏國爲鄰。此等留之無益，還之可使知恩。」乃詔閤門引見，令臨安府燕犒，差行在官館伴。秦檜又召樞至都堂，諭以講和意，并環、慶所獲夏人之俘百九十人歸之⑭。仍命晞韓伴送樞至境上。明年三月所書夏國事可參考。

5 己未，上諭大臣曰：「陝西新復州縣，已放租税三年。四川大軍移屯，亦蠲軍賦不少。惟階、成、岷、鳳未加寬恤⑮，可與免租税之半，以裕民力。」

尚書禮部侍郎兼侍讀兼資善堂翊善吴表臣權吏部尚書，兼職如故。

6 庚申，簽書樞密院事樓炤自陝西還行在，炤乞罷政以奉親，上不許。

敦武郎鄭涓監潭州南嶽廟⑯，仍賜銀帛一百匹兩。以周聿言，涓頃知定西寨，守節不屈也。事見紹興元年二月。尋又詔所居州津赴行在。

7 丙寅，洪州觀察使、新知鼎州王彦卒於邵州，年五十。荆南舊部曲聞彦之喪，皆即佛宫爲位而哭。彦事親孝，居官廉。其爲將也，與士卒同甘苦，屢破大盜。子弟從軍者，未嘗霑賞，及將死，召其弟侄，悉以家財分給之，時號名將。然性剛寡合，雖待士盡禮，而黑白太分，此其大略也。

8 戊辰，慈寧宫成。宫依山爲之，供帳皆備。上召秦檜等入觀。

觀文殿大學士、知湖州朱勝非提舉臨安府洞霄宫。時用臨安守臣張澄議浚運河，而兩浙漕司調夫甚衆。

勝非上疏論其害，即日罷之。因引疾求去，章六上，乃有是命。

9 己巳，顯謨閣學士、提舉江州太平觀汪藻知徽州。藻閑廢累年，以詔旨成書，復命出守。

10 庚午，詔新成都府路安撫使張燾令引對。燾奏：「蜀自軍興以來，因於征繇，民力凋敝。官吏既不加恤，又從而誅剥之。去朝廷遠，無所赴愬。臣俟至部，首宣陛下德意，俾一路之民，咸沾惠澤。」上曰：「豈惟一路，應四川寬恤事件，悉委卿措置。」燾因奏：「臣入界即行詢訪，應民間一利一害，先次罷行。官吏有貪冒慘酷，爲民之蠹者，臣先次放罷，續行按發。庶幾遠民速霑實惠。」上皆可之。燾又言：「國家自軍興以來十餘年矣，日不暇給。今兹和議甫定，征戰暫息，亦可謂閒暇之時矣。況來年歲在庚申，乃藝祖開基之載，得非陛下中興之時乎？時不可失，願陛下鑒詩人閒暇之語，稽孔孟發明之意，汲汲專以治政刑爲務。」上曰：「朕當書此語，置之座右。」前是之蜀者，例皆舟行至荆南，則舍舟遵陸。燾行至鎮江，上奏曰：「主和者撻懶也，今爲其侄兀朮所戕，勢必渝平。乞道京、洛、關、陝以往，因得觀形勢利便，且至河池，與胡世將共議邊計。」上許焉。

陝西轉運副使姚焯直秘閣。焯隨樞密行府出使，故就用之。焯以七月壬辰除陝漕，未見前銜。林待聘集有制詞云：「比繇樞屬，留使關中。」而樞密院官屬題名無焯姓名，蓋行府官屬也。

詔右修職郎、陝西都轉運司主管文字王湛令赴行在。湛，商州人。略通書史，多機數，避難入蜀，守將邵隆亦在蜀中，湛屈己事之。隆知商州，湛亦隨歸，漸補以官。至是，用樓炤薦召。此據徐夢莘會編修入。夢莘又云：「隆料金人有歸河南之意，然不久必復取之，乃作料理河南之策授湛，使詣行在。湛改爲己文以見樓炤，炤未之信。既而金人許割三京地，炤大驚，以白秦檜。檜喜，薦湛改官爲樞密院編修官，隨熠往陝西宣諭。」按夢莘所云，與史不合，今姑附此。或是隆料金人復取三京，因湛召還，授以此策，而夢莘所記小差，更須參考。

11 辛未，詔萬壽觀使高世則令赴行在供職。秦檜引之也。

權尚書工部侍郎兼侍講蕭振充徽猷閣待制，知湖州。

徽猷閣待制、提舉台州崇道觀程俱提舉萬壽觀，充實録院修撰。秦檜薦俱領史事，故有是除。俱以疾不至。

寶文閣直學士、提舉江州太平觀梁汝嘉爲四川都轉運使兼陝西都轉運使，專管熙、秦兩路。汝嘉辭不行。

徽猷閣直學士、提舉亳州明道宮劉岑降充徽猷閣待制。初，右迪功郎吴伸之上書請滅劉豫也，事見紹興三年。岑爲秘書少監，以書譽之。至是，有刻吐金集本者，實伸所上疏，而岑書在焉。秦檜奏：「伸書有斥聖躬之語，不可傳播，恐流入外境。」乃令臨安府拘收。今年九月癸未。岑坐降職。

翊衛大夫、安德軍承宣使、京畿路提點刑獄公事辛永宗落階官，爲蘄州防禦使、兩浙東路馬步軍副都總管。永宗在京畿，惟尋訪古器，及宣、政間宮禁舊物，搜求美女而已。每巡歷州縣，專務苛擾，民有冤抑，不能赴愬。既去，則人唾罵之。此並據趙甡之遺史。

12 甲戌，監察御史陳淵守右正言。

13 乙亥，簽書樞密院事樓炤乞賜告省侍於明州。上謂宰執曰：「羣臣之有親者，朕未嘗奪其情。昨蕭振以親爲言，亦令奉親而來，庶使不失爲臣爲子之道。今炤可給假迎侍。」秦檜曰：「陛下愛親之心，施及臣下，臣等不勝感歎。」

是月，湖北京西宣撫使岳飛來朝。初，乘氏人李寶少無賴，尚節氣，鄉人號爲潑李三。山東陷，寶聚衆數百人，謀殺濮州守，不克，脱身南歸，朝廷以方議和不之用。會飛入朝，寶以鄉曲之故，願歸軍中，飛以爲馬軍，未之奇也。寶怏怏，乃與其徒四十餘人，約日渡江北歸。事露，飛盡斬之。寶抗言：「欲歸者寶也，衆皆不預。」飛奇之，繫於獄凡三十九日。會得邊報，飛釋寶，問以北事，寶願歸山東，會合忠義人立功。飛許之，寶還僞地，募得八百人赴飛軍。飛乃假寶閤門宣贊舍人，統領忠義軍馬，屯龔城。

金主亶復遣翰林待制耶律紹文至驛，諭奉使王倫言：「鄉留雲中，無還期。及貸之還，曾無以報，反間貳我君臣。」乃遣副使藍公佐先歸，論歲貢、正朔、誓表、册命等事，而拘倫以俟報。已而遷之河間，遂不復遣。

校勘記

① 叢書本「靖康」前有「案」字。

② 世忠胡謂不能服之哉　「世忠」，原闕，據叢書本補。

③ 四川久屯大兵　「川」，原作「州」，據叢書本改。

④ 不知虜情　「虜」，原作「敵」，據皇朝中興繫年要録節要卷一〇改。

⑤皆不改吴宣撫之規模　「撫」，原作「武」，據皇朝中興繫年要録節要改。
⑥官無折閲　「折」，原作「所」，據皇朝中興繫年要録節要改。
⑦如免役坊場河渡青苗市易方田水利　「方田水利」，原作「方水田利」，據皇朝中興繫年要録節要、叢書本乙。
⑧户部及州縣圖籍皆廢　「圖」，皇朝中興繫年要録節要、叢書本作「案」。
⑨仲荀將帶東京官兵五千七百二十八　「八」，叢書本作「人」，疑是。
⑩事初在建炎二年　「初」，原作「祖」，據叢書本改。
⑪言者論卿以特奏名授官　「奏」，原誤作「進」，叢書本同。宋無特進名之出身，故逕改。
⑫全藉移易庫金自贍而已　「全藉」，原誤作「金籍」，據叢書本改。
⑬同簽書樞密院事王倫始見金主亶於御子林　「子林」，原作「林子」，叢書本同。按：宋史卷三七一王倫傳：「十月，倫始見金主於御子林。」據改。
⑭并環慶所獲夏人之俘百九十人歸之　「環」，原作「還」，據叢書本改。
⑮惟階成岷鳳未加寬恤　「加」，原作「知」，據叢書本改。
⑯敦武郎鄭涓監潭州南嶽廟　「嶽」，原誤作「兵」，據叢書本改。

建炎以來繫年要録卷一百三十三

1 紹興九年十有一月戊寅朔，秘書少監鄭剛中權尚書吏部侍郎。先是，剛中爲樞密行府參謀官，及還，上召對，剛中言：「臣爲陛下詳觀今日之勢，陝西新復且遠，然就緒也必易；三京爲近，然就緒也難。何者？陝西復禁兵四萬，得弓箭手六萬，則有兵可守；見管之粟與和糴相當，足支一歲，則有糧可因。今又益出蜀之兵，以一旦有警，宣撫使號令六路經略各據阻險，未易窺也。惟是三京，久爲劉豫凶焰所焚，焦痛未蘇，凋殘尤甚。今計三京户口纔四十萬①，比平時不能十之一。近屯田司又收其已種之田，民力殊困。且地勢平廣而無藩籬，無一兵可以受甲，無一家可以供賦。孤城乍聚，易以生釁。臣願陛下選任郡守監司，精究屯田，俾民安業。朝廷和氣，自東南達於西北，則功可成矣。」既對，遂有是命。日曆，剛中以十月庚午得旨引對，去此凡八日，未知何日上殿，且於此附書之。當考。

尚書户部員外郎李若虚試司農少卿。

定國軍承宣使、知秦州兼節制屯駐行營右護軍軍馬吴璘爲龍神衛四廂都指揮使。上諭大臣曰：「吴玠久在蜀，備著忠績。雖已優加恤典，然聞其家頗貧，可賜錢三萬緡，仍進其弟軍職，令撫其家屬。」故有是命。上諭在十月壬申。

命大理評事何彥猷等編集刑名斷例，刑部郎中張柄等看詳。先是，胡交修爲刑部侍郎，嘗有是請，詔限一季，上諭在十月壬申。久之未成。議者以爲：「刑部用例之弊，非止臨時翻檢案牘，隨意引用，輕重適當而已。外議相傳，有部吏賣例之説。乞再立嚴限，專委丞評編集成書，復委通曉法令彊敏郎官一二員看詳允當，上之朝廷，審實行下，方得引用。」故有是旨。

2 己卯，上諭輔臣曰：「新疆百姓凋弊，無往年十之一，而官吏悉如舊，何以贍之？可令逐路監司併省，庶寬民力。」又曰：「聞沿汴居民，苦於官役，不安其業，逃去者多，當嚴束。」熊克小曆云：「秦檜曰：『陛下愛民，真二帝三王之用心也。』」上又言：「前日議移岳飛屯於襄陽[2]，深慮饋運費力，不若先移萬人於江西，既省饋運，亦可以彈壓盜賊。」

和州防禦使、權主管侍衛步軍司公事韓世良爲龍神衛四廂都指揮使，他職如故。

3 庚辰，言者論：「今輿地復歸，宿師百萬，隸籍諸將，非屯田何以善後？今荆湖、興洋、汝潁、江淮之間，沃野千里，尚或丘墟。是地有遺利，諸帥所統，自農爲兵者不少。戰士之外，負荷役使之徒，不無可用。是人有餘力，望令諸路宣撫帥臣[3]，悉意講行。」從之。

是日，宣州觀察使、知閤門事藍公佐自金國至燕山。俄而都元帥、越國王宗弼亦至，公佐懼不免，留四日，始聽行。

4 癸未，檢校少保、嚮德軍節度使、知大宗正事嗣濮王仲偪薨，輟視朝三日，贈少師，追封瓊王，謚恭惠。

屯田員外郎陳康伯因對，面奏：「士大夫自爲廷召來上殿，須防姦人刺客。」上以爲不然，語輔臣曰：「污僞之士雖衆，皆朕臣子，當以赤心待之。」秦檜曰：「陛下待人開心無間，雖漢光武何以加？」

是日，金人自河中府以馬軍八隊出城，遣人招同州巡檢官白美入城議事。美爲言：「自今各守疆界，無令北軍私過黄河。」蕭千户者言：「上畔即無不得過河指揮。既有此橋，我有千二百軍，在此得指揮，毋令騷擾南界地，於二十里外硬探。」川陜宣撫副使胡世將聞之，即上奏曰：

臣伏見金人講和，今已逾年。梓宫天眷，未有還期。本朝使命，尚留金國。其賀正使亦不差人迎接。臣竊謂敵情不測，初議難信，理當過爲預備。昨吴玠所管右護軍七萬餘人，控扼川口，常若分布不足。今移屯出川，僅五萬人，除秦鳳路及熙河路白石屯駐軍馬，形勢相接外，其餘地里遥遠，老弱同行，緩急勾唤不及。今别行措置，將分屯太遠軍兵從臣，一面相度，移那就近。其鄜延路未發老小，且令在元屯駐州軍存泊。熙河别無税户，從來多是蕃漢弓箭手田土，自經兵火，耕種稀少，難得斛斗④，糴買不行。乞將楊政所帶二萬人，分那五千人於附近本路有糧食處屯駐。本路在五路最處西偏，非金人衝突緊切控扼地方，今來糴價極貴於川蜀，徒使分兵太遠。臣愚以爲，不若量留軍馬，差兵官管熙州職事，令政將帶精鋭，就近屯駐。臣昨將魚關倉斛斗二十萬石常行樁留，緣每月支動一萬餘石。今將利州倉月運萬石，以新易舊。利州所管，止有十八萬餘石，乞委潼川、成都、利路漕臣於沿流和糴一十萬石，以備緩急。涇原舊兵五萬人，馬九千疋，在五路最爲强盛。張中彦近以赴闕，乞早别差帥臣。

先是，世將與新除陝西轉運副使張深有太學之舊，相處甚懽。至是，建議移屯關中大將，皆謂非便，而深持之甚堅。世將乃奏：「深頃以錢糧弛慢，得旨令臣取勘。深緣此積憾，視制置司爲仇敵。竊慮懷恨不一，別致中傷。欲望罷臣宣撫司職事，回避張深。」舊成都、潼川兩路對糴及脚錢折納米，每石爲錢十五引，范直方之爲宣諭也，奏減三分之一。事見八年三月。及深又減其半。深又白樓炤，裁定右護軍請給則例，於是諸軍出關，歸怨於建議者，洶洶幾變。而閬州戍卒欲殺其守臣淮康軍承宣使孫渥，會謀泄不果。世將亟下令，悉如舊數不減，且條上其利害。大略謂：「近所立新例，第可減折估錢，此軍折估錢，舊每月爲百三十萬緡。臣近考見實數，革去虛椿弊倖，月支止計九十七萬緡，即不須將士卒見請之數頒行裁損。欲望斷自聖慈，並令依舊，庶幾恩出朝廷，士心感奮。」

5 乙酉，殿中侍御史何鑄論士大夫奔競僥求之弊，且言：「初改官唯注知縣，謂之實歷，蓋欲其改官之後，更練民事，以成其才。雖不拘常制，不得奏差，此祖宗之法，紹興所重建也。比年以來，纔得改官，求堂除差遣，内則欲爲寺監丞貳等官，外則欲爲倅貳，自知縣以下，皆不欲也。宛轉干求，寧涉歲月，不願參部，遂使實歷之法幾廢。選人纔出身則有黄甲注擬，無出身則參部射闕，此亦祖宗之條令具存也。比年以來，選人纔出身則多欲求爲行在之職，無出身者又求爲敕局樞屬之官，未有一日考第，未嘗一見吏民，自此改職，大則爲監司太守，其次猶爲倅貳，於法令漫不知，於人情未之察，傳笑於人者多矣。願降睿旨，初改官人未經實歷，選人未歷州縣，並令赴部，依法注授，不得輒至朝廷，干求差遣，有違戾者懲一二，以示必行。」秦檜進呈言：「舊法，初改官須歷親民一任。」上曰：「既有成法，自當遵守。」遂命吏部措置行之。

6 丙戌，龍圖閣直學士、京畿都轉運使李迨落職，提舉江州太平觀。迨始辭新命，上固遣之。及到任，又與權東京留守孟庾不和。先是，降聖節日，庾失於行香，爲迨所持。庾方自劾，迨因此規求罷去。上曰：「迨昔守官於濟，亦有風力。然爲人刻薄，自頃被命已偃蹇，今若止罷之，適中其計。」遂有是命。

直秘閣、提舉台州崇道觀詹至提點永興軍等路刑獄公事⑤。至辭不行。

右朝請大夫陳敏識爲江南東路轉運副使。

7 戊子，詔司農卿莫將奉使宣力，特除徽猷閣待制、京畿都轉運使兼主管奉迎梓宮一行事務。上曰：「李迨乃朕舊僚，亦見朕於臣下無所偏也。」

初，命侍從兩史官各舉所知二人。至是，權吏部尚書吳表臣等舉左議郎新知桂陽監張斛、右承事郎新通判淮寧府王循友、左朝奉大夫張甸、諸王宮大小學教授施鉅、軍器監丞歐陽興世、右承議郎主管台州崇道觀趙戩⑥、右宣議郎新提舉福建茶事呂用中⑦、左文郎嚴抑、左從事郎臨安府府學教授陳之淵、左宣教郎呂廣問、右奉議郎提舉浙西茶鹽公事徐康、右從事郎監潭州南嶽廟李綸、左從政郎新台州州學教授張闡、左迪功郎明州州學教授王伯庠、直顯謨閣馮康國、幹辦行在諸司審計司鮑琚、左朝請郎荆湖北路提舉茶鹽公事賈思誠、左朝散郎新知臨江軍范正國、右朝請郎新知南劍州李文淵等三十二人，詔三省量材任使。甸，嘉興人。抑，歸安人。廣問，公雅孫。公雅，夷簡第三子⑧，仕至徽猷閣待制。綸，綱弟。闡，永嘉人。伯庠，次翁子。琚，松陽人。

正國，純仁子也。斛、循友、鉅、興世、戩、用中、康、康國、文淵已見。遂以琚爲軍器監丞⑨，是月壬寅。正國爲廣西路轉運判官，旬知南劍州，是月甲戌，熊克小曆載旬除郡在十一月壬戌。按十一月戊寅朔，無壬戌，克蓋誤也。興世守尚書都官員外郎⑩，十二月己酉。斛知鼎州。尋又詔未經上殿人令引對。十二月癸亥。後多擢用。

8 己丑，宰執奏：「赦令所已修成在京通用赦令，乞頒降。」上曰：「朕未詳覽，若欲頒降，須委官詳覆，恐有司行之或有誤也。」

故追復左通直郎、直龍圖閣張所特與一子官，仍賜其家銀絹百疋兩。先是，湖北京西宣撫使岳飛言所忠義，上命復舊官。日曆不見，此據飛奏劄修入。飛又言：「好生惡死，人之常情，所以忠許國，義不顧身。雖斧鉞在前，凜然不易其色，乞與旌加褒異，使天下忠義之士，皆知所勸。」故有是命。

户部侍郎周聿言：「陝西士人，學術久荒，拙於爲文。若與四川類試，必不能中程。乞別立字號。」上曰：「陝西久陷僞境，朕欲加惠遠方，可令禮部措置。」川陝分類試額自此始。

詔西京諸陵文表等，令內侍省每季一次，遣親從官賫降。故事，每帝后生忌辰，遣內臣往諸陵酌獻。至是，以道遠，遣止就付留司焉。

9 庚寅⑪，右正言陳淵入對，論⑫：「比年以來，恩惠太泛，賞給太厚，匪頒賜予之費太過。府庫空虛，而發之不已；財賦匱竭，而取之益詳。陵寢未成，郊祀不遠。內有諸將之饋，外有鄰境之好。所用既衆，而所入實寡。此臣所甚懼也。周官唯王及后、世子不會。說者曰：『不得以有司之法治之。』誠然，是周公作法，開後世人主侈用之端也。臣謂冢宰以九式均節財用，有司雖不會，冢宰得以越式而論之矣。若事事以式，雖不會猶會也。故臣願陛下，凡有賜賚，法之所無而於例有疑者，三省得以共議，户部得以執奏，有司得以獻其疑，臺諫得以論其失。一有失當，即行改正，則前日之弊，庶幾可息矣。」翌日進呈，上謂宰執曰：「朕未嘗有一毫之妄費。」秦檜曰：「淵初除諫垣，職在規正故耳。」上曰：「淵老成有學，乃楊時之婿。聞嘗講論語、中庸，可令其子適進來。」上因論「極高明而道中庸」，此不可分作二事。檜等曰：「陛下之學，深造聖域，非臣下所及。」時適監都進奏院，遂命臨安給札上之。熊克小曆載上語於己丑，恐誤。日曆十一月甲申、乙酉、丙戌輟朝，己丑，廖剛本職進對。庚寅，陳淵進對。辛卯，臣僚上言賜賚等事，有旨依奏。同日，令楊適録進論語等解。

詔故左承議郎、秘書省正字兼史館校勘常明特與一子初品官。明卒於行在，給事中馮檝、秘書丞劉才邵等言⑬：「明去鄉萬里，母老子幼，乞用梅堯臣、劉恕例，録其孤。」故有是命。才邵，廬陵人也。

10 壬辰，吏部侍郎周剛爲山園陵按行使，入内内侍省都知梁邦彦爲副使。始命邦彦充使，邦彦言：「事干典禮，委付至重，乞如故事，命近臣。」故有是旨。

左承事郎姚邦基特改左奉議郎。樓炤之出使也，言邦基不仕僞豫之節，故召對而命之。邦基先見建炎四年九月。

選人魏申進太一總鑑。上曰：「申所論該博，雖秘府所藏，亦未之見，可與循資。」仍賜錢五百緡。

11 癸巳，檢校少保、昭化軍節度使、充醴泉觀使駙馬都尉潘正夫開府儀同三司。初，孟忠厚之守鎮江也，給事中劉一止言：「后族業文如忠厚，不可多得。但此例一開，有出忠厚下者，何以禦之？」至是又論：「正夫除拜非舊典，乞特降處分，後人毋得援例。自今除授有非舊制，並令給舍臺諫論駁。」乃詔哲宗皇帝、昭慈聖獻皇后惟正夫、忠厚爲近親，餘毋得援例。御史中丞廖剛曰：「是臺諫所當言者，皆爲劉君先矣。」一止在瑣闥僅百餘日，事有不便者輒繳奏，由是秦檜忌之。

左朝奉郎、新京畿都轉運使莫將改充集英殿修撰。右正言陳淵言：「將未應除次對，望須其績著，然後命之。雖往者尹焞亦自卿聯命以此職，由焞先除從班，以疾力辭，老不可留，故以寵之。今將宜除近下職名⑭，庶合公論。」

武經大夫、濰州團練使王彥先自亳州來朝。

12 甲午，秦檜奏：「神宗、哲宗兩朝正史，乞俟徽宗實録書成之日，通將三朝事實考據修定。」從之。時史館已分修兩朝正史，於是復罷。熊克小曆載此段乃云：「秦檜奏神宗哲宗實録已進，今乞專修徽宗實録。」不知何謂。

13 乙未，徽猷閣待制、提舉江州太平觀李正民知淮寧府。

朝奉大夫申暘知亳州。暘已見今年四月。

直秘閣、新知亳州王俊民知常州。

14 癸卯，詔樓炤疾速赴行在。熊克小曆載此事於十一月辛酉。按十一月無辛酉，辛酉乃十二月十五日，炤不應許時未還，今從日曆。

詔陝西李彥仙廟名義烈，鍾紹庭廟名愍忠，同州鄭驤廟名愍節。皆以户部侍郎周聿上其死節也。紹庭靖康初以朝議大夫通判陜州，權州事，死於難。彦仙死事，具紹興元年。驤死事，具建炎元年。

15 乙巳，右朝散大夫曾慥行尚書户部員外郎，總領應辦湖北京西路宣撫使司大軍錢糧。時户部員外郎邵相在鄂州，以乏軍儲，爲宣撫使岳飛所劾⑮。言者亦論：「相到官以來，追催積欠，侵奪榷酤。」故以慥代之。中書舍人又劾：「相坐視諸路違欠數多，並不按劾。」後二日，奪相直秘閣，令吏部與遠小監當。言者論相罷總領，在此月乙酉，今聯書之。相爲岳飛劾奏，據洪邁夷堅志所言，今以臣僚所劾行下者，蓋不欲令出於將帥之意云耳。

1 十有二月己酉，左諫議大夫曾統徽猷閣待制知婺州⑯。

左承議郎、福建路轉運判官張嵲爲尚書司勳員外郎。

御史中丞廖剛言：「國朝治平以來，詔三歲一舉士，自是率用今年大禮，明年科場，又明年省殿試，故蔭補與登第人往往先後到部，於注授爲便，而漕司歲費，亦無相妨，誠經遠之計。昨建炎元年殿試，爲軍興展至明年就維揚試。紹興元年殿試，爲明堂又展一年，就臨安府試。今明年當試進士，復與大禮相妨，且省司財計，難以應辦，此不便一也。近歲初官人率待四五年闕，若奏名人與蔭補人同時到部，愈見差注不行，此不便二也。儻更展一年，則大禮、科場、省殿試，皆得如古制矣。況來年不獨舉大禮，且山陵營奉有日，豫備兩宫回鑾，差官置局，日分亦恐不給，安得不權時而制宜哉？兼河南、陜西士人，各罹亂政，學業荒廢，姑緩一年，亦無不願。」詔禮部討論申省。明年二月壬戌施行。

2 甲寅，權尚書刑部侍郎蘇携充徽猷閣待制致仕，以病自請也。携尋卒。

太常丞梁仲敏乞續編紹興以來因革禮，從之。

資政殿學士、提舉臨安府洞霄宫盧益薨於嚴州。

3 丙辰，詔臨安府司户參軍毛叔度令引對。叔度奏疏曰：

臣竊見迺者藍公佐還自敵中，王倫獨留，遠近之情，無不疑懼。大抵國家所以待金人者不過二端，曰戰與和，而各有説也。自宣和以來，敵人常以反覆變詐困中國，啗我以土地，要我以厚利。一旦兵力得騁，則長驅深入，暴犯宫闕，震驚陵寢，邀還兩宫，竭取金幣。中原之民，肝腦塗地，所謂不共戴天之讎，何可和也？然而梓宫未卜因山，兩宫遠在絶漠，如敵人革心易慮，奉梓宫、兩宫而歸之國家，陛下亦宜含憤匿怨，不得已與之和，此一説也。去年使人之來，道路之言，以爲其國主議之臣，厭前日黷武之禍，翻然改圖，有休兵息民之意。且其約曰歸我梓宫，歸我兩宫，一無所邀請。陛下篤於聖孝，不億不信，含憤匿怨，屈而與之和，謂奉迎之使朝發而梓宫可以夕返也。今閲時寖久，未聞屬車之音，而使者見留，反更有所計議。揆前日之約，其言無不信者，臣實惑之。豈其國權臣自相誅夷，而前日之議遂變歟？抑敵情詭詐，復欲挾我所重，依違反覆以罷敝中國歟？如其前議既變，則和好之事，自無可望。苟爲不然，宣和、靖康之間，敵人已試之謀，其迹較然，不可不察也。

自艱難以來，費用益廣，根本所積，不能有餘。儻謂敵人要約，未有顯絶中國之意，猶欲遣使賂遺，幾其革心，臣恐使軺亟行，而輕騎自屈，萬一歲時之間，國用既虚，邊備不戒，敵人出吾之不意，以犯江、淮之邊，未知倉卒何以待之？伏望陛下追監既遠，思患預防，慨然發憤，明出宸斷，修兵備以杜其窺測之漸，謹財用以待吾軍旅之費，無或贈送以伐其貪婪之謀，天下幸甚。叔度明年八月壬申對移。

4 丁巳，詔：「保州宗室，令吏部先次注官。」時翼祖子孫渡江者十數人，有官者四人而已。宗正丞鄭鬲乞權依兩京宗室例注官，故有是命。鬲初見三年十一月甲戌。

武功大夫、忠州團練使、知河南府翟襄移知壽春府。日曆無襄前銜，此據襄乞上殿劄子修入。

朝奉郎、河南府路轉運判官李利用兼權知河南府及本路安撫、西京留守司公事。先是，觀文殿學士、西京留守孟庾權東京留守，及朝廷聞王倫爲金人所執，召翟襄還，乃命利用。

武翼大夫、忠州刺史、知壽春府孫暉領文州團練使，爲河南府路馬步軍副總管，仍命暉招軍千三百人。是時，有酈瓊叛軍爲劉豫放歸農者⑰，又豫之廢，使效免歸者甚衆，皆願投募。暉未至西京，人數已足矣。

5 庚申，右武大夫、忠州防禦使、提舉台州崇道觀王健爲樞密副承旨。

6 辛酉，參知政事李光罷。光與右僕射秦檜議事不合，於上前紛争，且言檜之短。殿中侍御史何鑄因劾光狂悖失禮，光引疾求去，上命以資政殿學士出守，言者又擊之。後三日，以光提舉臨安府洞霄宮，免謝辭。時右正言陳淵獨不論光之過，檜疑之。陳淵獨不論光，熊克所書云爾。廖剛爲中丞，不知有無文字，當考。

7 壬戌，言者請：「宗室之散在州縣者，並令津遣，歸所屬宗司，增其廩稍，庶幾知自貴愛。」詔禮部措置，後不行。

宗正丞鄭亮乞：「以常平錢於民輸賦未畢之時，悉數和糴。」從之。上謂宰執曰：「常平法不許他用，惟待賑荒恤饑，取於民者，還以予民也。」

8 戊辰，秘書丞劉才邵言：「累朝會要，已至熙寧，而元豐以後者未次，若置局則有官吏廩給之費，望令館職接續編類。」從之。熊克小曆載此事在甲子，今從日曆。事見十月癸未。

9 己巳，給事中兼侍講劉一止、起居郎周葵並罷。初，一止、葵皆以言事忤秦檜。二人應詔舉左宣教郎呂廣問，廣問嘗爲李光屬官，光欲除館職，檜不許。殿中侍御史何鑄即奏：「二人非知廣問，特迫於光之囑而舉之，是欺陛下也。」詔一止、葵落職與宮祠。

直徽猷閣、新陝西轉運副使李唐孺爲四川轉運副使。

直徽猷閣、主管台州崇道觀霍蠡爲陝西轉運副使。

直徽猷閣、新除陝西轉運副使張深知瀘州，用川陝宣撫副使胡世將奏也。既而言者又奏深狥私廢法之罪，深遂罷去。日曆，張深明年正月庚寅罷知瀘州，而不見除日。劾疏有云：「近又除知瀘州。」則必此時也。按霍蠡除陝漕，實以代深，故因蠡除命遂書之⑱，須求他書參考。

徽猷閣直學士、知慶陽府趙彬陞顯謨閣直學士，以破慕容洧之勞也。

敘郢州防禦使辛企宗爲福建路馬步軍副總管。

是冬，金主亶諭其政省，自今四時游獵，春水秋山，冬夏剌盧達切。鉢⑲，並循遼人故事。剌鉢者，契丹語所在之意也。元帥府下令，沿河置寨，防托渡河南歸之人，及與人渡者，皆死。海寇張青乘海至遼東，僞稱王師，遂破薊州，遼土大擾。中原之被掠在遼者，多起兵應之。青初無進取之意，既而復去。金主亶詔郡縣不得從元帥府擅便簽軍，俟見御畫乃聽。時太行義士王忠植已取石州等十一郡，聞於朝，上嘉之，拜忠植武功大夫、華州觀察使，統制河東忠義軍馬⑳。忠植，步佛山人也。初，金人之割地也，以新河爲界。朔方盛傳，御駕北征，民間往往私結徒黨，市軍器，以備緩急，沿河尤甚。每遇陰晦，輒引領南望，曰：「御營烈火光矣。」太行義士，又攻懷州萬善鎮，破之。守臣烏陵思謀率軍民城守，思謀自金國内亂，每夜披衣而坐，喟然歎曰：「可惜官人，備歷艱險，以取天下。而今爲數小子壞之，我未知其死所矣。」官人謂黏罕也。知濬州韓常，嘗與防禦判官宮茵夜飲，論及江淮川陝用兵等事，茵盛言：「金兵之强，官兵之弱。」常曰：「君知其昔，未知其今。今之南軍，其勇鋭乃昔之我軍，今之我軍，其怯懦乃昔之南軍㉑。所幸者南方未知耳。」茵，益都人也。

女真萬户湖沙虎北攻蒙兀部㉒，糧盡而還。蒙兀追襲之，至上京之西北，大敗其衆於海嶺。金主亶以其叔胡盧馬爲招討使㉓，提點夏國、韃靼兩國市場。韃靼者，在金國之西北，其近漢地謂之熟韃靼，食其粳稻。其遠者謂之生韃靼，止以射獵爲生，性勇悍，然地不生鐵，故矢鏃但以骨爲之。遼人初置市場㉔，與之回易，而鐵禁甚嚴，至金人，始弛其禁。又劉豫不用鐵錢，繇是河東、陝西鐵錢，率自雲中貨於韃靼。韃靼得之，遂大作軍器焉。

是歲，直秘閣王岡引年告老，許之。後二歲卒於家。此據岡墓誌修入，日曆未見。

校勘記

①今計三京户口纔四十萬　「計」，原作「古」，叢書本同。歷代名臣奏議卷八九剛中又上奏：「汴京、應天府一帶，久爲劉豫兇焰所焚，焦痛未蘇。三京户口，今計雖僅四十萬……」據改。

②前日議移岳飛屯於襄陽　「岳」，原作「兵」，據叢書本改。

③望令諸路宣府帥臣　「撫」，原作「府」，據叢書本改。

④難得斛斗　「難」，原作「觀」，據叢書本改。

⑤直秘閣提舉台州崇道觀詹至提點永興軍等路刑獄公事　「提」，原闕，據叢書本補。

⑥右承議郎主管台州崇道觀趙戩　「議」，原闕，據本書卷一〇一補。

⑦右宣議郎新提舉福建茶事呂用中　「右」，原作「左」，據叢書本改。按：據金華明招山出土之呂用中壙志，用中以父好問任入仕，故應爲右，據改。

⑧公雅夷簡第三子　續資治通鑑長編卷三三五注謂：「公雅，夷簡從子。」而南澗甲乙稿卷二〇左大中大夫充龍圖閣待制致仕贈左正奉大夫呂公墓誌銘：「曾祖諱宗簡……祖諱公雅……公諱廣問。」當以從子爲是。

⑨遂以琚爲軍器監丞　「丞」，原作「臣」，據叢書本改。

⑩興世守尚書都官員外郎　「員」，原作「轉」，據叢書本改。

⑪庚寅　「庚」，原作「唐」，據叢書本改。

⑫右正言陳淵入對論　「言」，原作「字」，據叢書本改。

⑬秘書丞劉才邵等言　「丞」，原作「承」，據叢書本改。「丞」字前原有「省」字，當爲衍字，逕删。

⑭今將宜除近下職名　「今」，原作「命」，據叢書本改。

⑮爲宣撫使岳飛所劾　「岳」，原誤作「兵」，據叢書本改。

⑯此句下文津閣本有「以疾自請也」一句。

⑰有酈瓊叛軍爲劉豫放歸農者　「叛」，原作「判」，據叢書本改。

⑱故因蠡除命遂書之　「蠡」，原作「胡」，據叢書本改。

⑲冬夏剌鉢　「剌鉢」，原作「巴納」，據金人地名考證改。考證又謂：本書卷一三七作「捺鉢」，與金史同。又，「剌」下小注，原本已删，亦據叢書本補。

⑳統制河東忠義軍馬　「河東」，原作「河州」。叢書本同。按：河州爲秦鳳路，而王忠植爲河東路汾州步佛山人，故逕改。

㉑今之我軍其怯懦乃昔之南軍　「今之我軍」，原脱，據叢書本補。

㉒女真萬户湖沙虎北攻蒙兀部　「湖沙虎」，原作「呼沙呼」，據金人地名考證改。「蒙兀」原作「蒙古」，亦據改。

㉓金主亶以其叔胡盧馬爲招討使　「胡盧馬」，原作「呼喇美」，據金人地名考證改。

㉔遼人初置市場　「遼」，原作「金」，據叢書本改。